中國案例研究

JUDICIAL CASES IN CHINA

2021年第1辑 · 总第1辑

主　编　胡云腾
副主编　孙晓勇　伍　彪

法律出版社
LAW PRESS · CHINA

寄　语

开创中国特色的案例法学

中国法学会案例法学研究会会长、法学教授　胡云腾

改革开放以来的40多年,是中国特色社会主义法治国家建设和改革发展突飞猛进的时期,也是中国特色社会主义法学理论探索、创新、发展突飞猛进的时期。法学研究经历了从改革开放之初的注释法学到后来的教义法学再到现在的社科法学的发展变化过程,并在这一过程中逐步更新了研究方法,扩大了研究视野,拓展了研究对象并形成了自己的理论特色。尤其是自2010年最高人民法院正式建立案例指导制度,2013年7月最高人民法院建成中国裁判文书网,2014年1月1日起全国法院生效裁判文书一律上网公开,以及最高人民法院、最高人民检察院的指导性案例连续发布之后,法学研究便有了无比丰厚的案例资源和海量的案例数据,以司法大数据与司法个案为基础的案例研究成果和案例应用产品大量产出,法学研究进入了案例法学时代。2020年11月,中央首次提出习近平法治思想,标志着中国特色社会主义法治理论已经形成,中国特色社会主义法学理论也进入了一个崭新的发展阶段。

习近平总书记关于案例有一系列精辟论述,如关于案例的价值作用,他指出"一个案例胜过一沓文件"。关于错案的严重危害,他告诫司法人员"要懂得'100－1＝0'的道理。一个错案的负面影响足以摧毁九十九个公正裁判积累起来的良好形象。执法司法中万分之一的失误,对当事人就是百分之百的伤害。"关于处理案件的方法和要求,他提出要"坚持以法为据、以理服人、以情感人,既要义正辞严讲清'法理',

又要循循善诱讲明‘事理’，感同身受讲透‘情理’，让当事人胜败皆明、心服口服”。关于执法办案的目标和效果，他强调要“努力让人民群众在每一个司法案件中感受到公平正义”，等等。这些重要论述，不仅是执法办案的根本遵循，也是案例法学研究的根本遵循。我们要深入学习和努力践行习近平总书记关于案例的系列重要论述，不断丰富中国特色社会主义法学理论，将案例研究作为最好的抓手和突破口，把案例法学作为最佳的创新点和增长点。以《中国案例研究》为平台，努力做好案例研究工作。

一要努力发现有价值的案例。开展案例研究，过去的问题是缺乏足够的案例，现在的问题可能是面对太多的案例。其他案例不说，仅中国裁判文书网上公开的司法案例，目前已经达到1.14亿份的天文数字（截至2021年1月24日），以致在浩如烟海的案例网中发现有价值的案例已经成了难题。从实践中看，有价值的案例主要通过当事人、律师、公众、司法机关、司法人员、新闻媒体以及开发案例产品的互联网公司或者企业等渠道和机制发现。案例法学研究就是要充分利用各方面的力量，从海量的案例数据中快发现、多发现有价值的案例，让其从潜在网中无人识到现身说法天下知，使之发挥推进法治中国建设的宏大力量。

二要努力发掘案例的价值。案例不仅具有法治价值，更具有逾越法治的其他价值。如有的案例，既有法治价值，又有德治价值；有的既有学术价值，又有文学价值，还有史学价值。正因为案例的价值是多元的，所以具有重要的指导作用乃至宣传、教育作用。案例法学研究，就是要把案例中的价值尽可能地发掘出来，让其成为鲜活的法治建设资源，从而通过传播或者转化发挥作用。案例研究的必要性还表现在，有的办案机关或者办案人员并不知道所办案件的价值，就像一个人做了好事以为是平凡工作一样，所以要靠专家学者或者第三人去发现其中的价值；有的案例由于是错案或者是对办案机关、办案人员有负面影响的案件，虽然办案机关或者办案人员并不乐意被他人研究或评论，但该案例可能很有法治或者其他价值，此时只有依靠专家学者或者第三人主动去研究、发掘，案例的价值才不会蒙尘。因此，案例研究要始终坚持案例价值这个唯一的标准，坚持以案例为对象和中心，认真总结、发掘案例中的丰富价值，如裁判规则、裁判经验、司法智慧、社情民意和法治思想等，将之上升为科学的法学理论。既要研究指导性案例或者其他有指导意义的案例究竟好在什么地方,又要研究一个普通案例为什么好以及如何将该案例的指导价值推而广之等问题,还要研究一个冤假错案究竟错在什么地方、之所以错以及如何汲取教训与避免再出现冤假错案,从而将坏事变好事、发挥错案的正向价值。

三要努力满足社会对案例价值的多元需求。案例的价值不仅是多元的,且人们对案例价值的需求也是多元的。比如,当事人和利益攸关方关注的往往是案例的利益平衡价值;而公众关注的可能是案例的行为指引价值;就司法人员而言,他们重视的多是案例的裁判参照价值;至于新闻媒体,感兴趣的则可能是案例的新闻传播价值等。案例研究就要尽可能地满足人们对案例的多元价值需求,为当事人和社会公众认同、执行和应用案例服务。第一,要为当事人服从和执行案件的处理结果服务,使其认识到案件处理的公正性和生效裁判的强制执行力,从而减少拒不执行判决、裁定的情形发生,为缓解执行难贡献力量。第二,要为促进社会公众提高法律意识服务。要认真研究公众关注的案例,公众为什么会关注案例,如何让公众正确关注案例,以及公众应当从关注的案例中得到什么收获等问题,从而为公众提高法律意识,自觉依法行使权利、履行义务提供指导,切实履行案例法学研究的责任使命,体现以人民为中心的价值导向。案例法学研究还要更新观念,充分利用新时代裁判文书上网公开,庭审直播常态化及法治视听频道越来越多的有利条件,为新闻媒体和互联网以案说法普及法律知识、提升公民法治素质提供学理支撑。第三,要为执法办案服务。案例研究不仅要努力发现业已生效的有价值的案例,而且应当研究司法人员如何办理和制作有价值的案例,即研究案例的生成方法。同时,还要研究执法司法人员如何正确参照或适用案例,从而为执法司法机关推进案例法治建设提供理论指导,使案例在辅助执法办案、统一法律适用、保证执法司法公正方面发挥积极作用。

四要努力构建中国特色的案例法学理论。德国哲学家康德曾经说过:“理论是灰色的,唯有生活之树长青”,将这句名言改为“法律是灰色的,唯有案例之树长青”也比较合适。因为任何制定法既不可能穷尽已经发生的各种情况,也不可能预知未来发生的各种情况,所以一经制定就已经与社会生活发生了疏离。只有活生生、时时发生的案例，才是延续法治生命的"常青藤"。在司法实践中，很多案件的离奇情节，在其未发生之前，人们即使穷尽想象力也是难以想到的。因此，只以法律规范为对象的理论研究基本上都属于法治理想主义或者法治完美主义的研究，既不可能深耕法治建设实践沃土，也会遇到研究资源的贫乏乃至枯竭。事实上，很多部门法都存在法律规范研究资源日渐枯竭，法学研究成果内卷化重复等明显弊端，只有因应时代发展紧紧聚焦生机勃勃的案例法治实践，才能从教义法学、社科法学研究进一步延伸到案例法学研究，始终让法学理论研究保持青春与活力。

案例法学必将成为最具人气的万众法学，更是最接地气的实践法学。中国法学会案例法学研究会决定编撰、出版《中国案例研究》，就是要为案例法学研究提供一个新的阵地。希望中国法学会案例法学研究会的全体会员、理事们更加努力地开展案例法学研究，更加积极主动地分享亿份裁判文书这道案例盛宴，既做"法律人"，更做"案例人"，努力通过"良法案治"通达良法善治，共同将《中国案例研究》写好、编好、办好，为繁荣案例法学作出应有的贡献。更期盼法学、法律界所有关注案例法学研究的同志们，关心、支持案例法学研究会的工作，共同把《中国案例研究》打造成展示中国精彩案例、繁荣中国案例法学的高端平台。

目　录

案例法学

案例法治

案例评释

综　述

案例法学

从规范法治到案例法治

——论法治建设的路径选择

胡云腾

内容摘要： 法治建设应当以什么为最终抓手？以什么为评价标准？以什么为实现形态？这既是法学理论研究的方向性问题，也是法治建设实践的目标性问题。本文的基本观点是，在立法机关已经出台 280 余部法律，中国特色社会主义法律体系已经形成，法律实施成为法治中国建设的主要矛盾，社会主体的法治意识普遍不高的情况下，法治建设的目标要以生成合乎法治的案例为归宿。从立法开始打造执法、司法、行法、守法直至案例的法治链条体系，将法治建设的重心由制定规范转移到生成案例，把案例作为认识法治、评价法治、推进法治和实现法治的抓手和资源。充分运用案例法治智慧和案例法学理论，丰富、完善中国特色社会主义法治的规范体系、制度体系、理论体系和话语体系等。

关 键 词： 案例　司法案例　指导性案例　案例法治

文章来源：《法治现代化研究》2020 年第 5 期

作者简介： 胡云腾，法学教授、博士生导师，中国法学会案例法学研究会会长。

论　　纲： 一、引言

二、案例在推进案例法治进程中的作用

三、案例是观察法治改革成效的重要视角

一、引　言

在中国法学会案例法学研究会2019年年会上，笔者曾就“案例研究与案例法学研究”作过一个发言，会后又就这个问题作了进一步思考并为年会论文集写了一篇序言。主要观点是，进入全面依法治国新时代，案例对于法治建设的价值和意义越来越大，许多典型案例越来越具有影响力和话语权，“一个案例胜过一沓文件”早已成为人们耳熟能详的金句，“一个案例胜过一沓法条”也几乎成了不争的事实。故法治研究和法学研究都要深入到案例之中去观察法治、发现法治、把握法治和推动法治，而不能沉浸在书本里和资料中去搜索法治。通过研究案例，既可以发现司法如何解决案件纠纷，也可以发现社会如何防范与避免案件纠纷。[①] 长期以来，面对某种矛盾纠纷多发高发，人们通常想到要通过立法解决，这个思路大体上不错，但立法并不能从根本上解决问题，一些新的立法不仅不会减少案件，而且会引发大量案件，形成“一条法律出台，一批案件产生”的连锁反应。[②] 2020年5月28日，第十三届全国人民代表大会第三次会议通过了长达1260条的《中华人民共和国民法典》（以下简称《民法典》），被人们誉为“社会生活的百科全书”。2020年12月26日，第十三届全国人大常委会第二十四次会议审议通过了《中华人民共和国刑法修正案（十一）》（以下简称《刑法修正案（十一）》），这个长达48条的修正案，对刑法分则相关内容做了较大修改。2021年1月1日和3月1日，《民法典》和《刑法修正案（十一）》相继实施。一方面进一步完善了中国特色社会主义民事法律体系和刑事法律体系，成为新时代全面依法治国的标志性成果，可喜可贺。另一方面，也会给司法机关带来繁重的法律实施任务，给案例法学研究提出大量法律实施和案例课题，当然也会给民事和刑事法治建设提供前所未有的历史机遇，值得重视。因此，2021年对于案例法学研究和案例法治建设而言，都是一个具有重要历史意义的年头。作

---

① 参见胡云腾主编：《新时代的案例研究与案例法学研究——中国法学会案例法学研究会学术年会优秀论文集》，法律出版社2020年版，第1－6页。

② 我国一些法律法规在出台之后，由于实施的水平参差不齐，且由于有的人恶意滥诉，引发很多相关诉讼。比较典型的是2007年国务院发布的《信息公开条例》，实践中有的公民提起诉讼要求政府公开信息的案件高达数百件，如最高人民法院行政庭就受理过一家人通过各种渠道各种主体提起的信息公开诉讼300余件，其中有150多件最后还打到最高人民法院。一些地方法院受理了大量公民要求政府信息公开的纠纷，如北京市第四中级人民法院2019年受理的涉及政府公开信息的案件比2018年上升了185%（见《新京报》2020年6月29日报道）。再如《刑法修正案（八）》将醉驾入刑以后，导致醉驾刑事案件逐年上升，到2019年，醉驾案件超越一直排名第一的盗窃案件，高居各类案件首位。所以至今在法学和社会上仍有批评醉驾入刑的声音。

为法律人,我们应当未雨绸缪,主动作为,在贯彻实施《民法典》和《刑法修正案(十一)》的实践中贡献智慧和力量。

(一)案例法治的现实条件

全面依法治国必然伴随的现象,就是案件数量的显著增长[①]和案件种类的不断增加,公民和单位既成为制造案件的主体,又成为处理案件的主体。可以说现在进入了全民或全社会创造案例、关注案例和解决案例的新时代。同时,当今的案例早已不限于学术界通常所讲的法院判决的司法案例,而是像华尔街金融家创新的金融资产一样,出现了很多案例品种或者类型,如各级行政机关处理的行政处罚案例,人民调解组织调解的人民调解案例,仲裁机构裁决的仲裁案例,政府机关、行业组织、社会团体、律师群体调解的调解案例或者和解案例等,还有在执法和刑事诉讼过程中公安机关处理的侦查案例和治安案例,人民检察院处理的各种不起诉案例等。虽然这些案例的法治功能和典型意义不大相同,社会各界对其重视和关注的程度也不一样,但这些案例都是法治运行过程中的公共产品,并正在以前所未有的力度影响和塑造社会成员的法治生活。

前已指出,任何案例都来自社会矛盾纠纷,故产生矛盾纠纷的社会主体始终是案例故事的主角,同时也是解决矛盾纠纷的主角[②]。事实上,越是在法治程度高的国家和地区,各类社会主体越是在解决社会矛盾纠纷中扮演着重要角色,所以在德国、日本等法治成熟国家,公民自行解决矛盾纠纷的意识更强、能力更强、效果更好。而法院受理的案件数量也比较平稳,很少出现大起大落的现象,如日本法院受理的刑事案件、民事案件 10 年来都在稳中有降[③],百万人口故意杀人罪的比例始终保持在世界最低水平上,导致日本一些法院面临着案件减少的“恐慌”。在我国当下,很多矛盾纠纷也是当事人自己解决的,只有当事人无法解决和当事人不愿自己解决的矛盾纠纷,才通过公权力机关或者其他纠纷机制解决。我国自古以来,就把当事人自行解决矛盾纠纷视为最好的纠纷解决方式,并形成了“让为上”“和为贵”等社会共识。安徽桐城市的“六尺巷”,就是当事人相互礼让并自行解决矛盾纠纷后留

---

① 如2014 年十八届四中全会决定对全面依法治国作出部署后,2015 年全国法院受理的案件接近2000 万件,2019 年地方各级法院受理案件达到 3156.7 万件,审结、执结 2902.2 万件,结案标的额 6.6 万亿元,同比分别上升 12.7%、15.3% 和 20.3%(见最高人民法院 2020 年工作报告)。

② 尤其是单位之间以及单位与公民之间发生的纠纷,多数都是通过谈判或者协商解决的,像腾讯、阿里巴巴这样的大企业与客户之间发生的各种矛盾纠纷年以百万计,绝大多数都是由这些大企业与客户协商解决,通过司法、仲裁等方式解决的只是极少数。

③ 如日本 2009 年的民事案件总量是 2,408,571 件,到 2018 年民事案件就下降到 1,552,708 件,即下降了 35%;刑事案件 2009 年是 1,215,143 件,到 2018 年就下降到 937,191 件,下降了 23%。

下的一个经典案例，至今仍被传为佳话。

但是，由于案件纠纷的情节千差万别，当事人的认识、能力和境界差异巨大，许多纠纷仅靠当事人自己是无法得到解决的，所以，必须设置公权力机关或者其他纠纷解决机制来解决矛盾纠纷。当一个公权力机关或者社会组织对公民、单位的权利义务争议有决定权和处罚权时，其权力行使的结果便会形成案例。故就多元化纠纷解决机制而言，每一种机制都可能产生相关案例，这些案例对防范和解决未然纠纷都会起到示范或者指导作用。比如，一个公正处理商事合同纠纷的仲裁案例，不仅对类似仲裁案件的处理具有示范或指导价值，对法院处理类似案件也会有参考价值。包括前引的“六尺巷”案例，对当事人自行解决矛盾纠纷即有示范和指导价值，同时对于司法机关、有关部门和社会组织处理类似案件，也提供了重要参考。所以，笔者的观点是，不仅案例是广义的，而且案例的示范、指导等法治价值也是广泛的。

仅就司法案例而言，就包括公安机关是否立案、是否采取强制措施、是否采取治安管理处罚措施的案例，检察机关是否批捕、是否决定起诉或者不起诉的案例，其中不起诉案例又有法定不起诉、酌定不起诉、相对不起诉等案例，人民法院处理的一审、二审或再审案例等。所以司法案例的来源和范围都很广，这一点有别于西方国家，西方国家的判例一般只指法院裁判的司法判例。就司法案例的功能而言，主要包括两种功能：一种是典型案例，即能够体现法治规则、法治理论或者法治价值的案例，通称为指导性案例或者具有指导价值的案例；另一种是普通案例。普通案例没有典型意义或价值，但不等于无价值，它们是类案类判即法律统一适用的重要依据。不过实践中要研究的是具有典型意义的案例，即研究典型案例中的规则原则、价值引领和理论发现与创新等。案例的主要载体是法院的终审裁判文书，这也是西方国家所称判例的主要载体。但需要注意的是，有的案例价值不仅体现于裁判文书之中，还可能体现在审判程序、其他诉讼材料与文书之中，需要研究人员结合卷宗进行深度研究。

（二）案例法治的概念和内涵

案例法治强调良法善治和知行合一，主张良好的法律必须能够稳定地、源源不断地生成良好的案例，强调法治深入社会生活，在实践中扎根。故案例法治可以分为四个层次。

一般认为，法治是具有普遍认知又具有时代、地域、民族、宗教等特色的范畴。所谓普遍认知，是指法治的一些基本内容是人类普遍认同的，也称为共识。共识是基础性的东西，是讨论问题和处理问题的出发点，既具有普遍性和承继性，又具有历史性和时代性，联通空间和时间两个维度。法治的共识就是大家都认同法治是法律的统治，法律是一个共同体最高的规范和共同信奉与遵守的最高行为规则。无论是我国古代法律思想家所尊崇的法治,还是现代西方法治国家所尊崇的法治,都是规则至上的法治,以规则为重心的法治。如我国学界普遍赞同的"宪法法律至上说"就是这个意思。那么在案例法治的语境下,法治建设以什么为重心?具体如何推进?笔者觉得要从四个方面或者从四个层次上展开。

第一个层次是规则层次的法治。社会主体要一体形成法律是最高规则的共识,讲法治、守法治首先要讲规则、守规则,换句话说,法治首先是规则之治,即法律成为基本的、最高的行为规则,这种规则对于任何人都是平等的,每一个社会主体都要遵守法治,向法治低头,概莫能外。谁违反了法治规则,谁就要付出代价,就要受到惩罚。规则之治可以说是法治的入门级,如果连法治规则都得不到遵守,那么法治就只能在低层次或者入门阶段徘徊,我国历史上的法治多半都停留在这一层次。

第二个层次是规律层次的法治。法律规范和法律制度必须符合人与自然和谐共存的规律,符合人与人之间和谐共处的规律,相当于古人所说的"天人合一""自然法"或者"法理情有机统一"。从这个层次上讲,法治是规律之治。因为法治有了公平、正义、真善美等社会等价值蕴含,法治的境界得以升华,法治的权威和公信力也得以提升。这样的法治能够最大限度地凝聚各方共识,引领社会主体的行为,故规律之治要比规则之治走得更远。

第三个层次是信仰层次的法治。法律不仅要走入社会各个角落,走入社会生产生活,成为人们的行动指引、路径和方向,而且要走入各类社会主体的内心世界,成为社会主体的一种信仰、一种素质乃至一种习惯。一旦法治成为社会主体的信仰、素质和习惯,法治就会获得内生动力和独立人格,就会成为国家和民族精神,从而在全社会形成各类社会主体自觉尊崇法律、应用法律、遵守法律、捍卫法律和信仰法律的状态,可以说,这样的法治就能够行稳致远了。①

第四个层次是实践层次的法治,即法治是案例之治。案例法治的核心要义是案件纠纷能够按照法治规则和精神处理。实践层次的法治有两个重点:其一是社会主体和公权力的行为是否愿意受到法律约束,无论是公民和社会组织,如果其行为不愿意受到法律约束,就容易产生案件纠纷。因此,当前社会之所以产生大量矛盾纠纷,主要原因就是社会主体的行为和公权力机关的活动不愿意受到法律约束所致。其二是公权力机关和社会主体是否能够依法处理案件纠纷,这是对法治最终的、也是最大的考验。比如,一件民事案件诉到法院,经

① 参见胡云腾:《法治三题》,载《法治资讯》2008 年第 6 期。

一审调解或者公正判决以后,如果当事人都服从判决并自动履行了判决义务,这个案子就结了,就是一个案子。但是,如果这个案子处理不公或者当事人认为处理不公,提起了上诉,这就变成了两件案子;如果二审结束后当事人还不服又申请再审,这就变成了3件案子;假如再审结束后败诉方又去申请检察机关抗诉并得到支持,这就变成了4件案子;如果负有执行判决义务的当事人拒不执行判决,向法院申请强制执行,这就变成了5件案子;最后,假如被执行人或者第三人在法院强制执行过程中又提起了执行异议之诉,法院还得审理,这就增加到第6个案子。① 就此打住便可看出,从上述纠纷看,本来只有一个,结果最终变成了6个,增加了5倍。围绕这个官司,不仅当事人承受了大量诉累,国家也耗费了大量司法资源,这种现象不值得研究或重视吗?我的看法是非常值得研究和重视。所以,案例法治研究不仅要重视理性论证和逻辑推理,而且要重视案例分析和数据统计。要通过研究案件和案例,将法学研究从应然研究转移到实然研究,切实为一个案件不衍生出N个案件的法治模式提供学理支持。

(三)案例法治的理想模式

党的十八届四中全会决定提出,"司法公正对社会公正具有重要引领作用,司法不公对社会不公具有致命破坏作用",要求"保证公正司法,努力让人民群众在每一个司法案件中感受到公平正义"。这一重要论断为推进案例法治提供了良好机遇,创造了极好条件。案例法治就是将依法公正处理各类案件纠纷作为主要对象和抓手,就是要研究法律政策理念如何与处理案件纠纷结合,产生化学反应。下面以某个县级市一年的案件纠纷情况,谈谈案例法治的实际运行模式。

首先假设:该市一年发生的案件纠纷,除了当事人自行解决的以外,需要公权力机关和其他纠纷解决机制解决的共有2万件。那么,从推进案例法治角度着眼,主要是开展如下研究和工作:一是要通过研究分析这些案件纠纷数据,搞清楚这些案件纠纷有多少是由于新冠病毒疫情或者旱涝灾害等客观原因引发的,有多少系当事人主观故意或者过失即法治素质问题形成的,还有多少是主客观混合原因造成的。二是对于不同原因引发的案件纠纷,要采取不同的纠纷解决方法。对于疫情或自然灾害等原因引发的案件,要着重采取类型化的处置方法,尽量统一处理这些纠纷,公平对待每一方当事人。而防范这类案件纠纷,重在增强

① 司法实践中,一个案件由于种种原因衍生出几个案件很常见。甚至衍生出10多个也很平常,笔者见到衍生最多的一个案件,仅一方当事人不服而提起再审的次数就有10多次。诉讼旷日持久,双方为此付出的代价巨大,同时还会在社会上引发恶劣的社会效应。

全市抗自然灾害能力和抗市场风险能力方面多下功夫。对于由当事人主观原因如欺诈、失信、违约、赌气、泄愤、牟利乃至维权等因素引发的案件,要着重采取个性化的处置方法,针对当事人不同的主观恶意或过错大小对症下药、解纷施罚,不能搞“一刀切”;在防范纠纷方面,要在提高当事人和其他社会主体的法治意识和解决纠纷能力方面多下功夫。因此,案例法治就是以案例为样本或课题,从这些鲜活的、适时发生的案件纠纷着手,因地制宜寻求解决法治建设中各种问题的思路和对策。法治建设以案件为出发点和落脚点,就是坚持法治建设的问题导向,把已经发生的案件处理好,尽量不让同类案件纠纷重复发生,这也是坚持法治建设中的结果导向。所以,就案例法治而言,既不是主张案件越多越好,也不是主张案件越少越好,而是主张一个地方的案件纠纷数量,除了经济社会发展中的客观因素必然引发的以外,因社会主体故意或过失违背法律、道德和价值观等原因引发的案件纠纷越少越好,同时,已经处理过但不断重复发生的案件纠纷也要越少越好。由此可见,案例法治第一个研究的问题就是案件的类型及其发生原因问题。

第二个问题:假如这 2 万件案件中有 1 万件是通过人民调解、社会调解、自行和解或者民事仲裁等纠纷解决机制解决的,或者说经过上述纠纷解决机制解决以后,还剩下 1 万件案件无法解决。据此可以得出两个结论:一是该市已经形成了比较长的纠纷解决链条,纠纷解决机制不再是司法独当一面,其他纠纷解决机制发挥职能作用也比较给力,可以说该市的社会治理体系和治理能力现代化建设较有成效。二是,一般讲,公权力之外的纠纷解决机制化解矛盾纠纷,属于社会自治的范畴,这类纠纷解决机制解决的案件纠纷越多,社会的自治能力越强。而能够把一半的案件纠纷自行化解的地方,可以肯定是法治化程度较高的地方。

第三个问题:假如剩下的 1 万件案件都是通过人民法院解决的,且有 9000 件一审判决生效后当事人都服判息诉了,同时还有 1000 件的当事人提起了上诉或者检察机关提出了抗诉,据此就可以对一审法院的司法能力进行评估——90% 的案件当事人对一审判决是满意的,仅有 10% 的当事人是不满意的,据此可以得出该地基层法院处理的案件九成是公正的结论。也可以说,基层法院解决纠纷的能力九成是过硬的。虽然还没有达到 90% 以上甚至 100%,但这已经属于优秀等级,能够达到这个比例的基层法院已经很棒且相当不容易,应当点赞。

第四个问题:如果这 1000 件上诉、抗诉案件经过二审法院审理后,其中又有 90% 案件的当事人服判息诉了,同时仍有 10% 案件的当事人不服二审判决申请再审。那么,据此也可以看出,该市二审法院依法公正稳妥处理案件纠纷的能力和效果也达到了九成,亦属于优秀层次,应当点赞。从目前全国法院的二审情况看,二审法院判决的服判息诉率90%的也是可能达到的,并非不可能,故是较高的要求,不是最高的要求,所以应当成为一个努力的目标。

第五个问题:如果剩下的10%即100个案件的当事人不服二审判决,向上一级法院提起民事、行政申请再审或者刑事申诉,经上一级法院再审审查、申诉复查或者提起再审,假如也实现了90%案件的当事人服判息诉。那么,上一级法院的司法能力同样是90%以上的优秀,因为能够把申请再审和申诉案件处理到90%满意的,是需要更强的司法能力的。考虑到这一级法院要么是高级人民法院,要么是最高人民法院,故对高级别的法院提出这样的工作要求不算过分。

第六个问题:关于剩下的10件不服从再审处理的案件。假如这10件案件的当事人都继续申诉,或者到检察机关申请抗诉,那么这些案件便进入了申诉、信访程序,当事人便成为涉诉信访人员。处理这些案件,不仅要研究这些案件究竟有没有处理不当的问题,而且要研究当事人为什么不服从三级法院的裁判。要查清究竟是司法机关处理不公的原因,还是当事人不服从公正裁判的原因?要同时对司法人员和当事人进行分析研判。对于因司法人员不公的原因引发的涉诉信访,应当从司法机关自身寻找解决问题的办法,该问责的应当依法问责,该再审纠错的要启动审判监督程序给当事人救济。同时,对于因当事人无理缠诉的原因引发的涉诉信访案件,要纳入社会综合治理体系中解决。对拒不服从公正裁判坚持闹访、缠访的,应当在驳回申诉的同时对缠访闹访人员依法予以惩罚,要敢于坚持原则,切实维护法治权威特别是司法权威。

以上可称之为案例法治的“六步法”,运用这个方法,可以对任何一个地区的案件纠纷情况作出评估并明确分工化解和分层解决的途径。这就是:其一,要对该地区案件纠纷的基本情况及其产生原因进行科学分析,以此为基础改进社会管理和基层治理,不断强化对案件纠纷的源头治理。其二,有效解决一个地区的案件纠纷,既需要专门的纠纷解决机制如执法、司法机关,也需要人民调解、社会调解、仲裁等社会化纠纷解决机制。这两个机制都要足够强大并能够形成合力,始终依靠这两个机制把案件处理好、把矛盾化解好。就该市而言,其两大纠纷解决机制都很健全,功能作用也难分伯仲,特别是多元化纠纷解决机制能够化解一半案件纠纷,显著地减轻了党政机关和司法部门的压力,节约了大量司法资源和成本,是可以作为样本推广和复制的。其三,就进入司法渠道解决的这1万件案件纠纷而言,通过一审,二审和申请再审程序,有9000+900+90的案件纠纷都实现了服判息诉,其中最终进入涉诉信访程序只有10个案件,假如其中又有一半是司法机关处理不公引发的,有一半是当事人无理闹访形成的,那么就可以得出结论,经过司法渠道处理的1万件案件纠纷,最终让9990个案件的当事人感受到了公平正义,也就是让99.9%的当事人感受到了公平正义,接近了24k黄金的品质。这样高的司法能力和司法水平值得充分肯定。其四,从当事人方面看,该市的纠纷有一半是当事人多元化纠纷解决机制自行解决的,说明公众解决纠纷的能力较强,同时,诉诸司法程序的案件中有超过99%的案件当事人最后都服判息诉了,只有10个案件的当事人继续申诉闹访,由此可以说明,这些案件的当事人以及涉诉的单位和个人也表现出了较高的法治意识和维护司法权威的意识。其五,该市的司法绩效也可以说明,目前的一审程序、二审程序、申请再审程序、审判监督程序和申诉程序的设置是符合中国现实国情的,是合理和有效的,只要认真用好这些程序,就能够实现将社会矛盾纠纷从多化少、从少化了的效果。做到保证公正司法,实现社会公平正义。其六,推进案例法治建设,开展案例法学研究,就要把如何化解社会矛盾和依法公正处理各类案件作为出发点和落脚点,深入实际发现矛盾纠纷何以产生?何以重复或反复产生?如何对其进行分流化解?如何对进入司法渠道的案件进行分层过滤化解,将学理研究与数据分析及案例分析相结合,从而脚踏实地地履行服务司法实践、推动案例法治发展的职责使命。①

总之,现在已经到了把案件纠纷及司法案例作为认识和评判一个国家、地区、社会以及一个阶段、时期和时代法治发展水平基本标准的时代。观察某个地区是不是法治社会,就是要看各类主体能不能按照法治的原则和精神生产生活,以及发生纠纷以后,国家公权力机关和其他纠纷解决机制能否按照法治规则和法治精神处理各类案件。如果能够做到,这个社会就是名副其实的法治社会,反之就不是。所以案例法治就是数字法治、科学法治和实践法治,应当成为今后法治国家建设的重要抓手和努力目标。

二、案例在推进案例法治进程中的作用

案例法治的主角是案例,就是通过随时发生的案例展示法治、评价法治、促进法治和弘

① 上述模型虽然是假设的,但符合很多地区的实际情况。有的模范法官和模范法院,审理数百件乃至上千件案件无一件当事人上诉或者当事人申诉,有的服判息诉率总体达到95%以上。笔者当年所在的最高人民法院第二巡回法庭审理的案件,复盘息诉率也能达到90%以上,这些都说明,这一模型并非高不可攀,可以作为一个努力目标,逐步达到。

扬法治。本文在开头已经讲过,符合中国现实国情、反映现代法治精神和遵循民事活动规律的《民法典》出台,只表明我国的民事法治建设进入了规则和规律层次,并不表明其进入了信仰和实践层次。只有当《民法典》在法治实践中源源不断地产出合法、公正的民事案例,才表明其在生产生活中开出了花朵、结出了果实,民事法治才能进入实践层次。下面主要以司法案例为样本,谈谈案例在影响和推进法治进程中的作用。

(一)案例受到社会各界普遍关注并具有巨大影响力

一般讲,案例在任何时期都具有巨大的影响力。上古时期的许多案例在当时或者后世都具有巨大的影响力,我国古代经典“四书五经”记载有很多案例和故事,故能流传至今。进入信息技术时代,案例的影响力在互联网的作用下进一步放大,优秀案例的影响力犹如良法,能够提升法治信仰,彰显法治进步,引领法治发展。恶劣案例的杀伤力甚于恶法,严重伤害民众的法律意识和道德水准,对法治建设产生极大的负面作用。有些案例正反两个方面的作用兼而有之,处理不公之时,对社会所起的是消极作用;公正处理之后,对社会能够发挥积极作用。山东发生的“于欢案”可谓这一典型,于欢因为刺死、刺伤非法限制其母亲及其本人人身自由的多名违法犯罪人员,被山东省聊城市中级人民法院一审以故意伤害罪判处无期徒刑。某媒体便以死者曾有侮辱其母亲的情节为炒点,把于欢塑造成维护母亲人格尊严才实施犯罪并对案情作了夸张报道,引发公众广泛关注和网络大肆炒作,掀起了极大的负面舆情。[①] 但在二审程序中,经过山东省高级人民法院大合议庭公正审理,最终还原了该案发生的事实真相,认定于欢的行为确有防卫性质,但行为明显过当,造成了不应有的损害后果,遂以故意伤害罪改判于欢5年有期徒刑。二审判决公布以后,便在社会上产生了巨大的正面影响,可谓坏事变成了好事。最高人民法院主要领导就是从这个案件的二审审理和舆情变化中,提出了一个重要的观点和要求:法院要把庭审变成全民法治教育的公开课。[②] 为了扩大司法案件的庭审效果,全国法院还建成了庭审直播网络平台,庭审公开直播成为制度,庭审直播已经成为常态。笔者认为,在网络信息时代,不管一个案例是名扬四海,还是臭名昭著,只要最终能够依法公正处理好,都能够成为推动法治进程的良好范例,很多冤假错案的纠正也起到了这个作用。

---

① 当年的司法数据统计显示,“于欢案”被媒体报道后引发的关注度达到了“现象级”,据最高人民法院司法大数据统计,山东“于欢案”一审宣判后一度引发8亿多网民关注。

② “把庭审作为或者变成全民法治教育公开课”的观点,是《人民法院报》在评论“于欢案”的文章中提出来的,但这个观点是最高人民法院院长、首席大法官周强提出来的。(参见胡云腾主编:《记载中国法治进程之典型案件——于欢案》,人民法院出版社2019年版。)

（二）案例的规则和精神具有实际的约束力

案例的实际约束力，是指既成案例确立的规则、精神和价值取向等对处理相关案件的约束和指导作用。这种约束和指导作用是公认的、不得不遵从的，是事实上的行为规则和共同价值。当事人和法官在处理相关争议、理解法律含义和平衡讼争利益时，都需要遵从和考虑，在没有其他情形时，不能与之违背。案例的实际约束力既对私权利的行使具有实际的约束力，也对公权力的行使具有实际的约束力。比如，在民事纠纷中如何处理公平原则与过错责任原则的关系，一直是一个难题。在公民法律意识普遍不高的社会环境下，当弱势一方的权益受到损害的时候，即使相对方没有过错，社会舆论和一些办案人员也会出于对弱势一方的同情，要求无过错方给予一定的赔偿，以体现所谓的公平。在公民法律意识逐渐提高的社会环境下，这种损害法律规则的处理方式，被人们诟病为“和稀泥”。人们越来越看重规则的价值，即当事人有过错时应当承担责任，无过错就不应当承担责任。如郑州市中级人民法院审理的“电梯劝烟致人死亡案”，广州市中级人民法院审理的“村民偷摘果实摔死案”，北京市丰台区人民法院审理的“狗主人冰面遛狗被淹死案”等，死者家属虽然向法院起诉要求相对方作出赔偿，但由于相对方没有过错，法院对此类诉求不再支持。此类判决宣判后社会舆论给予一致好评，最高人民法院和有关单位还将其作为弘扬社会主义核心价值观的典型案例。此类判决的裁判规则被处理类似纠纷的律师、当事人和司法人员引用，并得到越来越多的司法机关支持，从而获得了实际的约束力。近年来，我国逐渐形成了中国特色的司法案例实际约束力的机制：一是公检法机关的案例指导制度已经比较成熟，一批又一批的指导性案例和典型案例不断发布，对执法办案的指导作用越来越具刚性，对公民和单位的指引和约束作用正在增强。二是最高人民法院已经提出一项新的案例指导与运用制度即“类案强制检索制度”，当法官裁判待决案件时，如果在事实查明、证据认定、法律适用和价值取向上发生困惑或者争议的，要检索此前同类案件的裁判情况并作出报告或说明，这是具有重大意义的新要求和新做法。此前，司法人员办案只需要做到“以法律为根据、以事实为准绳”，而在实行案例指导和类案指导制度之后，司法人员、律师办理相关案件，还要参考与其有关的指导性案例或类似案例。因此，现在司法人员和律师办理各类案件，不仅要找证据、找法律，还要找案例。这一新的情况充分说明，案例正在成为执法办案不可或缺的参照依据，成为裁判的准绳之一，人们将会从这一变化中，感受到案例法治时代正在到来。

（三）司法实践能够自动、稳定地生成合乎立法预期、彰显社会公平正义的案例

回顾中华民族几千年的法制历史，精彩的、能够反映法治进步和法律公正的案例不绝于

史书，如西汉缇萦上书致文帝废肉刑案、清末刑部纠正杨乃武与小白菜杀人案等。同时，忠诚法律、秉公执法，乃至以身护法的官吏代亦有之，如汉代廷尉张释之严格执法的事迹，宋代包拯、宋慈秉公执法的故事等，但总体上看，从未形成稳定的、能够代代相传的判例或者案例指导制度，也未形成反映封建法制发展进步的案例体系。体现法治精神的案例通常是偶发的，与庞大的案件相比尚属寥寥无几，与汗牛充栋的法律规范更不成比例。因此，在长达数千年之久的奴隶社会、封建社会和半封建半殖民地社会中，中华法系总体上表现为有法律而无法治、有案例而无判例法的状态。而案例法治中的案例，是指符合法律规定和法治精神的司法案例，其出现是源源不断、承前启后的，而不能是执法、司法中的特例或者时断时续。从中外法治实践看，只有符合法治原则和精神的案例是可靠的和稳定的，才能证明这个国家或社会的法治进程是稳定的和可持续的。一般地讲，稳定性是法治的基本特征之一，法治的稳定性需要通过案例的稳定性予以体现，稳定的案例才能证明法律制度足以抗拒各种非法干扰，而抗得住各种非法干扰的法律和司法制度才能实现类案同判、稳判，也才能让社会主体对案件纠纷的裁判结果有提前预判，从而做到心中有数，进而对法律制度产生信赖和信心。

（四）案例成为反映、衡量和评价法治建设水平的重要标准

在一个国家或者一个地区，衡量其法治建设的水平有很多标准，显示法治进步有很多载体，比如立法机关出台了一个好的法律，如全国人大颁布《民法典》；社会上发生了一个具有重大法治意义的事件，如最高人民法院纠正“张文中案”；国家建立了一项重大法律制度，如党中央决定推进以审判为中心的诉讼制度改革等。但是，如何评价法律在实践中是否真实地实施，法律对生产生活是否发挥了作用，需要靠一个个的案例来证明。所以，司法案例是评价法律实施及其效果的最真实标准，是衡量法治水平最重要的标尺，也是法治向社会上交的最终答卷。任何法律，只有通过实施特别是通过司法裁判成为一个个鲜活的案例，法治建设才能落地生根，走完“最后一公里”。否则，如果法治只停留在规范层面，在实践中没有实施，没有司法案例可以佐证，甚至实际发生的司法案例与立法的旨趣相左，那么，无论多么好的法律都只能是具文，法治还是纸上谈兵而已。人们不会据此就认为这个国家或社会是法治国家或法治社会。在中外历史上，正反两个方面的例子都很多。正面的例子是，有的国家法治里程碑式的司法案例不断产出，犹如不断向前延伸的法治链条，逐步积累为丰富的法治资源，如一些英美法系国家。而反面的例子可能更多，由于法律不能稳定地转换成法治案例，导致很多法律名实不符，甚至根本没有实施，法律制度最终沦为美好的愿望和干枯的条文，我国封建社会各个朝代法律的命运大抵如此。

（五）案例成为全体社会成员尊法、守法、信法的主要载体，成为塑造公民法治信仰的重要手段

法律如何取信于民，让民众发自内心地信赖和自觉遵守？其实就在于两个方面，一方面是发布民众期待盼望的良法，真实地赋予民众的权利并且予以兑现。如汉高祖刘邦占领关中之后向父老乡亲宣布的“约法三章”，又如美国内战时期林肯总统宣布的解放奴隶宣言，都迅速地吸引了大量粉丝，扭转了不利局势，成为战胜对手的“关键一招”。再如我国在对香港恢复行使主权之前，中央政府向香港人民和国际社会做出庄重承诺，香港回归后可以继续保留资本主义制度且50年不变，创造性实行了“一国两制”，从而极大地调动了港人治港的积极性，促进了香港几十年的繁荣。这些都是出台良法所带来的积极效果。另一方面，当民众的权利受到非法侵犯或者相互之间发生纷争，当他们拿起法律武器维权之时，此时的法律有没有用？或者有没有效？如果执法、司法机关依法为其维权，作出具有国家强制力的判决并且得到强制执行，民众自然就会相信法律、拥护法律、尊崇法律。正是出于这个方面考虑，党的十八大以来，我国通过修改立法和推进司法改革，集中解决诉讼难问题，提升了法治权威和司法公信力。如推进立案登记制改革，解决了人民群众反映强烈的立案难问题；改民事申诉制度为申请再审之诉，行政申诉制度为行政申请再审之诉，坚决纠正刑事冤假错案，有效解决了申诉难题；开展用2年到3年时间基本解决执行难专项行动并建立健全长效机制，解决了民事生效裁判的执行难问题，等等。这些改革举措无一不是围绕公正处理案件而开展的，解决的都是人民群众在诉讼活动中遇到的难题。全国法院围绕这些重大司法改革举措的推进和实施，发布了大量典型案例，对于彰显案例作用，弘扬法治精神，促进法治信仰发挥了重要作用。

推进案例法治，还可以进一步改进和完善全民普法工作。我国搞全民普法几十年了，效果无疑是显著的。老百姓比过去任何时期都更了解法律，也比任何时期都更会运用法律，甚至可以说比历史上任何时期都更相信法律，这是毋庸置疑的。但同时也要承认，全民普法也存在对案例的作用认识不足、宣传力度不够的问题。笔者认为，助力提升全民普法效果最佳的手段，非“案例普法”莫属。如果“七五普法”之后还停留在“国家出台了某某法律，这些法律有什么内容，有什么作用”等层面，老百姓可能不会相信。因为老百姓最相信的是现实，而现实的法治就是案例处理得如何。如果普法说的一套，老百姓打官司时法律又成为另外一套，老百姓不会信仰法律。因此，用案例普法代替口号式的、标语式的乃至理论灌输式的普法宣传与教育，才能克服“条文普法”“理论说教”的局限性，通过鲜活的案例宣传法律，用具体的判决证明法律,让老百姓认识到法律在案件处理过程中真正受到尊重了并发挥作用了,普法的效果才会事半功倍。建议下一步搞“八五普法”时,把讲好案例故事和案例价值作为主要手段,用取之不竭的案例活教材做好全民普法这篇大文章。

(六)案例资源足够丰富,使得社会主体容易接近案例、了解案例

推进案例法治,前提条件是要有充足的司法案例资源供给,并且让公众唾手可得。如果司法案例在生活当中凤毛麟角,或者公众只能从小说、戏文当中获得,或者被存入档案库无从查阅,案例法治就成了无源之水,当然无从建立。从横向看,凡是法治国家或地区,案例资源都非常丰富,法律人和公众对相关案例都非常熟悉,案例作为一种公共法治财富,被代代传承、丰富发展。因此,一个国家法治建设的历史中足以代表法治水平和反映法治精神的案例越多,法治传统就越浓厚,法治的根基就越牢固。前文已指出,中华法系虽然源远流长,法律典籍虽然厚重宏富,法律故事虽然精彩纷呈,然而足以反映法治精神、确立法治规则、维护法律尊严的典型案例却很贫乏,更未形成代代传承的案例体系,这是中华法系与西方大陆法系、英美法系最大的差距之一。几年来,国家支持有关教学科研单位包括最高人民法院司法案例研究院,花费大量人力物力搜集、整理、出版了不少中华法系传统案例,但发现上下几千年,明代以前的司法案例及其著作非常贫乏,现存的案例档案大部分是有清以来的,这当然有战乱频发的原因,但不重视案例法制建设或是根本原因。因此,在全面依法治国新时代,司法机关生产和积聚更多、更好的司法案例,让人民群众更容易获得司法案例并用司法案例厚植民众法治信仰的根基,是推进法治国家建设的重要抓手。

值得历史记载的是,从 2015 年开始,最高人民法院即大力推进一项重大举措,建成了中国裁判文书网并开始运行,通过该网将依法可以公开的裁判文书全部上网公开。截至 2020 年 8 月 30 日,中国裁判文书网上公开的裁判文书突破 1 亿份,这是世界上最大的裁判文书网和司法案例库。当下的案例资源已极大地丰富,使得我国一跃成为世界上司法案例资源最为丰富、最为开放、最普遍共享的国家,为法治中国建设提供了海量的司法资源,这是人民法院为法治国家建设和法治社会建设做出的最重大的贡献之一。此前,专家学者做案例研究,往往有无米之炊之感,去法院调研要点案例,也是困难重重,为此经常抱怨,更遑论公众可以轻易获得各种司法案例。现在,只要学者有时间,当事人有需要,人民群众感兴趣,都可以在裁判文书网上查找自己需要的案例。让人没有料到的是,不少网络公司、律师事务所、文化企业也从裁判文书上网公开中发现了商机,对裁判文书的开发利用似乎已经成为一个新的产业,一些公司、企业、律所等通过整理、开发上网的裁判文书,为法治建设提供各种司法产品和司法服务。借用著名企业家马云关于信息大数据已经成为一种能源的说法,司法案例也已经成为法治建设的能源,正在为方兴未艾的法治建设提供源源不竭的动力。

(七)生成案例的司法过程成为实现法治民主的重要途径

笔者主张案例法治,还有一个考虑,即司法过程及其案例能够及时反映民意,表达民间诉求,集中全社会的法治智慧,故是各类社会主体都有机会参与并作出贡献的法治,也可以说是最具有广泛代表性的法治形态之一。举例说,人民法院每审理一个民事或行政案件,至少有 2 个当事人参与,加上双方的诉讼代理人,至少会有 4 人参与,加上证人、鉴定人等诉讼参与人和人民法院的审判人员、陪审人员,每个案件平均会有 10 人左右参与。而人民法院每年审理的各类案件,数量达 3000 万件之巨,有机会参与其中或与其利益攸关的人当有上亿之众。再如,公安机关、人民检察院和人民法院办理的刑事案件,每年就有百万之多,公检法机关和当事人等参与每个刑事案件的人数,远超一个民事、行政案件,加起来也有数千万人。所以,亿万群众参与司法活动,其法治诉求相互博弈,法治智慧相互激荡,通过诉讼活动进行交汇,通过诉讼文书加以反映,由这些诉求和智慧汇成的法治意识洪流,最终将聚成法治的滔滔江河,成为法治建设的磅礴力量。许多司法人员正是从这些思想洪流中汲取法治和司法智慧,并作为法治建设的经验和财富。

这里还要特别说明一下,我们推进案例法治,与英美法系的法官造法有原则区别,英美法系国家实行的法官造法,是极少数法律精英造法,故是精英法治。而在中国特色社会主义司法制度下,我们的司法是人民司法,如果说人民司法造法的话,也是人民造法,不是精英造法。人民法官立足案件纠纷实际,适时反映民意诉求,集中民众法治智慧,用法律文书表达民众的法治意愿,这正是人民司法的本质要求和司法民主的生动体现。

笔者在这里顺便谈一谈案例法治与法治民主的关系问题。法治与民主是互为表里的关系,表里如一方有真正的民主和真实的法治。在我国,法治民主的集中表现是民主立法。近 3000 名人大代表来自各条战线、各个方面,他们直接参与制定国家法律,体现了法治民主即民主立法;全国人大及其常委会就法律草案公开征求意见,也体现了法治民主即民主立法。而作为人民代表大会制度重要组成部分的人民法院,在执法办案过程中听取当事人及其诉讼参与人意见和诉求,并用法律文书的形式反映出来,使之成为公众学习、仿效的司法产品,不仅把法治民主与人民群众的司法活动有机地结合起来了,而且将人民群众的意愿和立法有机结合起来了。因此,推进案例法治,既是对民主立法的丰富和延伸,也是对民主司法的尊重和运用。我们应当乐见每一个案件的当事人及其他诉讼参与人都能在诉讼过程中对法律实施表达他的见解,都能在案例处理中及时反映其智慧和诉求。所以,案例法治是集中反映民主、民意的法治。如果说是造法的话,是众多诉讼参与人的"集体造法"或"民众造法",因而是汇聚人民法治磅礴力量的重要途径。

(八)案例的规则和价值成为相对独立的规范体系

推进案例法治,笔者并不否定规范法治的基础性作用,更不主张司法案例唯我独尊,而是主张案例所创造的规则和弘扬的价值,能够成为一个有独立内涵的规则体系和价值体系,成为法律、法规和司法解释的必要补充,能够与法律规范、价值体系及司法解释直接连通、相辅相成,并成为执法办案的一种规范资源,直接进入司法活动过程,融入待决司法案例的生成之中,从而在良法善治之外,增加一个"良案善治"。要让司法案例在发挥反哺立法的功能之外,也能发挥反哺司法活动的功能。从我国法治实践看,司法案例反哺立法,数十年来成效卓著,各种法律的立改废特别是《民法典》起草过程,不仅吸收了大量司法解释、司法文件、会议纪要等规范性文件的成熟内容,而且体现了对指导性案例、典型案例中的规则与价值的高度关注。目前,案例规则和案例价值虽然受到法学理论界和法律实务界的普遍重视,但对于其能否作为相对独立的规范体系而被执法办案直接适用,在"两界"均未形成共识。鉴于立法吸收司法案例规则和价值的功能存在很大的滞后性,故仅靠立法吸收、转化案例的规则和价值,难以做到及时和充分,很可能造成许多有用的案例规则和价值因时间的流逝而随风飘散,或者淹没在裁判文书的海洋之中。所以,有必要根据司法实践和人民群众利用司法案例规则和价值的客观需要,建立一个相对独立的案例规则和价值体系,用以辅助法律规范和法律价值进入生产生活之中,并用其支撑法治实践需要。从网络环境看,很多司法机关、法律机构、法务公司和专家学者,都在总结某种案件或者某个法律问题的裁判规则。① 且越是关注度高的案件,相关案例规则越是受到重视,如关于黑恶势力案件的裁判规则,关于正当防卫的裁判规则,关于民刑交叉案件的裁判规则,以及关于第三人之诉的裁判规则等。这些从具体案例中总结和提炼出来的裁判规则,对普及法律知识,预防相关纠纷,统一法律适用,公正处理案件,非常有用。亟须将这些规则整合成一个体系,赋予其法律地位。笔者建议,要在案例法治环境下构建三个规范体系,即由立法规范组成的规则、价值体系,由司法解释与司法政策组成的规则、价值体系,以及由指导性案例、典型案例、类似案例等组成的规则、

---

① 在这方面做得比较好和比较早的是北京天同律师事务所编选的《天同码》等案例和案例作品。

价值体系。让这三个体系形成一个“法治规范共同体”,一体作为执法办案的准绳和指引,从而有效解决司法实践中遇到的各种问题和争议,协调推进法治进程。

笔者认为,在全面依法治国进程中,上述三大规则、价值体系互为表里、不可或缺,都具有不可限量的价值。法律法规的规则、价值体系是解决执法办案之纲的问题,司法解释与司法政策的规则、价值体系是解决执法办案之目的问题,而司法案例的规则、价值体系则是解决执法办案之效的问题,即确保实现司法公正。

(九)执法司法领域成为法治建设的主战场

案例法治是着眼于法之必行的法治,故保障法律实施的执法与司法领域必然成为法治建设的主战场。从立法看,截至2020年12月31日,全国人大及其常委会已经出台280余部法律,国务院还出台了数以千计的行政法规,最高人民法院和最高人民检察院也出台了大量司法解释和司法政策,中国特色社会主义法律体系早已形成并越来越趋于完善。法治建设的主战场事实上已经从立法领域转移到执法、司法领域,执法、司法机关特别是法院和法庭将会变成推进法治、适用法律和宣传法治的主要场所。美国法学家德沃金曾经说过:“法院是法律帝国的首都,法官是帝国的王侯。”①在中国特色社会主义法治体系中,法院既不是首都,法官也不是王侯,但法院可以成为解决各类矛盾纠纷的“首府”,法官可以成为处理案件纠纷的“行家里手”,在推进案例法治中发挥战斗堡垒和先锋模范作用。所以,应当加强以审判为中心的法治主战场建设。② 要继续深化司法体制配套机制改革,优化司法职权配置,参照现代各国和国际惯例,逐步强化人民法院的程序决定权,以彰显程序公正,树立司法权威,维护司法形象,发挥司法作用。从古今中外的司法制度看,法院是制约公权力滥用和约束私权利任性的重要部门,法院的程序权越大,对公权力的监督制约才越有力和越有效,对私权利的保护和规范才越有公信和权威。也才能相应提高法律地位,司法案例才能具有影响力和执行力。要反思和调整长期以来一方面弱化司法审判的权力地位,一方面加重司法审判责任、任务的思维和做法。

就司法审判人员队伍建设而言,要继续推进司法责任制改革暨相关保障配套措施改革,全面落实“让审理者裁判,由裁判者负责”,保障司法审判人员有职有权,能够依法独立公正行使裁判权,足以并敢于排除来自司法机关内部或者外部的非法干预。要在提高司法人员

---

① [美]德沃金:《法律帝国》,中国大百科全书出版社1996年版,第361页。

② 党的十八届四中全会提出“推进以审判为中心的诉讼制度改革”,笔者理解,其中就包括司法审判领域已经成为法治建设主战场的考虑。

的司法能力和廉洁素养方面狠下功夫,大力加强司法伦理和职业作风建设,培育司法人员的职业尊荣感和获得感。要加强对司法人员的监督,用公开公正的制度机制促使司法人员认真办好每一个案件,开好每一次庭审,写好每一份法律文书,通过严肃、公正、民主的司法程序,把当事人和人民群众的法治智慧集中起来,凝聚到法律文书之中,用不断产出的高质量司法案例引领当事人和人民群众的法治意识,建设高水平的法治社会。

(十)案例成为法治发展进程的信史

笔者认为,在法治社会中,法治史一定程度上就是案例史。无论从历史还是从现实看,法治史如果仅仅以法律规范和法律制度为依据,往往难以反映法治社会的全貌,甚至会出现"失真"现象。因为很多法律规定和法律制度出台以后,实行起来会发生变数,有的甚至根本就没有实行过。如果仅以法律规范和法律制度为依据,就会脱离实际。比如,根据史书记载,汉文帝之后肉刑即废除了,而实际上,直到清末乃至国民党时代,不仅刑事诉讼中的肉刑普遍适用,司法实践中被处以肉刑的情况仍屡见不鲜。又如美国虽然从林肯时期就废除了黑奴制度,但奴隶制在此后很长时间里并未根绝。现在,虽然美国的法律早就规定了各色人种一律平等,但黑人和有色人种在政治、经济、法律等方面实际上低于白色人种的现象至今仍然存在,并常常成为骚乱和社会冲突的根源。从中外历史上看,很多法律条文虽然看上去很美,但也都是仅此而已。笔者发现,历史上有两种法律制度往往难以真实实行,一种是限制官员和政府权力的法律制度,如果没有一个独立而强大的司法机构,实践中往往难以贯彻实施。另一种是尊重和保障人权的法律制度,如果没有强大的司法保障机制,在实践中也很难得到落实。新中国成立以来法治建设的艰难曲折历程也表明,很多法律制度也没有得到实际实施,比如1954年宪法规定的"人民法院依法独立进行审判,只服从法律"的规定,由于当时国家没有制定多少法律,这条脱离当时社会条件的法律在"反右"和"文化大革命"时期,根本就没有实行。再如,1979年刑事诉讼法就明确规定,"死刑案件一律报最高人民法院核准",但事实上,1981年之后,绝大多数死刑案件都没有报最高人民法院核准,直到2007年之后,这项法律制度才真正落实。还有人曾经统计过,现行的200多部法律中,大约有三分之一的法律规定都难以在实践中看到实施的痕迹,是否实施了无从评价。这就说明,我们仅仅根据法律规范评价一个时期的法治,是很不全面的。

笔者认为,要客观、真实、全面地认识和评价一个社会或一个时期的法治状况和法治水平,观察案例不失为一个很好的方法。如果实践中的案例能够依法处理,这就说明法律得到了正确实施,否则就没有得到实施。前已指出,法治史或者法制史中要有案例史,没有案例支撑的法治史很有可能是规范史和制度史，不是法治实施史。所以，一个时代不仅要有各种各样的法典，而且要有各种各样的案典，“两典”结合起来观察，才能得窥法治的真颜和全貌。故笔者认为，真实的法治之路是由常案和奇案、良案和错案、名案和无名案等案例铺就的，法治大厦就是由形形色色的案例之砖砌起来的。因此，由法律规范、法律制度和法治案例三个方面相互交织的法治史，才真正是法治国家和法治社会的信史。

三、案例是观察法治改革成效的重要视角

笔者认为，案例不仅是推进法治文明进步的资源和抓手，也是考察法治改革成效的样本和视角。比如，党的十八届三中全会和四中全会部署了很多重大司法改革举措。其中司法责任制改革、纠正和防范冤假错案改革、保护产权制度和维护民营企业家权益改革等举措，尤其受到党中央、政法机关和全社会的重视。这些法治改革推进的程度和效果如何，中央有关部门已经进行过总结和评估。本文只举两个案例，就足以观察这些改革的成效。

（一）范某某涉嫌故意杀人宣告无罪案

1. 关于本案的基本案情

陕西省延安市人民检察院指控：2012 年 8 月，原延安市太和山道教管委会主任冯某某去世后，其大女婿毛某某接任管委会主任，身为副主任的被告人范某某因没有当选主任以及与冯某某的多年积怨，起意杀害毛某某。同年 12 月 13 日，范某某在自己占用的库房中取出装在药瓶中的毒药（金属铊），包入纸包放在穿的衣服里，来到毛某某办公室准备投毒，因没有机会而未能实施，后将毒药放回库房。12 月 14 日 12 时许，范某某再次从库房拿上毒药，来到毛某某办公室，等会计陈某某离开后，趁毛某某不注意，将毒药纸包拿出打开，将毒药投入毛某某办公室茶几上的烧水壶中，而后离开。范某某将包毒物的纸片丢在厕所，回到自己办公室后又将装毒物的药瓶烧毁。12 月 15 日，毛某某身体出现不适，17 日就医被确诊为急性铊中毒（重度），后经医治无效死亡。12 月 15 日 12 时许，太和山管委会职工曹某在毛某某办公室接了一杯水饮用后，于 18 日出现身体不适，19 日也被确诊为急性铊中毒。经鉴定：毛某某系铊中毒死亡，曹某的损伤属轻微伤。

延安市人民检察院提供的主要证据有：（1）公安机关初步确定几名嫌疑人后，请专家进行心理测试，确定范某某有作案嫌疑，随即对其监视居住。（2）毛某某的妻子冯某证明，毛某

某被确诊为铊中毒后,在重症监护室亲笔写下了怀疑投毒的4个人,是张某某、范某某、陈某某、赵某某。(3)微量物证检验报告证明,在范某某道服上衣口袋、范某某办公室和库房内物品上均检出铊元素含量。(4)监控视频显示案发前范某某在毛某某办公室、自己办公室、库房等处的活动情况,与范某某的有罪供述可相印证。(5)会计陈某某证明案发前在毛某某办公室见过范某某,离开时范某某还坐在沙发上,面前的茶几上放着烧水壶。(6)范某某在侦查阶段共有17次供述和辩解,其中在监视居住期间有12次,在看守所有5次。前5次均否认作案,从第6次开始认罪,但供述的作案过程、投毒方式、毒物属性、毒物来源前后反复。

2. 关于本案的一审情况

陕西省延安市中级人民法院经过审查卷宗、查看现场、与侦查人员座谈、多次补查补证、开庭审判、合议庭评议和审委会讨论后,发现本案事实证据存在诸多问题:第一,范某某所投毒物的属性不清、来源不明。对此范某某曾供述是老鼠药,也曾供述是杀虫剂,前后不一,反复不定,更无法查清其毒物究竟从何而来。侦查机关未能从范某某身上、办公室、库房等处提取到老鼠药、杀虫剂或含有铊元素的任何毒物。现有证据无法证明范某某如何获取、是否存有该毒物,也无法进一步认定该毒物中含有铊元素。第二,范某某关于作案过程、投毒方式的有罪供述存疑。一是范某某供述作案当天中午,毛某某打电话叫他到毛的办公室,他去之后实施了投毒,但通话清单并没有相应通话记录。二是虽然范某某供述的作案过程与监控视频证明的范某某活动轨迹相符,但监控视频调取在先,范某某供述在后,不排除指供、诱供。而且由于监控视角的限制,不能直接证明范某某供述的两次进出库房取药的情节。陈某某证言也仅能证明毛某某中毒前与范某某独处过,证明力有限。三是侦查机关对范某某双手腕、双足部水肿的原因不能合理解释,不排除刑讯逼供的可能。第三,本案证据存在重大矛盾。公诉机关指控范某某在毛某某办公室茶几上的烧水壶中投毒,但经鉴定,在该烧水壶和曹某水杯中并未检出铊元素。同时,除了在范某某办公室、库房、道衣和毛某某办公室纸杯中检出铊元素外,还在毛某某喝的雪碧饮料瓶内的中药、太和山道观其他道士的道衣上检出含量明显更高的铊元素。第四,本案嫌疑人是通过测谎确定的,测谎固有的主观性和不可靠性,决定其只能作为侦破案件的辅助手段,而不能作为诉讼证据使用,更不能作为认定被告人有罪的依据。

鉴于公诉机关的指控存在以上重大疑点,延安市中级人民法院认为:检察机关指控的事实不清、证据不足,遂于2014年12月11日宣告被告人范某某无罪。

3. 关于本案的二审情况

本案一审宣判后，附带民事诉讼原告人反应强烈，指责一审法院包庇罪犯，扬言要到西安等地喊冤上访等，并就附带民事诉讼提出上诉。延安市人民检察院也不服一审判决并提出抗诉，陕西省人民检察院支持抗诉。两级检察院认为，范某某的有罪供述可与尸体鉴定意见、物证鉴定意见以及其他在案证据相互印证。其中，范某某供述的去毛某某办公室的过程得到监控视频印证，供述的在毛某某办公室遇到陈某某一节与陈某某证言相吻合；范某某供述，因与毛某某竞选主任失利、心理不平衡而投毒，有作案动机。本案事实清楚，证据确实、充分，应以故意杀人罪追究范某某刑事责任，一审宣告范某某无罪，显系错判。

陕西省高级人民法院经审理，于 2015 年 8 月 18 日裁定驳回上诉、抗诉，维持一审作出的无罪判决。

4. 真凶自首及其审理情况

2018 年 7 月，延安市太和山道观厨师刘某某向公安机关投案自首，称毛某某铊中毒死亡系张某某指使其投毒所致。公安机关据此抓获张某某，张某某到案后供述：其曾想到太和山管委会任职，但遭到时任主任冯某某拒绝，遂起歹意。在学得用铊投毒的方法并购得金属铊及硝酸后，将金属铊溶解为硝酸铊，直接并指使道观厨师李某某、刘某某投放硝酸铊液体杀害冯某某、毛某某和另外二人。经开棺验尸，冯某某尸体内也含有大量铊元素。根据张某某供述，从其亲戚家提取到尚未使用的金属铊块。公安机关又抓获了涉嫌参与投毒的李某某、涉嫌传授犯罪方法的李某 1 和涉嫌违法出售金属铊的王某某，上述犯罪嫌疑人均供认所犯罪行。

该案业经延安市中级人民法院一审、陕西省高级人民法院二审定谳后并报最高人民法院核准。

（二）陶某涉嫌故意杀人宣告无罪案

1. 关于本案的案情

贵州省遵义市人民检察院指控：被告人陶某（女）与被害人冉某某多年保持不正当两性关系。2011 年 4 月 5 日，经冉某某相邀，陶某从外地赶来与冉某某会面。次日凌晨 2 时许，二人到湄潭县求是园小区冉某某家住宿。陶某因与冉某某的感情纠葛，心生怨恨，于凌晨 5 时许，趁冉某某熟睡之机，持羊角刀朝冉某某胸、背连刺数刀，致冉某某死亡。当日下午，陶某在逃往外县途中被抓获。

检察机关提供的主要证据有：（1）冉某某的亲属发现冉某某被害后报案。（2）多人证明陶某与冉某某有不正当关系,案发前二人见面,案发后陶某离开当地。监控录像显示,案发时段二人住宿的求是园小区没有陌生人出入,案发后陶某离开。(3)现场检出陶某的多处血迹,陶某的皮靴、现场羊角刀上检出冉某某的血迹,陶某的指甲检出其与冉某某的混合基因分型。(4)陶某的姐姐陶某甲、冉某某的朋友张某某均证明,6 日清晨陶某打电话说冉某某被小偷杀了。(5)案发后陶某嘴角、手臂有划伤。(6)陶某在侦查阶段有 13 次供述和辩解,前 4 次否认犯罪,称留宿于冉某某家,一男子入室盗窃,将冉某某杀害,自己亦被捅伤,因害怕不正当关系暴露、说不清楚而没报案就离开;后 9 次认罪,称觉得冉某某对不起自己,越想越气,遂持刀杀人。

检察机关认为,陶某供述的因爱生恨符合情理,有作案动机;其有罪供述能得到印证,无罪辩解与在案证据不符,特别是现场没有发现第三人迹象,小区唯一出入口的监控录像显示当时没有陌生人出入,而且,如果是他人作案,陶某既不呼救,也没报案,不合常理。所以,虽然证据存在一定瑕疵,但能够排除他人作案的合理怀疑。

2. 关于该案的审理经过

遵义市中级人民法院审理后,经合议庭阅卷、现场调查走访、召开庭前会议、开庭质证认证、听取辩护律师辩护意见和被告人的辩解,合议庭合议并报院审判委员会讨论,以指控的事实不清、证据不足为由宣告被告人陶某无罪。

在审理过程中和宣判之后,被害人亲属反应强烈,认为法院放纵罪犯,扬言如果法官敢宣判陶某无罪,就让法官从法庭上消失等。遵义市人民检察院对判决不服并提出抗诉,后贵州省人民检察院经审查,决定撤回抗诉。

3. 关于该案审理中发现的主要问题

遵义市人民法院经过阅卷、开庭、补查补证、查看现场,并通知侦查人员和鉴定人出庭,合议庭评议和审委会讨论认为,本案存在很多疑点,不能认定被告人陶某有罪,主要理由有:

第一,监控录像等证据并不能排除他人作案。合议庭经实地查看,发现该小区监控录像存在盲区,且案发前停电,故监控录像中无他人出入,不具排他性。公安机关复勘后虽然坚持认为现场没有第三人痕迹,但复勘前冉某某亲属已将尸体运走,原始现场已被破坏,未发现第三人痕迹并不能排除他人作案。

第二,应当慎重对待陶某的有罪供述。陶某在第 5 次讯问时开始认罪,但此次讯问长达 11 小时。庭审中,陶某翻供,称当时被采取反铐、不让喝水吃饭等手段才被迫认罪。侦查人员出庭称没有刑讯逼供,但承认反铐陶某近 3 小时。

第三,陶某的有罪供述前后不一,与其他证据矛盾。对于冉某某的上衣和陶某的挎包,陶某时而供述留在现场,时而供述扔在小区围墙处,公安机关多次搜寻,未能找到。陶某供述给姐姐陶某甲打电话,自称杀害冉某某,但陶某甲称陶某打电话说是小偷杀了冉某某。陶某供述杀人后身上有很多血,用冉某某的裤子、棉毛衫擦拭,但棉毛衫和陶某的衣服并未检出血迹。陶某供述羊角刀是从现场沙发上拿的,但冉某某亲属均证明家里没有羊角刀。陶某供述杀人时未受伤,但其案发后身上有伤,现场还检出其多处血迹。

第四,陶某的无罪辩解相对稳定,且有证据印证。陶某称离开现场后给陶某甲、张某某打电话说冉某某被小偷杀害,有该二人的证言、通话清单印证。陶某称被小偷捅伤,有伤情印证。陶某称挎包被小偷拿走,案发后确实未找到该挎包。陶某称冉某某家房门可以不用钥匙直接推开,冉某某亲属证明案发前门锁损坏。

4. 关于本案真凶的发现及其审判情况

2014 年 2 月,贵州省湄潭县看守所接到在押人员举报,因涉嫌其他命案而被羁押的黎某自称在求是园小区杀过人。经讯问,黎某供述,携刀潜入该小区一房间盗窃,门没有锁,因被发现,持刀捅伤一男一女,自己手指也被尖刀划伤,劫得一个女式提包和一件男式皮夹克,尖刀留在现场。后根据黎某的供述,在其摩托车工具箱里查获该皮夹克,经冉某某亲属混杂辨认,确认系冉某某生前所穿。经再次鉴定,现场羊角刀刀刃擦拭物检出冉某某与黎某的混合基因分型。足可认定系黎某作案。2018 年,经最高人民法院核准,本案真凶黎某被执行死刑。

(三)关于范某某涉嫌故意杀人、陶某涉嫌故意杀人宣告无罪案彰显的法治改革成效

这两个刑事案件虽然一个发生在我国的西北,一个发生在西南,相互之间没有任何瓜葛,但是,从两个案件到两个案例,其间存在的相同之处或者说相似之处太多了,起码有以下十个相同之处:一是案件的性质相同:都是性质恶劣的故意杀人案件;二是法律后果相同:都是可能判处死刑的重大案件;三是存在的错误相同:都是办案机关在侦查环节就犯了以假当真的重大错误;四是发生错误的原因相同:被告人在侦查阶段都曾经遭受刑讯逼供,导致他们曾经违心地作出有罪供述;五是发现错误的诉讼阶段相同:都是在审判阶段才发现了疑点;六是法院对待错误的态度相同:都是从合议庭开始,两个法院就下决心判决被告人无罪;七是控辩双方的意见和态度相同:两地检察机关都认为被告人有罪并在一审宣判后提起了抗诉,而辩护律师都认为被告人无罪,坚决要求宣告无罪;八是被害人对案件审理和无罪判

决的态度相同;都有威胁法官、扰乱法庭、闹访法院等激烈言行;九是在一审过程中,关于案件中的问题及如何处理,办案机关都进行了充分沟通,并经过了党委政法委协调,政法委都表态尊重法院的意见和判决;十是两个法院的基本情况相同:一个在我国的西北欠发达地区也是革命老区延安,一个在我国的西南欠发达地区也是革命老区遵义,都是处于西部欠发达地区和革命老区,人民法院的队伍素质、司法保障、司法能力等基本相同,等等。

从两个案件所发生的时代背景看,一个发生在党的十八大召开以后,一个在审理和宣判期间,党的十八届三中全会决定已经发布实施了一年多,党的十八届四中全会决定已经发布。两个全会决定部署的“司法责任制”改革和十八届四中全会决定提出的“健全冤假错案有效防范、及时纠正机制”改革,已经传达贯彻到全国各级司法机关,防范冤假错案的观念和要求在全国法院已经深入人心,在两个案件的公正处理方面充分展示了成效。

一是体现了新时代的法治理念教育的明显成效。党的十八大以来,习近平总书记提出的全面依法治国新理念新思想新战略深入人心,中央政法委提出的新时代政法工作要牢固树立谦抑、审慎、善意的理念,最高人民法院要求刑事审判时刻绷紧案件质量这根弦,确保把案件办成“铁案”的意识,已经深深植根于广大审判人员的内心。公检法机关过去办理刑事案件一定程度上存在的重配合轻制约、重打击轻保护、重实体轻程序、重主观证据轻客观证据以及重有罪证据轻无罪证据等错误理念和做法,在新形势下已经没有市场。人民法院审理死刑这样的重大案件,能够始终保持清醒头脑和审慎态度,绝不放过任何疑点,确保每一件案件都能经得起法律、历史检验的意识不断得到强化。

二是证据裁判原则得到切实坚守。党的十八大以来推进的诸多刑事司法改革举措,要求刑事诉讼要始终坚持证据裁判原则,司法人员要努力发现案件的事实真相,坚持以证据说话、用证据定案的要求得到广大法官一致遵循。刑事诉讼法规定的“以事实为依据、以法律为准绳”的基本原则已经成为办案圭臬。认定事实要坚持以证据为依据,死刑案件要坚持最严格的证据标准等规定,已在全国各地的审判实践中落地见效。两个案件的合议庭严格审查事实证据,善于梳理、发现案件证据疑点,切实坚持“以事实为根据、以法律为准绳”,真正做到了不偏不倚、不枉不纵。对于主要证据之间存在矛盾,无法排除合理怀疑,不能得出唯一结论的,敢于坚持法治原则,坚决宣告无罪。能够做到在有罪无罪问题上,不容许有任何容错率,将防范冤假错案作为刑事审判的一项重大任务和严肃的政治责任。

三是疑罪从无原则得到坚决贯彻落实。两个案件的法官们都做到了:对于杀人案件的嫌疑人,只有证据链条完整封闭才能对其定罪量刑,差一个环节都不放过。对于既有有罪证据又有无罪证据的“双面性”事实证据的凶杀案件，严格落实疑罪从无原则，切实发挥刑事法律尊重和保障人权的功能，不心存侥幸，不迁就其他办案机关，不迎合被害人诉求，坚决不搞“疑罪从轻”或“疑罪从挂”。在刑法价值取向上坚持宁可“错放”、不可“错判”，有效防止了“失之毫厘、谬之千里”的错误发生。

四是体现了敢于担当、坚守公正司法最后一道防线的勇气和决心。两个案件的证据虽然存在诸多疑点，但是案件的社会关注度非常高，特别在都没有“亡者归来”或者“真凶出现”的情况下，敢于否定检察机关的公诉意见，顶住被害人亲属的压力，果断宣告被告人无罪，法官和法院面临的各方压力和种种质疑可想而知。但是，两个法院特别是办案法官的司法能力、责任担当和坚守公正的品质在诉讼活动中都经受了巨大考验。故能顶住各种压力，敢于坚持原则，保持清醒，维持定力，落实了严格司法、公正司法的要求。

五是司法责任制改革及其配套机制改革发挥了重要作用。在审判过程中，法院坚决落实了“让审理者裁判、由裁判者负责”的司法责任制及层层把关、人人负责的制度机制。案件承办人、合议庭、刑事法官联席会议和审判委员会各司其职、各负其责，凝聚工作合力。既认真对前一审判环节进行监督和审查，又切实对前一办案环节予以把关和支持。刑事法官联席会议讨论后尊重并支持合议庭的无罪意见，审判委员会讨论后坚决支持合议庭和刑事法官联席会议的无罪意见。如果没有司法责任制改革、刑事法官联席会议支持和审判委员会支持，以及法院领导严格依法办事，合议庭能否顶住压力就难以保证了。

六是充分彰显了党领导司法的制度优势。面对其他办案机关的不同意见和被害人亲属的激烈诉求，人民法院紧紧依靠党的领导和党委政法委协调，在党委政法委的领导支持下做好“三同步”工作，防止极端事件发生，努力实现“三个效果”统一。比如，党委政法委在协调案件时，不搞少数服从多数的简单做法，而是坚决贯彻中央提出的推进以审判为中心的诉讼制度改革，支持人民法院依法独立公正行使审判权，在涉及被告人有罪无罪这一重大问题上，明确尊重并支持人民法院提出的正确意见，让人民法院最后决定、最后负责。切实体现了坚持党的领导与尊重人民法院依法独立行使审判权的有机统一。

七是体现了新时代以来中央部署的过硬队伍建设取得的成效。进入新时代以来，人民法院大力加强过硬刑事法官队伍建设，着力培养素质过硬、能力过硬和作风过硬的法官。针对刑事审判工作责任重、压力大、要求高的实际，着力开展干警队伍教育培训，要求法院干警不仅要熟练掌握法律，而且能够敏锐发现问题，全面把握政策法律，精准体察社情民意，适时总结办案经验，不断提高司法能力水平。正是两个法院都拥有这样一支经过长期刑事审判工作历练、稳定成熟、经验丰富的队伍,才能在重大、疑难刑事案件的审判中,排除干扰,守住底线,确保公正。

总之,从偶然发生在我国西部地区的两个具体案件的依法公正审理中,我们既实实在在地看到了党的十八大以来中央部署的、中央政法机关负责落实的司法责任制改革,健全完善冤假错案及时纠正和严格防范机制改革,推进以审判为中心的诉讼制度改革等重大司法改革取得了显著成效,也雄辩有力地揭示了自 2007 年 1 月 1 日最高人民法院收回死刑核准权以来,尚未发现一起死刑案件错判或错杀的真正原因。面对这一成就,笔者一方面由衷地为司法人员点赞,另一方面对继续全面深化司法体制及其配套机制改革充满希望,进而对大力推进案例法治充满信心。

我国判例运用中的几个主要关系*

顾培东　李振贤

内容摘要： 我国判例运用尚处于基础建设及实践探索阶段，需要廓清一些基本关系及问题：在规范性功能定位上，我国成文法体制与判例运用是主辅关系，判例运用承载着弥补法律规范资源缺失的规范性功能。在判例运用导向上，我国判例运用的效用与效力是涵括与被涵括的关系，应当通过效用的最大化及可持续化实现判例的赋效。在判例运用方式上，由效用衍生的判例运用权威位阶与运用要求是对应关系，层级化的权威位阶塑造了相应的运用要求。在判例运用机理上，对“类案同判”之“类”的“类型”与“类似”两种认识表现为不断深化的关系，应当突破“同类型”的界定，聚焦于待决案件与判例在决定或影响裁判结果的关键节点上的相似。在判例运用动力机制上，判例运用的自发性与建构性是一种共生关系，应当注重在判例运用制度构建与完善的建构性逻辑中嵌入自发性逻辑。

关 键 词： 判例效用　权威位阶　类似案件　类型案件　建构性　自发性

作者简介： 顾培东，四川大学法学院教授、中南财经政法大学腾讯讲席教授。
李振贤，西南财经大学法学院讲师。

论　　纲： **一、我国成文法体制与判例运用的关系**

二、我国判例的效力与效用关系

三、判例运用的权威位阶与运用要求的关系

四、类似案件与类型案件的关系

五、我国判例运用的建构性与自发性关系

---

* 本文系国家社会科学基金重大项目“我国成文法体制下判例运用的理论与实践”(182DA138)的阶段性研究成果。

自2011年指导案例制度建立,特别是2013年裁判文书上网以来,我国判例运用在较短时期内迅速形成一股热潮。最高人民法院在持续完善案例指导制度的同时,还建立了类案及关联案件强制检索、法律适用分歧解决等制度。与此同时,地方各级人民法院遵循最高人民法院判例运用的实践逻辑,不断构建与完善示范性案例运用制度以及辖区内类案强制检索报告制度。① 整体而言,法院系统内部的判例运用制度体系正在形成。更为重要的是,法官、律师、当事人、检察官以及社会公众等主体在司法活动与社会生活中基于自身的需求,自发性地运用判例的现象已经呈常态化。② 可以说,判例运用在我国成文法体制中的嵌入越来越深,已经成为我国当前乃至今后较长时期法治运行中的重大事件和重要现象。

在看到"判例热"的同时,也应清醒地认识到,我国判例运用目前仍处于基础建设及实践探索阶段,各方面对我国判例运用的一些基础性问题认识尚不够清晰,未形成必要的共识。特别是判例的权威位阶尚不清晰,高质量的判例数据平台仍然缺乏,合理且高效的判例运用方式尚需探索,判例运用制度体系构建与完善的内在逻辑尚未理顺;判例运用的习惯尚未形成以及判例运用的信息化建设相对滞后等。③

基于这样的认知,本文旨在通过较为系统地分析我国判例运用中的几对主要关系,廓清一些基础性问题,从理论层面上推动判例运用的广泛化、规范化、常态化、合理化。

一、我国成文法体制与判例运用的关系

首先需要探讨的是我国成文法体制与判例运用的关系。我国判例运用是在成文法体制下进行的。从世界范围内看,我国成文法体制下的判例运用现象及其形成的秩序与域外其他国家一样,同属于比较法意义上成文法与判例法深度融合潮流的重要组成部分。④ 而且与欧陆成文法国家类似,制定法与判例制度呈现为相对稳定的主与次、主导与辅助的关系与结

---

① 参见最高人民法院2019年10月11日发布的《最高人民法院关于建立法律适用分歧解决机制的实施办法》(法发〔2019〕23号)、2020年7月27日发布的《最高人民法院关于统一法律适用加强类案检索的指导意见(试行)》以及2020年7月31日印发的《关于深化司法责任制综合配套改革的实施意见》(法发〔2020〕26号)(第9条)。地方上,江苏省高级人民法院作为先行者率先于2020年7月14日通过了《江苏省高级人民法院关于建立类案强制检索报告制度的规定(试行)》。

② 参见顾培东:《判例自发性运用现象的生成与效应》,载《法学研究》2018年第2期。

③ 参见顾培东、李振贤:《当前我国判例运用若干问题的思考》,载《四川大学学报》(哲学社会科学版)2020年第2期。

④ 参见[德]K. 茨威格特、H. 克茨:《比较法总论》,潘汉典、米健、高鸿钧、贺卫方译,法律出版社2003年版,第375-400页;[美]约翰·亨利·梅利曼:《大陆法系》,顾培东、禄正平译,法律出版社2004年版,第158-165页。

构,即制定法占据主导地位,判例制度以及判例的运用承载着弥补性与辅助性的功能。[①]

在我国特殊的政治、社会、经济与司法条件下,我国判例运用对成文法体制的辅助性功能集中体现为,通过判例运用持续完善法律规范体系及法律规范生成机制,充分回应并解决我国成文法体制所面临的法律规范资源短缺以及法律规范与社会现实匹配度较低的问题。

作为典型的成文法体制国家,我国从改革开放初期几近"无法可依"的法制空白状态发展至今,已经形成了完备的中国特色社会主义法律体系。截至 2019 年年底,已经制定并实施的法律 279 项,行政法规、地方性立法以及国务院部门和有立法权的地方政府制定的规章数以万计,立法解释、特别是司法解释也不断推出。但现实地看,法律规范资源供给的短缺及其与现实需求的匹配程度较低依然是法治实践中面临的重要问题。

长期以来,我国立法工作秉持简约乃至粗疏的策略与风格,以保持法条较高程度的抽象性和原则性,提升法律条文对更多事实、行为或现象的容量。这种风格的立法固然为法律实施提供了较大的回旋余地,但其缺陷则在于降低了法律的确定性,增加了适用中识别的困难。为了应对法律法规的不足,我国衍生出一系列的法律规范再生产方式,但是这些方式仍然存在供给不足的问题。司法解释制度构建的初衷在于通过司法解释对相关基本法律或者法律的细化,使得法律规范更加具体、便于操作和适用。但是,以弥补立法缺失为宗旨的司法解释由于其本质上仍然是与立法类似的抽象性规则,司法解释事实上也是"从抽象到抽象"的过程,因此立法中所面临的困境,司法解释亦同样无法避免,几乎所有的司法解释往往都需要各种方式的再解释。最为明显的例证是几乎所有的重要司法解释,都需要通过最高人民法院编著司法解释理解与适用丛书作进一步释义,以期保证对司法解释的"准确理解"。除此之外,法院系统还广泛运用"意见""通知""会议纪要"等形式多样的司法规范性文件,作为司法审判过程中的重要规范依据,进一步对立法或司法解释予以补充。[②] 然而,无论是发挥法律解释功能还是规则创制功能,其模式依然是集中式的批量生产,与司法解释具有高度的同质性,从而亦难以避免面临"再解释"的问题。

更重要的是,由于我国处于社会转型期,社会急遽变化,社会纠纷日益复杂,涌入司法机关的疑难案件大量增加等现实因素的叠加与作用,前述我国成文法体制在规范层面的缺失被进一步放大,从而进一步降低了我国法律规范与社会现实的匹配程度。从司法案件的角

---

① 参见何家弘主编:《外国司法判例制度》,中国法制出版社 2014 年版,第 133 -249 页。

② 参见彭中礼:《最高人民法院司法解释性质文件的法律地位探究》,载《法律科学》2018 年第 3 期。

度看,其疑难之"难"体现于:一是某些类型的案件,可适用的法律规范不明确或混乱。即便是在传统法律关系中所形成的事实,由于社会生活的复杂性而呈现出各种特异性,以至于难以找到对应的法律规范。不仅如此,不同的司法解释、司法文件之间对某些问题的规定也存在前后不一或彼此矛盾的情况,由此造成法律适用的困难。二是司法中需权衡因素增多,平衡各种关系的要求增高。基于化解和缓释社会矛盾的需要,司法审判中需要妥善权衡并处理实质正义与形式正义、实体公正与程序公正、法律效果与社会效果、现实公平与未来导向等多方面复杂关系的案件越来越多,且要求越来越高。三是由新型社会交往模式、新型生活方式、高新科技利用等引发的新类型纠纷不断出现,而相关法律尚付阙如;如何评价并处理蕴含这些纠纷中新类型权利或"法益"(尚未明确体现为法律上的权利)[①],以及如何找准并确立司法对于各种新生社会现象的应有立场,亦成为案件处理之难。无论属于哪一种,疑难案件的共同特征是不能简单、直接地在法条与事实中找到对应,更不可能轻易从"三段论"中推导出案件处理的结论。

前述状况形成了我国较之其他成文法国家对判例运用更为突出的需求。我国判例运用承载的相应功能集中体现为规范功能,即通过完善法律规范结构及其生成机制,补充我国成文法体制的缺失,为我国成文法的有效运行提供坚实的支撑。总体而言,各种判例的裁判规则,即便是指导性案例的裁判要旨,都是在成文法限定范围内,对制定法法条及其意旨的理解、阐释、确认并运用。由我国成文法体制所决定,判例运用的功能可归结为:一是"找法"(在大量的规范中找到可适用的法律依据);二是"明法"(明确法律条文的精神,并对立法和司法的基本立场与价值取向予以明示和强调);三是"释法"(阐释法律规范的内涵);四是"统法"(统一对法律规范的理解及适用);五是"补法"(填补法律漏洞,矫正法律的缺失与偏误)。在缺少具体可适用法条时,判例运用也有一定的"补法"功能,但这种"补法"仍然是以制定法的目的、原则、法理作为依据及限定的。

通过发挥判例的一系列规范性功能,我国成文法体制的法律规范生成机制中嵌入了一条新的依赖路径,即在单向度的以抽象性法律规范为起点不断具体化的法律规范生成机制中,嵌入了另一个逆向的以情境性、具体性的裁判规则为起点不断抽象化的过程,并且不断得到强化,从而在某种程度上重塑了我国法律规范体系及其生成机制。具体说,依托于司法

① "法益"这一概念分为"实质的法益"和"形式的法益",前者是"基于保障国民自由的观念的前实定的概念,它前置于刑事立法或者说直接指向刑事立法者",后者将法益理解为"法所保护的利益"。参见张明楷:《法益保护与比例原则》,载《中国社会科学》2017 年第 7 期。

经验与理性的持续性累积,判例的智识性法源禀赋得以激活;通过这些资源的广泛运用,特别是在司法场域中的制度化运用,判例具有了司法性、个别性规范的属性;这些规范进一步经过实践的检验和广泛的社会认同,最终在确定的程序中获得规范性法源的资格和地位,由此形成了我国法律规范再生产的一项重要机制。

二、我国判例的效力与效用关系

当下判例运用中较为困窘的问题是,判例在司法实践的运用中究竟具有什么样的效力?对此问题的思考,必须要突破判例法体制的固有思维。判例法制度下遵循先例的原则,所强调的是对先例的尊重,重在其形式权威,相应的机理或逻辑是:因为是先例,所以对后来的裁判即有拘束力,从而就有效力。与之不同的是,我国对判例的运用重在其效用而不是效力;所尊重的是判例中所内含的司法理念、司法经验、司法智慧乃至司法方式和司法技巧。因此,我国判例运用中不应过多纠缠于判例的形式效力,而应更多注重判例的实际效用。过多地纠缠于判例的效力,不仅会把判例运用带入到成文法体制所限定的死胡同之中,而且也会忽略或遗漏判例运用的其他多方面功能,总体上要把判例运用的功能定位在提升司法审判的综合水平与效能之上。用一句话概括:我国判例运用的着眼点或价值在于"有用",而不在于"有效"。

根据法理学的传统,法律规范的效力一般包括法律资格和法律拘束力两方面,①许多学者将这两方面等同视之。② 我国判例的效力问题主要表征为案例指导制度的法源属性问题。③ 大体上,指导性案例的法源来自三方面:其一,最高人民法院及其审判委员会所获得的制定法的间接授权,但是这种效力低于法律和司法解释,因此可构成"准法源";④其二,最高人民法院作为发布主体的权威性和遴选与发布程序的正当性赋予指导性案例以体制性权威;⑤其三,我国案例指导制度共享域外判例(法)制度的基本理念与原理,即立足于判例对

---

① 参见雷磊:《规范、逻辑与法律论证》,中国政法大学出版社2016年版,第69页。
② 参见马驰:《分析法学传统中的法律效力概念——法律约束力抑或法律资格?》,载《法制与社会发展》2015年第5期。
③ 参见李振贤:《我国司法判例研究状况的实证分析——以211篇学术论文为样本》,载《甘肃政法学院学报》2018年第4期。
④ 参见雷磊:《指导性案例法源地位再反思》,载《中国法学》2015年第1期。
⑤ 参见张骐:《再论指导性案例效力的性质与保证》,载《法制与社会发展》2013年第1期。

后案的一种自发生成的影响力。① 基于我国成文法体制下司法权与立法权关系的限定性，无法期待赋予指导性案例以超越这三个层面法源属性之上的正式的法源地位。不仅如此，过度纠缠于判例的效力还会忽略或遗漏判例运用除规范性功能之外的多方面、多维度的其他诸多功能。按照理论界的共识，判例的法源属性可以划分为说服性法源与约束性法源(或者认知性法源和规范性法源)。② 但是，过度注重判例的效力，势必会忽略判例的说服性及认知性法源属性，尤其会偏离判例作为司法经验与理性的载体这一本质，也难以关注到判例的说服性法源与约束性法源之间的相互融通以及转化的可能。

判例运用实践所注重的应当是判例运用的效用。倡导关注判例运用的效用的理由主要有以下几方面：第一，在效力维度上，判例所体现的功用仅仅是提供具有拘束力的裁判规则；而在效用维度上，判例能够展示多方面的价值，提供多方面的利用效能。如果说表达"效力"的关键词主要为"约束"或"拘束"，那么，"效用"则可囊括"参照""参考""示范""借鉴""启示"等多种意涵。第二，效用维度植根于判例作为智识性司法资源的本质属性及其经由运用聚合而成的规模效应，从判例中寻求启示的合理性基础在于法律职业共同体对判例中蕴含的司法经验与理性的广泛认同。第三，效用维度着眼于法官、律师等行动者在运用判例的实践中生成的分散性、动态性的互动关系以及依循这种互动逻辑所作的建构性努力，因而更能反映判例运用的整体过程及整体影响。第四，效用维度天然涵括了效力维度，包含于效用之中的效力，其涵义不再仅仅是凯尔森式的自上而下的形式逻辑推演与程序性赋权过程，而更主要侧重于判例运用效用的共识化与可持续化机制及其必然结果。

判例的效用除了前述规范性功能外，还主要体现在这样几方面：其一，通过判例了解和掌握法律解释、法律推理、法律论证、利益衡量和漏洞填补等法律方法的适用实践。有学者认为，指导性案例作为遴选出来的优秀判例，"体现了主审法官对法律规范的理解和对案件事实的认定，凝结了司法实践中的经验和智慧，其实质是法律方法的适用。"③对判例中包含的法律方法的研习与了解，既具有理论研究的意义，也有利于提高法官群体的司法能力与职业素质。其二，通过了解和借鉴判例中诸如证据的采用方式、裁判文书的结构与风格等内容，获得在司法技术与技巧方面的知识信息与启示。其三，通过大数据分析等手段，了解某

---

① 参见张志铭：《司法判例制度构建的法理基础》，载《清华法学》2013 年第 6 期。

② 参见苏永钦：《司法造法几样情——从两大法系的法官造法看两案的司法行政造法》，载《中德私法研究(17)：司法造法与法学方法》，北京大学出版社 2018 年版，第 6 –16 页。

③ 孙光宁：《中国司法的经验与智慧：指导性案例中法律方法的运用实践》，中国法制出版社 2018 年版，引言第 5 页。

类案件的司法理念和司法取向,乃至司法的宏观状况及整体趋势。其四,运用判例能够了解特定司法政策,如宽严相济、不同所有制主体权利平等保护等的实施状况。其五,判例的运用还能为司法绩效的评价提供可靠的依据,在司法责任制实施的大背景下,亦可借助判例推动法院内部管理监督机制的完善。其六,更为现实的是,运用判例有助于规制法官的自由裁量权,保持裁判尺度的相对统一。若不限于司法场域,判例在理论研究、商业开发以及社会生活等方面也具有非常显著的效用。

透过判例运用的诸种效用,可以归纳出具有规律性的判例运用的效用位阶:一是指导性效用,主要是指具有规范性法源地位的指导性案例发挥的规范性功能;二是参考性效用,主要是指示范性判例,包括最高人民法院公报判例、最高人民法院判例选、年度判例、最高人民法院各审判庭编选的判例、中国法院类案检索和中国审判要览中公布的判例以及各省级法院编选的示范判例所发挥的导引性功能;三是启发性效用,主要是指一般性判例发挥的认知性功能。

进一步看,随着判例运用的效用位阶的不断明确,司法实践中将逐步形成判例运用一种潜在的效用序列,由高至低分别为:指导性案例、最高人民法院公报判例、最高人民法院及其审判庭推介的典型判例、省市高中级法院推荐的典型判例、最高人民法院裁判的一般判例、高中级法院裁判的一般判例、北上广等发达地区各级法院裁判的一般判例、特定类案多发地区法院作出的一般判例。此外,本院以及直接上级法院作出的同类案件的判例也会成为各主体参照并运用的重要依据,并且基于案件被发、改的虑及,其效用地位往往优先于其他法院的一般判例。这种潜在的判例效用序列,将随着判例运用的进一步普及逐步强化判例运用的自发性秩序,实际支配着判例的运用。

三、判例运用的权威位阶与运用要求的关系

与判例的效用位阶相对应的是三种判例运用的权威位阶,分别是服从性权威、引导性权威与认同性权威。依据权威位阶大致能够把判例分为三类:第一类是指导性案例,其权威的性质是服从性权威。第二类是示范性案例,包括最高人民法院公报判例、最高人民法院判例选、年度判例、最高人民法院各审判庭编选的判例、中国法院类案检索和中国审判要览中公布的判例,特别是各省级法院编选的示范性案例。这类判例的权威性质是引导性权威。第

三类是各级法院裁判形成的一般性判例,这类判例的权威性质是认同性权威。

在对所有判例(主要是一般性判例)的自发性运用中,判例作为承载司法经验与理性的智识性信息在各主体之间流动,型塑出一种协商性、过程性、交互性的判例运用态势,从而创造出认同性权威。这种认同性权威类似于判例法意义上的协商性权威,一方面强调对实际事务的权衡和争论集中于具体的情形以及与这些情形一同出现的相对具体的问题;另一方面在于法律实践的推理是历史的,目标指向过去的共同体所作出的或代表共同体作出的过去的判决和诉讼,由于该原因,这些裁判被认为对共同体及其成员来说都明显是规范性的。最终,是推理的质量和力量,而非该推理的公共表达给法官的推理带来了权威。① 在此基础上,法院系统通过制度化与准制度化的多种方式建构性地运用判例。判例多经过遴选、加工、提炼之后以裁判要旨、裁判规则的形式呈现,法官予以参照和参考的行为主要基于判例运用的规制性权威。一方面,指导性案例已经具有最高的司法性效力,因此其权威的性质属于服从性权威;另一方面,其他判例因其参考性、示范性而具有引导性权威。

依循判例运用的权威位阶,判例的具体运用方式则呈现为类型化的特征。对于不同权威支撑的判例,运用要求也各不相同:一是强制性运用,主要是指导性案例所确定的裁判规则,必须遵循并参照适用,这种运用内含着法律上的强制;二是导引性运用,对公报判例或上级法院推荐的典型、示范判例,在司法实践中具有原则上的指导作用,这种运用体现着上级法院对下级法院的行政性强制;三是自利性运用,对于各级、各地法院其他的判例,法院审判组织以及其他主体可根据需要,选择性参考,这种运用不具有强制性,更主要基于运用主体的自利性动机。三种不同的使用要求大体构成我国判例运用的基本框架。

在权威位阶与相应的运用方式和要求中,自利性运用及其隐含的认同性权威在很大程度上具有基础性乃至根本性。正是它决定了我国司法实践中各主体对判例的运用是一种全面性的运用,而不限于裁判规则,呈现出"全面参照(考),个别取舍"的特征。由于判例呈现的是其原貌,各主体可以看到其展示出来的诉讼或审判的主要过程以及案件处理的具体方式。更为重要的是,在诉讼和审判过程日益复杂、对抗性越来越强的情势下,各主体对判例

① 参见[美]杰拉德·J.波斯特玛:《普通法的哲学》,韦洪发译,载[美]朱尔斯·科尔曼、斯科特·夏皮罗主编:《牛津法理学与法哲学手册》,杜宴林等译,上海三联书店2017年版,第686页。

的需求更加多元和旺盛。[①] 在此情况下，参照或参考各种裁判规则或要旨固然是我国判例运用的重要内容，但除了裁判规则外，事实或证据的认定方式、论证逻辑和理据、适用法律的理由及依据，以至于裁判文书的叙述风格等，都是判例运用过程中被汲取的内容。不仅如此，司法绩效、司法政策、司法取向、司法立场、法律适用统一性等宏观状况的分析，也是判例运用的功效或目的所在。

四、类似案件与类型案件的关系

"类案同判"是我国判例运用的重要机理之一。在表述类案同判命题时，存在两种理解：一是类似案件裁判相同；二是同类型案件(案由相同)裁判相同。当下法院系统类案强制检索制度构建与完善的过程中，由于对"同类案件"与"同类型案件"的混淆，难以避免地出现一些认识上的误区，对两者加以区分尤具现实意义。

就同类型案件而言，主要是指同案由案件。我国各级法院在选编判例时，基于编选和检索的便利，往往以案由为基础进行分类，由此使"类案同判"的内涵由"类似案件相同裁判"实际衍化成"同类(案由)案件相同裁判"。尽管"同类(案由)案件相同裁判"也体现了"类案同判"的精神，但并不能覆盖"类案同判"的全部蕴涵，因为其间接排除了不同案由判例之间相互借鉴参照的可能与价值。

为了更充分地发挥判例的效用，需要突破"同类型案件"的认识局限，从影响乃至决定裁判结果的关键节点的维度和层面来界定"类案"之"类"。也就是说，从判例运用的角度看，类案之"类"是指待决案件与判例在影响或决定裁判结果的关键节点上的相似或相同；而关键节点既可能是事实认定(真实性认定、事实性质认定)，亦可能是法律适用问题(程序法律适用、实体法律适用、法律规定适用、法律原则或理念适用)，同时，既可能是案件的基本(主

① 这是与之前判例运用情况作比较得出的结论。根据上海高级人民法院的调研结果，判例影响后案的范围和程度主要表现在法律适用、证据的认定、证明责任的确定以及裁判尺度的掌握上。适用法律，在法律关系复杂、对当事人争议适用法律存在较大难度，其他法官、法院裁决在法律关系分析定性上有令人信服的理由的情况下，近半数的法官曾经吸收和借鉴成案裁决。证据认定，在案件情况类似，其他法官、法院裁决在认证方面有令人信服的理由情况下，近半数的法官曾经吸收和借鉴成案裁决。证明责任确定，当法律或司法解释对当事人的证明责任未作规定，其他法官、法院裁决对此作了合理安排时，36%的法官曾吸收和借鉴成案裁决。裁决尺度，当法律、司法解释对当事人责任承担的尺度没有规定或仍留有较大弹性幅度，其他法官、法院对此类案件的裁决尺度较为公平合理时，24%的法官曾经吸收和借鉴成案裁决。参见丁文联、胡孝红、余冬爱等：《成案对中国法官裁决案件的实际影响——一份来自上海法院实证调查的报告》，载《商事法律报告》(第一卷)，中信出版社2004年版，第88页。

要)事实,也可能是与主要法律关系或案件性质关联不大的细微情节。无论类似或相同点是什么,根本之处在于其整体或部分地决定或影响裁判结果。把握“是否决定或影响裁判结果”这一根本,才能准确把握“类案”的实质涵义,才能够在判例运用中更准确分辨出“形同而实不同”“形异而实同”的各种判例,从而更好地发挥判例的引导性作用。当下无论是选编判例还是运用判例,如何在各类案件中找到容易产生分歧、看似细微但可能对裁判产生实质性影响的焦点,是问题的关键所在。若不能够解决好这一问题,既可能使类型案件所提练出的裁判规则失之笼统或偏误,更可能使不同类型案件的判例之间失去了相互参考的可能。更为现实地看,随着审判监督管理的加强,案件基本事实相同而裁判结果相异的现象将逐步减少,法律适用统一、同案同判方面的压力会相应减轻。换言之,这类案件处理时示范性判例运用的需求并不突出,而恰恰是同类案件中各自相异或不同类型案件中彼此相同的各种复杂多样且决定或影响裁判结果的细微情节,成为案件裁判的疑点、难点,自然也会成为争议焦点。这些疑点和难点的恰当处置,为示范性判例的运用提出了需求并赋予其特有的实用价值。

在更为宽泛的意义上,判例之间的“类”可以界定为“类似的问题”。除了前述的影响或决定裁判结果的关键节点外,还包括诸如某些法律原则(如诚实信用原则、过错责任的比例原则)的运用、某些法律理念(如当事人各方利益平衡,或者社会利益与当事人利益的平衡)的诠释、某些法律推理方式(如当事人真实意志、善意相对人或第三人)的认定,这些问题在不同类型的案件之中都存在,而且都可能是司法审判中的难点和疑点,不同类型判例之间的参考和借鉴作用很大。不仅如此,有些程序性问题,如主体的适格的认定、某种证据是否采信、程序失权的认定等,也是不受案由局限而存在于多类案件中的共通性问题,这些问题同样需要通过案例提供参考和借鉴。

因此,对类案同判之“类”,既要注重类型之类,更应注重类似之“类”。只有对类案之“类”的认知超越了表象化、形式化的案由相同(类似)、事实相同(类似),或适用法律相同等,在具体情境中判断问题、情节的相似性,聚焦于待决案件与判例在影响或决定裁判结果的关键节点上的相似或相同,才能更趋近追求裁判公正这一核心目标。统一法律适用、保证类案同判只是司法审判的起码要求或外观要求,判例运用的最根本功效与目的还在于追求或保证裁判公正,“统一”不等于“公正”。保证类案同判也许比较容易做到,但如果判例及裁判规则选择不恰当,只能使相同的案件出现相同的错误。这就要求在实务中尤其应当注重准确提炼裁判规则。目前司法机关、学术理论界、商业机构以及律师界等多方面都在尝试从案例中提炼裁判规则。在此过程存在的问题，一是关注的面较窄，往往仅注意到作为裁判主要依据的规则，而忽略了案例中并非作为主要依据但对裁判结果具有实质性影响的其他规则；二是提炼的裁判规则比较粗略，较为笼统，适用借鉴意义不大；三是不够准确，既有未能真正把握裁判实质精神的问题，也有语言表达不够精准、恰当的现象。

五、我国判例运用的建构性与自发性关系

我国判例运用始终贯穿着建构性与自发性两个鲜明特性，认识这两种不同特性，恰当处理好这两方面关系，也是当前判例运用中需要关注的问题。

我国判例运用实践的建构性主要体现为以案例指导制度为代表的一系列制度构建与完善。1985 年经由最高人民法院审判委员会讨论通过的判例以公报形式发布，[①]开启了判例运用制度化的进程；2005 年《人民法院第二个五年改革纲要（2004—2008）》提出“建立和完善案例指导制度”，标志着判例运用制度化新一轮的高潮开启；以 2010 年 11 月 26 日《关于案例指导工作的规定》的出台为标志，案例指导制度建立，也喻示着具有中国特色的判例（运用）制度初见形态。案例指导制度是最高人民法院对判例进行筛选、剪裁和公布，以达到统一裁判尺度和法律适用目的的一种制度性安排，集中体现了法院系统意图建构的判例运用制度的内在逻辑。依循这种制度建构逻辑，地方各级法院也在持续地构建与完善参考性、示范性判例运用制度。经过多年的发展，我国法院系统内具备多层级（强制性、参照性、示范性的层级化判例运用制度体系）、全覆盖（覆盖整个法院系统）、赋效化（依托法院体制性约束与激励的制度集合已经形成）特征的建构性判例运用制度体系正在形成并逐渐完备。

我国判例运用实践的自发性则是指由法官、检察官、律师以及当事人在追求审判效能以及诉讼效果最大化这只“看不见的手”的推动下，自觉地、主动地搜索、参考、援引判例的行为及其之间的互动汇聚而型塑的一种内生性的判例运用总体景象。事实上，这种现象在司法实践中一直存在，得益于近年来裁判文书上网制度的施行以及互联网科技的革命性迭代进程，判例的自发性运用从“星星之火”逐渐呈“燎原”之势。判例的自发性运用在很大程度上

① 最高人民法院曾在 1990 年发布通知指出“最高人民法院公报是最高人民法院的正式公开文件，是全体审判人员必备的业务资料，公报上登载的文件、司法解释、案例等，在公布前均经审判委员会再次审议订正。因此，它对搞好审判工作，提高办案水平，具有权威性的指导作用。”

突破了法院系统内部结构的体制性制约以及地域空间的局限,更主要的是基于对司法经验、理性与智慧的考量、认同与遵循,而不再仅仅是对制度性权威的服从。①

我国判例运用的建构性与自发性之间既有明显的区别,又存在强烈的关联。就两者的区别而言,我国判例的建构性运用强调赋予判例以效力;主要依赖于法院系统体制性权威以及制度性资源的支撑;采取组织化行使权力的集体行动模式。而判例的自发性运用则更注重判例中蕴含的司法经验与理性经由运用产生的效用;主要依赖于各主体追求审判或诉讼利益最大化这只“看不见的手”的推动;体现为依托于判例智识性信息弥散性流动的充分竞争。

从另一方面看,这些区别只是相对的,两者各自的特性为彼此创造了支持性条件。两者之间的关联及相互作用主要表现在这样几方面:其一,判例的自发性运用营造了判例间相互竞争的环境和生态,促使理性趋同趋优,高质量的司法智识性信息逐渐“显现”,这种自发性运用实际形成了判例的筛选机制,成为判例制度性运用中优质判例资源供给的重要途径;与之相对应的是,判例的制度性运用持续生产司法制度性资源,赋予优质判例以强制适用的效力,从而强化判例自发性运用的效用。其二,在判例自发性运用中,能够检验经过遴选及加工的指导性、参考性判例(主要是裁判规则)的质量与效用,从而也构成对判例制度化运用机制的一种检验;与之相对应的是,指导性、参考性判例通常都是自发性运用中主要的对象。其三,强制检索以及其他相关的激励与约束机制客观上助力于对包括一般性判例在内的所有判例的参照、参考与借鉴。其四,判例的自发性运用中,包括当事人、律师、检察官、法院和法官等主体的共同参与,主体间的互动塑造了判例全面运用的态势,这也为判例制度化运用提供基础。

这种情况带给我们的思考是,我国判例运用最终能否形成一个兼容建构性运用与自发性运用具有统一性、系统性的制度?建构性运用与自发性运用之间能否形成一个相互促进,良性影响的判例运用秩序?目前学界对建构性运用的研究较多,对自发性运用则重视不够。事实上,无论在判例的形成、选编以及运用等方面,都不能限制或忽略自发的作用。例如,在司法实践中,原告、被告的律师会用不同的判例证明自己的主张与诉求,由此形成以“法院通

---

① 本文通过对3项具有代表性的研究成果的比较梳理和分析来呈现判例运用秩序自发性属性的强化过程。参见丁文联、胡孝红、余冬爱等:《成案对中国法官裁决案件的实际影响——一份来自上海法院实证调查的报告》,载《商事法律报告》(第一卷),中信出版社2004年版,第88页;Benjamin Liebman and Tim Wu, 2007. "*China's Network Justice*", Chicago Journal of International Law 8, 257-321;顾培东:《判例自发性运用现象的生成与效应》,载《法学研究》2018年第2期。

法院”以及“以法院怼法院”的状况。现象上看，这种状况会使法院处于某种尴尬境地，但从长远看，也并非完全是负面的。在信息高度对称条件下不同裁判规则之间的比较和博弈，能够最终导向包括法院在内的各主体的理性化趋从，这与平等的市场竞争可以使商品价格趋于合理的道理是一样的。更应看到的是，诉讼主体自发运用案例的这种状况将会长期存在，是司法审判无法回避的现象，因此，法官如何对待和回应这种现象，在制度上应有明确体现，在制度上要为自发运用保留空间。

在充分考量判例运用中的自发性要素及其影响的基础上，应当在我国判例运用制度的构建中，以效用为导向，依循逐渐形成的判例运用的权威体系，以追求裁判公正为目标，兼容判例运用建构性逻辑与自发性逻辑。在实际操作层面即在既有的建构性逻辑中嵌入自发性逻辑，在现有判例运用制度中嵌入依靠整个法律职业共同体的辅助与反馈机制，允许律师、商业主体、科研机构、社会公众以及普通法官等主体在不同环节，以多种方式参与其中，开拓判例来源，增强交互性。如果程序设计和开放程度恰当，不仅不会损害司法权威，反而会以认同性权威的强化补充服从性权威和示范性权威。

此外，值得强调的是，从一般性判例进入到参考性判例，再从参考性判例转入到指导性判例，可以构成指导性案例生成的常规路径，这一路径也典型地反映出自发性与建构性的结合。所以，兼容案例运用的建构性与自发性，应该成为我国判例制度构建的重要指导思想。

论裁判规则的规范性*

张　骐

内容摘要：裁判规则是由司法机关在司法过程中所形成、存在于案例或司法解释中的对某种争议问题的法律解决方案。案例裁判规则是案例的灵魂。案例裁判规则的规范性是指裁判规则的内容为人们解决同类疑难案件提供了法律解决方案，为法官的裁判提供了理由，它是一种建立在理性基础上的事实上的权威；为人们解决类似争议问题提供了规范性指引。它具有三个不同于法律规则规范性的特点，即它以蕴含一定普遍性的个案判决为基础，它具有一定的事实性和司法性，它是人们解决纠纷和指引行为的独特的规范资源。裁判规则的规范性来源于两个方面：其一是裁判规则内含的、建立在司法规律基础上的合理性；其二是裁判规则的出现是为了实现正义，其作用机制立基于正义。

关 键 词：裁判规则规范性特点　裁判规则规范性来源

文章来源：《比较法研究》2020 年第 4 期

作者简介：张骐，北京大学法学院教授，法学博士，最高人民法院案例指导工作专家委员会委员、中国法学会案例法学研究会副会长、中国法学会比较法研究会副会长、中国法学会法理学研究会副会长。

---

* 本文系国家社科基金重大项目“构建中国特色案例制度的综合系统研究”（16ZDA068）的阶段性研究成果。本文初稿曾于 2017 年 11 月在香港大学法学院—北京大学法学院学术年会上宣读。作者感谢中国法学会案例法学研究会会长胡云腾教授、研究会秘书长梁欣教授、澳大利亚邦德大学法学院院长 Prof. Nick James、Prof. Vai Io Lo、Prof. Brenda Marshall、孙海波教授、赵英男同学，以及刘岩、谢可晟、孔杨诸同学在本文写作过程中与笔者的研讨、交流及对笔者的宝贵支持和帮助。

最高人民法院2019年8月推动建立的参考性案例备案机制和类案及关联案件强制检索制度,开始使最高人民法院各业务庭和各高级人民法院所判案件逐渐发挥事实上的指导作用。最高人民法院和高级人民法院的案例之所以能够对类案同判具有指导作用,主要是因为这些案例中存在裁判规则。① 可以说,裁判规则是案例或判例的灵魂。② 法律实务界和法学理论界最近几年以日益高涨的热情大力研究智慧法院、大数据司法和法律人工智能。而建设智慧法院的重要条件是提高网上办公的知识密度,其中法官网上办公的知识不仅包括法律、法规、法院的各种规章,还包括指导法官处理各类案件的裁判规则。法律人工智能要真正在司法审判中发挥作用,同样不仅要掌握法律、法规、政策和法院的各种规章,而且要掌握对指导法官审判十分重要的裁判规则。那么,什么是裁判规则?裁判规则为什么被称为规则?裁判规则与制定法规则相比具有什么样的特点?裁判规则发挥规则作用的基础是什么?这些问题都涉及裁判规则的规范性问题。裁判规则的规范性是一个目前迫切需要深入研究的问题,不仅因为它是一个实际存在的司法现象,而且因为裁判规则是一类独特的、宝贵的规范资源。只有深入研究裁判规则的规范性,我们才能更好地运用裁判规则,充分发挥它们在统一裁判尺度、实现司法公正方面不可替代的作用。同时,对这些基本问题的研究,还可以丰富我们对当代中国司法制度、案例法理乃至法治基本理论的认识。本文将对裁判规则的涵义,裁判规则的规范性涵义,裁判规则的特点以及裁判规则的规范性来源进行探讨,以就教于方家并期增进我们对这些问题的认识。

一、裁判规则的涵义

当学者们说裁判规则的时候,他们指什么?他们说的是同一个东西吗?学者们是如何界定裁判规则的?他们对裁判规则的界定有什么区别?学者们对裁判规则的界定,是我们认识裁判规则并对它进行深入研究的第一步。

---

① 例如,上海市第一中级人民法院已经成功探索的“类案裁判方法总结工作机制”,https://baijiahao.baidu.com/s?id=1629775525846223792&wfr=spider&for=pc,2019年7月1日访问。

② 判例与案例都有裁判规则,从这点看它们是相同的。因此,笔者在本文中把案例与判例作为同义词来使用,虽然它们在其他场合的含义有区别。

关于裁判规则的涵义,[①]中国学者们提出了各自的界定。陈金钊教授认为裁判规范是“法官根据法律规定和案件的具体情况而发生量变以后所形成的规则”。[②] 陈教授所说的裁判规范与审判操作规范共同构成审判规范,而审判规范是一种针对具体案件的裁判理由,是一种个别规范。[③] 与陈金钊教授的观点相对,张其山教授认为,裁判规范绝不是“个案规范”,而“是一种普遍化的或意欲普遍化的规范,是法官直接用于裁判的规范”。[④] 谢晖教授认为:“所谓裁判规范,是指法官在司法中所援引或构造的、适用于当下案情(个案)的裁判规则。……是法官在处理个案中,用来直接适用于当事人之间权利义务关系纠纷的规范。狭义的法官构造的裁判规范,是指法官在处理案件纠纷中,面对复杂或疑难的案件,不能直接援引国家法或其他社会规范、法律原理进行裁判时,按照法律的精神和原则,借助法律或其他社会规范等,所构造的适用于当下案件的裁判方案和个案规范。”[⑤]

宋旭光博士认为,裁判规范可以从动态意义和静态意义两方面来界定,前者指作为过程的裁判规范,后者指作为结果的裁判规范。作为过程的裁判规范可以看作是一种将制定法适用于具体案件的裁判过程;作为结果的裁判规范,是指“以法律规范为出发点,经过法官加工具体化的适用于个案裁判的规范,或者根据原则和正义构造的适用于个案的规范”。[⑥] 王强军博士认为,裁判规范“像所有的社会规范一样是一种行为规则,但确实只被法院适用,它至少主要不是一种为在日常生活中活动的人设定的规则,而是为对他人的行为进行裁判的人设定的规则”。[⑦] 按照王博士的观点,裁判规范是适用于个案的规范,是刑法条文(刑法文本规范)的具体化。韩世远教授则认为,“具体的裁判规范,是指裁判者在处理具体案件时实际依据的裁判规范。此类规范通常是成文立法或司法解释,但又不限于此”。重点是指那些

---

① 根据笔者的考察,在研究文献中,“裁判规则”与“裁判规范”所指的对象是一样的。所以,在本文中,笔者将“裁判规则”与“裁判规范”作为同义词来使用。只是,在语用学上,裁判规则更强调所指对象在司法实践中的应用,裁判规范更注重对所指对象的理论界定。笔者意在前者。所以,当笔者谈自己观点的时候,用“裁判规则”;在引用其他学者的观点时,一律尊重原作者的用法,如果原作者使用“裁判规范”,将不做任何改变。在法理学研究中,学者们似乎一般不认为规范与规则有多大区别,一般是在相同的意思上使用。例如,英国法学家哈特用规则(rule)展开自己的理论,在评论奥地利法学家凯尔森观点的时候,由于凯尔森用规范(norm),他才用规范(norm),他在一个地方说:"But we cannot ask in the simpler case one kind of question which we can ask concerning the rules of a system enriched, as municipal law is, by a basic norm or secondary rule of recognition." See H. L. A. Hart, *The Concept of Law* 235(3d ed.), Oxford University Press 2012.

② 陈金钊:《论审判规范》,载《比较法研究》1999 年第 3、4 期。

③ 参见陈金钊:《论审判规范》,载《比较法研究》1999 年第 3、4 期。

④ 张其山:《裁判规范的创立原则》,载《政治与法律》2009 年第 10 期。

⑤ 谢晖:《民间法与裁判规范》,载《法学研究》2011 年第 2 期。

⑥ 宋旭光:《裁判规范的概念及用语辨析》,载《法律方法》2013 年第 1 期。

⑦ 王强军:《刑法裁判规范的开放性研究》,载《政治与法律》2014 年第 7 期。

对于现行法规范体系构成实质性发展或者增长的具体裁判规范(比如“权利失效”)。可以把这类具体的裁判规范理解为一种“活法”,作为民法学解释论的一部分,整合进入民法教义学体系。民法既是行为规范又是裁判规范;“民法首先是裁判规范,其次才是行为规范”。① 胡小红教授认为,“裁判规则是法官在审理案件中根据法律原则或者法律规则所创制的作出案件裁判结论的具有普遍意义的依据,是法律原则或者法律规则的具体化、清晰化形态”。② 蒋惠岭先生认为,“裁判规则是指通过案例的裁判结论所确立的法律性质的规则,是案例的灵魂所在。……裁判规则是裁判者对法律进行解释的结果,是成文法规范的具体化。”③

上述中国大陆学者有关裁判规则的界定各有千秋,反映了这些学者对裁判规则的认识角度和各自掌握的理论资源,很难用对错来进行判断。上述界定的相同点是,都认为裁判规则是一种规则。但是什么样的规则?学者们见仁见智,看法存在分歧。学者们有关裁判规则界定的分歧有下面四个方面:

第一,在裁判规则的性质上,裁判规则是具有普遍性的规则,还是它只是一种个案性规则?陈金钊教授认为:裁判规则是一种个案规则;而张其山教授则否认裁判规则具有个案性,认为它是一种普遍化或意欲普遍化的规范,并且,这种裁判规范与个案规范不兼容。第二,还是有关裁判规则的性质,裁判规则是法律,还是仅是一种习惯、学术见解?韩世远教授采取综合构成的观点,认为裁判规则中既有法律,也有可以作为活法的法学理论。但是,多数学者明显把裁判规范区别于制定法。第三,在裁判规则的功能、作用上,裁判规则是仅供司法人员适用于司法审判之中,还是同样指导普通人的日常行为?学者们普遍认为裁判规则只由司法人员适用于司法审判之中。韩世远教授虽然认为民法既是裁判规范,也是行为规范,但在功能上,它们是区分开的。第四,在裁判规则的来源上,裁判规则是如何形成的?大部分学者认为,裁判规则来自审判过程中司法人员的审判行为;但是,如果按照韩世远教授的观点,认为成文立法如民法也是裁判规则的话,它就可能来自立法机关。

笔者认为,陈金钊、张其成、宋旭光、陈越峰等许多中国大陆学者的观点或多或少受到中国台湾地区学者以及一些外国学者有关裁判规范的观点的影响。例如我国台湾地区学者黄茂荣教授认为:“法条或法律规定之意旨,若在要求受规范之人取向于它们而为行为,则它们便是行为规范;法条或法律规定之意旨,若在要求裁判法律上争端之人或机关,以它们为裁

---

① 参见韩世远:《裁判规范、解释论与实证方法》,载《法学研究》2012 年第 1 期。

② 胡小红:《论司法过程中裁判规则的构建与适用》,载《理论建设》2015 年第 1 期。

③ 蒋惠岭:《认真对待作为“动态法典”的案例》,载《人民法院报》2005 年 8 月 1 日,b 版。

判之标准进行裁判，则它们便是裁判规范。”①不过，黄教授这里所谈的裁判规则指的是制定法规范。这里的制定法规范根据需要或用途，或者是裁判规范，或者是行为规范。

奥地利法学家凯尔森的观点与黄茂荣教授的观点恰成对照。凯尔森指出：“当法院在解决双方当事人之间争端或在判处被控告人刑罚时，的确适用着制定法或习惯法的一般规范。但与此同时，法院也创造了规定对一定的人执行一定制裁的个别规范。”②笔者认为，凯尔森这里所说的“个别规范”，虽然体现为司法判决，但确实是蕴含着普遍性的裁判规则，正是我们这里所讨论的裁判规则。③ 倒是哈特在《法律的概念》一书中所说的裁判规则（rules of adjudication），与我们这里讨论的裁判规则（裁判规范）的内涵和外延有很大不同。哈特指出，他这里所说的裁判规则，是用于“授权给某些人对于在特定场合中，初级规则是否被违反，做出权威性的决定”，并界定裁判者必须遵循的程序；但是，“裁判规则本身没有科以任何义务，而是授予司法权力，并将特殊地位赋予那些说明何种义务已被违反的司法宣告”；像其他次级规则一样，它们也界定了一批重要的法律概念。哈特认为，“裁判规则”与“承认规则”“变更规则”一道构成“次级规则”，用来补救初级规则的不确定。④ 由此看来，哈特所说裁判规则确实与前面中外学者所讨论的裁判规范有所不同。中国大百科全书出版社出版的中文译本中译者把 rules of adjudication 译为“审判规范”而不是“裁判规范”，似乎是有所考虑的。⑤

如果说凯尔森的观点反映了其关注法律“应然状态”的纯粹法学特点的话，奥地利法社会学家埃利希的观点，则是对裁判规则实然状态的一种描述。他认为：“裁判规范像所有社会规范一样是一种行为规则，但确实只为法院适用，它确实主要不是一种为在日常生活中活动的人设定的规则，而是为对他人的行为进行裁判的人设定的规则。”⑥在一些欧洲民法法系国家，裁判规范也表现为长年累积的裁判见解、实务或学说，比如“习惯法”、“法院一贯见解”或“活法”，其规范性是得到承认的。⑦

---

① 黄茂荣：《法学方法与现代民法》（第3版），中国政法大学出版社2001年版，第110－111页。

② ［奥］凯尔森：《法与国家的一般理论》，沈宗灵译，中国大百科全书出版社1995年版，第152页。

③ 笔者在本文稍后还会继续讨论这个问题。不过，宋旭光博士认为，“凯尔森所谓的个别规范是案件裁判的结论，是其规范效力来源理论体系中的一个概念。而我们所说的裁判规范并不是这种意义上的‘个别规范’”。宋旭光：《裁判规范的概念及用语辨析》，载《法律方法》2013年第1期。

④ 参见［英］H. L. A. 哈特：《法律的概念》（第2版），许家馨、李冠宜译，法律出版社2006年版，第89－92页。

⑤ 参见［英］H. L. A. 哈特：《法律的概念》，张文显译，中国大百科全书出版社1996年版，第98页。

⑥ ［奥］欧根·埃利希：《法社会学原理》，舒国滢译，中国大百科全书出版社2009年版，第127页。

⑦ 参见苏永钦：《司法造法几样情——从两大法系的法官造法看两岸的司法行政造法》，载《中德私法研究》2018年第17期。

我们可以把上述学者有关裁判规则的界定的观点,按照不同的标准进行不同的划分。首先,按照裁判规则与制定法的关系划分,可以把对裁判规则的界定分为两类:第一类,认为裁判规则属于法律规范,如黄茂荣教授与韩世远教授的观点。按照黄茂荣教授的观点,裁判规则就是法律,只是由于功能或用途的不同,而有不同的称谓。但根据韩世远教授对裁判规则的理解,韩教授界定裁判规则时所谓的法律是广义的法律,其中的裁判规则与制定法还是不同的。第二类,认为裁判规则与法律规范并列,裁判规范不同于法律规范,如张其成教授的观点。[①] 我们可以把此处第一类观点称作是一种裁判规范的一元二分论。所谓一元,即法律就是裁判规范,裁判规范也是法律;所谓二分,即法律中有行为规范与裁判规范二分对举。我们可以称第二类观点为,裁判规则与法律的二元论,即虽然裁判规则需要以制定法为依归,但裁判规则不同于制定法,如蒋惠岭。其次,按照裁判规范与行为规范的关系来划分,对裁判规则的界定也可以分为两类。有学者持裁判规范与行为规范二分论,同时认为裁判规范是只针对法官的规范,如刑法学者王强军博士的观点;而韩世远教授则认为,二者没有根本区别,裁判规范同样是指引其他行为人行为的规范,呈现为具有先后关系的"一体两面"样态。有的学者,如王永茜博士所介绍的日本学者高桥的观点,是从功能论的角度看待这个问题,即有些刑法规范兼具两种功能,两类规范的区别是"功能上的区别"。[②] 这个观点与前述黄茂荣教授的观点相似。最后,裁判规范中个案性与普遍性的关系,分为三类观点:第一类,裁判规范是个案规范(陈金钊),第二类,还是非个案规范(张其山),第三类,二者可以得兼,如谢晖。

前述黄茂荣教授对裁判规范的界定,从顾名思义的角度讲,是成立的。但是,我们这里所讨论的裁判规则是一种独特的司法现象,具有有待揭示的独特性,并非顾名思义那么简单。我们需要找到裁判规则的独特性,以便指导我们的司法实践。我们从学者们对于裁判规范界定的不同观点中可以发现,虽然大家在这个问题上有各自的见解,但是在某些基本点上是有共识的,即都肯定裁判规范与司法审判有关,在法官审判案件的过程中具有重要作用,对法官裁判进行规范、指引。在此,我们可以通过总结学者们使用"裁判规范"时赋予它的涵义、使用它的语境及用意,对裁判规则给出一个可以获得最大共识并有助于我们进一步研究的定义:裁判规则(裁判规范)是一种法律命题,是由司法机关在司法过程中所形成、存

① 参见张其山:《裁判规范的创立原则》,载《政治与法律》2009 年第 10 期。

② 参见王永茜:《论刑法上裁判规范与行为规范的分离》,载《清华法学》2015 年第 5 期。

在于案例或司法解释[①]中的对某种争议问题的法律解决方案。由于案例裁判规范的特殊性,也为了有效地讨论这个问题,本文接下来将集中讨论存在于案例或判例中的裁判规则。

二、裁判规则的规范性及其表现

我们之所以把案例中对一定争议问题的法律解决方案称为规则,简单说来是因为,这些法律解决方案可以像规则、规范那样被不断运用于同类案件。换言之,它们具有规则、规范的性质。规范性是裁判规则的根本性质。案例裁判规则的规范性使得具有裁判规则的案例不同于一个单纯宣传性、教育性,或者反映社会热点的典型案例。后者虽然可能为公众所瞩目并具有某种社会教育意义,但不包含具有对某个争议问题的法律解决方案,不具有规范性。同时,案例裁判规则的规范性也使得具有裁判规则的案例不同于同为纠纷解决方案的调解案例,调解案例的具体解决方案并不公布,是一事一议,一次性的。那么,我们应该怎样深入理解裁判规则的规范性?它与法律的规范性有什么区别?这是我们现在要讨论的问题。

(一)何为规范性

规范性(normativity),顾名思义,即规范的性质。根据《现代汉语词典》,规范是"约定俗成或明文规定的标准"。[②] 根据《简明不列颠百科全书》,规范是"一个社会群体诸成员共有的行为规则和标准"。规范既可以内化进个人意识而使人自觉遵从,也可以由于外部奖惩的作用而被遵从。[③] 这两部权威文献用简明、清晰的文字表达了我们通常理解的规范的涵义。

笔者对规范性的认识立场,与哲学史上的唯名论者或形式主义者的立场相近,即认为,事物的性质是人们对这个事物的观念性的认识,是该事物的共相。[④] 规范性就是人们对规范的观念性的认识,是规范的一种共相。所以,规范性的意思与规范是一致的。张传有教授下

---

① 郑智航教授认为裁判规范也可能表现在最高人民法院的司法解释中。参见郑智航:《论最高人民法院裁判规则的形成功能——以最高院民事司法解释为分析对象》,载《法学》2013 年第 11 期。

② 中国社会科学院语言研究所词典编辑室编:《现代汉语词典》(修订本),商务印书馆 1999 年版,第 474 页。

③ 参见中国大百科全书出版社《简明不列颠百科全书》编辑部译编:《简明不列颠百科全书》(第 3 卷),中国大百科全书出版社 1985 年版,第 532 页。

④ 参见[德]黑格尔:《哲学史讲演录》(第 3 卷),贺麟、王太庆等译,世纪出版集团、上海人民出版社根据商务印书馆 1959 年 12 月第 1 版 1997 年 2 月北京第 10 次印刷本整理,第 303 页。

面这段通俗语言,既有对规范的解说,也有对规范的分类:“所谓规范,就是一种要求,法律上的要求我们称之为法律规范,道德上的要求我们称之为道德规范,技术上的要求我们称之为技术规范,还有其他的要求,我们统称为日常规范。”①我们可以把张教授的表达方式稍微转换一下,来表述规范性:规范性是一种要求,是对人们应该如何行为的要求;它既可以是以法律为根据的“应该”,也可以是以道德为根据的“应该”,或者以其他某种规范为根据的“应该”。我国台湾地区学者颜厥安教授指出:“在传统的欧陆文献中,规范性就是指存有与当为(Sein/Sollen)二元区分当中的当为(或称之为应然、应为),简略一点说,以当为表达的语句,就形成了规范,具备了规范性。”②

使规范性成为一个问题,甚至是一个很大问题的关键原因是:“为什么应该?”吴瑞媛教授指出:我们需要区分“规范系统内的应该和真正的应该”,而区分的标准就是“理由”。理由是“可以来支持或证成某行动的(关乎该行动之)事实”。规范系统内的应该只是蕴含某些行为准则存在,而不一定蕴含我们遵守这些准则的理由,但真正的应该则蕴含我们这么做的理由。虽然理由在“应该”中具有十分重要的作用,但是,“真正的应该”和理由仍有不同。因为“应该蕴含理由,但理由却不一定蕴含应该”。因为,理由是“可被击败的”(defeasible)。所以,规范性的问题,就在于搞清“某规范系统内的应该是否真的提供行动理由?”③吴瑞媛教授指出:“一个具有真正规范性的系统必须是凭藉本身的特色(而不是因为其他因素)来提供行动理由。”理由“就是能够对诸种主体之意向心理状态提供支持的事实”。④

法律就是这样一种事实。它以特定方式指示人们应当如何行为或者不应当如何行为。麦考密克教授指出:“它们并不是要陈述事实,而是要设定行为的模式,并不是要探究既定条件下的行为后果,而是要制定在给定条件下会产生何种后果的规则,并不是要制定一个本属于现实世界的模式,而是要为现实世界提供一个模式。”⑤法律以为人们提供行为理由而具有规范性。拉兹教授指出:法律是“一套(潜在地冲突的或强化的)一起决定何为法律所要求的理由体系”。⑥

然而,拉兹教授认为,规则仅仅指出人们应当如何行为是不够的。他问:如果规则并不

---

① [美]克里斯蒂娜·科尔斯戈德:《规范性的来源》,杨顺利译,上海译文出版社 2010 年版,第 1 页。

② 杨日然教授纪念论文集编辑委员会编:《法律的分析与解释——杨日然教授纪念论文集》,元照出版公司 2006 年版,第 64 页。

③ 参见谢世民主编:《理由转向:规范性之哲学研究》,台湾大学出版中心 2015 年版,第 2 -4 页。

④ 谢世民主编:《理由转向:规范性之哲学研究》,台湾大学出版中心 2015 年版,第 18 页、第 22 页。

⑤ [英]麦考密克:《法律推理与法律理论》,姜峰译,法律出版社 2018 年版,第 123 页。

⑥ See Joseph Raz, *The Authority of Law* 33, Oxford University Press 1983.

指出以其作为理由的好处,规则如何能够是理由?他把这个有待说明的现象称为规范的隐蔽性(the opaqueness of rules)问题。[①] 王鹏翔教授认为“规范的隐蔽性”问题是“规则规范性的困惑”。为了解决拉兹提出的“规则规范性的困惑”,王鹏翔教授改变了提出问题的方式,即不是“规则如何能够是理由?”而是“规则如何能够给予理由?”王鹏翔教授指出:“按照这样的提问方式,规则的规范性应被理解为‘规则是一种给予理由的事实(规则具有给予理由的力量)’,而非‘规则是一种理由’。”[②]借助于王一奇教授提出的“基于差异制造的理由论”,[③]王鹏翔教授指出:“如果规则是一种给予理由的事实,那就必定有一个由于规则的存在而成立的差异制造事实,这种差异制造事实说明了规则何以能够给予理由。”[④]案例中所含有的对某一争议所提供的法律解决方案的合理性,就是王鹏翔教授所说的“差异制造事实”。

(二)何为裁判规则的规范性

我们在上面引述和讨论的规范性基本上集中于法律规则的规范性。案例裁判规则是一种规范,但它与法律规范不同,也不同于道德规范。一般来说,案例裁判规则与哈特《法律的概念》中的“裁判规范”的内涵与外延交叉、重叠,并不具有哈特所说的法体系所享有的条件。[⑤] 案例裁判规则没有经过国家立法机关的正式制定或认可,所以不具有国家立法的强制性和权威性,也不具有普通法国家司法先例的强制性。[⑥] 所以它不是法律规范。案例中所含有的对某一争议所提供的法律解决方案的合理性,使得案例裁判规则具有对解决今后同类案件的规范性。这对应着王鹏翔教授所说的“差异制造事实”。[⑦] 或者正如蒋惠岭先生所说,案例是“动态法典”。[⑧] 裁判规范不只是像拉伦茨教授所说的那样是一种对法律的解释。[⑨]

---

① Joseph Raz, *Reasoning with Rules*, in *Between Authority and Interpretation: On the Theory of Law and Practical Reason* 203 –219 (Oxford University Press 2009). 转引自谢世民主编:《理由转向:规范性之哲学研究》,台湾大学出版中心 2015 年版,第 327 页。

② 谢世民主编:《理由转向:规范性之哲学研究》,台湾大学出版中心 2015 年版,第 337 –338 页。

③ 参见谢世民主编:《理由转向:规范性之哲学研究》,台湾大学出版中心 2015 年版,第 110 –112 页。

④ 谢世民主编:《理由转向:规范性之哲学研究》,台湾大学出版中心 2015 年版,第 338 页。

⑤ 哈特在其《法律的概念》一书中指出:一个法体系的存在最少必须具备两个条件,其一,是那些符合法体系终极判准因而是有效的行为规则普遍地被服从;其二,这个法体系当中提供效力判准的次级规则必须被政府官员实在地接受,作为衡量官员行动的共同的、公共的标准。参见[英] H. L. A. 哈特:《法律的概念》(第 2 版),许家馨、李冠宜译,法律出版社 2006 年版,第 110 页。

⑥ 参见[英]阿蒂亚、[美]萨默斯:《英美法中的形式与实质》,金敏、陈林林、王笑红译,中国政法大学出版社 2005 年版,第 8 页、第 28 页。

⑦ 所以,邹海林教授认为:“指导性案例的规范性,是指以指导性案例的形式解释法律规范以形成可供各级法院审理类似案件援引的裁判规范性质。”参见邹海林:《指导性案例的规范性研究》,载《清华法学》2017 年第 6 期。

⑧ 蒋惠岭:《认真对待作为“动态法典”的案例》,载《人民法院报》2005 年 8 月 1 日,b 版。

⑨ 参见[德]卡尔 · 拉伦茨:《法学方法论》,陈爱娥译,商务印书馆 2003 年版,第 19 –20 页。

裁判规则的规范性与法律的规范性的不同之处,是前者只建立在理性基础上,以说服力为特征。如果说法律"企图提供的理由是所谓的'独立于内容的理由'(content-independent reasons)"[①]的话,那么裁判规则所提供的理由,恰恰离不开内容——对争议问题的法律解决方案。正如棚濑孝雄教授所说的那样:"特定法官就特定案件作出的决定,能够对此后出现的同类案件中其他法官将会作出的决定起一种基本标准的作用,即判决的先例化。"[②]哈特在《法律的概念》中,批驳了边沁与奥斯丁有关法律是主权者的命令的观点,提出法律是由社会压力保证的社会规范体系。美国法学家肖尔则对哈特的这个法律观进行了细致的分析和批驳,指出哈特所说的社会压力对法律义务的影响是不够的,强制力对于法律仍然是重要的。[③]笔者认为,肖尔对哈特的批评是有道理的。但是,他对哈特的批评给笔者所带来的启发,主要是在笔者对裁判规则的分析方面。如果说社会压力对法律义务的影响是不够的话,那社会压力对裁判规则的规范性构成则是充分的。这是因为:首先,裁判规则的内容为人们解决同类疑难案件提供了法律解决方案,为法官的裁判提供了理由,它是一种建立在理性基础上的事实上的权威。拉兹认为,法律就是一种事实上的权威。[④] 其实,他的这个论断用在裁判规则上更加合适。因为,其次,裁判规则中所含有的这种理由一般不依赖法律的强制力就可以实现。这是由于,这种理由对于法律人来说构成了一种理性价值。法律人对这种裁判规则的理性价值具有一种共同体的需要和共识,类似于社会压力。致使法官发现裁判规则的价值,采用裁判规则的因素,是法官、法律人作为学习、研究、使用法律的专业群体的理性认知能力,不是人们通常理解的那种法律意义的强制力。[⑤] 在当下中国,使得裁判规则具有规范性的时代因素是下面三点:一是法律共同体对"类似案件类似审判原则"[⑥]的共识;二是法律共同体相同或相近的法律思维,它保证共同体成员对类似案件判断上的一致;三是法律共同体对法治原则的坚持,即都坚持宪法和法律的至上性。一个强有力的证据,就是顾培东教

---

① 谢世民主编:《理由转向:规范性之哲学研究》,台湾大学出版中心 2015 年版,第 50 页。

② [日]棚濑孝雄:《纠纷的解决与审判制度》,王亚新译,中国政法大学出版社 1994 年版,第 166 页。

③ 当然,肖尔并不是采取以前学者所采取的基础主义的方法,认为强制力是法律的本质。*See* Frederick Schauer, *The Force of Law* 40, 50 -51 (Harvard University Press 2015).

④ See Joseph Raz, *The Authority of Law* 28 (2d ed.) Oxford University Press 2009; Andrei Marmor, *The Nature of Law*, https://plato.stanford.edu/entries/lawphil-nature/,2019 年 7 月 1 日访问。

⑤ 这也要感谢肖尔教授提出的关于法律规范性的新的认识。肖尔指出:法律的规范性是以一个人在法律的规范体系内为前提或条件的。一旦前提被接受或条件得到满足,那么从一个预设的规则体系的立场上来看,法律的规范性就与任何其他形式的理由说明(reason-giving)处于同样的基础之上。*See* Frederick Schauer, *The Force of Law* 34 (Harvard University Press 2015).

⑥ 当下中国司法机关对这一原则的表述方式是"类案同判",这与类似案件类似审判是同一个意思。

授所揭示的普遍的对判例的自发运用。[①]

当然,指导性案例的裁判规则与非指导性案例的裁判规则有所不同,前者有一定的强制力支撑。[②] 我们在这里,是把裁判规则作为肖尔教授所说的类概念、簇概念来讨论的,即在存在家族相似的基础上,不同种类案例的裁判规则的特点会有差异。[③] 在许多情况下,人们愿意参照裁判规则审理案件并不一定是出于对不参照裁判规则审判所带来的"强制力"后果感到恐惧,而是因为基于类似案件类似审判的公正感以及对参照裁判规则审判所带来的效率的追求等因素。正如肖尔教授所说:在法律之外,人们做出与法律规定一致的行为还有若干动机。[④]

(三)关于裁判规则规范性的两个误解

案例裁判规则虽然在中国的司法机关和法律生活中已经被广泛使用,但是对它的研究还比较初步,既有的研究还存在一些值得商榷的误解。这里提出两个对司法实践比较有影响的误解进行讨论。

第一个有关裁判规则规范性的误解,是误将裁判规则的规范性问题当作裁判规则的约束力问题。[⑤] 在讨论指导性案例的适用或案例的使用时,人们常常会听到这样的问题:指导性案例或者非指导性案例是否有"约束力"?似乎有约束力就有规范性,没有约束力就没有规范性。所以,有教授在讲到商事指导性案例的规范性时说,它"在法律解释的效果上类似于最高人民法院的批复"。[⑥] 这其实把效力(约束力)问题误作为规范性问题。然而,效力、约束力并不属于规范性本身的问题。在法理学上,约束力与说服力都是规范的效力问题。马驰教授指出:"从语义学角度来说,效力是规范性的值(value)。……效力的这一含义应当说与规范性的含义存在较大差异,即便可以主张说法律规范具有规范性,却很难说法律规范

---

① 顾培东:《判例自发运用现象的生成与效应》,载《法学研究》2018 年第 2 期。

② 根据 2018 年修订的《中华人民共和国人民法院组织法》(以下简称《人民法院组织法》)第 18 条和 2018 年修订的《中华人民共和国人民检察院组织法》(以下简称《人民检察院组织法》)第 23 条,最高人民法院和最高人民检察院有权发布指导性案例。这种有立法授权的、经过最高人民法院审判委员会或最高人民检察院检察委员会讨论、以最高人民法院或最高人民检察院名义发布的指导性案例,其法律地位与司法解释相同。

③ 肖尔以一种反基础主义的方法论研究法律概念。他提出,把法律作为类概念、集群概念或簇概念(a generic, a cluster concept, cluster concepts)来研究,研究法律的家族相似性,而不是徒劳无功地研究法律的本质。See Frederick Schauer, *The Force of Law* 39 – 40 (Harvard University Press 2015). 如是观之,裁判规则更是一个类概念、集群概念或簇概念。

④ See Frederick Schauer, *The Force of Law* 51 (Harvard University Press 2015).

⑤ "约束力问题"是困扰中国案例指导制度或判例制度研究的"幽灵"。

⑥ 邹海林:《指导性案例的规范性研究》,载《清华法学》2017 年第 6 期。邹教授说的"效果"与"效力""约束力"是相连的。

的值是它的规范性。"[①]马驰教授此处谈的是法律规范,但是其中的道理可以用于研究案例裁判规则。案例裁判规则又不同于法律规范,裁判规则的约束力也不等于法律规范的效力。所以,那种认为案例裁判规则有约束力才有规范性的观点,在逻辑上是不成立的,甚至可能是本末倒置的。[②] 当然,反过来的命题就更不成立,即认为没有约束力就没有规范性。其实,案例裁判规则虽然没有约束力,但是有规范性,也有效力,只是它并非具有法律规范那种约束力。它没有约束力,不等于它没有效力,更不等于它不具有规范性。指导性案例中的裁判规则具有约束力,其他非指导性案例具有说服力,它们全都具有规范性。裁判规则的效力具有争议恰恰是裁判规则规范性区别于法律规范性的一个特点。德国社会学家鲁曼指出,裁判规则效力的这种有争议的状态具有必然性,而且是持续的,鲁曼认为,"正因如此,人们才会发展出受裁判先例'判决理由'拘束的制度"。虽然,这只能部分地解决困难,而且将困难转移到另一个问题上:"判决理由"是什么?人们如何能确立其内容?[③] 也就是说,裁判规则的效力问题被转换为裁判规则的表达与适用问题,裁判规则的效力争议并不影响对裁判规则在法律系统中的合法存在及正常使用,而且在裁判规则的使用中被传递下去。

第二个误解,是误将裁判规则的规范性与其认知性对立起来。有学者认为:"大家都重视裁判,阅读裁判,到底是把它当成认知法律的材料,读了有好处,还是直接把它视为具有某种拘束力的规范,非读不可,可以说是两种不同意义的法源。"[④]笔者认为,裁判规则的规范性,是具有认知性的规范性,即它更多的是具有一种认知的意义。裁判规则的认知性与规范性并非相互对立、二者必居其一的。[⑤] 如果案例裁判规则的上位概念是法源,那么,它的认知性与规范性可能是互相冲突的,即要么是认知性,要么是规范性,二者必居其一。但是,裁判规则的基点或上位概念是规范,而不是法源。它可以作为一种认知意义上的规则,而不因此损害其规范性;它不是法源,也一样可以作为一类规范资源指导司法人员的司法裁判工作。

(四)裁判规则规范性的表现

裁判规则的规范性可以通过案例裁判规则解决同类案件的实效得以表现。人们也主要

---

① 马驰:《法律规范性的基础——以法律实证主义的演进为线索》,法律出版社 2013 年版,第 28 -29 页。

② 因为裁判规则有规范性,所以才有效力,或者约束力,而不是相反。

③ 参见[德]尼古拉斯·鲁曼:《社会中的法》,李君韬译,国立编译馆与五南图书合作发行 2009 年版,第 384 页。

④ 苏永钦:《司法造法几样情——从两大法系的法官造法看两岸的司法行政造法》,载《中德私法研究》2018 年第 17 期。

⑤ 根据苏永钦教授的文章可知,苏教授的立论基础是,裁判规范是某种规范法源,而非认知法源;他考虑问题的出发点,是作为某种法律渊源的指导性案例或判例。但在同一篇文章的另一处,苏教授还是承认民法法系国家裁判作为一种法律渊源的认知性质的。参见苏永钦:《司法造法几样情——从两大法系的法官造法看两岸的司法行政造法》,载《中德私法研究》2018 年第 17 期。

是通过裁判规则的实效认识它的规范性。笔者曾经在一篇文章中尝试比较系统地讨论指导性案例的五个作用、判例的三个功能和六个作用。[①] 那里讨论的指导性案例和判例的作用与功能大体上也是裁判规则的效用与功能。为了避免重复,我们在此从一个不同的角度,即从裁判规则对不同机构或群体的影响的角度,讨论裁判规则的效用。正是那些生活在裁判规则所在的法律规范体系的人才会切实感受、接受裁判规则的规范性。

第一,最高人民法院通过裁判规则进行法律解释、政策宣示,以维护全国司法的统一。在当代中国,最高人民法院承担着对属于审判工作中具体应用法律的问题进行解释的职责,同时,对于一些全国性的司法政策,也需要最高人民法院予以确定、把握。[②] 而发布指导性案例是进行前述工作的一个重要方式。2018 年修订的《人民法院组织法》明确规定"最高人民法院可以发布指导性案例"。这是立法机关对已经行之有效的司法实践的肯定。

同时,裁判规则可以起到规范、约束法官的自由裁量权的作用。在指导性案例中表达的裁判规则,较之条文化的司法解释限制条件更多,因此可以更有效地约束、限制法官的自由裁量权。

第二,裁判规则对全国各级法院的法官和其他司法官员的审判及其他司法实践具有指导、规范或示范的作用。在审判实践中,有许多需要依照法律解决的争议问题,但法律没有规定,或法律规定模糊不清,或者有多条法律规定且这些规定相互之间不一致,人民法院基于行业习惯或者法律原则、法律精神,创造性地裁判案件,这些创造性的裁判对争议问题的法律解决方案形成了裁判规则。这些裁判规则细化了制定法,弥补了制定法的漏洞。[③] 其中指导性案例的裁判规则"不仅可以作为裁判理由,甚至作为依据"。[④]

第三,对于普通公民、行为人来说,裁判规则要比法律规则更具有预测意义。[⑤] 为什么?棚濑孝雄教授提出的"判决的权威赋予作用"的观点很好地解释了其中的原因。他认为:

---

① 参见张骐:《论中国案例指导制度向司法判例制度转型的必要性与正当性》,载《比较法研究》2017 年第 5 期。

② 参见孙光宁:《法理在指导性案例中的实践运用及其效果提升》,载《法制与社会发展》2019 年第 1 期;朱芒:《论指导性案例的内容构成》,载《中国社会科学》2017 年第 4 期;石磊:《指导性案例的选编标准与裁判要点类型分析》,载《法律适用》2019 年第 18 期。

③ 参见胡小红:《论司法过程中裁判规则的构建与适用》,载《理论建设》2015 年第 1 期。笔者在田野考察中发现:西安市中级人民法院研究室的一位资深法官把《最高人民法院公报》的案例抽取出来,加以类型化,供一线法官参考使用,广受法官们欢迎。(根据笔者 2017 年 4 月 28 日在陕西省高级人民法院法官学院调研所了解。)顾培东教授认为:"对于相同或类似问题,既往判例无论是在认定事实、适用法律还是在分析与论证裁判理由以至最终裁决中所蕴含或体现出的经验、理性,都能够为诉讼各主体提供一定的启示或参照。"顾培东:《判例自发运用现象的生成与效应》,载《法学研究》2018 年第 2 期。参见邹海林:《指导性案例的规范性研究》,载《清华法学》2017 年第 6 期。邹海林教授所讲的指导性案例的示范性,实为指导性案例的示范作用。

④ 胡云腾:《打造指导性案例的参照系》,载《法律适用》2018 年第 14 期。

⑤ 参见张其山:《裁判规范的创立原则》,载《政治与法律》2009 年第 10 期。

"审判的决定由于被存在对立的社会价值中某一方主张作出了一种权威认证,能够给政治状况中力量对比的平衡带来微妙的冲击。"所以,"审判总是潜在地制约规范,总能够超越纠纷的个别当事者而影响更大范围内人们的利害关系"。尤其是"在特定诉讼案件明显地影响人们以社会地位或职业等为共同点而形成结构性利害关系时,判决的先例作用与自己的利害之间的关联才被明确地意识到"。[①] 所以,裁判规则对于虽非该个案当事人,但却因某种原因关心案件直接或间接影响的其他普通公民,具有预测意义。人们可以据此预测法院对类似案件判断的可能方向。毕竟,一个具有可预测性的法院及其活动,比一个完全不具有可预测性的法院及其活动,更符合法治的要求。

此外,对于法律共同体的所有成员来说,裁判规则还具有教义学等学术价值。特别是有关疑难案件的裁判规则成为法学理论研究的"富矿",为法律实务界和法学理论界丰富、修正或发展有关法律概念、法律原则、法律解释和法教义学理论,提供了源源不断的营养。[②] 这最后一点,是裁判规则规范性的一种间接表现,它是建立在前四点基础上的,由于裁判规范具有前面的效用,所以才可能有并必然有这后面一种效用。

第四,对立法者来说,裁判规则为立法提供素材。[③] 正是由于裁判规则所具有的解决各类争议的法律方案,使其积累解决、调整诸种纠纷的规范资源,从而为立法者以立法的方式规制社会生活提供了大量有益的素材。

三、裁判规则规范性的特点

裁判规则虽然作为一种法律解决方案,具有规范性,但是裁判规则的规范性却具有不同于制定法规则及普通法国家的判例法规则的特点。我们可以指导案例 38 号"田永诉北京科技大学拒绝颁发毕业证、学位证行政诉讼案"为例,说明裁判规则的特点。该指导性案例确立的裁判规则至少有以下三个:(1)对高等学校因受教育者违反校规、校纪而拒绝颁发学历证书、学位证书,受教育者不服的,可以依法提起行政诉讼。(2)对高等学校依据违背国家法

---

① [日]棚濑孝雄:《纠纷的解决与审判制度》,王亚新译,中国政法大学出版社 1994 年版,第 166 - 167 页。

② 参见陈兴良:《刑法指导案例裁判要点功能研究》,载《环球法律评论》2018 年第 3 期。

③ 埃利希说:"裁判规范的稳定性促使它们脱离了原来的形式,变成了法条"。参见[奥]欧根·埃利希:《法社会学原理》,舒国滢译,中国大百科全书出版社 2009 年版,第 141 页。

律、行政法规或规章的校规、校纪,对受教育者作出退学处理等决定的,人民法院不予支持。(3)高等学校对因违反校规、校纪的受教育者作出影响其基本权利的决定时,应当允许其申辩并在决定作出后及时送达,否则视为违反法定程序。①

在这里,判决分别针对三种情形、三个争议问题,提出了相对应的三个法律解决方案,确立了三个裁判规则。我们可以根据此案例中裁判规则的实例,并结合上述裁判规则的界定,提炼出案例裁判规则规范性的一些特点。这些特点使裁判规则的规范性既不同于制定法规则和普通法规则的规范性,也有别于一般的裁判文书。我们可以把案例裁判规则规范性的特点概括为以下三点,即蕴涵有普遍性的个案性、事实性、司法性。

案例裁判规则规范性的第一个特点是,案例裁判规则是蕴含普遍性的针对个案争议问题所提出的法律解决方案,它常常以个案判决的判决摘要或判决理由的形式表现出来,包含彼此依存的两个方面,即个案性与普遍性。

有学者认为指导性的裁判规则"因不带有立法性质且包含过多的个案特性,使其对类似案件的影响力较低,更多地体现为'参照'的意义"不妥;②还有学者反对以诉讼制度为基础通过最高人民法院及其巡回审判庭亲自审理案件来形成案例或指导性案例的建议,认为这些建议模糊了指导性案例与个案裁判的界限。③ 这两位学者观点的共同点是,都把指导性案例的个案裁判特点与其指导性对立起来。笔者认为,案例裁判规则不是立法,虽带有"创制性",但它形成于、存在于个案判决中,个案性正是其安身立命之所在。裁判规则在我国的"参照性"是与生俱来的。在中国,最高司法机关形成裁判规则的方式有两种,一种是通过制定系统化的司法解释形成裁判规则,另一种是在解决个案中形成裁判规则。郑智航教授认为,最高人民法院在发挥裁判规则的形成功能时具有高度抽象的特点。④ 但是,如果最高司法机关以高度抽象的方式形成裁判规则,就容易混淆司法机关形成规则与立法机关制定法律的区别,且无法发挥案例裁判规则的独特优势。⑤ 所以,最高人民法院近十年来一直着力

---

① 笔者对文字做了微调,以符合语法。另外,该指导性案例的编写者在写相关法条时漏写了当时有效的《普通高等学校学生管理规定》,它涉及学校的退学决定违法。编写者漏写的原因,可能是因为它属于行政规章,而不是法律。不过,此处的法条应当作广义理解,即应包括所有与该行政决定相关的法规依据,而该规章已经在判决书中出现。

② 杨力:《基于利益衡量的裁判规则之形成》,载《法商研究》2012 年第 1 期。

③ 这位学者认为:"民商事个案裁判的判决书的质量'高或低'、适用法律'对或错'的问题,可以通过其他途径,比如'批复'等司法解释、提审或者再审案件的方式解决。"参见邹海林:《指导性案例的规范性研究》,载《清华法学》2017 年第 6 期。

④ 郑智航指出:"最高人民法院形成的裁判规则分为针对具体案件而作出和针对法律规范本身而作出这两种基本类型。"他认为,最高人民法院在发挥裁判规则的形成功能时具有高度抽象的特点。参见郑智航:《最高法院裁判规则的形成功能》,载《法学》2013 年第 3 期。

⑤ 参见张骐:《论从案例指导制度向判例制度转型的必要性》,载《比较法研究》2017 年第 5 期。

建设案例指导制度，以便通过个案实现对各级法院在适用法律方面的指导。当然，系统性的司法解释有其必要性和历史必然性，还会在一定的历史时期内同时存在。

案例裁判规则第一个特点的第二个方面，是它的普遍性，即脱胎于个案判决的裁判规则对后来的类似案件具有指导作用，可以作为审理同类案件的裁判理由或者裁判依据。[①] 这与有的学者所说的裁判规范适用的可预测性和可重复性大体上是一致的。[②]

有学者不认为裁判规则具有普遍性。这位学者在讲到生效裁决的特点时认为："尽管存在着见微知著的可能，但绝不可能通过一个具体事例抽象出普遍遵循、反复适用的法律规则，这在形式逻辑上属于不完全归纳的错误。即使能够抽象出这样一个抽象规则，这个规则也只能是指导性的，而不是规范性的。指导性就意味着开放性和可问性，也意味着法官在理性控制下的自由裁量。"[③]他认为："每一次生动的个案诉讼实践，都是对制定法作为抽象规则的贯彻和丰富。"[④]这位学者的思考路径是可以商榷的。笔者的观点和理由如下：

首先，这位学者似乎是以演绎推理和自然科学的思维来讨论生效裁决的特点，认为要么抽象出一个可以作演绎推理大前提的具有"普遍性"的规则，如果做不到这样，就什么都没有。但是，在法律实践中，人们常常通过类比推理得出具有普遍性的规则，指导、规范法官对同类案件的裁判。[⑤] 如此得出的裁判规则并不妨碍法官在理性控制下的自由裁量，它们往往是相辅相成的。

其次，生效裁决的指导性与裁判规则的普遍性、规范性是兼容的，并不矛盾。在人文学科、社会科学以及社会实践中，人们从一个事例中发现具有普遍性、抽象性、一般性的认识，用以指导自己的实践并不断修正、不断前进，是很正常的。指导性侧重揭示裁判规则的作用，普遍性、规范性侧重揭示裁判规则的性质。正是由于裁判规则具有普遍性，才能具有指导性。并且，开放性与普遍性也不是水火不容的，普遍性可以有程度的不同，人们可以随着认识的不断深入而使自己认识的普遍性不断扩展。所以普遍性也可以是开放的。我们不能

---

① 参见胡云腾：《打造指导性案例的参照系》，载《法律适用》2018 年第 14 期；张骐：《论由案例指导制度向判例制度转型的五个问题》，载《钱塘法律评论》2019 年第 1 期。

② 参见宋旭光：《裁判规范的概念及用语辨析》，载《法律方法》2013 年第 1 期。但是宋博士认为裁判规则具有"效力的非普遍性"的特点。

③ 冯文生：《个案比对技术的运用研究——以房抵债流押禁止规则适用实例解析》，载《法律适用》2018 年第 6 期。如果是讨论冯文生法官在其文章的这一节开头所用的"裁判结果"，则我们的推理过程和结论可能会有所不同。

④ 冯文生：《个案比对技术的运用研究——以房抵债流押禁止规则适用实例解析》，载《法律适用》2018 年第 6 期。

⑤ 考夫曼指出：类推是以一个证明为重要的观点为标准，而将不同的事物相同处理的思想。"法律思维，本质上是类推的思维，是从'事物的本质'产生的思维，是类型的思维。"考夫曼所说的"事物的本质"是一种特殊中的普遍，是事实中的价值现象。参见[德]考夫曼：《类推与事物本质》，吴从周译，学林文化事业有限公司 1999 年版，第 61 页、第 129 页、第 107 页。

以非此即彼的眼光看待普遍性。

个案性与普遍性是案例裁判规则第一个特点的一体两面，即案例裁判规则的个案性中蕴含有普遍性，是普遍性得以存在的必要条件，普遍性恰恰来自其个案性，普遍性存在于个案裁判之中。所以，个案裁判与案例裁判规则的普遍性是统一的，二者相辅相成、相得益彰。

在有些情况下裁判规则越具有一般性、抽象性程度越高，就越具有较高的涵盖能力和辐射度。[①] 这往往取决于后来裁判规则的适用者对内含于个案裁判中的裁判规则的揭示。[②]

裁判规则规范性的第二个特点是，裁判规则存在于具体案件之中，以案件事实为基础，我们可以称之为裁判规则规范性的一定程度的事实性。这个特点与第一个特点相联系，并且是案例裁判规则与一般的制定法规范相比的一个优点。在判例制度中，裁判规则形成于诉讼中，存在于判例中，它与案例事实有着内在的、必然的关联。就从具体案例中形成的裁判规则来说，如果以高度抽象的方式示人，就会破坏个案判决的优点，并与法律规范相混淆。

在我国，目前许多作为案例裁判规则表现形式的案例裁判要点或“裁判要旨”片面追求像法律规则那样的简洁，因而过于抽象，呈现一种条文化的特点，完全脱离了与原案例的关联。没有了原案例的依托，失去了案例裁判规则的特点，也使得案例与广大法官相脱离。[③] 这其实也是导致我们当前虽有海量裁判要点，但是，法律实务界仍然感到案例不敷实用的一个重要原因。[④] 只有重视案例裁判规则规范性的事实性特点，才能充分发挥案例裁判规则的作用。我们可以以《最高人民法院公报》刊登的“建明食品公司诉泗洪县政府检疫行政命令纠纷案”为例，说明这一点。[⑤] 二审法院江苏省高级人民法院在判决书中指出：“行政指导行为，是指行政机关在行政管理过程中作出的具有示范、倡导、咨询、建议等性质的行为。被上诉人泗洪县政府分管副县长作出的关于‘停止……检疫’电话指示，既不是行政示范和倡导，

① 有学者认为：“指导性案例要创设更具有一般性和更高抽象程度的裁判规范，这样才能容纳今后发生的类似案件。”雷磊：《指导性案例法源地位再反思》，载《中国法学》2015 年第 1 期。

② 有中国教授批评德国埃塞尔教授和菲肯切尔教授的观点，认为他们“都未将法官针对当前个案的解决方案看成是可以适用于所有具有相同法律意义的案件类型”。参见张其山：《裁判规范的创立原则》，载《政治与法律》2009 年第 10 期。其实，这两位德国教授并没有错，因为他们是站在当初审案法官的立场上讨论问题，而不是后来适用判例的法官的立场上。

③ 一位资深法官曾经告诉笔者：“目前的指导性案例脱离审判实际。它们做得太粗了。我要看它的判决书全貌，要进行全部事实比对；目前编选的案例太简单了。我要用，就得读判决书原文。”（2017 年 4 月 28 日笔者在陕西省高级人民法院法官学院调研所了解。）

④ 刘树德博士从司法规则供给模式的角度分析了我国指导性案例的裁判要点缺乏案件事实的原因。他所说的司法规则，就是我们这里所说的裁判规范。刘树德博士认为：我国目前的指导性案例实质上是一种“权力输出型”的、以判例要旨为形式的司法解释。这种规则性指向的司法解释与案件事实没有关联。参见刘树德：《最高人民法院司法规则的供给模式——兼论案例指导制度的完善》，载《清华法学》2015 年第 4 期。

⑤ 参见《建明食品公司诉泗洪县政府检疫行政命令纠纷案》，载《最高人民法院公报》2006 年第 1 期。笔者认为这个判决书的另一个优点，也是在“本院认为”的一开始，就写明了此案的争议焦点。

也不具有咨询、建议等作用,实质是带有强制性的行政命令。因此,泗洪县政府关于该指示属于行政机关内部行政指导行为的答辩理由,不能成立。所以,被上诉人泗洪县政府分管副县长的电话指示,属于人民法院行政诉讼受案范围。"

我们可以把从该案提取出的裁判规则表述为:"县政府负责人就特定事项、针对特定对象所作的电话指示,对内、对外均发生了效力,产生了影响相对人合法权益的实际后果,是带有强制性的行政命令,属于人民法院行政诉讼受案范围内的可诉行政行为。"

这个裁判规则包含了这个案例的案件事实,而这个案件事实,支撑着这个案例的裁判规则,成为该裁判规则指导法院审理类似案件的一个重要支点。

案例裁判规则规范性的第三个特点是司法性,即裁判规则是在司法过程中由司法机关创制、确认的。① 目前,裁判规则的生产机关主要是上级司法机关,特别是最高司法机关。虽然在中国目前的案例指导制度中,指导性案例的裁判规则具有很强的行政性,②但是,从它脱胎于司法判决、由最高司法机关决定来讲,它还是以司法性为底色。与裁判规则的创制、确认机关直接关联,除指导性案例裁判规则之外的多数裁判规则只具有说服力,而不是约束力。③ 或者说,裁判规则具有理性意义上而非强制力意义上的权威性。所以,在我国,裁判规则在通常情况下不是法律。虽然有的学者对于裁判规范与法律之间是否可以画等号,给予了直截了当的肯定。④ 与这种观点相比,笔者还相对保守。因为,如果把案例裁判规则直接界定为法律规范,会使人误以为论者主张司法机关行使立法职能。这不符合事实。

一般来说,裁判规则与制定法规范具有一种对应的关系。有学者指出:"裁判规范是对被解释之制定法规范(法条)的具体化。"⑤笔者同意这一观点,但需要补充一点。由于制定法规范包括制定法规则和制定法原则,所以裁判规则有时是与制定法规则对应,有时则是与制定法原则对应。有时,裁判规则是对制定法规则的解释。在有些情况下,形成和需要裁判规则的原因,恰恰是由于缺乏制定法条文的明确规定,在这种情况下,裁判规则是对制定法

---

① 在中国,裁判规则是由最高司法机关或高级法院作出或确认的。此处的最高司法机关包括最高检察机关,不排除其他省级检察机关,在创制主体上,笔者持有限开放的态度。

② 参见张骐:《论从案例指导制度向判例制度转型的必要性》,载《比较法研究》2017 年第 5 期。

③ 根据《人民法院组织法》和《人民检察院组织法》,指导性案例中的裁判规则具有某种约束性。中国未来的判例制度,即判例中的裁判规则主要形成于诉讼过程中,经过诉讼过程的辩论、论证而完成。

④ 参见张其山:《裁判规范的创立原则》,载《政治与法律》2009 年第 10 期。基于同样的道理,笔者不取将裁判规则简单地等同于法规范的立场。参见苏永钦:《司法造法几样情——从两大法系的法官造法看两岸的司法行政造法》,载《中德私法研究》2018 年第 17 期。

⑤ 雷磊:《指导性案例法源地位再反思》,载《中国法学》2015 年第 1 期。还有教授也持同样的观点:"在成文法体制下,判例所创制的是裁判规则。这种裁判规则是成文法的细则化,具有独立存在的价值。"陈兴良主编:《中国案例指导制度研究》,北京大学出版社 2014 年版,第 34 页。

规则的延展,还有的情况是,会形成新的填补漏洞型的裁判规则。[①] 例如上文分析的指导案例38号“田永诉北京科技大学拒绝颁发毕业证、学位证行政诉讼案”,及下文将要分析的“刘京胜诉搜狐爱特信信息技术(北京)有限公司侵犯著作权纠纷案”“沈新南等与刘金法等监管权和处置权纠纷上诉案”,这些案例都是新型案例。[②] 它们以个案裁判的方式对法律的发展作出了贡献。正如德国哲学家伽达默尔所说:“我们关于法律和道德的知识总是从个别情况得到补充,也就是创造性地被规定的。法官不仅应用法律于具体事件中,而且通过他的裁决对法律(‘法官的法律’)的发展作出贡献。”[③]这也是奥地利法学家凯尔森在《法与国家的一般理论》中表达的观点。[④]

总之,案例裁判规则规范性的上述三个特点使裁判规则成为虽然与法律有密切关系,但又不同于法律的规范性力量。

四、裁判规则的规范性来源

为什么裁判规则具有规范性?[⑤] 或者说,裁判规则的规范性从何而来? 这就是我们此处讨论的裁判规则的规范性来源问题。笔者认为,裁判规则的规范性来源于两个方面:其一,裁判规则的规范性源自其内容的合理性;其二,裁判规则的规范性源自其与正义的内在关联。

(一)裁判规则的规范性源自其内容的合理性

裁判规则的规范性首先源自其内含的、建立在司法规律基础上的合理性。这里所说的司法规律,是指最高司法机关根据社会对司法的客观需要完成审判的终局性。裁判规则是由最高司法机关基于司法规律作出的,其内容具有合理性。这种内容的合理性包含两层意思。第一层意思是说裁判规则的形成是建立在司法机关依照司法规律活动的基础上;第二

① 参见石磊:《指导性案例的选编标准与裁判要点类型分析》,载《法律适用》2019年第18期。

② 参见石磊:《指导性案例的选编标准与裁判要点类型分析》,载《法律适用》2019年第18期。

③ [德]汉斯-格奥尔格·伽达默尔:《真理与方法》(诠释学Ⅰ),洪汉鼎译,商务印书馆2016年版,第61页。

④ 参见[奥]凯尔森:《法与国家的一般理论》,沈宗灵译,中国大百科全书出版社1995年版,第152页。

⑤ 李剑先生在谈到德国判例的判决主旨时说:“判决主旨的实质—价值功能并不是来自它被称为‘判决主旨’的这一名称,而是来自‘判决主旨’自身的‘制作’水准。”他所说的德国判例的判决主旨是德国判例裁判规则的一种表现形式,其实质—价值功能的发挥是案例裁判规则规范性的表现。决定判决主旨实质—价值功能发挥的因素,就是笔者此处要探讨的裁判规则规范性的来源。参见李剑:《判例的形式构成及其“成分”分析——以德国法教义学为视角》,载《交大法学》2018年第3期。

层意思是说裁判规则的内容体现为具有合理性、普遍性,适用于类似案件审判的理性判断。以下笔者分别从这两个层面上进行说明。

首先,裁判规则是司法机关作为社会委以专职的专业机关,以提供司法判决的方式回应社会需要的合理选择。法国社会学家布迪厄在对法律进行社会学研究时,选择了一个独特的视角,即考虑"司法工作在最具体的场所中、在形式化的活动中、在从事形式化工作的行动者在司法场域中的竞争所决定的利益当中、在司法场域与更大的权力场域的关系中所体现出来的深层的逻辑"。[①] 从这个逻辑看,司法机关以司法判决的方式回应社会需要,参与、分享社会需要的法律对社会生活与社会秩序的影响。用布迪厄的话讲,这是"命名"的一种方式。他说:"法律通过判决将不同数量的不同资本分配给社会中的不同行动者(或机构)。判决中止了或者至少限制了涉及到下述情况的斗争、交流或交涉:涉及到个体或群体的品质,涉及到个体在群体中的成员资格,涉及到名称和头衔的归属,涉及到联合或分离,总之,涉及到构筑社会单位的所有'创造世界'的实践活动。"[②]

社会创造法律,法律创造社会。裁判规则是司法机关向社会供给的司法规范。当然,"可供采用的司法规范至少在形式上看上去是普遍的,而社会需求是多种多样的,甚至是冲突矛盾的,这二者一直处于紧张之中"。[③] 正是这种紧张关系导致了裁判规则的出现,并且决定了裁判规则在形式上的统一性及内容上的丰富多样性、动态性和不断发展,即司法机关,主要是最高司法机关代表社会对纷繁复杂的社会需要所不断作出司法决定。[④] 当然,由于国情和政治法律体制的不同,不同国家的司法机关在资源分配和司法规范供给方面所扮演的角色的具体方式和程度会有所不同,但是,在基本的职业分工方面是相似的。

---

① [法]皮埃尔·布迪厄:《法律的力量:迈向司法场域的社会学》,强世功译,载《北大法律评论》1999年第2卷第2辑。布迪厄还认为:"遵循先例这个规则宣布以前的法律判决对任何目前的诉讼都具有权威效力。它与法律思想的关系就像涂尔干的格言所说的那样:'用社会来说明社会',而与社会思想的关系则是:它以另外一种方式主张法律推理和法律判决的自主性和特殊性。"[法]皮埃尔·布迪厄:《法律的力量:迈向司法场域的社会学》,强世功译,载《北大法律评论》1999年第2卷第2辑。

② [法]皮埃尔·布迪厄:《法律的力量:迈向司法场域的社会学》,强世功译,载《北大法律评论》1999年第2卷第2辑。

③ [法]皮埃尔·布迪厄:《法律的力量:迈向司法场域的社会学》,强世功译,载《北大法律评论》1999年第2卷第2辑。

④ 德国社会学家鲁曼基于自己的系统理论得出了非常相似的结论:司法决定是基于法律作出的,但是决定的内容却很难被判断。只有过程合法的才是合理的。鲁曼所说的"合法与不法"之间的符码化与纲要化就是布迪厄所说的形式的统一性。参见[德]尼可拉斯·鲁曼:《社会中的法》,李君韬译,国立编译馆与五南图书合作发行2009年版,第206-210页、第216-219页。

其次,裁判规则的规范性来自其内容的合理性。① 案例裁判规则体现了包括法官和法学工作者在内的广大法律共同体成员在冲突解决过程中以及围绕着冲突解决过程所形成的认识与反思,这些认识体现了他们对一种生活世界规范逻辑的认识。布迪厄认为,法律不断地被评述,并被置于各种评述与现实之间,正是在这个过程中,人们所说的"法理"才能被揭示。布迪厄说:"这种'法理'是一种特殊形式的来自学者的知识,它拥有自己的规范和逻辑,它能够生产出所有的理性一致性所表现出来的外在符号,这种理性的一致性就是韦伯已经细致地区分于'实质'理性的'形式'理性,而'实质'理性毋宁说关心由此形式理性化了的实践操作的具体目标。"②

布迪厄此处所讲的"法理"的内涵与我们今天中国学者所讲的法理的内涵虽然不尽相同,但还是多有通融的。③ 他所讲的"法理"与理性的相互关系及其产生逻辑,对我们思考裁判规则的内容合理性是非常富有启发意义的。

就判例或指导性案例能够解决现实生活中的问题,并为后来的法官所认可并仿效来说,案例裁判规则反映了埃利希的"社会基础",④或马默的"社会惯习",⑤它们就是法理或包含了法理。这种法理或对法理的包含,成为裁判规则的规范性来源。就裁判规则有可能被修正甚至否定来说,它们只是对"社会基础"或"社会惯习"的片段的、动态的反映,而不必然是"社会基础"或"社会惯习"本身。或者,在有的情况下,裁判规则是法理的一种载体,只承载了部分法理,就只构成有限的规范性来源。如果我们换一个角度看裁判规则与法理即裁判规则内容的合理性的关系,那么,裁判规则内容的合理性能够成为案例裁判规则规范性来源

---

① 黄茂荣教授认为:"在大陆法系中,即使法院的裁判仅是为个案之审判而适用法律,但'最高法院'在个案之审判中所表示的'法律见解',基于法的平等性、信赖保护及'法的安定性'仍有其事实上的拘束力。此固与英美法中判决先例之'形式上的拘束力'有所不同,但法院仍非得不具理由,而不依判决先例中所持见解从事裁判。"笔者虽然不太同意黄茂荣教授所说的"最高法院"在个案裁判中所表示的"法律见解"具有"事实上的约束力"的说法,但是,非常赞同他将理由作为是否依从"最高法院"判决先例的观点。此处的理由关涉到案例裁判规则规范性的来源。参见黄茂荣:《法学方法与现代民法》(第5版),法律出版社2007年版,第7页。

② 布迪厄认为:"司法劳动具有各种各样的效果。形式化和系统化的工作在一个旨在为后来的判决树立典范的形式中,确立了一个范例性质的判决(例如上诉案件的判决),那么就会使得规范摆脱了特定情形下的偶然性。这种形式同时也培育了特定的司法思想和司法行动建立在其上的先例的逻辑,并使这种逻辑获得了权威性。它不断地将现在与过去联系起来。"[法]皮埃尔·布迪厄:《法律的力量:迈向司法场域的社会学》,强世功译,载《北大法律评论》1999年第2卷第2辑。

③ 参见张文显:《法理:法理学的中心主题和法学的共同关注》,载《清华法学》2017年第4期。

④ 埃利希指出:"任何裁判规范最先以团体中的内部秩序为基础,也就是以由此创造这种秩序的法的事实为基础,以给每个人分配团体中的地位和职责的习惯为基础,以支配—占有关系、契约、章程和遗嘱的处分为基础。"[奥]欧根·埃利希:《法社会学原理》,舒国滢译,中国大百科全书出版社2009年版,第128页。还可参见[德]托马斯·莱塞尔:《法社会学导论》(第5版),高旭军等译,上海人民出版社2011年版,第71页。

⑤ 马默认为:"社会惯习是人们所遵循的规范。"在马默的理论中,惯习分为深层惯习和表层惯习,建构性惯习和协调性惯习。马默表明,哈特有关使得法体系得以成立的承认规则的观点是成立的;但是,支持承认规则的惯习是构成性惯习,而非人们以前认为的协调性惯习。马默指出:"法律的惯习性基础包含两个方面。存在深层惯习,它们决定着法律秩序的构成方式和主要建筑材料。那些深层惯习通过特定法律体系的特定表层确认惯习具体体现出来。法律概念由这两层惯习构成。"参见[美]安德瑞·马默:《社会惯习——从语言到法律》,程朝阳译,中国政法大学出版社2013年版,第23页、第36页、第77页、第183页、第200–204页。

的程度,在于裁判规则对于埃利希所说的裁判规范的社会基础的正确反映程度;或者,在于裁判规则对于美国法学家马默所说的社会惯习的正确反映程度。

所以,笔者不认为我们可以在判例与法理之间简单地画等号。有时,案例裁判规则作为对争议问题的法律解决方案,在一定意义上可以约等于有的学者所说的判例中的法理,①有时,裁判规则只是判例中的法理的载体,是通过案例阐发的法理的规则表现形式,人们需要从判例中发现法理、挖掘出法理。也有极个别情况,由于某种原因,案例并不包含法理,它只是由于某种原因被人们作为案例。所以,判例与法理似乎至少有三种关系:等同于法理,法理的载体,与法理无关。

(二)裁判规则的规范性源自其与正义的内在关联

裁判规则的规范性源自其对正义召唤的响应。裁判规则体现了对正义的响应,是正义使得裁判规则具有规范性,这包括两个方面:裁判规则的出现是为了实现正义,裁判规则的作用机制立基于正义。我们可以在此具体说明。

1. 裁判规则的出现是为了实现正义

在法律史的早期,案例既是法律,也是正义。英国著名法律史学家梅因指出,在古代,荷马诗篇中提到的“地美士”(Themis)和“地美士第”(Themistes)是一些最早期的概念。② 按照它在早期人们意识中的先后意思,它曾经先后是:个别的单独判决,即审判本身,宙斯的陪审官,司法女神或正义女神。现在的人们理解它们的顺序与它们实际“出场”的意思的顺序是相反的。从法律史的研究可以看出,在人类社会的早期,案例就是法。这些案例先是成为纠纷裁决者解决同类案件的依据,后来也成为众人的行为标准,成为法律。同时,这种建立在类似案件类似审判原则基础上的行为标准,被人们认为是正义的,是符合神意的,并进而成为神的化身。正义使规范性得以存在;规范性因正义而成立。正义与法的规范性的关系是一种骨肉关系。

在现代社会,虽然有充分发达的制定法作为实现正义的规则体系,但是案例仍然具有其不可替代的作用,而裁判规则就是案例发挥实现正义作用的基础。这是因为:

第一,正义是法律规范性、有效性的一个必要支柱。德国思想家哈贝马斯指出:“一旦法

---

① 参见孙光宁:《法理在指导性案例中的实践运用及其效果提升》,载《法制与社会发展》2019 年第 1 期。不过,笔者不认为,jurisprudence 在同一个国家同时具有那七个含义;并且,jurisprudence 的有些含义是与判例没有关系的。

② “地美士第”(Themistes)是“地美士”(Themis)的复数形式。参见[英]梅因:《古代法》,沈景一译,商务印书馆 1996 年版,第 2 页。

律有效性失去与正义之诸方面的联系——这种联系是超越立法者决定的道德联系——法律的认同也就必然会分散瓦解。"①哈贝马斯所说的法律的有效性,其实就是法律的规范性。可以说,正义是法之所以为法的一个内在条件,虽然不是全部条件,也不是唯一条件。

第二,正义分为实质正义和形式正义。实质正义通常是指结果正义。在利益多元的情况下,实质正义的实现,以及对实质正义的判断常常很难。形式正义,即平等,就是相同的情况应受相同的对待,即中国文化常讲的"一碗水端平",由于相对"简单",所以常常被人们作为实现正义的首要选择。美国哲学家罗尔斯指出:不管社会结构是否正义,它都可以在一定意义上是正义的,即制度由法官和其他官员不偏不倚地、一致地执行。类似情况得到类似处理,相关的类似性和区别根据既有规范来判定,就是正义。② 他认为,"规则正义"是一个比形式正义更恰当的表述。他指出:"平等基本上是作为规则的正义。它意味着不偏不倚地适用、并以一致的方式解释规则,(根据制定法和先例的界定)类似案件类似处理。"③可以说,类似案件类似处理是符合人们正义直觉的,是实现正义的重要途径。

第三,一定的标准、准则是在审判过程与结果两方面实现类似案件类似审判的必要条件。而裁判规则就是这种在审判过程与结果两方面帮助人们实现类似案件类似审判的准则。可以说,裁判规则提供了实现形式正义或称规则正义的"阿基米德支点"。裁判规则是类似案件类似处理原则存在和发挥作用的基础,这个基础既是程序公正的原则,又为实体公正提供了可能,所以,裁判规则是通向司法公正的桥梁;当然,它也为"法律面前人人平等"的实现创造了条件,因而对实现法治同样具有重要意义。

2. 裁判规则的作用机制是以正义为基础

裁判规则的生成、表达及其作用的发挥,都是以类似案件类似审判,亦即规则正义为基础的。规则正义或形式正义,是裁判规则的生命基础和力量源泉。

基于上述两个方面,正义是裁判规则规范性的重要来源。

综上所述,这种建立在个案判决基础并蕴含一定普遍性对特定争议问题的法律解决方案,为人们解决类似问题提供了规范性指引,因此成为具有规范性的裁判规则。裁判规则的

---

① [德]哈贝马斯:《在事实与规范之间——关于法律和民主法治国的商谈理论》,童世骏译,三联书店 2011 年版,第 602 页。

② 罗尔斯认为,可以把这种对法律和制度的不偏不倚且一致的执行,不管它们的实质原则是什么,称为"形式的正义"。John Rawls, *A Theory of Justice* 50 –51, 207 (rev. ed.), Harvard University Press 1999. [美]约翰·罗尔斯:《正义论》(修订版),何怀宏、何包钢、廖申白译,中国社会科学出版社 2009 年版,第 45 页。

③ John Rawls, *A Theory of Justice* 441 –442 (rev. ed.), Harvard University Press 1999. [美]约翰·罗尔斯:《正义论》(修订版),何怀宏、何包钢、廖申白译,中国社会科学出版社 2009 年版,第 398 –399 页。

规范性来源,来自其符合司法规律的合理性及与正义的内在关联。它们构成一种具有普遍意义和深厚潜力的、社会的纠纷解决和行为安排的独特的规范资源,值得我们重视并进行更为广泛和系统的研究。

通过司法案例弘扬社会主义核心价值观

孙海龙

内容摘要： 社会主义核心价值观是当代中国精神的集中体现，凝结着全体人民共同的价值追求。司法案例是人民法院践行社会主义核心价值观的主要方式。司法案例的产出既表现为法官如何作出裁判的行为，又表现为法院如何管控案件的方法，还涉及培育优秀司法案例的机制。结果导向思维的矫正、证明以及推翻功能对于作出符合社会主义核心价值观的司法案例具有重要意义。人民法院亟待建构系统化的识别、防范、生成、传播机制，挖掘出更多优秀的弘扬社会主义核心价值观案例，制约影响社会主义核心价值观的案例，让好案例出彩，让差案例出局。

关 键 词： 司法案例　裁判思维　机制建设

作者简介： 孙海龙，法学教授，重庆市高级人民法院副院长。

论　　纲： 一、**司法案例弘扬社会主义核心价值观实证研究**

二、**司法案例弘扬社会主义核心价值观的方法研究**

三、**司法案例弘扬社会主义核心价值观的机制建设**

历史和现实都表明,构建具有强大感召力的核心价值观,关系社会和谐稳定,关系国家长治久安。① 在习近平总书记重要论述的指导引领下,社会主义核心价值观入宪入法,②多个党政文件中均有相关论述及要求。③ 与此同时,最高人民法院结合工作,出台相应规范,④并在实际工作中努力弘扬社会主义核心价值观,其中司法案例是人民法院弘扬社会主义核心价值观的主要方式方法。本文通过分析司法案例弘扬社会主义核心价值观的现状,提出司法案例弘扬社会主义核心价值观的思维方法及机制建设。

一、司法案例弘扬社会主义核心价值观实证研究

在实践中,人民法院通过多种方式弘扬社会主义核心价值观。一是裁判文书说理。通过文书说理对社会公众进行教育、引导和劝诫。⑤ 二是法官寄语。通过富有人文关怀的语言提升判决的感性温度。三是发布典型案例。如2016年,最高人民法院发布了两批20件关于弘扬社会主义核心价值观的典型案例。四是延伸审判职能。通过普法宣传、司法建议、社会治理等多种形式,弘扬社会主义核心价值观。

裁判文书说理、法官寄语、典型案件发布直接与司法案例相关,均能在司法案例中得以体现,由此来看,司法案例是人民法院践行社会主义核心价值观的主要方式。社会公众和案件当事人感受乃至获取司法公正的直接来源正是一个个鲜活的司法案例,通过公布案例这种看得见的方式,让人民群众从案例中感悟法律的精神和原则,感受到公平正义,进而更好地发挥司法的示范指引作用,培育社会主义核心价值观。

近年来,人民法院通过司法案例弘扬社会主义核心价值观取得了很好的效果。部分司

---

① 2014年2月24日,习近平在主持中共中央政治局第十三次集体学习时的讲话。

② 《中华人民共和国宪法》规定:"国家倡导社会主义核心价值观,提倡爱祖国、爱人民、爱劳动、爱科学、爱社会主义的公德。"在《中华人民共和国民法典》中,社会主义核心价值观作为立法宗旨写入第一条。

③ 如党的十八大、十八届四中全会报告,党的十九大,十九届四中全会报告,中共中央《社会主义核心价值观融入法治建设立法修法规划》,中共中央办公厅《关于培育和践行社会主义核心价值观的意见》,中央办公厅、国务院办公厅《关于进一步把社会主义核心价值观融入法治建设的指导意见》。

④ 如《最高人民法院关于在人民法院工作中培育和践行社会主义核心价值观的若干意见》《关于在司法解释中全面贯彻社会主义核心价值观的工作规划(2018—2023)》。

⑤ 如在"毒芭蕉案"中,一小孩将他人给的芭蕉给另外一个小伙伴吃,小伙伴吃完后死亡,家属起诉要求赔偿。裁判说理作出论证:如果将小孩之间分享无明显安全隐患食物的行为定性为过失,无疑限制行为人之行为自由,与过错责任原则的立法宗旨不符,遂驳回诉讼请求。该判决说理很好地宣传和弘扬了互帮互助、团结友善的良好道德风尚。

法案例对全社会树立社会主义核心价值观起到了很好的导向效用,如"狼牙山五壮士"名誉权系列案抵制历史虚无主义,规范传播行为,维护社会公共利益。"电梯劝烟猝死案"二审引导公众共同创造良好的公共环境。与此同时,也应注意到,人民法院部分司法案例挫伤了社会主义核心价值观,如"彭宇案""摆摊打气球案""掏鸟窝案""网购仿真枪案""许霆案"等,"彭宇案"明显违背社会主义核心价值观,"摆摊打气球案""掏鸟窝案"等判决与一般常识相背离。因此,司法案例既是弘扬社会主义核心价值观的重要方法,又可能对社会主义核心价值观造成冲击,如何让好案例出彩,让差案例出局,是建立司法案例学科的重要导向。

司法案例的产出既表现为法官如何作出裁判的行为,又表现为法院如何管控案件的方法,另外还涉及培育优秀司法案例的机制。只有分析好当前人民法院通过司法案例弘扬社会主义核心价值观的现状,才能明确问题,提出方法,建立机制。本文通过问卷调查的方式展开实证研究,本次问卷调查的目的主要在于调查法官对司法案例与社会主义核心价值观关系的认识,调查涉社会主义核心价值观案例生成与运用情况。①

(一)问卷情况

1. 在高级人民法院法官接受问卷调查的对象中,审判执行部门庭长、副庭长 17 人,审判部门法官 47 人,执行部门法官 5 人;从事审判执行工作 5 年以下的 4 人,5-10 年的 11 人,10-15 年的 15 人,15-20 年的 20 人,20 年以上的 19 人。

2. 在中级人民法院法官接受问卷调查的对象中,院领导 11 人,审判执行部门庭长、副庭长 46 人,审判部门法官 69 人,执行部门法官 13 人;从事审判执行工作 5 年以下的 7 人,5-10 年的 21 人,10-15 年的 30 人,15-20 年的 24 人,20 年以上的 57 人。

3. 在基层人民法院法官接受问卷调查的对象中,院领导 26 人,审判执行部门庭长、副庭长 84 人,审判部门法官 122 人,执行部门法官 29 人;从事审判执行工作 5 年以下的 33 人,5-10 年的 76 人,10-15 年的 78 人,15-20 年的 24 人,20 年以上的 50 人;在院机关工作的法官 172 人,人民法庭工作的法官 89 人。

---

① 问卷分"法官版"和"社会版"两个版本。问卷发放分为两类,一是员额法官;二是社会公众。向三级法院法官发放问卷 600 份,回收 469 份,回收率 78.17%。其中,向两家高级人民法院法官发放问卷 80 份,回收 69 份,回收率 86.25%;向四家中级人民法院法官发放问卷 160 份,收回 139 份,回收率为 86.88%;向八家基层人民法院法官发放问卷 360 份,回收 261 份,回收率 72.50%。调查时间:2020 年 8-10 月。

(二)数据统计

1. 是否审理过涉社会主义核心价值观的司法案件

法院	选项(单选)				
	没有	较少	一般	经常	很多
高级人民法院接受调查者69人	5人,占7%	20人,占29%	25人,占36%	15人,占22%	4人,占5%
中级人民法院接受调查者139人	9人,占6%	80人,占58%	40人,占29%	10人,占7%	0人,占0%
基层人民法院接受调查者261人	11人,占4%	150人,占57%	60人,占23%	30人,占11%	10人,占4%
三级法院接受调查者469人	25人,占5%	250人,占53%	125人,占27%	55人,占12%	14人,占3%

2. 在判决结果中是否会考虑社会主义核心价值观

法院	选项(单选)		
	存在法律漏洞时才考虑	均会考虑	很少考虑
高级人民法院接受调查者69人	21人,占30.43%	47人,占68.12%	1人,占1.45%
中级人民法院接受调查者139人	28人,占20.14%	102人,占73.38%	9人,占6.47%
基层人民法院接受调查者261人	57人,占21.84%	183人,占70.11%	21人,占8.05%
三级法院接受调查者469人	106人,占22.60%	332人,占70.79%	31人,占6.61%

3. 涉社会主义核心价值观案件办理程序是否有所不同

法院	选项(单选)			
	提交会议讨论	提交院庭长监督	没有区别	独立谨慎把握
高级人民法院接受调查者69人	27人,占39.13%	21人,占30.43%	6人,占8.70%	15人,占21.74%
中级人民法院接受调查者139人	70人,占50.36%	16人,占11.51%	30人,占21.58%	23人,占16.55%
基层人民法院接受调查者261人	134人,占51.34%	54人,占20.69%	39人,占14.94%	34人,占13.03%
三级法院接受调查者469人	231人,占49.25%	91人,占19.40%	75人,占15.99%	72人,占15.35%

4. 最关心哪类涉社会主义核心价值观的司法案例类型

法院	选项(单选)					
	敬业类	诚信类	爱国类	美德类	平等类	其他
高级人民法院接受调查者69人	2人 占2.90%	58人 占84.06%	4人 占5.80%	3人 占4.35%	2人 占2.89%	0人 占0%
中级人民法院接受调查者139人	5人 占3.60%	44人 占31.65%	41人 占29.50%	39人 占28.06%	4人 占1.44%	6人 占4.32%
基层人民法院接受调查者261人	11人 占4.21%	62人 占23.75%	69人 占26.44%	112人 占42.91%	5人 占1.92%	2人 占0.77%
三级法院接受调查者469人	18人 占3.84%	164人 占34.97%	114人 占24.31%	154人 占32.84%	11人 占2.35%	8人 占1.71%

5. 办理好涉社会主义核心价值观司法案件关键在哪一方面

法院	选项(多选)			
	裁判思维	裁判说理	类案同判	舆论导向
高级人民法院 接受调查者 69 人	59 人,占 85.51%	39 人,占 56.52%	45 人,占 65.22%	46 人,占 66.67%
中级人民法院 接受调查者 139 人	101 人,占 72.66%	85 人,占 61.15%	97 人,占 69.78%	106 人,占 76.26%
基层人民法院 接受调查者 261 人	133 人,占 50.96%	189 人,占 72.41%	247 人,占 94.64%	230 人,占 88.12%
三级法院 接受调查者 469 人	293 人,占 62.47%	313 人,占 66.74%	389 人,占 82.94%	382 人,占 81.45%

6. 办理涉社会主义核心价值观案件是否有相应的审判管理监督程序

法院	选项(单选)		
	有	不清楚	没有
高级人民法院 接受调查者 69 人	63 人,占 91.30%	6 人,占 8.70%	0 人,占 0%
中级人民法院 接受调查者 139 人	124 人,占 89.21%	11 人,占 7.91%	4 人,占 2.88%
基层人民法院 接受调查者 261 人	222 人,占 85.06%	28 人,占 10.73%	11 人,占 4.21%
三级法院 接受调查者 469 人	409 人,占 87.21%	45 人,占 9.60%	15 人,占 3.20%

7. 办理到与之前影响较大的涉社会主义核心价值观司法案件相似案件时是否会参考

法院	选项(单选)		
	高度重视,如果作出与该案例不同的判决,会更加慎重并加强文书说理	只是普通的文书资料,仅供参考	无所谓
高级人民法院接受调查者 69 人	54 人,占 78.26%	11 人,占 15.94%	4 人,占 5.80%
中级人民法院接受调查者 139 人	98 人,占 70.50%	40 人,占 28.78%	1 人,占 0.72%
基层人民法院接受调查者 261 人	155 人,占 59.39%	81 人,占 31.03%	25 人,占 9.58%
三级法院接受调查者 469 人	307 人,占 65.46%	132 人,占 28.14%	30 人,占 6.40%

8. 当前涉社会主义核心价值观司法案件的宣传存在哪些问题

法院	选项(多选)			
	撰写不规范	内容失真,存在删减或改编	审核把关不严	撰写主体多为宣传部门,专业性不强
高级人民法院接受调查者 69 人	60 人,占 86.96%	35 人,占 50.72%	25 人,占 36.23%	63 人,占 91.30%
中级人民法院接受调查者 139 人	113 人,占 81.29%	50 人,占 35.97%	44 人,占 31.65%	122 人,占 87.77%
基层人民法院接受调查者 261 人	220 人,占 84.29%	61 人,占 23.37%	102 人,占 39.08%	163 人,占 62.45%
三级法院接受调查者 469 人	393 人,占 83.80%	146 人,占 31.13%	171 人,占 36.46%	348 人,占 74.20%

9. 社会主义核心价值观司法案例运用过程中存在哪些问题

法院	选项(多选)					
	数量较少	类型较少	发布平台单一	争议较大	典型性不强	可读性不强
高级人民法院接受调查者69人	55人 占79.71%	53人 占76.81%	46人 占66.67%	18人 占26.09%	32人 占46.38%	55人 占79.71%
中级人民法院接受调查者139人	119人 占85.61%	82人 占58.99%	114人 占82.01%	34人 占24.46%	70人 占50.36%	107人 占76.98%
基层人民法院接受调查者261人	201人 占77.01%	171人 占65.52%	209人 占80.08%	62人 占23.75%	115人 占44.06%	223人 占85.44%
三级法院接受调查者469人	375人 占79.96%	306人 占65.25%	369人 占78.68%	114人 占24.31%	217人 占46.27%	385人 占82.09%

10. 撰写过哪种类型的社会主义核心价值观案例

法院	选项(多选)					
	裁判文书	最高人民法院的指导性案例、公报案例	高级人民法院发布的参考性案例	各级人民法院发布的典型案例	普法性案例	研究性案例
高级人民法院接受调查者69人	13人 占18.84%	6人 占8.70%	10人 占14.50%	53人 占76.81%	5人 占7.25%	34人 占49.28%
中级人民法院接受调查者139人	26人 占18.71%	2人 占1.44%	14人 占10.07%	101人 占72.66%	15人 占10.79%	53人 占38.13%
基层人民法院接受调查者261人	45人 占17.24%	0人 占0%	6人 占2.30%	91人 占34.87%	135人 占51.72%	83人 占31.80%
三级法院接受调查者469人	84人 占17.91%	8人 占1.71%	30人 占6.40%	245人 占52.24%	155人 占33.05%	170人 占36.25%

11. 撰写和运用社会主义核心价值观司法案例对法官能够产生什么效应

法院	选项(不定项)					
	增强弘扬社会主义核心价值观司法意识	更加高效处理涉社会主义核心价值观司法案件	提高社会主义核心价值观司法案件裁判文书说理水平	提高弘扬社会主义核心价值观的能力	提高司法为民、公正司法水平	没什么作用
高级人民法院接受调查者69人	42人 占60.87%	60人 占86.96%	45人 占65.22%	37人 占53.62%	53人 占76.81%	0人 占0%
中级人民法院接受调查者139人	86人 占61.87%	112人 占80.58%	109人 占78.42%	71人 占51.08%	57人 占41.01%	6人 占4.32%
基层人民法院接受调查者261人	183人 占70.11%	234人 占89.66%	192人 占73.56%	244人 占93.49%	132人 占50.57%	13人 占4.98%
三级法院接受调查者469人	311人 占66.31%	406人 占86.57%	346人 占73.77%	352人 占75.05%	242人 占51.60%	19人 占4.05%

(三)样本分析

1. 多数法官均审理过涉社会主义核心价值观的司法案件。从调查结果来看,多数法官在日常办案中接触过该类案件,仅有5%的法官认为没有审理过涉及社会主义核心价值观的案件。从三级法院的数据对比来看,较高层级的法院审理的涉社会主义核心价值观司法案件占比较大,比如高级人民法院法官认为经常办理涉社会主义核心价值观司法案件的占比达到22%。

2. 多数法官在审理案件、作出判决时会衡量社会主义核心价值观。总体来看,法官对社会主义核心价值观的认识是较好的,在调查中,约占70%的法官在办理案件、判决结果中会考虑社会主义核心价值观。不过值得注意的是,是否在判决结果中予以考量,22%左右的法官认为只有在该案存在法律漏洞时才会影响裁判结果,否则在规则适用上难以运用社会主义核心价值观。调查也反映出还有少量的法官(约7%)并不会考量社会主义核心价值观对裁判的影响。这一数据应引起重视,人民法院办理大量案件的效果是好的,然而极少的效果不好的案件会造成难以估量的负面效应,“小案大舆情”恰好就在于极少的几个案件,7%的法官在办案中几乎不考虑社会主义核心价值观,那么在办理相应案件,且缺失审判监督管理的情况下,是很有可能办理出违背正确价值导向的司法案件,不仅无助于弘扬社会主义核心价值观,反而会与之相抵牾。

3. 部分法院对涉社会主义核心价值观的案件具备特别管理程序。总体来看,约占 70% 的法官在办理涉社会主义核心价值观司法案件时会主动提交院长、庭长审核,部分法院还建立了办理涉社会主义核心价值观的审判监督程序。比如重庆市高级人民法院出台的“审判监督管理 8 项规定”专门就社会主义核心价值观案件的审判监督管理作出了特别规定;重庆市第四中级人民法院建立了“典型案件办理工作规定”,通过强化管理办好该类案件。同时,在调查中也发现部分法院还尚未建立起相应的管理制度,部分法官并未树立谨慎办理该类案件的意识,在管理中有所疏漏,容易导致案件出错。

4. 社会主义核心价值观司法案件系统已现雏形但未成体系。近几年来,人民法院通过发布指导性案例、参考性案例、典型案例等方式展现人民法院弘扬社会主义核心价值观的积极行动。但在调查中,近八成法官认为当前涉社会主义核心价值观司法案例库还不够丰富,特别是类型较少,发布的平台还不够多元。在宣传上,尚未充分发挥各类平台的优势,在提炼裁判要旨,转化司法案例方面存在诸多短板,尤其是在社会主义核心价值观司法案例的选取识别上尚未形成一套较好的方法、程序指引,46.27% 的法官认为典型性还不够强,83.8% 的法官认为该类案件的撰写很不规范,74.2% 的法官认为多数案例的专业性不强,很多争议点并未在宣传中得以厘定。如何形成规模性的社会主义核心价值观司法案件系统无疑是一件很有挑战的任务。

5. 办理好社会主义核心价值观司法案件需要全面兼顾。多数法官认为,办理好社会主义核心价值观要在裁判思维、裁判说理上下功夫,在裁判结果上避免同案不同判,也要考虑舆论导向,且通过宣传方式增强人民法院司法案例的价值。这一调查结果表明,办理好社会主义核心价值观司法案件首先要从思维上着手,其次要在形式上体现。只有形成思维才能在法与德之间建立起桥梁,才能在面对个案时判断规则与原则之关系,才能形成具有说服力的判决。也就是说,思维是基础,法官将该思维准确表达出来就形成了好的裁判说理,好的语言修辞获得普遍认同,最后通过更加外显的方式将人民法院的公权判断传递出去,形成具有广泛赞同的声音,继而促进社会主义核心价值观的形成。

从实证研究来看,当前人民法院弘扬社会主义核心价值观取得了很好的成绩,比如部分司法案例鲜明地弘扬社会主义核心价值观,取得了社会公众普遍的赞誉,部分法院还建立了相应的弘扬社会主义核心价值观司法案例研究发布机制办法。不过,人民法院的行动与顶层制度的要求还有所差距。一方面,通过司法案例弘扬社会主义核心价值观的方法欠缺,如何建立一类裁判思维,促进司法案例弘扬社会主义核心价值观;另一方面,通过司法案例弘扬社会主义核心价值观的机制不成熟,如何搭建起弘扬社会主义核心价值观司法案例的监督、宣传机制还需更为立体全面。

二、司法案例弘扬社会主义核心价值观的方法研究

司法案例与社会主义核心价值观的关系可以上升到法律与道德的关系上,“法律是成文的道德,道德是内心的法律”,道德与法律相互作用,相互转化,司法案例在其中起到纽带与载体的效用。习近平总书记高度重视个案的重要作用,在学习贯彻十八届四中全会精神全面推进依法治国专题研讨班的重要讲话中曾列出依法治国十个典型案例;在中央经济工作会议对产权保护提出要求时强调“一个案例胜过一沓文件”。可以说,司法案例是将“法安天下,德润人心”贯穿于司法实践的具体途径,将“法安天下”的规范价值和“德润人心”的道德风尚融为一体。

在本体论层面,司法案例与社会主义核心价值观关系是明确的,重要的是如何在方法层面将司法案例融入社会主义核心价值观,法官作为裁判者如何才能作出一个捍卫社会主义核心价值观的司法裁判。因为法官裁判思维本身就是一个理论问题,如果某一名法官仅仅依靠社会主义核心价值观作出判决,显然与法治背离。但如果一名法官全然不顾社会主义核心价值观,仅仅运用既有的裁判思维作出判决就很可能作出背离社会主义核心价值观的司法裁判。一个司法案例中最重要的莫过于裁判理由和裁判结果,由此,社会主义核心价值观进入司法案例就是通过裁判说理与裁判结果展现出来的:其一,要在裁判论证中引入社会主义核心价值观说理;其二,要在裁判结论中体现社会主义核心价值观。

(一)裁判论证引入社会主义核心价值观说理

说理是一个交往行为,涵盖两对关系。一是说理主体与说理客体,二是说理过程与结论。从这两个面向出发,说理就必然存在两种思维类型:一是如何得出一个裁判结论,也就是法律推理的过程;①二是针对说理对象的问题进行解释,也就是对争点的澄清,这一过程即

---

① 这是内部证成的过程:判断是否从为了证立而引述的前提中逻辑地推导出来。参见[德]罗伯特·阿列克西:《法律论证理论——作为法律证立理论的理性论辩理论》,舒国滢译,中国法制出版社2002年版,第273页。

是法律论证。[①] 充分说理与最低限度的说理之区别正体现在以上两个方面。在法律推理方面,一个最低限度的说理即是保证从论证到结论的逻辑一致性,它是一个刚性的要求,一种形式主义的推理。然而"在涉及法律阴影地带的案件中, 规则的适用就不是一个逻辑演绎过程",[②]充分说理则要"从形式主义推理到实质主义推理、从纯粹理性推理到实践理性推理、从个人独断式推理到开放性论辩推理"。[③] 与最低限度的说理刚性要求相比,充分说理是一种具有弹性的说理,其本身所欲求的功能目标是衡量说理是否充分的唯一标尺。其追求的功能目标越宏大,其说理是否充分的标尺就应该越高。单纯为解决当事人纠纷的民事判决说理,并不需要作出多么丰富的说理,"无争议事实 + 无争议证据 + 无争议法律适用"得出结论的过程是最低限度的说理,同时也达到了充分说理的要求。相反的是,当一份裁判文书说理所要追求的是弘扬社会主义核心价值观时,其说理充分的标准就相应较高。由此,可以认为一份裁判文书说理是否充分,与其说理背后负担的功能目标相关联,大多数裁判文书如果仅仅在于满足形式推理以及普遍经验即保持在最低限度的说理也就达到了充分说理的要求,而弘扬社会主义核心价值观司法案例的说理要求必然较高。

在明确充分说理与说理追求一致的观念之下,需要进一步明晰说理的内容,应该在哪些方面加强说理。2019 年 1 月 15 日,习近平总书记在中央政法工作会上发表的重要讲话,不仅是新时代统筹推进全面依法治国的又一重要纲领性文献,而且也是一篇蕴含深厚法理的法学专论。习近平总书记强调:"法律并不是冷冰冰的条文,背后有情有义。要坚持以法为据、以理服人、以情感人,既要义正辞严讲清'法理',又要循循善诱讲明'事理',感同身受讲透'情理',让当事人胜败皆明、心服口服。"因此,说理的内容实际上就是"事理""法理""情理"。胡云腾教授也强调,裁判文书说理就是要讲好文理、事理、法理、情理、学理。从理想的裁判文书说理效果来看,裁判文书说理应该得到大多数说理对象的认可。如果一份裁判文书说理能够得到法官群体、社会公众、当事人以及律师的一致认可,则裁判文书说理就较为充分。[④]因此,说理的内容应当包含事实理由、法律理由、程序性理由以及社会主义核心价值

---

① 法律论证是以事实、逻辑和规范为论据,在主张—反驳—再反驳的"主体间"的论证过程中,通过说服和共识的达成来解决法律争议。参见焦克干:《当代法律方法论的转型》,载《法制与社会发展》2006 年第 3 期。

② [英]哈特:《实证主义和法律与道德的分离》,翟小波译,载《环球法律评论》2001 年第 4 期。

③ 骆志鹏:《法学方法论视野中的法官说理》,载《河北法学》2012 年第 4 期。

④ 裁判的可接受性包含满足当事人合理需要(目的性构成要件)和合理的法律论证(工具性构成要件)两个方面,工具和目的是否具有合理性都是构成当事人接受或者拒绝司法判决的决定性理由。参见张继成:《可能生活的证成与接受——司法判决可接受性的规范研究》,载《法学研究》2008 年第 5 期。

观理由。

其中社会主义核心价值观理由是实质主义中常用的说理依据。在一般案件中,道德理由通常是作为加强法律论证效果,达到“裁判的普遍可接受性”的理由。《人民法院第四个五年改革纲要(2014—2018)》将“感受公正”作为裁判说理目标,赋予裁判说理新高度。“努力让人民群众在每一个司法案件中感受到公平正义”蕴含着深刻的中国司法智慧,作为代表法院最终裁判的裁判文书,是其中最重要的感受公平正义的载体。[①] 如“典型示范案件”中运用“社会主义核心价值观理由”促进共识,其必要性在于强化裁判规则的正当性以及突出法的社会功能,因此任何可能涉及道德感的案件均可促进社会主义核心价值观说理,比如婚姻法中的忠诚,交易关系中的诚信等,此类说理以受众的普遍观念为依归,具有开放空间。另外在“无法可司”的情形下,社会主义核心价值观理由更为重要,因此种情形下的社会主义核心价值观理由不仅仅作为说理依据,而且是裁判依据。

(二)裁判结果体现社会主义核心价值观

司法案例弘扬社会主义核心价值观必然要求进行充分说理,说理是思维的文字化表达,那么司法案例弘扬社会主义核心价值观的思维是什么则更为关键。如果一个裁判结果明显违背了社会主义核心价值观,法官如何思考行动?为何以及如何推翻之前的裁判结论,作出一个符合社会主义核心价值观的司法裁判?这一思维过程,被称之为结果导向裁判思维,当前这一思维方法饱受批评,笔者认为结果导向裁判思维是社会主义核心价值观进入司法案例最为重要的裁判思维,值得深入研判。

需要说明的是,结果导向思维并非以“结果”下判,结果导向是有条件、正当且融贯的。首先适用结果导向的案件主要针对存在法律漏洞的情况,在真正漏洞情况下,破坏法治的可能性较低;在不是真正漏洞时有可能对形式法治有所冲击,但当某一规则缺乏正当性辩护理由时是能够被舍弃的。因为“以‘应当’为内容的规范性必然是某种可供辩护的行动理由,而可辩护在伦理学中就是道德上的‘好’或‘道德善’。”[②]比如在最安定的刑法方面,“对刑罚本身正当性的回答,可能的研究路径是政治的、经济的,但最终还是伦理道德的。”[③]在民法方面,“价值判断是现代民法的核心问题,在一定程度上,可以说民法的发展史就是追求价值共

① 参见孙海龙:《在每一篇裁判文书中体现公平正义——如何提高裁判文书质量》,载《人民司法》2013 年第 23 期。

② 陈景辉:《道德善、理性化与法的规范性——以哈特理论为中心的反省》,载《法律科学》2012 年第 2 期。

③ 时延安:《刑法的伦理道德基础》,载《中国刑事法杂志》2019 年第 3 期。

识的过程。"[①]也即,结果导向裁判思维既有适用的限制,也有适用的空间。更重要的是"无论一个判决在结果主义考量看来多么易于接受或者令人心驰神往,都必须同时找到法律上的依据才行。"[②]正当化论证义务是结果导向司法裁判的内在要求,在结果导向裁判中,大部分任务就是法的证立,该类证明以符合多数人利益的方式作出,如果该种利益本身即追求"合乎情理"[③]"更多的正义"[④]且与法体系保持融贯[⑤]之时又如何苛责呢?

之所以结果导向思维是可能的,在于它与法律体系保持一致避免破坏形式法治:其一,在无规则可循的前提下,作为结果的因素应当是法律原则或者与法律原则具有同等地位的其他原则;其二,如果适应某项规则导致某种结果而需要舍弃规则的适用,则该项规则所导致的结果可能已经破坏了法治本身的道德性,如富勒提出的八项原则[⑥]或与法治具有同等地位的其他实质目标。有观点认为这类结果包括"政治、经济、社会、文化、道德、情理、良知、民俗、民意、常识等因素"[⑦]。亦有观点认为结果应当"须经受可预测性、可行性和可欲性的批判性检验才能成立"。[⑧] 以上观点都不错,但是又都不够明确,笔者认为,在第一种情况下,如果缺少法律原则只能寻找同等的实质原则;在第二种情况下,该种结果只有必然与实质原则或法律道德性相冲突才可能被放弃,在八项原则之外,真正的问题在于什么是同等的实质性原则。

所谓同等的实质原则,就是价值相当,因此必然回溯到关于价值的分析中。关于价值的区分可以追溯到柏拉图区分的三种善:(1)有一种善,我们乐意要它,只是要它本身,而不是它的结果;(2)还有一种善,我们之所以爱它,既为了它本身,也为了它的结果;(3)还有一种善,我们爱它们并不是为了它们本身,而是为了报酬或者其他种种利益。[⑨] 第一种类型即内在价值(固有价值),该事物之存在并不为某一特定目的服务(工具价值),而存在就是价值。因外在价值缺乏独立性、稳定性,同等的实质原则应当具备内在价值。内在价值建立的基础

---

① 姚辉:《民法适用中的价值判断》,载《中国法律评论》2019 年第 3 期。

② [英]尼尔·麦考密克:《法律推理与法律理论》,姜峰译,法律出版社 2005 年版,第 101 页。

③ [美]理查德·波斯纳:《法官如何思考》,苏力译,北京大学出版社 2009 年版,第 230 页。

④ [德]卡尔·拉伦茨:《法学方法论》,陈爱娥译,商务印书馆 2003 年版,第 77 页。

⑤ 融贯性是指任何裁判规则必须同暨存的一般性法律原则体系不相矛盾。参见[英]尼尔·麦考密克:《法律推理与法律理论》,姜峰译,法律出版社 2005 年版,第 101 页。

⑥ 法律应当具有一般性、应当公布、不溯及既往、清晰、不矛盾、不要求不可能之事、连续稳定和得到官方遵守。参见[美]富勒:《法律的道德性》,郑戈译,商务印书馆 2005 年版,第 55 - 107 页。

⑦ 唐丰鹤:《司法裁决的结果衡量》,载《浙江社会科学》2015 年第 3 期。

⑧ 王彬:《司法裁决中的"顺推法"与"逆推法"》,载《法制与社会发展》2014 年第 1 期。

⑨ 参见[古希腊] 柏拉图:《理想国》,郭斌和、张竹明译,商务印书馆 1986 年版,第 44 页。

在于“人”的绝对价值,“人以及一般的每个理性存在者,都作为自在的目的本身而实存,不仅仅作为这个或那个意志随意使用的手段,而是在他的一切不管指向自己还是指向其他理性存在者的行动中,都必须总是同时被看作目的”①。那么除了“人”还有什么具有内在价值呢?世界上任何事业均是人的活动,最终也回归到人这一主体,内在价值是人的存在与持续的构成要件,并在一定的社会阶段,通过普遍共识得以确立。法治具有内在价值说的是法治本身哪怕不追求任何目标也是可欲的,这已作为一个普遍共识。总体而言,一方面是指人的生存、生命本身,另一方面则指人的完美生活之必要,即“善”。但是,价值观分歧导致何谓道德善难以统一,比如西方国家的同性结婚、堕胎等观念纷争无法调和,于是这条路径总是会产生迷航。

不过,因文化传统的不同,价值观的分歧总是在一个范围、一个族群、一个国家中进行探讨的。在中国,此类价值观的分歧极小,无论是从历史的角度看待中国文化,还是从政治的角度、社会的角度来看,中国的价值分歧总体上是十分缓和的。从个人层面来看,儒家精神调和了多数分歧,比如绝大多数人,哪怕不喜欢狗,但也不反对别人养狗;在国家层面,当环境与经济发生冲突时,政策导向能够直接介入解决争执,如鲜明提出“青山绿水就是金山银山”;在社会层面,中华法系的文化精神,准确说是它的道德原则(德礼为政教之本,刑罚为政教之用)。② 2006 年,中国共产党提出了社会主义核心价值体系,向全世界宣告了当代中国和谐社会建构的意识形态性质和主导价值诉求。2013 年,中共中央通过了《关于培育和践行社会主义核心价值观的意见》,明确提出社会主义核心价值观的基本内容。

2017 年 10 月 18 日,习近平总书记在党的十九大报告中指出:“把社会主义核心价值观融入社会发展各方面,转化为人们的情感认同和行为习惯”,“以培养担当民族复兴大任的时代新人为着眼点”③这一重要论述,应当说,24 字的核心价值观就是具备内在价值的。

社会主义核心价值观作为结果导向之实在内容,意味着结果导向裁判思维并非仅仅指代经济分析法学,因为法经济分析学派更加注重经济效益(无论是短视的还是长远的)而非道德结果。同时也意味着结果导向裁判中的结果并非包罗万象,如有学者认为“结果权衡包括政治、经济、社会、文化、道德、情理、良知、民俗、民意、常识等因素的权衡”④。毋宁说,结果

① [德]康德:《道德形而上学奠基》,杨云飞译,人民出版社 2013 年版,第 62 页。
② 参见张中秋:《中国法系道德文化精神及对未来大中国法的意义》,载《法学》2011 年第 5 期。
③ 参见中国共产党十九大报告。
④ 唐丰鹤:《司法裁决的结果衡量》,载《浙江社会科学》2015 年第 3 期。

导向中的结果是促进共同善的“法律道德主义”。[①] 不过，社会主义核心价值观的内涵极为丰富，在裁判思维中要准确把握，仅仅依靠 24 字是不够的，比如“敬业”的问题，单就评价某种行为是否属于“敬业”并不容易，在一个具体裁判中也不会仅仅因为“不敬业”从而产生一个具体的判决结果。那么如何将 24 字融入裁判思维中？这就有必要进一步研判结果导向裁判思维中的结果类型。

在结果导向裁判思维中，结果内容解决的是违反了什么的问题，结果类型解决的是如何违反的问题，只有明确类型才能进行思考。现有研究并未研究中国这一特定场域，因此主要针对类型特征而非具体内容，诸多学者提出了自己的主张。一是事实结果与逻辑结果，其中事实结果是指案件的裁判对当事人、社会民众提供的指引；逻辑结果是指先例、指导性案例的规范作用。[②] 二是直接结果、一定的潜在结果、抽象结果和规范性结果。[③] 三是波斯纳提出的个案结果与系统结果。四是一般结果与规范结果，规范结果主要强调合乎法律目的的法律结果和具有普适性的一般结果。[④] 五是未来结果与现实结果。以上分类从不同角度深刻诠释了结果类型，但也容易让人产生迷惑。首先，如果以罗列的方式则较为主观；其次，从概念周延的角度来看，如逻辑结果与事实结果的分类很难让人相信这是一个完全的二分法；最后，以直接结果与潜在结果，未来结果与现实结果的分类来看，尽管在概念上做到了周延，但其内涵单薄，不足以据此作出判别。

所谓结果是针对一个判决带来的某种状态上的变化，该变化体现在判决之后的各个阶段。具体来看分为两种状态：一是改变了判决直接对象的状态以及由此带来的其他结果，即个别结果；二是改变了非判决直接对象的状态，并由此引发的其他结果，即普遍结果。打个比方，如果一个人追求某一利益违背了“友善”的内在价值，一般而言，在法律上会对其作出否定评价，这是第一个结果；当这个人被作出否定评价之后，此人通过报复社会发泄不满，比如抢劫了另外一个人，这又是一个结果，以上情形都是属于个别结果，因为该判决改变的是个别人状态。另一种情况，当裁判者对违反“友善”的行为持以肯定的态度后，随之出现三个阶段的结果：首先该判决被多数人作出不可接受的评价结果；其次，多数人认为尽管该种行为是不道德的，但事实上不被禁止，部分人为追求利益而反复作出此类“不友善”行为的适应

① 参见郑玉双：《道德争议的治理难题——以法律道德主义为中心》，载《法学》2016 年第 10 期。
② 参见［英］尼尔·麦考密克：《法律推理与法律理论》，姜峰译，法律出版社 2005 年版，第 77 页。
③ 参见杨知文：《基于结果评价的法律适用方法》，载《现代法学》2014 年第 4 期。
④ 参见宋保振：《后果导向裁判的认定、运行及其限度——基于公报案例和司法调研数据的考察》，载《法学》2017 年第 1 期。

结果;最后,所有人均对此类“不友善”的行为采取应当的态度,即产生道德结果。因此,对结果的二分以“判决的个别结果”与“判决的普遍结果”较为恰当,结果导向裁判思维应以“判决的普遍结果”为中心,因为个别结果不是整体意义上的结果,一个人的行为不能评价为多数人的行为,且无法预测。而判决的普遍结果则是整体行动,最终引向了共同善的终极问题。

(三)社会主义核心价值观对司法案例的实践性

1. 结果裁判思维的矫正意义。所谓矫正是指判决的普遍结果与基本价值相冲突,但能够在法条主义的框架中进行调整。一般而言,此种矫正并未以结果裁判思维(在裁判文书中未以体现)做出,但裁判思维中涵盖结果导向。如在社会主义核心价值观的国家层面与社会层面中,平等、文明与法治处于同等地位,此处的“平等”“公正”是一个更为广义、通常的概念,而不是指依法裁判中的“公正”,也不是错案中的“公正”。譬如,近年来,在刑事案件中的量刑问题上出现了诸多争议,这类争议虽仅仅停留在违背平等原则后,公众普遍不认同阶段,但已经造成认同危机。如一名 19 岁男子向我国台湾地区卖家网购 20 支仿真枪被查获被判处无期徒刑(“网购仿真枪案”)[①]。河南一大学生掏鸟窝被判处有期徒刑 10 年半。“摆摊打气球案”的天津老太被判处有期徒刑 3 年 6 个月。[②] 以上案件对于“平等”“公正”的实质原则欠缺考虑,这些案件运用结果裁判思维作出考虑,并不破坏形式法治,因为量刑幅度依然是在法条主义之内的。因此矫正无风险,也并未负担过多的证明义务,因为依照社会一般观念,以上判决结果的争议不在于定罪方面而在于量刑方面。相反的是,以上案件正是由于裁判者缺乏结果导向思维,导致该类案对司法公信力的巨大伤害。

2. 结果裁判思维的证明意义。这是真正意义上运用结果裁判思维裁判案件的方式,“电梯劝烟猝死案”即为典型。总体上看,个人层面的爱国、敬业、诚信、友善,作为一种道德善具备了与一般法律原则同等的地位,在结果导向裁判思维中不仅可以运用,而且应当作为评价的标准。一个裁判导致的结果如果否定了个人的上述行为,则是不欲的结果,如果一个裁判引导了个人的上述行为,则是可欲的结果。近年来,一些弘扬社会主义核心价值观的案例也开始展现出司法的光辉,比如“邱少云案”“狼牙山五壮士案”“电梯劝烟猝死案”等。[③] 在裁判说理或裁判依据中,均能发现社会主义核心价值观的证明价值,如“电梯劝烟猝死案”中直

---

① 参见《网购 24 支仿真枪少年终审被判无期》,载《南方都市报》2015 年 9 月 22 日,第 18 版。

② 参见高巍:《刑罚何以正义?——以天津“摆摊打气球案”为例》,载《思想战线》2017 年第 3 期。

③ 参见《最高人民法院关于弘扬社会主义核心价值观典型案例》,载《人民法院报》2016 年 8 月 23 日,第 2 版。

接运用了社会主义核心价值观加强论证:“保护生态环境、维护社会公共利益及公序良俗是民法的基本原则,弘扬社会主义核心价值观是民法的立法宗旨,司法裁判对保护生态环境、维护社会公共利益的行为应当依法予以支持和鼓励,以弘扬社会主义核心价值观。”[①]可见在“电梯劝烟猝死案”中,社会主义核心价值观明确表述在裁判文书中,从该份判决能够发现结果裁判思维承担了该案的法的发现以及法的证立之双重任务。社会主义核心价值观不仅作为了裁判思维中的结果因素,而且也作为一种论证策略强化了判决说服力。

3.结果裁判思维的归谬意义。在以往的研究中,对“彭宇案”的反思主要是事实如何认定的问题,应该说是具体微观的层面,笔者并非否定其研究意义,而是认为微观的操作容易掉进陷阱,从法理进路考察具有整体把握的优势。就“彭宇案”而言,尽管其运用了形式主义思维,但是它所确立的判决结果已经达到了“判决的普遍结果”,因为该判决违背了道德善良的义务,冲击了社会主义核心价值观中的“友善”原则。这一判决的普遍结果就自然演变成三个阶段:第一,公众普遍不认同该判决;第二,遇到相似情况选择“不扶”;第三,每一个人都认为“不扶”是一个正确的选择,由此导致社会道德滑坡。由此,从这个意义上讲,正是没有以结果导向裁判思维进行思考从而导致此案伤害了法治本身,因为这一裁判的结果否定了个人层面的“道德善”。也许反对者认为,依照法形式主义,“彭宇案”本不需要进行结果导向思维,因为它并不是一个存在法律漏洞的具体案件,这恰好说明了结果导向裁判思维的重要性,在任何一个案件中,结果导向裁判思维都可能发挥价值,哪怕这一思维并未在形式上得以体现。对于“彭宇案”,只要有一点结果导向思维,对判决的普遍结果作出考察,就能够慎重作出判决,至于选择判决的方式本身绝非一个难题。

三、司法案例弘扬社会主义核心价值观的机制建设

通过创设系统的防御及激励机制,力求挖掘出更多优秀的弘扬社会主义核心价值观案例,让好案例出彩,让差案例无处藏身。在制度体系的设计上,首先,考虑如何识别出优秀案例,找到社会主义核心价值观的底色,因为无论是产出优秀案例还是防范风险案例,识别机制均是第一个需要建立的;其次,如何防范社会主义核心价值观风险案件,只有建立起防范

---

① 参见(2017)豫01民终14848号民事判决书。

机制,才能从根本上避免司法对社会主义核心价值观的冲突;最后,如何激发每名法官(法官助理)撰写案例的动力,因为价值观的树立不是一朝一夕的,人民法院供给的司法案例也应当是源源不绝的,只有共同努力才能形成规模效应,才能形成人民法院弘扬社会主义核心价值观的整体风貌。

(一)建立涉社会主义核心价值观案件识别报告机制

涉社会主义核心价值观案件的识别是先决条件。尽管对涉社会主义核心价值观案件有大致的标准,但某些案件要准确识别并不容易。从现有模式来看,有的法院采用信息化识别为主、人工识别为辅的方式;有的法院采取单纯人工流水式的识别,由法官负责识别;有的法院由立案庭负责识别;有的法院先由立案庭负责识别,再由法官二次识别。上述方式都有其合理之处, 但又都不够科学。一方面,个人的认识力有限,对于是不是涉社会主义核心价值观案件存在不同的认识;另一方面,部分一般案件可能转化为涉社会主义核心价值观案件。只有建立一套程序衔接并明确法官报告义务,由法官会议确定的程序才能更好识别出每一件涉社会主义核心价值观案件。

对于涉社会主义核心价值观案件的识别而言,一是立案阶段初步识别。立案庭对受理的案件是否属于涉社会主义核心价值观案件进行初步识别,进行可视化管理,如用绿色标识常规案件,红色标识涉社会主义核心价值观案件等。二是办理阶段会议确认。立案庭初步识别后尚未分案的和承办法官在办理过程中发现的涉社会主义核心价值观案件,均需提交全体法官会议讨论确定;专业法官会议、审判委员会讨论过程中发现的,可以直接确定为涉社会主义核心价值观案件。三是实行涉社会主义核心价值观案件报告制度。承办法官及合议庭成员在立案或案件办理过程中对潜在的涉社会主义核心价值观案件负有报告义务,发现可能属于涉社会主义核心价值观案件而没有标识的应当按照程序逐级汇报,通过提请专业法官会议或者全体法官会议讨论识别。四是建立涉社会主义核心价值观案件管理台账。审管办建立涉社会主义核心价值观案件台账,分类统计、分类标识。

(二)建立办好涉社会主义核心价值观案件的人案匹配机制

"纵观中国的司法改革发展史,过于强势的审判管理曾使办案法官不能真正拥有审判权,并导致'审者不判、判者不审'的局面,由此引发了还权于审判组织的审判方式改革,而还权后出现的司法失范现象,又在很大程度上推动了审判管理的不断强化。"[①]司法责任制改革

① 江必新:《论审判管理科学化》,载《法律科学》2013 年第 6 期。

以来,审判管理监督的方式、方法在符合司法规律的前提下必然也必须实现转型。

审判管理监督的核心目标是促进审判职权的动态优化配置。审判管理的运行规律在于优化审判职权的配置。审判职权优化配置可以分为静态和动态两种情况。从宏观审判组织架构上讲,无论是从四级法院纵向审判职权配置,还是从一个法院的审判部门与综合部门的组织人员配备,审判职权配置更多的是按照组织法规定而进行的静态优化,强调稳定性、规范性。从微观的一个法院或个案审判来看,特别是从及时回应审判需要来看,一个法院要根据案件数量变化和审判质效变化适时进行人员及其注意力的调整,更需要关注的是动态审判职权优化配置的过程。加强审判管理的过程,某种程度上就是促进动态的审判职权优化配置的过程。审判管理不能直接作用于案件审判本身,但是可以促进并优化审判主体与案件的审判关系,间接地服务于审判权的有效运行。其一,审判管理的过程有利于司法尺度的统一。例如,审判管理过程要求进行审判的整体运行态势分析,特别是对于类型化案件的统计分析、涉社会主义核心价值观案件的指导以及案件质量的评估,通过促进法律的统一适用,来加强审判质效工作。其二,审判管理的过程有利于优化法院内部人力资源的配置。例如,对收结案情况的条线分析结果可能导致调整审判力量。法院中经常发生的人员调度,根据审判运行情况,对业务部门之间或业务与综合部门之间进行必要的人员调整,避免部门之间忙闲不均现象,促进各有关业务或综合部门人员与任务更加匹配。其三,审判管理过程有利于工作重心的及时调整。现有司法体制和工作机制下,院长、庭长对工作重心的引导,对法官的审判行为起着至关重要的作用。这样一些表现和过程,就是通过审判管理动态优化审判职权配置的过程,从而实现质效指标数值的变化及其结果优化的目标。

对于涉社会主义核心价值观案件的"人案匹配"而言,一是建立涉社会主义核心价值观案件分案制度。在专业化、均衡化分案基础上,立案庭对能够识别出的具有重大特殊风险的涉社会主义核心价值观案件应指定分案,原则上指定给院长、庭长办理,其他具有一定风险的涉社会主义核心价值观案件可随机分案。二是优化涉社会主义核心价值观案件办案组织程序。凡是经识别确定为涉社会主义核心价值观案件的,一般应组成合议庭采用普通程序审理。合议庭原则上应将涉社会主义核心价值观案件提交专业法官会议或者审判委员会讨论。三是明确院长、庭长监督管理责任。对进入涉社会主义核心价值观案件台账的案件,院长、庭长应当加强监督管理,可以列席合议庭研究案件,也可以要求承办法官和合议庭报告案件进展和评议结果;对审理过程或者评议结果有异议的,可以决定将案件提请专业法官会议讨论或审判委员会决定。

(三)落地社会主义核心价值观案件的案例指导机制

从一定意义上讲,对司法判例的重视程度也能反映一个国家的法治发展水平。[①] 中国特色案例指导制度的预期功能涵盖法律规范功能、社会管理功能、沟通交流功能。[②] 对于树立整体司法观,追求同案同判,提升司法公正公信意义重大。

对于涉社会主义核心价值观案件的案例指导而言,一是实行类案强制检索。涉社会主义核心价值观案件办理中,无论是合议庭评议还是提交专业法官会议或者审判委员会讨论,必须进行类案检索并记入笔录。类案检索范围包括已生效裁判文书和各类参考案例。参考案例应当涵盖最高人民法院的指导性案例、公报案例、典型案例;上级人民法院发布的参考性案例;全国其他地方法院裁判的案例。二是实行发改案件征求意见制度。上级法院对下级法院办理的涉社会主义核心价值观案件要改发的,须通过审管系统征求下级法院意见。凡下级法院在规定期限内提出异议的,合议庭须再次评议;经再次评议仍需发改的,须提交专业法官会议讨论。三是实行改发案件双向分析制度。上下级法院间定期开展改发案件原因分析、问题剖析,通过双向互动交流,促进共同提高。

(四)加强涉社会主义核心价值观司法案例的传播

司法案例从传播意义上可以划分两类。一方面,部分司法案例的主要目的是统一裁判尺度,指导法官正确办案;另一方面,部分司法案例的主要目的是进行普法宣传,塑造社会主义核心价值观。前者可统称为"参考案例",后者可称为"普法案例"。从受众来看,参考案例注重对裁判思维的引导,其主要功能在于帮助法官作出正确裁判,回答的是"如何作出裁判"以及"为何作出裁判"的法律方法问题。普法案例的主要功能在于向社会公众普及法律知识,塑造法治思维,回答的是"作出了什么样的裁判"以及"为什么要作出这样的裁判"的问题。"保持司法与社会生活恰当融合,这也是司法体认和履践政治和社会角色所必须考量的另一个基点。"[③]司法案例就是人民法院的司法产品,要将这一产品投放到更为广阔的天地、肥沃的土壤中,才能助其成长为参天大树。

涉社会主义核心价值观案件既可能是参考案例又可能是普法案件,要抓住重点发挥涉社会主义核心价值观案件的示范性意义。一是建立涉社会主义核心价值观案件转化机制。凡是明确为涉社会主义核心价值观案件的,原则上都应打造成典型案例。二是抓住典型案

---

① 参见何然:《司法判例制度论要》,载《中外法学》2014 年第 1 期。

② 参见四川省高级人民法院,四川大学联合课题组:《中国特色案例指导制度的发展与完善》,载《中国法学》2013 年第 3 期。

③ 顾培东:《当代中国司法生态及其改善》,载《法学研究》2016 年第 2 期。

例转化方法。一方面将典型案例打造为参考案例,注重启发、引导、规范裁判思维,帮助法官作出正确裁判,从而达到统一适用法律的要求;另一方面将典型案例转化为普法案例,用通俗易懂的语言和易于传播的形式弘扬社会主义核心价值观,讲好每一个法治中国故事。既落实“谁执法谁普法”改革要求,也促进溯源治理,消弭潜在纠纷,实现德法共治。

结　语

周强院长指出:“加强司法案例研究,是弘扬社会主义核心价值观的桥梁纽带。”司法案例凝结了法官、诉讼参与人、专家等主体的智慧结晶,蕴含着经济社会发展信息和社情民意,是践行社会主义核心价值观的生动实践。我们有理由相信,在全社会积极践行社会主义核心价值观的行动中,在中国司法案例学学科日益完善的背景下,在人民法院各项案例机制逐步完备之后,司法案例弘扬社会主义核心价值观一定能够成为弘扬社会主义核心价值观的重要方式方法,中国司法案例也定能作出更大的贡献!

司法案例的裁判要旨及其生成*

于同志

内容摘要： 裁判要旨是指导性案例赖以发挥作用的重要载体，从案例中归纳、提取裁判要旨，形成裁判规则，是案例编写中的一项不可或缺的工作。在实践可以采取直接抽取判决理由、归纳事实与结论的对应关系、整合同类案例总体的方法来生成裁判要旨，并需要注意从实质和形式两方面完善其文本表达，从学理上加强对裁判要旨的批判性验证，推动指导性案例成为具有稳定性、持续性的“先例”。

关 键 词： 案例指导　生成方法　学论验证

作者简介： 于同志，最高人民法院刑二庭审判长、高级法官。

论　　纲： **一、裁判要旨的法律价值**

二、裁判要旨的归纳提取

三、裁判要旨的文本表达

四、裁判要旨的学理验证

* 本文为北京高校中国特色社会主义理论研究协同创新中心（北京工业大学）研究课题的阶段性成果。

司法判决不产生法律但可能形成裁判规则,裁判规则是司法案例通过裁判结论所确立的具有法律性质的规范,是司法案例的灵魂所在。在目前人民法院编辑的具有指导性或参考性的案例中,裁判规则一般是以“裁判要旨”的形式呈现。[①] 所谓裁判要旨,是指“法院判决书法定记载理由的主要意旨”[②]。它体现着法官在具体案件中对法律适用、裁判方法、司法理念等方面问题的判断,进而可以为其他法院或法官审理类似案件提供具有指导或参照意义的法律解决方案和裁判思维方式,所以,无论是两大法系国家的判例实践,还是我国的案例指导实践,均较为重视对裁判要旨的归纳与提取。

一、裁判要旨的法律价值

综观古今中外,凡法律制度发达的国家,无不存在司法判例制度。对于司法判例制度而言,裁判要旨有着特别的意义。普通法理论认为,判例法是指“从法院在判词内所列出的理据所推论出来并累计产生的法院原则和规范”[③],其表现形式“并非指某个案件判决的全文,而是指某一判决中所包含的某种原则或规则。在一个具体判决中,作为权威拘束后来法官裁判的唯一部分是案件据以判决的原则”。故承载着“法院原则和规范”的裁判要旨在判例法中拥有了重要地位。大陆法系理论认为,裁判要旨一般体现为对案件先例规则的归纳,而先例规则是指法官在具体案件的裁判过程中对法律进行解释的结果,是成文法规则的具体化。人们通常所看到的是裁判要旨,但所希望得到却是通过裁判要旨表现出的先例规则。所以,先例规则就是对案件争议焦点涉及的法律问题进行评析后形成的“裁判要旨”,它集中体现了判例的核心内容,是“判例的精华、主眼及理由所在”,[④]从中可以清晰地看出倾向性的判决结果,人们引用和研究判例时,也主要是利用裁判要旨。

在成文法体系下,如果立法者起草法律时所设想的类型事实与生活实际基本相符,那么绝大多数的法院判决都应当属于简单套用有关法律规范就可以得出结论的情况。这类判决

---

① “裁判要旨”有过不同称谓,如《人民法院第二个五年改革纲要(2004—2008)》曾称之为“指导规则”,最高人民检察院发布指导性案例称之为“要旨”,理论界和案例刊物多称之为“裁判要旨”“裁判摘要”,国外一些国家或地区则称之为“判例要旨”等。

② 马太广编译:《判例所表现的商法法理——日本最高裁判所商法判例要旨(1962—2004)》,法律出版社2004年版,第5页。

③ [美]波林·罗斯诺:《后现代主义与社会科学》,张国清译,上海译文出版社1998年版,第81页。

④ 参见马太广编译:《判例所表现的商法法理——日本最高裁判所商法判例要旨(1962—2004)》,法律出版社2004年版,第5-6页。

对于法律的发展与演进贡献不大。但是,总会有一些案件不是以立法者所预想的常态发生或者进行的,那么就需要法官通过具体判决对法律进行解释甚至填补立法的空缺。不管这类判决有没有先例性,它对理解抽象规则来说都具有重要意义,因为其本身体现就为一种"活生生的法"究竟是什么。正如有学者所言,"如果某个判决对后续相同或者类似案件的裁判产生了事实上的影响,那么,这时候确定该判决中的'活法'意义就更加不同寻常了。"①

在当代中国社会转型的时期,法官在审判实践中经常必须面对立法机关没有提供明确法律规则的疑难案件和新型法律争议,在这种情况下,需要法官自己动手在解决纠纷的过程中,根据对法律规范的能动解释或立法空缺填补等作出裁判结论,由此就可能形成今后类似案件裁判依据的规则,这些裁判规则凝结着法官的智慧和经验,通过对这些理性知识和经验的承继,使具有典型意义的司法裁判的影响力能够延伸到其他案件中去,从而对同类案件所涉及的事项和主体发生作用。在这一过程中,通过对其中裁判规则的提取,则可以"方便后来的法官或法律界以简洁的方式认识、了解有关该指导性案例对法律的补充、发展以及对适用相互冲突的法律条款或模糊不清的法律条款的法律解决方案的基本点,以及指导性案例对法律、法规的替代或补充"②。所以,在我国近几年的案例编选工作中,最为显著的一个变化是,开始重视对裁判中涉及的重要法律问题进行归纳总结,并以不同的名称置于案例的开始,如"裁判要旨""裁判要点""裁判规则""要点提示""判决提要""裁判摘要""案例指导原则"等,它们可谓案例的"点睛之笔",极大地方便了人们对案例的科学研究和使用。

当然,我们案例选编中重视归纳、提炼其裁判要旨,不仅仅因为裁判要旨本身的实质意义,还与成文法主导下的法律文化及法官思维模式有关系,即法官对条文的习惯性依赖,"法官的思考平台、话语平台,是制定法式的、条文式的"③。美国学者达玛什卡对大陆法系国家法官的规则主义有过深入论述。他认为,欧洲大陆国家在16、17世纪近代资产阶级革命前夕,随着中央集权制的官僚体制的普遍确立,法官成为效忠国家的专业群体,为了保证强有力的中央权威的一体性,"严格依循规则的治理被认为是必要的",而这种对规则的效忠也影响到人们对司法先例的态度,即法官在高等法院的判决先例中希望寻找到"更高的权威所作出的类似于规则的表述"。孟德斯鸠将这种对待司法先例的态度称为"逻辑法律形式主义",指出先前的判决仅仅是一种"更加精确的法律文本";法律家们"试图在先前的判决中

---

① 参见解亘:《案例研究反思》,载《政法论坛》2008年第4期。

② 张骐:《指导性案例中具有指导性部分的确定与适用》,载《法学》2008年第10期。

③ 张骐:《指导性案例中具有指导性部分的确定与适用》,载《法学》2008年第10期。

寻找具体的规则”[①]。因此,即便是判例已经形成,他们一般也会在裁判要旨中将具体事实抽掉,使得判例中的规则更像是对成文法的解释,省略了基本的案件事实,或只给予提示,也不提供判决所根据的具体理由等。[②]

从某种程度上说,在成文法体制下的中国,法律适用的实际情况也大体如此。长期以来,我国司法人员所受到的法律训练与培养,基本上是以条文化的法律规则为依据审理案件,并按照“三段论”的推理模式进行法律适用。作为法官审理案件的依据,或者是属于制定法的各类法律和法规,或者是以制定法为主要表述形式的司法解释,或者是在形式上类似于制定法的各种政策等。“普通法国家的那种事实与法律水乳交融的判例法在中国并不存在,因此即便有的中国法学院刚刚开始案例教学,所用的中国案例也大多是事实问题与法律问题油水分家的案例”。[③] 在法官眼里,最理想的“可适用”的法律规则仍然是制定法条文。当面对指导性案例时,他们往往会不由自主地想到从指导性案例中抽象出来的裁判要旨或裁判规则,希望能像适用法律及司法解释那样适用指导性案例。

事实上,也只有把指导性案例这种典型案例中特有的“指导价值”提炼出来,使之成为非特定的、非个体的而具有一般性的规则,才能对同一类的相似案件具有普遍的指导意义。所以,不管冠以何种称谓,裁判要旨的内容都不应当忽略,它是“指导性案例的重心所在”,突出了案例的法律适用,提炼了案例的典型内容,反映了案例的裁判规则。[④] 并且,用法律适用过程中提炼出来的裁判要旨或裁判规则实现对一定范围内的案件的指导,既可以与西方国家的原装判例相区别,又可以避免指导性案例在适用中可能出现的各种弊端,同时也利于和司法解释相衔接,此种做法在我国现阶段具有现实合理性和必要性。甚至可以说,如果是最高人民法院审判委员会对指导性案例提炼的裁判规则,就相当于是司法解释中的“批复”。[⑤]

二、裁判要旨的归纳提取

既然准确把握、提炼指导性案例中的裁判规则,是发挥指导性案例作用的一个重要基

① [美]米尔伊安·R.达玛什卡:《司法和国家权力的多种面孔——比较视野中的法律程序》,郑戈译,中国政法大学出版社2004年版,第50-56页。

② 参见[德]卡尔·拉伦茨:《法学方法论》,陈爱娥译,商务印书馆2003年版,第305页。

③ 张骐:《指导性案例中具有指导性部分的确定与适用》,载《法学》2008年第10期。

④ 参见陈明国:《我国案例指导制度建立的若干问题——以四川省高院为例》,载《法律适用》2008年第11期。

⑤ 参见胡云腾、于同志:《案例指导制度若干重大疑难争议问题研究》,载《法学研究》2008年第6期。

础,而裁判要旨常常是指导性案例得以影响后来案件的核心,那么,从案例中归纳、提取裁判要旨,形成裁判规则,便成为编写指导性案例过程中的一项不可或缺的重要工作。

从实质内容看,裁判规则无疑是一种法律规范,既然是法律规范,它就势必会以命题的形式呈现,而且是一个有关法律论点的命题。不仅如此,由于是通过司法案例生成的规范,所以该法律论点也一定是与案件有着直接关联的争议问题。[①] 如果这个命题所涉及的法律论点与案件没有直接关系,那么它就不属于具有先例性的裁判规则,只能说是类似于英美法系中没有约束力的"附带意见"(obiter dictum)或者日本判例理论中的"傍论"。[②] 因此,关于裁判要旨的归纳、提取,总体上说,应当围绕案件的法律争议问题展开,这样有助于准确把握指导性案例的要义。司法工作的首要任务"是给争议设置一个结局——无论是通过法律而为法律规则的争议,还是通过有法律效力的判决而为具体法律案件的争议——其次,才是给争议设置一个公正的结局"。[③] 波斯纳说得更干脆,他说,法律的一切最终都是一个"如何解决问题"的问题。[④] 所以,从指导性案例中抽出裁判要旨时应有"问题意识",宜围绕诉讼参与各方所争议的主要问题进行,以说明和解决法律争议问题为依归。

然而,即便是紧密围绕案件法律争议问题展开,从指导性案例中抽取裁判要旨,也不是一项简单的作业。笔者较长时间参与选编刑事指导性案例,就自身体会而言,司法案例的裁判规则绝无可能通过几笔抽象的文字描述便能轻松勾勒,个中技巧和心得只有通过每一位案例编写及研究者长期而切身的实践才能逐渐把握。当然,裁判要旨的归纳和提炼,还是有一定的章法可循的。日本学者对此有较深入的分析,[⑤]现予借鉴并结合我国的指导性案例编写实践解读如下:

1. 直接抽取判决理由形成裁判要旨。即将判决理由中所明示的法律命题直接抽取出来,形成裁判要旨。通常来说,裁判文书的判决理由,大都包含有理由部分、结论部分以及将结论部分的法律命题嵌入事实关系中去的嵌入部分。其中,理由部分和结论部分一般都会有抽象的规范命题。而裁判规则就是由结论命题和部分理由命题构成的,特别是,那些紧密结合案情的、直接支持结论命题的理由命题往往具有直接形成裁判要旨的条件。

---

① 参见解亘:《案例研究反思》,载《政法论坛》2008 年第 4 期。

② 参见[日]后藤武秀:《判例在日本法律近代化中的作用》,载《比较法研究》1997 年第 1 期。

③ [德]拉德布鲁赫:《法学导论》,米健等译,中国大百科全书出版社 1997 年版,第 21 页。

④ 参见[美]理查德·A. 波斯纳:《法理学问题》,苏力译,中国政法大学出版社 1994 年版,第 86 页。

⑤ 参见解亘:《案例研究反思》,载《政法论坛》2008 年第 4 期;[日]大村敦志、道垣内弘人、森田宏树、山本敬三:《民法研究ハンドブック》,有斐阁 2000 年版,第 324 -343 页。

案例1:最高人民法院指导案例1号“上海中原物业顾问有限公司诉陶某某居间合同纠纷案”。

2008年下半年,原产权人李某某到多家房屋中介公司挂牌销售涉案房屋。2008年10月22日,上海某房地产经纪有限公司带陶某某看了该房屋;11月23日,上海某房地产顾问有限公司(以下简称某房地产顾问公司)带陶某某之妻曹某某看了该房屋;11月27日,上海中原物业顾问有限公司(以下简称中原公司)带陶某某看了该房屋,并于同日与陶某某签订了房地产求购确认书(以下简称确认书)。该确认书第2.4条约定,陶某某在验看过该房地产后六个月内,陶某某或其委托人、代理人、代表人、承办人等与陶某某有关联的人,利用中原公司提供的信息、机会等条件但未通过中原公司而与第三方达成买卖交易的,陶某某应按照与出卖方就该房地产买卖达成的实际成交价的1%,向中原公司支付违约金。当时中原公司对该房屋报价165万元,而某房地产顾问公司报价145万元,并积极与卖方协商价格。11月30日,在某房地产顾问公司居间下,陶某某与卖方签订了房屋买卖合同,成交价138万元。后买卖双方办理了过户手续,陶某某向某房地产顾问公司支付佣金1.38万元。中原公司遂起诉陶某某至法院,诉称:被告陶某某利用中原公司提供的上海市虹口区株洲路某号房屋销售信息,故意跳过中介,私自与卖方直接签订购房合同,违反了确认书的约定,属于恶意“跳单”行为,请求法院判令陶某某按约支付中原公司违约金1.65万元。上海市虹口区人民法院经审理后判决被告陶某某违约,应于判决生效之日起10日内向原告中原公司支付违约金1.38万元。宣判后,陶某某提出上诉。上海市第二中级人民法院经审理认为,中原公司与陶某某签订的确认书属于居间合同性质,其中第2.4条的约定,属于房屋买卖居间合同中常有的禁止“跳单”格式条款,其本意是为防止买方利用中介公司提供的房源信息却“跳”过中介公司购买房屋,从而使中介公司无法得到应得的佣金,该约定并不存在免除一方责任、加重对方责任、排除对方主要权利的情形,应认定有效。根据该条约定,衡量买方是否“跳单”违约的关键,是看买方是否利用了该中介公司提供的房源信息、机会等条件。如果买方并未利用该中介公司提供的信息、机会等条件,而是通过其他公众可以获知的正当途径获得同一房源信息,则买方有权选择报价低、服务好的中介公司促成房屋买卖合同成立,而不构成“跳单”违约。本案中,原产权人通过多家中介公司挂牌出售同一房屋,陶某某及其家人分别通过不同的中介公司了解到同一房源信息,并通过其他中介公司促成了房屋买卖合同成立。因此,陶某某并没有利用中原公司的信息、机会,故不构成违约,对中原公司的诉讼请求不予支持。据此,依法判决撤销一审法院判决,中原公司要求陶某某支付违约金1.65万元的诉讼请求,不予支持。

该案的上述判决理由较为明确地阐释了“跳单”的处理意见,直接抽取便形成了此案的裁判要旨:“房屋买卖居间合同中关于禁止买方利用中介公司提供的房源信息却绕开该中介公司与卖方签订房屋买卖合同的约定合法有效。但是,当卖方将同一房屋通过多个中介公司挂牌出售时,买方通过其他公众可以获知的正当途径获得相同房源信息的,买方有权选择报价低、服务好的中介公司促成房屋买卖合同成立,其行为并没有利用先前与之签约中介公司的房源信息,故不构成违约。”

2. 归纳案件事实与结论的对应关系形成裁判要旨。即将具体的案件在一定程度上作类型化的抽象,并将案件的裁判结论予以定型化,从而类型化的事实及与之对应的定型化的结论一起便筑构了裁判规则。从实践看,这种方法一般由类型化事实的抽取、定型化结论的提取以及两者的关联作业三个步骤组成。[①] 不过,很多时候第三个步骤会被前两个步骤吸收而可以省略掉。

案例2:最高人民法院指导案例4号“王某某故意杀人案”。

被告人王某某与被害人赵某某(女,殁年26岁)在山东省潍坊市科技职业学院同学期间建立恋爱关系。2005年,王某某毕业后参加工作,赵某某考入山东省曲阜师范大学继续专升本学习。2007年赵某某毕业参加工作后,王某某与赵某某商议结婚事宜,因赵某某家人不同意,赵某某多次提出分手,但在王某某的坚持下二人继续保持联系。2008年10月9日中午,王某某在赵某某的集体宿舍再次谈及婚恋问题,因赵某某明确表示二人不可能在一起,王某某感到绝望,愤而产生杀死赵某某然后自杀的念头,即持赵某某宿舍内的一把单刃尖刀,朝赵某某的颈部、胸腹部、背部连续捅刺,致其失血性休克死亡。次日8时30分许,王某某服农药自杀未遂,被公安机关抓获归案。王某某平时表现较好,归案后如实供述自己罪行,并与其亲属积极赔偿,但未与被害人亲属达成赔偿协议。对于此案,山东省潍坊市中级人民法院认定被告人王某某犯故意杀人罪,判处死刑,剥夺政治权利终身。宣判后,王某某提出上诉。山东省高级人民法院裁定驳回上诉,维持原判,并依法报请最高人民法院核准。最高人民法院根据复核确认的事实,裁定不核准被告人王某某死刑,发回山东省高级人民法院重新审判。山东省高级人民法院经依法重新审理,以故意杀人罪改判被告人王某某死刑,缓期二年执行,剥夺政治权利终身,同时决定对其限制减刑。

---

① [日]大村敦志、道垣内弘人、森田宏树、山本敬三:《民法研究ハンドブック》,有斐阁2000年版,第327页。

根据该案事实与裁判结果的对应关系,该案的裁判要旨被确定为:"因恋爱、婚姻矛盾激化引发的故意杀人案件,被告人犯罪手段残忍,论罪应当判处死刑,但被告人具有坦白悔罪、积极赔偿等从轻处罚情节,同时被害人亲属要求严惩的,人民法院根据案件性质、犯罪情节、危害后果和被告人的主观恶性及人身危险性,可以依法判处被告人死刑,缓期二年执行,同时决定限制减刑,以有效化解社会矛盾,促进社会和谐。"

3. 整合同类案例总体的方法。在实践中,人们说到指导性案例的规则时,指的常常是若干同类型案例的总体,整合理解同类案例总体的方法就是对关联的若干同类案例进行统合、归纳,从中提炼出法院的一般见解。这种方法的优势在于,它有助于保持法律规范前后的协调性,避免出现裁判规则的相互矛盾。

例如,《刑法》第 263 条第 1 项规定的"入户抢劫"系抢劫罪的加重处罚情形,但何为"入户抢劫",司法实践中有较大争论。最高人民法院五个刑事审判庭共同主办的《刑事审判参考》自 1999 年创办以来先后编发了多个涉及"入户抢劫"具体认定的"指导案例",包括第 134 号明某某抢劫案(子女进入父母住宅抢劫的,一般不属于"入户抢劫");第 147 号何某某抢劫案(索要债务进入他人住宅后以暴力相威胁取得财物的,不认定"入户抢劫");第 288 号陆某某等抢劫案(进入他人设在家中的赌场对参赌人员实施的抢劫,不属于"入户抢劫");第 309 号杨某某等抢劫案(在个体家庭旅馆针对旅馆主人实施的抢劫,不属于"入户抢劫");第 466 号韩某等抢劫案(非法进入他人共同租住的房屋抢劫,构成"入户抢劫");第 580 号虞某某强奸、抢劫案(在入户强奸过程中临时起意劫取财物的,不认定"入户抢劫");第 844 号黄某抢劫案(进入卖淫女出租房嫖宿后实施抢劫的,不构成"入户抢劫");第 846 号刘某某抢劫案(从户外追赶被害人进入其住宿后实施抢劫的,属于"入户抢劫");第 1180 号韦某抢劫案(进入无人居住的待租房屋实施抢劫,不属于"入户抢劫");第 1181 号秦某抢劫案(被允许入户后临时起意盗窃,被发现后当场使用暴力的,不构成"入户抢劫");第 1182 号张某军抢劫、盗窃案(入户盗窃数额较少财物为抗拒抓捕当场使用暴力的,构成"入户抢劫"),等等。

如果归纳、整合上述案例的裁判思路,就可以提炼出法院对"入户抢劫"进行司法认定的基本立场,即成立"入户抢劫"必须满足三个条件:一是进入他人生活的与外界相对隔离的"户"。"户"在这里是指住所,其特征表现为供他人家庭生活和与外界相对隔离两个方面,前者为功能特征,后者为场所特征。一般情况下,旅店宾馆、集体宿舍等不应认定为"户",但在特定情况下,如果确实具有上述两个特征的,也可以认定为"户"。二是入户目的具有非法性。进入他人住所须以实施抢劫等犯罪为目的。抢劫行为虽然发生在户内，但行为人不以实施抢劫等犯罪为目的进入他人住所，而是在户内临时起意实施抢劫的，不属于“入户抢劫”。三是暴力或者暴力胁迫行为发生在户内。出于劫财等非法目的从户外追赶被害人进入户内实施抢劫的，属于“入户抢劫”。入户实施盗窃被发现，行为人为窝藏赃物、抗拒抓捕或者毁灭罪证而当场使用暴力或者以暴力相威胁的，如果暴力或者暴力胁迫行为发生在户内，认定为“入户抢劫”；如果发生在户外，不认定“入户抢劫”等等。

从司法实践看，这三种方法正如有学者指出的，并不是彼此孤立的，而是相互渗透和相互支援的，必要时可以组合起来运用。[①] 相比较而言，第一种提取裁判要旨的方法最为直接，当人们面对指导性案例时也最容易想到这种方法。不过，它的运用要以法院对案件裁判的结论及理由本身存在抽象的规范命题为前提。在实践中，结论命题因案件的不同而形形色色，并不是案件中所有的事实对于先例规则的形成都有意义，往往只有重要的事实才可能成为先例规则的一部分。并且，如果结论命题过分拘泥于特定的案件事实，那么该命题便可能因为缺乏普遍性而丧失成为先例规则的基础。此外，理由命题还要对裁判结论作出合乎法理和逻辑的解释，能够形成理论上的抽象。由于目前的一些裁判文书存在裁判说理、论证不足的问题，往往缺乏这种具有一定抽象性的命题，甚至在最高人民法院发布的公报案例中，“多数事实上也不存在着这种明示的命题”[②]。所以，通过直接抽取判决理由来形成裁判要旨的做法，在我国现阶段的司法实践中时常难以成行。更多时候，我们不得不依靠按照案件事实与结论的对应关系来抽取裁判要旨的方法。而实际上很多没有明示的抽象法律命题的判决文书本身，不一定不存在先例性的裁判规则。这也就决定了第二种方法，在我国现阶段应是提取裁判要旨的主流方法，目前学界的认识也基本如此。[③]

如前所述，归纳案件事实与结论的对应关系来形成裁判要旨的做法，必须对案件的事实及结论予以定型化。从裁判事实的角度看，既然是作为先例规则，那么就必须将具体的事件在一定程度上作类型化的抽象，否则便成了只对一个特定事件有效的规范，不再具有指导性案例的价值。由于法官在判决书中阐明理由是对其裁判予以正当化的过程，如果依据判决书中所记载的事实无法使得裁判正当化，那么裁判就会丧失说服力。因此，案件事实定型化

① 参见解亘：《案例研究反思》，载《政法论坛》2008 年第 4 期。

② 邓志伟、陈健：《恪守与超越：指导性案例裁判要旨的价值及其实现——以最高人民法院公报案例为研究对象》，载《法律适用》2009 年第 6 期。

③ 参见解亘：《案例研究反思》，载《政法论坛》2008 年第 4 期。

的对象只能是法官认定的法律事实,而不是法官所面对的生活事实。这也就使得他人(如案例编写者或学者)而非审理案件的法官来提取裁判要旨成为可能。

从裁判结论的角度看,作为裁判依据的判决理由中的命题往往有很多,但并不是所有的理由命题都属于先例规则,往往只有那些紧密结合案情的、直接支持结论命题的理由命题才具有先例规范的资格;而仅仅具有抽象意义却不是直接用来说明结论的命题也即"附带意见"或"傍论",则一般不具备作为先例规则的条件。所以,在归纳裁判要旨时,应当注意将这些与裁判结论的导出无直接关联的规范命题或者法律论排除在外,以增强指导性案例的规范性和实际的指导性。

三、裁判要旨的文本表达

裁判要旨所承载的指导性案例的裁判规则,在本质上属于法律规则或者原则范畴,故它对现行法律文本的解读应是恰当的、明确的。

恰当的解释法律,应至少包含三层含义:(1)裁判要旨合乎法律的基本精神。换言之,对法律的解释不能违背法律的正当目的和预设价值。(2)裁判要旨应以相关法理(一般法理或部门法法理)或法律价值为支撑,并具有一定开创性。(3)裁判要旨确实能够解决实际问题,并在一定时期内对法律的发展起到了积极推动作用。概括地说,裁判要旨的形成应当始终贯彻和坚守合法性、合理性和实效性原则,这是裁判要旨生成的实质性要求。

明确的解释法律,有两项基本要求:(1)裁判要旨(对法律解释)的内容全面、层次清晰、详略得当、涵义确定,一般不会引起歧义,否则也就背离了其"释法"的初衷。这意味着,据以生成的裁判要旨应能概括指导性案例的法律要点,包含案件中争议的法律和事实问题以及解决争议的法律规则和原则,"既要避免冗长,也要避免挂一漏万,最好用有限的文字尽可能多地包含指导性案例中的法律信息"。[①] (2)裁判要旨虽高度概括抽象,但用语却较为严谨、规范、精当,其抽象性程度应比案情的具体化程度高一个层次。

当然,裁判要旨的表述尚与立法表述有别。它依附于指导性案例,指导性案例的特点同时也是它的优点,恰恰是与案件事实紧密联系。而立法语言则是舍弃了具体案件事实的抽

① 张骐:《指导性案例中具有指导性部分的确定与适用》,载《法学》2008 年第 10 期。

象语言,抽象程度一般高于指导性案例所需要的程度。但在总体上,笔者仍主张“立法语言的规格要求”可以作为裁判要旨文本表述的一般性追求。[①] 对案例指导制度深有研究的张骐教授认为,这样的要求太高,不容易达到,且会导致裁判规则与立法规范的混同。[②] 笔者确知两者的不同,之所以至今仍一以贯之地坚持此主张,旨在表明裁判要旨的提取工作应受到足够重视,以确保其文本表达的质量。[③] 以上这些,可谓裁判要旨生成的形式性要件。

四、裁判要旨的学理验证

既然指导性案例中的裁判规则对案件事实定型化的对象,只能是裁判认定的法律事实,而不是办案法官所面对的全部生活事实,由审理法官之外的其他人来完成裁判要旨的抽取工作,客观上就不会存在障碍。但对裁判要旨的抽取主体,我国理论界和实务界的认识不尽一致。理论界普遍认为,对于从判决中抽取先例规范这项作业,从目前的状况看,虽然不能排斥法官的参与,但至少不应该由法官、尤其是主审法官扮演主角。既然先例规范必须首先要为法律共同体所接受,那么其形成更需要学者来发挥作用,特别是在法官还难以创建新的理论并阐明其内涵来为裁判提供支撑、法律推论隐藏在判决理由当中以及通过一系列判决的积累而形成一个新的法理的情形下,学者参与其中不可或缺。[④] 而实务界的人士则基本主张,这项工作需要专门的——显然是官方的——机构,如最高人民法院设立的专门委员会来进行,进而有意见认为应主要由案件的主审法官来担负。[⑤]

从比较法的角度考察,两大法系国家汇编判例,其先例规范的抽取一般由判例编撰机构来完成,有的是官方的,有的则由学术机构或社会团体担负。例如,美国联邦最高法院官方出版的《美国最高法院判例汇编》,其中每个判例的判决要旨(a prefatory syllabus)是由判例汇编办公室总结的。而民间机构出版的判例集,如美国西方出版公司的全国判例汇编系统,其具有判例要旨意义的判决提要(Headnotes)则一般由公司所属的律师编辑完成,并辅之以

---

① 参见于同志:《谈裁判规则的归纳与生成》,载《人民法院报》2008 年 5 月 14 日,第 6 版。

② 张骐:《指导性案例中具有指导性部分的确定与适用》,载《法学》2008 年第 10 期。

③ 参见于同志:《案例指导研究:理论与应用》,法律出版社 2018 年版,第 161 页。

④ 参见解亘:《案例研究反思》,载《政法论坛》2008 年第 4 期。

⑤ 参见刘士国:《判例法与法解释——创建我国判例制度的探讨》,载《法学论坛》2001 年第 2 期。

主题和钥匙号制度,以方便于判例检索。[①] 日本的最高裁判所和各高等裁判所也设有专门的判例委员会,负责选编出版判例集,判例要旨的抽取主要由该机构完成。[②] 在意大利,关于判决要旨的制作,如果是最高法院发布的判决,该有关判决的要旨由最高法院的一个特别部门,即"判决要旨制作办公室"(Ufficio del Massimario)来制作,这种判决要旨具有官方性质,学者研究的时候通常以其为出发点,其他级别法院则不存在这样的专门机构,其判决也就不存在具有官方色彩的要旨等。[③] 由此看来,由案例发布法院的有关机构(而不是主审法官)归纳、抽取裁判要旨的做法,有一定的普遍性。

众所周知,在我国的实践中,多数情况下指导性案例的裁判要旨也确实是由主审法官以外的法官或其他法律工作者来撰写的。而不少法官,尤其是基层法院的法官,一般也希望由主审法官以外的、有理论基础的人来撰写。如果从机制的建构角度看,发布指导性案例应当设立专门的案例编纂机构,并由该机构中审判经验丰富,且具有一定理论素养的法官,负责对有关指导性案例的裁判要旨进行归纳和提取。目前我国案例指导工作的实际运作,也基本是按照这个思路进行的。

这里需要说明的是,构建这样的官方机制,绝不是因此排斥学者的参与。由于指导性案例的裁判要旨只是案例编写人员根据自己的理解撰写的,对于发现案例的裁判规则具有一定的指引作用,但并不能保证就一定是被法律人共同体所普遍认可的先例性规范。受篇幅的限制,这种裁判要旨的提炼往往会忽略对案件事实的对应,更有可能错将判决理由中不会有拘束力的"附带意见"或"傍论"当作先例性规范本身。其实,从判决理由中发掘先例性规范,并不是为了进行"法官立法"而作,它只是用来论证判决结论的合理性依据。[④] 反之,即使在判决理由中没有足够的法律推论,也不意味着该案例中就不存在先例性规范。指导性案例的裁判规则作为一种先例性规范,并不总是如判决理由中的法律推论那样直观,更多的情形其实是解释出来的。所以,在指导性案例的形成过程中,需要学者的积极参与,以"案例评论"的形态从判决中挖掘出被隐藏的先例性规范,并通过广泛的讨论、承认而使该先例性

---

① 参见郎贵梅:《美国联邦最高法院判例汇编制度及其启示》,载沈德咏主编:《中国特色案例指导制度研究》,人民法院出版社 2009 年版,第 494 -503 页。

② 参见[日]荻原有里:《日本的判例制度和判例选编》,载沈德咏主编:《中国特色案例指导制度研究》,人民法院出版社 2009 年版,第 504 -516 页。

③ 参见薛军:《意大利的判例制度》,载《华东政法学院学报》2009 年第 1 期。

④ 参见[日]川岛武宜:《判例と判決例——民事裁判に焦点をおいて》,载《川岛武宜著作集第 5 卷》,岩波书店 1982 年版,第 203 页。

规范具有实际的拘束力。

例如，在一些大陆法系国家，如意大利，最高法院个别、偶然的判例并不必然地对下级法院具有强大的、压倒性的影响力，而只有那些通过了学界判例评论的反复“锤炼”，得到某种程度的公认，并且判例中所要表达的思想，在最高法院的审判实践中得到持续贯彻的“稳固的判例”(giurisprudenza consolidata)，才对下级法院具有一种强大的、事实上的影响力。[①] 德国的情况也是如此。一个法官或者一个法官群体的意见(即使是联邦最高法院的法官意见)，也不能直接成为具有相当于法律效力的规则，而是要经过长时间的实践，并为法律人共同体所讨论、承认，才有可能成为持续性判例以及确定性判例，成为所谓的“习惯法”或“法官法”。[②] 我国有学者提出，最高人民法院的裁判，尤其是刊登在《公报》上的裁判，如经反复实践而被普遍接受的，则可以作为“习惯法”加以遵循。[③] 而习惯法的形成必然以法律人共同体的广泛讨论、认可为前提，自然也就离不开理论学说的互动与支持。从法律实践看，法学界对法院的某个指导性案例的广泛的否定性评论意见，可能使该案例变得孤立，而在后来的类似案件中被抛弃；法学界对某个判决的普遍性的赞同和支持，则可能使其迅速发展成为一个稳定性、持续性的“先例”，并且可能一般化，从而形成对下级法院的普遍的、稳定的指导。

正因如此，在指导性案例的形成过程中，我们的目光不能只关注各级人民法院的法官作出判决这一行为上，而应当关注整个法律人共同体是如何以各自特殊而不可或缺的角色和功能，共同参与案例指导机制的建构与运作。笔者深以为，当下需要改进的工作，一方面，法院编发指导性案例不能过于学院化，脱离指导司法实践的目标和目的。法官审理案件、总结经验，不可一味地追随法学院里的潮流和热点；而学者应有学者关心的问题和任务，自有其文章、演讲和著作负责。共同努力的方向不仅仅是把“著名学者”请进法院，还要逐步推动法学家接受并研究法院选编的案例，共同维护法治的权威。另一方面，法院也要更多地关注法学研究的最新动态，充分发挥法学家的智慧，对理论界关于特定裁判的普遍性的评论、研析意见给予重视，并适时地在具体案件裁判及指导性案例编选上做出恰当的回应。

---

① See P. G. Giurisprudenza, *voce in Digesto delle discipline privatistiche*, Sezione civile, Vol. 9, Torino, 1993, p. 164.

② 参见王洪亮：《德国的判例编撰制度》，载《法制日报》2005 年 3 月 10 日。

③ 参见曹士兵：《最高人民法院裁判、司法解释的法律地位》，载《中国法学》2006 年第 3 期。

案例法治

类案裁判的智能辅助机制构建

南京市中级人民法院、南京信息工程大学
最高人民法院司法研究重大项目课题组

内容摘要： 智能辅助是类案裁判推行和智慧法院建设下的必然趋势与必要需求。司法实践中类案裁判的智能辅助面临着价值困境和技术困境，价值困境包括侵蚀司法裁量自由、背离司法效率提升、逃避司法责任落实；技术困境包括类案检索结果不全面、类案适用规则不具体、类案裁判监督不完善。解决困境需要对类案裁判智能辅助进行理念梳理和机制构建，明确类案裁判智能辅助的目标、功能、限度和责任，通过厘清支撑技术和规范要求从而构建包括类案检索推送、比对参照和偏离预警的类案裁判智能辅助机制。

关 键 词： 运用困境　技术支撑　规范要求

作者简介： 本课题为最高人民法院司法研究重大项目《类案裁判的标准化、规范化建设研究》，课题共同主持人为江苏省南京市中级人民法院党组书记、院长孙道林，南京信息工程大学法政学院教授、博士生导师许娟，课题组成员包括杨解君、郭修江、姚志坚、赵雪雁、徐骏、程关松、苗运卫、郝天永、张先砉、郑康。

论　　纲： **一、类案裁判智能辅助的运用困境**
二、类案裁判智能辅助的理念梳理
三、类案裁判智能辅助的机制构建

2019年2月,最高人民法院(以下简称最高院)发布的《关于深化人民法院司法体制综合配套改革的意见——人民法院第五个五年改革纲要(2019—2023)》[①](以下简称《人民法院第五个五年改革纲要》)中强调,全面加快智慧法院建设,促进智能辅助等科技创新手段深度运用,实现审判方式、诉讼制度与互联网技术的深度融合,构建中国特色社会主义现代化智慧法院应用体系。作为"法律+智能"的重要组成部分,类案裁判的智能辅助旨在规范司法类案适用,统一类案裁判尺度,实现法律人工智能,这是现代法治精神的基本要求,体现了司法公正原则和法律面前人人平等原则,是案例指导制度、司法责任制和智慧法院建设背景下的创新之举。

2020年7月出台的《最高人民法院关于统一法律适用加强类案检索的指导意见(试行)》[②]中要求各级人民法院"加强技术研发和应用培训,提升类案推送的智能化、精准化水平",早在2017年4月出台的《最高人民法院关于落实司法责任制完善审判监督管理机制的意见(试行)》[③]中要求"建立类案及关联案件强制检索机制、确保类案裁判标准统一、法律适用统一",并且最高院于2018年1月5日正式推出了"类案智能推送系统",地方法院也依托智能技术和司法经验构建了多个与类案运用相关的智能系统。[④] 然而在司法实践中,类案裁判智能辅助的功能发挥受到质疑,其推送的类案与法官需求不相匹配。[⑤] 类案裁判的智能辅助缺乏系统构建,碎片化与机械化使其失去协调和引导功能,面临价值困境和技术困境。类案裁判智能辅助的理念梳理和机制构建,成为类案裁判智能辅助的困境解决和应用完善之举。

---

① 《最高人民法院关于深化人民法院司法体制综合配套改革的意见——人民法院第五个五年改革纲要(2019—2023)》,(法发〔2019〕8号),2019年2月27日发布。

② 《最高人民法院关于统一法律适用加强类案检索的指导意见(试行)》,2020年7月27日发布。

③ 《最高人民法院关于落实司法责任制完善审判监督管理机制的意见(试行)》,(法发〔2017〕11号),2017年4月12日发布。

④ 诸如2018年4月重庆法院推出的"易审"系统、2017年3月江苏法院推出的"同案不同判预警"系统、2016年12月北京法院推出的"睿法官"系统等。

⑤ 参见郑通斌:《类案检索运行现状及完善路径》,载《人民司法》2018年第31期;朱彬彬、祝兴栋:《类案推送的精细化:问题、成因与改进——以刑事类案推送为例》,载《法律适用》2018年第20期;魏新璋、方帅:《类案检索机制的检视与完善》,载《中国应用法学》2018年第5期。

一、类案裁判智能辅助的运用困境

(一)价值困境

1.侵蚀司法裁量自由

自由裁量权是法官职业所固有的,在司法案件审理过程中,法官进行案件事实的发现、司法规则的运用和法律责任的划分,但由于案件情况的疑难复杂与法律法规的欠缺模糊,法官面临无从下手的尴尬局面,需要借助自身经验与法律逻辑加以判断,从而形成内心确信。即使在类案裁判中也不例外,法官在规定范围内选择参照先例,从已决案件中寻得参考价值,依旧应当在自由心证下形成判决结果。但当类案裁判智能辅助与司法裁判裁量权进行对接时,智能辅助技术与法官自由裁量的合理界限一旦不能厘清,就会出现对司法裁量权的侵蚀。

智能辅助对司法裁量权的侵蚀包含内部和外部两个层面。内部表现上,计算机程序在设计之初就被要求简单明晰与便于运行,不宜带有过多的裁量空间。而在司法领域引入智能技术,必然会出现程序对司法的替代性选择,在类案裁判中包括类案的顺序排列、类案的比对范围等。理想状态下,当程序运行到选择节点的所有路径被法官提前获知,或选择节点的数量稀少和可控,类案裁判系统的所有裁量权将牢牢把控在法官手中。但实际上智能技术被放置在模拟人的思维的理想状态,对程序中的选择节点越发包容开放以求得所有可能结果,且程序运行的过程不可控制,法官在这种前提下接受技术包装的选择结果进入类案裁判的下一步骤,这是对自由裁量的一种被迫抛弃。外部表现上,信息技术无疑可以更好实现对法官群体的监督管理,但运用技术程序规范裁量权是否合适存疑。智能辅助旨在减少裁判的模糊性、增强裁判的统一性和规范法官的主观性,但监管失当将使得法官被固定在一个"监视任何活动,记录任何情况"的位置,此时每个个体都将会被接连不断地搜索、检查与分类,权力按照一种等级体制统一且连续地运作。[①] 实时且全面的数据将成考量法官的标准,这将促使法官趋利避害地对数据加以修缮,最终的危险将会是智能技术无法合理化法官的裁量权,而是将其消解。

---

① 参见[法]米歇尔·福柯:《规训与惩罚》,刘北成等译,三联书店2012年版,第221页。

2. 背离司法效率提升

在目前的司法实践中,诉讼案件数量随着社会和经济发展水平的提升而显著增长,但法官人员却未能实现同比增加,因此出现“案多人少”的紧张局面。类案的运用目标之一就是用司法经验去降低司法成本,实现司法效率的提升。在此背景下,信息技术的迅速发展,让司法将目光投向技术,将技术的引入作为提升司法效率的突破口,研发诸多智能司法系统,通过信息化手段,实现司法智能化,从而减少事务性工作,减轻法官工作量。但是类案裁判智能辅助的具体运用中却出现背道而驰的困境,难以提升司法效率。出于时间、人力等成本的综合考虑,法官对类案的检索运用积极性欠缺,这违背类案系统设计的初衷,难以发挥其优越性。

类案裁判智能辅助对司法效率的背离有其主客观原因。一方面表现在法官的主观选择上,法官在类案的裁判中,由于前期投入时间和案件审理数量的充分,积累了大量审判经验,对案件的审理更愿意依赖于自身的审判经验、知识积淀和社会阅历等,并有较大把握,从而排斥类案的适用,智能辅助也无发挥空间,这种情况在说理及法律适用都有固定模式,较为简单的案件中表现得尤为明显。另一方面表现在技术系统的客观作用上,当审判经验欠缺或疑难案件出现时,法官需要运用类案裁判辅助系统形成对类案的参考,但技术系统虽已解决“存在与否”问题时,却未能解决“好用与否”问题,这也关系到的法官对系统的“使用与否”。当系统推送的类案与法官需求存在数量欠缺或推荐过多的不匹配现象时,加之系统运行可能存在的加载时间漫长、数据更新缓慢、系统崩溃频繁等问题,导致法官对类案裁判辅助系统的实际体验不佳,无法满足法官需求和技术供给的协同。在此情况下,法官将目光从“类案经验”转向“个体经验”,求助于资深法官和实务专家等,基于成本与收益的均衡考量,从而放弃类案裁判辅助系统的使用。

3. 逃避司法责任落实

“让审理者裁判,由裁判者负责”,这是司法体制改革明确的司法基本规律。“让审理者裁判”意在打破过去司法权力运行的行政化与科层化,强调法官对案件审理的亲历性,保障主审法官拥有独立地位、独立人格和充分的裁判权。[①] “由裁判者负责”则对接办案质量终身负责制与错案责任倒查问责制,要求划清法官的权责界限,设置科学有效的责任追究制

---

① 参见王韶华:《让审理者裁判　由裁判者负责》,载中国法院网 2014 年 7 月 28 日,https://www.chinacourt.org/article/detail/2014/07/id/1353392.shtml。

度。类案裁判中同样需要落实司法责任,但在智能辅助设置的监管高压下,这种技术创造的情境力量将成为左右法官个体行为方式的新动力,促使其出现对司法责任的逃避心理与行为。

当意识到司法过程中存在的困难与风险时,法官将在避免犯错的努力下追求所做决策和选择的错误与负担最小化,司法类案是否类判的选择与该心理严密相关。《最高人民法院司法责任制实施意见(试行)》中要求,除了拟作出的裁判结果与本院同类生效案件裁判尺度一致的,可以由合议庭自主决定外,其他形成新的裁判尺度或改变原有生效案件裁判尺度的,都要通过专业法官会议或审判委员会的支持。[①] 通过该政策文件可以预想得见,可能出现法官为避免专业法官会议或审判委员会的审查程序而选择放弃改变裁量,遵从旧有裁判结果的情形。这是法官对可能存在的风险的防范,因为和所有公职人员类似,法官主体也愿意运用最简便的方式来处理问题,在有法律规定或先例遵循的时候,有意为其裁判另寻法律依据,不仅是时间与精力上的"浪费",且有可能因为错误致使自己受到追责。[②] 类案适用的背景下,法官担负着所作的裁决是否改变旧有裁判尺度的责任,而智能辅助的引入将使得法官向智能辅助系统寻求"帮助",在系统数据指标的指引下,法官完善案件数据以形成合格的数据报表,既优化自我的司法行为,符合类案裁判的要求,又与对法官的监管需求相匹配,化解责任风险,这看似是省力又讨好的行为,但唯数据的司法氛围,将是对法官司法责任的架空。

(二)技术困境

1. 类案检索结果不全面

类案在司法裁判中适用的逻辑前提是类案的检索发现。类案检索结果不全面的原因包括系统多样性和技术粗糙性。目前的类案检索系统,在中央层面,主要有类案智能推送系统以及中国裁判文书网、智审、法信等系统平台;在地方层面,因各个法院没有统一的类案检索系统,各地法院多与不同的技术服务商合作,开发只供本单位使用的智能辅助办案系统。除此之外,还包括市场上商业公司开发的案例检索系统,比如法信、无讼案例、北大法宝等。通过上述三个路径,司法主体构建起实践中的类案检索发现模式,但类案系统的多样与复杂性使得类案检索的方式因各地法院各自探索而在实践中呈现出不统一,导致检索结果的片面。

---

① 参见罗书臻:《最高人民法院出台司法责任制实施意见》,载中国法院网2017年7月31日,https://www.chinacourt.org/article/detail/2017/07/id/2939336.shtml。

② 参见张伟仁:《中国传统的司法和法学》,载《现代法学》2006年第5期。

在司法小数据向司法大数据迈进的法律信息发展史进程中,类案检索需要建立适应检索需求的数据库,而闭塞与狭窄的类案数据库则会导致信息孤岛,造成各地类案发现的不统一,最终导致检索结果的不全面。从检索技术来看,现有类案检索机制以自然语言识别技术(NLP)为支撑,主要包括针对案由分类检索,针对法院、当事人等信息的要素式检索,针对标题或全文的关键词检索等,[①]但受制于信息组织方式不统一、中文分词技术限制、自动索引技术缺失等限制,[②]检索标签不精准、检索维度不完整、法律知识不全面、分层分类不深入,表明检索技术并不成熟,这造成法官对推送的案例"类似而无用"的认知与感受,[③]无法满足检索以争议要点和关键事实为中心的类案的实践需求。

2. 类案适用规则不具体

类案的司法运用起点是检索行为,终点是个案结论。通过检索程序后得到的类案在司法过程被法官适用到审判中,是类案裁判的关键所在。在类案适用的司法过程中,法官对推送类案进行比对与援引,在审理案件时参照类似先例的审判结果,有助于统一裁判尺度,避免裁判异化。根据《最高人民法院司法责任制实施意见(试行)》第 39 条的规定,在进行类案检索后需要制作类案检索报告,而检索报告中所体现的检索结果即是对类案的适用,该过程是汇聚了法理、人情与智慧的司法技艺,是法官综合运用法律方法进行判断和衡量的过程。2020 年 7 月出台的《最高人民法院关于统一法律适用加强类案检索的指导意见(试行)》要求"类案检索说明或者报告应当客观、全面、准确,包括检索主体、时间、平台、方法、结果,类案裁判要点以及待决案件争议焦点等内容,并对是否参照或者参考类案等结果运用情况予以分析说明",体现了司法实务对理论研究的积极回应,对类案检索规则作出了进一步细化,但类案比对参照的适用标准仍缺乏细致的规范指引。

智能辅助的乏力让类案的比对参照需要法官进行具体权衡。现有类案检索系统对类案进行大范围识别后,所检索到的内容通常是以案例集群的方式存在,而非单个案例推送给主审法官,法官需要从多个类似案件中选择真正与待决案件相关的类案,这是在类案运用过程中对类案的二次筛选。在信息社会和技术背景下,如果属于类似案件,但缺乏有效的对比,

---

① 参见李文超:《案例自发性运用的实践检视、机理归纳和规则构建——基于中国裁判文书网建立以来类案检索运行效果的考察》,载《司法体制综合配套改革与刑事审判问题研究——全国法院第 30 届学术讨论会获奖论文集(上)》,人民法院出版社 2019 年版,第 601 页。

② 参见赵焱:《类案检索模式的构建逻辑与应用方法——基于物业纠纷案件类型实证分析的展开》,载《司法体制综合配套改革与刑事审判问题研究——全国法院第 30 届学术讨论会获奖论文集(上)》,人民法院出版社 2019 年版,第 655 页。

③ 参见魏新璋、方帅:《类案检索机制的检视与完善》,载《中国应用法学》2018 年第 5 期。

裁判过程和结果的错误不仅会被放大,也将与公众对司法的期望发生冲突和断裂,从而破坏司法的公信力。法官在确定类案后,以求同思维让自己追求的裁判结果同司法实务业已形成的经验标准及社会成员普遍性的公平正义观保持一致,[①]实现类案裁判的指引功能。但法官类案参照的说理性回应,即对于类案检索结果参照标准问题,在"指导性案例应当参照,其他案例可以参考"的最新规定下,仍有待进一步具体化。如果仅仅是为了检索而检索,将忽视对检索结果的运用,这不仅无法实现类案裁判对于个案的纠偏,更无法发挥对类案适用的整体指导作用,难以实现对法官运用类案的监管考察。

3. 类案裁判监督不完善

任何一项制度的正常运行,都需要行之有效的监督机制来加以支撑。2016 年 7 月召开的全国司法体制改革推进会强调,要加强对法官履职的监督制约,健全类案指引、案件评估、业绩考核、责任追究等制度机制,充分运用信息化平台,提高管理监督科学化水平。[②] 为进一步提高类案适用的实效,实现类案的裁判指引,必须建立健全类案裁判监督机制,责任监督作为类案在司法运用的最后一个环节,发挥着兜底性或纠错性的功能,对法官所做裁判与"同判度"较高的类案进行预测性判断,如若出现重大偏离,系统将会自动报警,从而采取下一步避免措施。[③]

随着类案在司法实践中得以运用,部分法院构建了类案监管机制,但我国对于类案适用过程进行监督的规定并不明确,理论与实践并未实现同轨。目前类案裁判监督的系统主要是对于类案裁判偏离的预警,但该系统存在的问题主要包括:一是预警的限度,即偏离度如何量化把握,无法解释偏度程度将降低预警的可信度;二是预警的方式,一旦解决偏离度困惑并对出现偏离的案件进行预警时,系统将对主审法官采取何种预警方式,方式的失当将是对法官基于自由心证的裁量权的侵蚀。同时,系统存在内部风险,现有监督机制建立在应用类案裁判系统进行司法活动时对于法官的监督之上,但并不包含是对类案裁判系统的内部算法监管,智能技术终究是计算机程序,它的计算原理处于一种随时改变的状态,因此无法摆脱对类案监督程序的信任危机,需要平衡机器预警和人的监管的功能地位。

---

① 参见郑通斌:《类案检索运行现状及完善路径》,载《人民司法》2018 年第 31 期。

② 参见李阳:《孟建柱在全国司法体制改革推进会上强调 统一思想 增强信心 攻坚克难 坚定不移推动司法责任制改革全面开展》,载《人民法院报》2016 年 7 月 26 日,第 1 版。

③ 参见左卫民:《关于法律人工智能在中国运用前景的若干思考》,载《清华法学》2018 年第 2 期。

二、类案裁判智能辅助的理念梳理

(一)类案裁判的目标

1. 统一裁判尺度

裁判尺度的统一是法制统一性的重要体现,不同法院、不同法官对特定法律规则的运用应当趋于统一,以发挥法律的预判和指引功能。不同案件因不同的事实构成等因素必然存在或大或小的差异,但裁判尺度的统一并非伪命题,即便承认类似案件因各种因素存在差异性判决,但统一裁判尺度依旧是类案裁判智能辅助的应然目标,“这是所有法治国家必须面对的现实,因为它反映了法治的必然需求”①。且随着信息技术的发展与网络时代的来临,公众对司法活动的强烈关注与裁判文书的公开要求,若存在“类案不类判”造成裁判尺度不一的现象,必将引起社会对司法公正与公信的质疑和责难,这更加体现裁判尺度统一的必要性与迫切性。

统一裁判尺度需要司法能力的提升与司法行为的规范,其中与规范法官自由裁量权密切相关,法官裁量权的规范是裁判尺度统一的重要职能体现。在司法活动中,法官身处于审判第一线,他们能切身感知到先例的重要性与必要性。但如果裁量权行使与裁判尺度不统一,将直接导致司法互动面临困境。智能辅助一定程度上有助于实现司法理性,约束司法过程中的随意性,借助数据的矫正功能,发挥法律的群体智慧,促成程序的规范与裁量的理性,案件主审法官在系统的辅助下为实现司法正义而运用的个人经验与主观理性将受到集体经验的约束,这在本质上是用集体经验校准个体经验,用规范裁量约束自由裁量,②以此规范案件办理流程、完善质量评价标准、落实错案责任追究、推动审判示范引领,坚持实体正义与程序正义的并重、社会效果与法律效果的平衡,最终达成裁判尺度统一的目标,实现“泯法律见解之分歧,保裁判效力之尊严”③。

2. 化解人案矛盾

在社会主义法治国家的构建进程中,司法案件的数量和复杂程度迅速增加,促使我国进

---

① 张千帆:《再论司法判例制度的性质、作用和过程》,载《河南社会科学》2004 年第 4 期。

② 参见白建军:《基于法官集体经验的量刑预测研究》,载《法学研究》2016 年第 6 期。

③ 胡云腾等:《统一裁判尺度 实现司法公正〈关于案例指导工作的规定〉的解读》,载《中国审判》2011 年第 1 期。

入“诉讼社会”,但法官的数量并未紧跟案件增长速度,因此出现了“案多人少”的紧张局面。2018 年地方各级法院受理案件 2800 万件,审结、执结 2516.8 万件,以全国 12.35 万名员额法官计算,人均受理案件 220 余件,审结、执结 200 余件。[①] 统计数据表明了司法实践中人案失衡的现状,尤其是中基层法院的法官超负荷运转,因此需要借助智能技术构建类案裁判智能辅助机制,提高案件审理的司法效率,以此应对“诉讼爆炸”。

法律制度本质上来讲是一种“配给制度”[②],司法效率就是要解决司法资源的配置问题,促使司法资源得到有效利用。法官资源是重要的司法资源,法官的人力分配与精力分配成为优化司法效率的关键所在。化解人案矛盾是类案裁判智能辅助的又一目标,而人案矛盾的化解,需要在法官与案件之间做好“加减法”,“加法”是增加法官数量,“减法”则是缩减案件数量。案件量递增是社会发展下的必然趋势,人案失衡同样“不能全靠增编加人”[③],这需要从制度与管理等多方面着手解决。面对“诉讼爆炸”态势,法院和法官在司法实践中需要积极引入智能技术,合理高效地利用司法资源,减轻司法人员的压力,提高司法效率。智能辅助将有助于在司法过程中盘活资源与释放潜力,在法官主体方面,法官个体的感知和记忆能力有限,智能辅助能够克服人脑缺陷,在案件储存和检索等方面发挥作用;在案件客体方面,智能辅助机制能够实现对浩如烟海案例的分类、推送与比对,对案件进行繁简分流等,使司法类案秩序化。

3. 强化司法责任

全面落实司法责任,完善审判监管与法律统一适用机制是司法体制改革中的重要目标。在落实司法责任过程中,需要遵循司法规律,并始终结合我国实际情况。我国在深化人民法院司法体制综合配套改革进程中,需要积极运用信息技术对以司法责任制为核心的审判权力运行体系加以健全,构建类案裁判的智能辅助机制,无可非议地将以强化司法责任的落实作为基本目标之一。

在《人民法院第五个五年改革纲要》的“健全审判权力运行体系的具体任务”中,无论是健全审判权力运行机制、完善审判监督管理机制,还是加强审判流程标准化建设、完善统一法律适用机制,都需要智能技术的辅助,主要体现在:一方面,智能辅助构建新型审判管理模

---

① 参见周强:《最高人民法院工作报告——2019 年 3 月 12 日在第十三届全国人民代表大会第二次会议上》,载中国法院网 2019 年 3 月 19 日,https://www.chinacourt.org/article/detail/2019/03/id/3791943.shtml。

② [美]门罗·弗里德曼:《法律制度》,李琼英译,中国政法大学出版社 1994 年版,第 23 页。

③ 《最高法:人案矛盾并不全是案多人少导致,不能全靠增编加人》,载澎湃新闻网 2019 年 2 月 27 日,https://baijiahao.baidu.com/s?id=1626601284300177847&wfr=spider&for=pc。

式,提倡"静默式监督",既满足"审理者裁判"的要求,又提高监督的准确与效率,实现对案件全覆盖与全流程监管,做到责权明确与全程留痕;另一方面,智能辅助完善司法人员的考核与监督,为了提升案件审判质量与数量,法官绩效考核与管理成为重要手段,考核方式与内容逐渐符合司法审判的规律与法律职业的特性。进入智能时代,依托技术平台能够更加全面、客观与迅速地对法官审判工作进行考核,法官工作懈怠和枉法裁判等将被及时发现与纠正。上述监管与考核措施的落实,能够强化法官的司法责任,而对于智能引入司法过程中的压力和风险,应该来说,智能辅助并不意在帮助法官摆脱责任承担的主体范围,法官也不能通过使用智能辅助系统而免除本要承担的裁判风险。引入智能技术的目的是保障法官能够依据价值理性与法律规定来进行是非判断,填补法官管理空白,改变原有结构下审判风险规避行为。对智能辅助类案裁判机制赋予功能预期时,应当设立有效机制对其消极方面进行约束而发挥其积极作用,以不断改进的良性运作追求良性司法。

(二)类案裁判智能辅助的定位

1. 人机协同而非功能替代

信息技术革命以来,智能技术的飞速发展和对司法活动的参与,让部分审判者和旁观者产生智能替代人工的误解。但规则逻辑使智能技术难以取代司法裁判,价值判断使智能技术不应取代司法裁判。智能技术本质上是计算机系统的算法运行,规则书的详尽程度决定智能化程度及其强弱,但规则书不可能完备,它仅仅是一种无意识状态下的形式活动,无法产生人工特有的意向性,也难以理解司法实践中的常识性内容。[①] 相较而言,司法活动具有意向性,需要具备法官的直观感知和价值判断。由于司法活动与法官群体的特殊性,司法裁判对法官在认知、理解法律与案件方面提出了更高标准的要求,因此司法裁判走向理想的智能化尚有较大距离。机器的初始优势在于解放人力,代替进行重复性的初始劳动,智能技术随着数据的积累和关联,可以不断自我学习和改进,完成法官无法或难以完成的工作。但不管智能如何深度参与,法官的理性判断仍是无可替代的核心环节,这些原因使得人工无法被智能替代,但"使用者与工具的二分"也变得极为困难,智能技术在司法活动中的辅助同样具有意义。

类案裁判中,需要"人工"和"智能"的协作。智能提供类案检索推送、比对参照和偏离预警的技术指引,人工优化检索结果、援引内容和监管效能。智能辅助能够强化司法技术的

① 参见罗维鹏:《人工智能裁判的问题归纳与前瞻》,载《国家检察官学院学报》2018 年第 5 期。

结论下,司法实践还需要对智能技术进行互信协同和反思存疑。智能技术可以从多层面对规范与事实进行复杂关联,并以全新的认知结果来表达,但其优点和弊处并存。[①] 法官等法律人不应当排外地一味抵制智能技术对司法的渗入,而是应当在对法律的知识、理念、价值的坚定与追求下,以积极的态度拥抱新技术与新模式,让"法律+智能"来促进司法正义,而非对其偏见与歧视,或者使其贬损正义,偏离初衷。[②] 因此,智能技术能够继续带给司法实践变革与创新,司法本身的秩序规范和价值坚守也应得到尊重,从而达到智能技术和司法活动的动态平衡,实现法律与智能的"人机协同"而非"功能替代"。

2. 智能辅助而非智能决策

包含类案裁判在内的司法活动是一个复杂领域,除了需要对政策规则、案情事实、先例参照的考察分析,更为重要的是,裁判中包含着制度理解、利益感情和价值衡量。司法活动不仅包含复杂性,还具有社会影响性,关系到整个社会对司法体系、机构和人员的印象与评价。这些司法特征让"机器人法官"[③]在当下还处于"无稽之谈"的范畴,司法决策不能由智能独立完成。单纯通过技术支撑实现类案裁判是一种技术迷信,因为"司法裁判是公共授权的结果,智能技术是公共事务的辅助"[④]。

但毋庸置疑的是,借助大数据、云计算、人工智能等智能技术能够提高办案效率和透明程度,使案件审理流程发生广泛而深刻的变化。[⑤] 在这种背景下,司法系统能够获得智能红利,因此智能技术在司法改革的进程中同样不可或缺。作为裁判者,需要利用智能技术在统一裁判尺度中发挥作用,应当将其定位成司法决策过程中的智能辅助工具。这种对智能技术的功能定位有其司法和技术原理。司法原理上,将智能技术参与司法定义为辅助性的手段,符合宪法学的要义。法院所拥有的司法权渊源在于人民主权,这是公共授权的结果。人民通过代议制度行使权力任免法官,法官肩负的司法权源自公共授权,法官理应运用自己的判断进行独立审判。故此,智能技术不能也不应取代法官具有宪法上的根据,解决类案裁判问题关键依旧在于法官主体。技术原理上,尽管智能技术有传统信息技术无法比拟的优势,然而必须意识到其尚处于初级阶段,属于"弱人工智能技术",其主要通过对数据的储存和深加工完成工作,适应司法时仍有待完善。在推动智能技术应用于司法改革时要对技术"瓶

---

① 参见李飞:《人工智能与司法的裁判及解释》,载《法律科学》2018 年第 5 期。
② 参见曹建峰:《"人工智能 + 法律"十大趋势》,载《机器人产业》2017 年第 5 期。
③ 何帆:《我们离"阿尔法法官"还有多远?》,载《浙江人大》2017 年第 5 期。
④ 江秋伟:《论司法裁判人工智能化的空间及限度》,载《学术交流》2019 年第 2 期。
⑤ 参见季卫东:《人工智能时代的司法权之变》,载《东方法学》2018 年第 1 期。

颈”保持警惕,破除片面技术主义的迷思,从而形成对技术工具价值的合理预期。[①]

(三)类案裁判智能辅助的限度

1. 智能辅助的必要区域

目前在司法中应用的智能技术,如语音识别、文本识别等,都意在显著提高司法的效率,减少审判用时和重复劳动。即便是弱人工智能,在其专注的具体专业领域处理大量信息的能力也明显超过法官群体,其强大的计算能力能够更快地发挥整合数据与形成材料等功效,在司法实践中发挥作用的潜力和范围非常明显。尤其是人案矛盾难以缓和的法院,更是寄希望于智能技术的高效,来缓解办案压力。[②] 类案裁判引入智能化的本身提升了类案适用的效能,这些都体现了智能参与的必要性。

智能辅助司法的一个重要因素就是减轻法官的工作负荷,但智能技术作为一种“表现出与人类智能(如推理和学习)相关的各种功能的功能单元的能力”[③],其价值与期望将远超减轻法官工作负荷的功能设置,在与人工智能技术模拟的运作方式相一致或相类似的部分司法裁判的事实认定过程中,甚至可以逐步向人工智能取代过渡,这符合公众对司法结合智能的预期。以数据查找助力类案检索推送,以数据分析完善类案比对参照,以数据监管实现类案偏离预警,可以说,与类案裁判结合的智能辅助更彰显智能技术的价值所在。以类案监督详述,法官在司法裁量过程中适用类案,类案的偏离预警系统进行偏离度测算并相应预警,在该机制作用下,法官能够更方便察觉可能存在的偏差从而进行再次审查,而再次审查下法官不仅是在论证自我,也是在无形中论证他者,从而使裁判结果更加公正。但对智能技术尤其是原创技术在司法领域的引入应持审慎的态度,即司法领域不应该成为大数据与智能技术的主要试验场,而更应成为成熟技术的应用场。[④]

2. 智能辅助的限制区域

类案裁判的智能辅助是通过技术要素来促进司法裁判的效率提升,但无论是在法律规则的演进还是具体运用方面,智能技术都有其受限之处。原因在于“司法裁判是关于理解的

---

① 参见王禄生:《司法大数据与人工智能技术应用的风险及伦理规制》,载《法商研究》2019 年第 2 期。

② 参见李晟:《略论人工智能语境下的法律转型》,载《法学评论》2018 年第 1 期。

③ 葛翔:《司法实践中人工智能运用的现实与前瞻——以上海法院行政案件智能辅助办案系统为参照》,载《华东政法大学学报》2018 年第 5 期。

④ 参见王禄生:《大数据与人工智能司法应用的话语冲突及其理论解读》,载《法学论坛》2018 年第 5 期。

技艺,人工智能是关于数据的技术”[①]。从本质上来说,法律是一种意识形态,[②]无论技术如何深入参与,司法裁判的核心地带仍然是法官的价值评判与自由裁量。法律规则的运用逻辑无法通过算法来精确演绎,因为当下机器无法应付人类主观意识影响的社会文化和意识领域的各类问题,存在难以理解和判断案件的认知短板。即便认为是弱人工智能尚不成熟而导致的技术限制,但智能参与本质上是对司法经验的模拟与追求,技术发展只能无限近似而非等同,且其实质是算法数据与建模,是基于算法设计、通过数据学习来优化数据处理的计算机制,这从某种意义上来说是对价值评判与自由裁量的变相排斥。

智能辅助的限制区域涵盖两个层面:首先从类案层面来讲,当新法颁布适用和新型案件出现使得类案裁判中没有先例可以遵循适用,那也就无“类似案件”可言。智能技术无法模拟法官的完整且复杂的案件审理思维,不能创造先例,其终究还是从预先建立的司法案例库中检索,但若强行与存量案件进行检索比对,推送无法满足实际适用的所谓类案,事实上是对司法创新的价值与空间的消解,是对法官审判思维的误导。其次从个案层面来讲,通过软件编程与算法设计来辅助裁判可以在司法活动领域中运用,但只能包含部分司法实践,且在其中所应用的程序及其重复性运用促使司法“更类似于官僚化的行政活动”[③],智能参与的限制区域就是司法活动中那些“强自由裁量”区域,这里无法被任何智能技术或逻辑工具理性化,法官拥有绝对的领域主导权来选择和运用规则、说理并决定结果,而技术只能在该领域界限外提供辅助指引与进行监督管理。而存在对裁量性选择余地并能够事先理性化的“弱自由裁量”领域,例如在刑事案件刑罚裁量中,存在约定成俗的“价目表”来规制法官的裁量,智能技术理应有发挥空间。

(四)类案裁判智能辅助的责任

1. 责任主体的确定

在类案裁判或其他司法活动中,无论智能技术是否参与都会因各种原因的存在而导致差异甚至错误。基于智能辅助的功能定位,不能将所有问题的存在都归咎于机器错误,而是应当区分情形确定责任主体,在智能辅助的情况下,完善“让审理者裁判,让裁判者负责”的司法责任制。“法律+智能”实质上是司法工作者和程序开发者的配合,司法机关本身并不要求应当具有编写算法的能力,在智能司法系统开放上主要是求助于科技公司。程序开发

---

① 江秋伟:《论司法裁判人工智能化的空间及限度》,载《学术交流》2019年第2期。

② 参见[美]弗兰克·克罗斯:《美国联邦上诉法院的裁判之道》,曹斐译,北京大学出版社2011年版,第4页。

③ 冯洁:《人工智能对司法裁判理论的挑战:回应及其限度》,载《华东政法大学学报》2018年第2期。

与算法设计本身并不涉及公平正义等价值衡量，设计人员原本也不应受公平感、价值观或其他顾虑的干扰。直到算法的运用领域中出现了自动驾驶、算法杀熟、选举影响等与价值判断相关的问题，[①]算法的非技术性面才逐渐显露，智能技术在司法的运用自然也包含在内。算法黑箱的具体情况于司法主体而言了解甚少，只有程序开发者才能清楚地知道这些程序的运行机制，在这种情形下出现问题苛求法官，将直接导致法官对智能参与司法的抵制与逃避，因此应当在程序设计者中对算法伦理进行倡导和强化，制定严格约束程序设计者行为的算法规则，在社会风险产生时要求他们解释法官不能解释的算法原理，如果触犯法律底线，还应追究其相应的法律责任。[②] 所以，当定性为技术问题时，应当确定程序设计者的责任。

当智能辅助系统符合设计初衷而正常运转时，问题的出现将追究使用者的责任。技术的运用并不能替代法官的裁判使命，法官依旧是按照自由心证对案件进行审理，智能技术在类案裁判中的辅助功能是帮助法官更便捷地完成类案的检索和比对等环节，而使用类案本身由法官决定并对之负责，法官对智能辅助系统的应用、处理及回应方式，也反映了其是否尽到相关注意义务。当法官故意规避智能系统类案推送或故意错误引导智能系统走向而导致案件裁判出现貌似是机器错误的人为错误，应当认定为操作问题，由审判主体承担责任。只有当法官正确检索并适用案例，才不用承担操作责任。而在错误检索与错误适用却碰巧做出与本应参照的实质类案相一致的结果，即“错错得正”时，应当认为是对程序正义的违背。需要注意的是，实际追责时应当审慎，根据操作行为本身与操作导致问题间因果关系的有无、强弱和操作人员的主观善恶来进行严格判定，作出合法或非法评价。

2. 责任事故的避免

为尽量减少智能技术对司法活动造成的负面影响，强化法官在司法审判中的主体地位，应当确定法官使用智能技术的释明义务。司法机关要从适用规则上明晰智能技术的使用边界，说明智能技术存在不确定性和可能风险，培训法官对技术的熟练运用，保有对智能技术的理性认知和审慎态度。法官主体要明确智能技术的辅助地位，熟练提取智能机制给予的参考信息，在周密思索与比对研究基础上表明对智能结果的采纳与否。法官的释明义务对象包括三方主体：一是审判监管主体，要将智能机制的运用和智能结果的采纳形成书面报告，呈递到案件监管部门，形成对案件审理的良性监管；二是系统研发主体，司法活动中智能

---

① 参见蒋舸：《作为算法的法律》，载《清华法学》2019 年第 1 期。

② 参见原新利、续圆圆：《人工智能对司法领域的“正负”双重功能》，载《广西社会科学》2018 年第 10 期。

系统的研究开发与投入适用,始终围绕一线法官开展,因此法官在使用中的意见将有助于改善系统的运营,从而为法官提供更佳的用户体验和辅助功能;三是司法诉讼主体,司法有定分止争的任务与功效,裁判在于解决诉讼主体间的矛盾冲突,法官使用智能技术也应向诉讼主体释明,尊重其地位和权利行使。

程序开发者无须就他们对智能技术的态度接受大众的质询,但技术一旦与司法相关,就不再只是价值无涉的工具,而是时刻要回应公众对司法的期许,这涉及公众对算法的知情权利。人们对传统司法存在固有信任模式,而智能技术参与司法活动的社会认可度存疑,因为毕竟司法依赖裁决者的智慧,而技术的依托是算法与数据。因此需要建立算法释明制度满足公众对算法知情的需求,将智能系统的运作模式公之于众,将算法推向透明,这符合司法裁量的公开性和可解释要求,能够提高公众的接受度,并听取公众建议与解答疑惑。同时确保算法的可验证性,即诉讼主体通过提出疑问或者异议,验证算法模型科学与否,[①]以此改变对算法的偏见,提升智能技术运用到司法的社会接受度。

三、类案裁判智能辅助的机制构建

党的十八大以来,习近平总书记在国家发展中给予“创新”以核心地位,高度重视人工智能技术的发展,在多个场合谈及人工智能的意义和作用,为人工智能在新时代的发展与赋能指明方向。[②] 人工智能对法学理论和法律实践的价值在于提供方法上的启示,提供思维和技术工具,其介入司法审判的初衷是实现法官办案的智能化,提升司法质效,推动“智慧法院”的建设,这与智慧审判改革的目标不谋而合。[③] 在对类案裁判智能辅助的价值理念进行探讨后,需要构建类案裁判智能辅助的机制,通过机制建设将类案裁判加以实践。类案裁判的智能辅助机制包括类案检索推送机制、类案比对参照机制和类案偏离预警机制,是智慧法院构建的核心部分。该机制通过信息化手段,既监督法官在司法裁判中运用类案,又将减轻法官在类案运用中的重复性工作负担作为突破口,解放办案人员的“司法劳动力”。

---

① 参见马啸、狄小华:《人工智能背景下刑事错案悖论及消解》,载《湖湘论坛》2019 年第 2 期。

② 参见《习近平谈人工智能》,载求是网 2018 年 9 月 26 日,http://www.qstheory.cn/zdwz/2018-09/26/c_1123482030.htm。

③ 参见张富利、郑海山:《大数据时代人工智能辅助量刑的定位、前景及风险防控》,载《广西社会科学》2019 年第 1 期。

(一)类案检索推送机制

类案裁判智能辅助机制的第一个环节就是检索推送类案,以此挖掘审判资源。司法类案的运用缺失在互联网时代无法满足人民群众对司法活动的正义要求,挖掘先例中蕴藏的审判理性与司法经验,对待决案件的审理具有显而易见的启发与参考价值。类案检索推送机制包含检索与推送两个环节,检索是在事先建立的案例数据中按照一定标准查找类案,推送则是将定位的类案输送给法官。审判资源的挖掘对类案检索推送有重要意义,其包含两个关键环节:一是司法案例的创造,二是司法案例的共享。[①] 司法案例的创造是法官运用司法经验、裁判方法和法律规范对案件进行审理,得到司法裁判结果,从而在各个法院汇集大量的完结案件。司法案例的共享是对司法实践中创造出的案件进行整理,司法案例作为司法活动的产物,基于不同的标准需求,可以人为地进行分门别类,从而将同一类型的案件组成为案例库或案例池,克服对个体经验的依赖。

1. 类案检索推送的技术支撑

(1)完善案例资源供给平台。类案检索推送机制对人民法院的信息化建设提出更高水平的要求,契合智慧法院建设的背景,其需要建立在司法技术与智能技术的深度融合基础之上。在类案检索推送机制构建中,首先就是要完善案例资源供给平台,建立能够实现全国统一的案例资源库。既需要建立基于案例资源整合与法律智能技术的面向全国法院的案例数据池,打破各地法院案例资源的区域局限;又要注重案例数据的区域化特征,在法官选择下关注特定区域的司法案例群组。既要完成对历史裁判档案的电子化、数据化整理,使得有参照价值的类案得以进库上网,类案裁判更具历史的连续性和确定性;又要实时识别旧数据,甄选新数据,体现数据的时效性特征。

(2)优化类案检索推送模式。智能辅助司法与人工司法在某些部分具有高度共性与类似结构,并具有超越人类以自然语言来识别整合法律信息和知识的潜力,进而打破人类法律数据处理的局限。输入包含、分隔或排除某一词段的检索词的运算程序的设计,能够实现对类案样本的智能查找定位,[②]避免语义失准导致结果遗漏。运用全文索引技术对案例库中结

---

① 参见刘宇:《统一裁判尺度的困境及其破解——以法院知识管理结构的"扁平化"改造为突破口》,载《尊重司法规律与刑事法律适用研究(上)——全国法院第27届学术讨论会获奖论文集》,人民法院出版社2016年版,第31页。

② 参见谢春晖:《"智慧司法"融合"司法智慧":类案及关联案件检索机制的实践路径——基于SWOT分析视角》,载《司法体制综合配套改革与刑事审判问题研究——全国法院第30届学术讨论会获奖论文集(上)》,人民法院出版社2019年版,第678页。

构化数据、半结构化数据,甚至非结构化数据进行检索,①并结合推送中的往返结果对索引不断进行增删优化,发挥技术在庞大数据库及冗长法律文书中定位关键词的快速检索和精准定位优势。继而语言处理技术快速提取关键词与自动分词,并进行语句分析和语义分析,使检索出的法律信息不再是简单的概念罗列或同义词的输出,而是规范化和个性化的呈现给法官,实现智能、快速与精准的法律信息检索。②

2. 类案检索推送的规范要求

(1)类案检索推送的案件类型。判例法系国家将生效的裁判文书作为法律的渊源,案件的审理思路是引导法官进行类案检索的重要线索,这对我国的类案检索功能构建同样有启示作用。类案检索的重点不在于事实清楚、法律关系明确的简单案件,这些案件的说理及法律适用都有固定模式,强制检索无疑将加重法官的工作负担。因此,能够启动类案检索推送功能的案件应当有或兼有以下特征:具有广泛社会关注性,类案参照加固群众基础;涉及事实法律关系复杂,法官审理出现困难;法律规定不足或规定不明,法律适用有较大争议;法律规定有较大自由裁量,法官应对不足等。而类案检索推送在一定案件中呈现短板,包括简单案件和新型案件,简单案件的检索会徒增法官工作负担,新型案件在客观上不能实现检索。区分下的类案检索推送能更好地发挥辅助法官作用,法官对待决案件进行分析,归纳案情从而提炼出案件的争议要点,在已建立的案例数据库中围绕争议要点进行检索,系统比对案件相似情况进行个案或多案推送,帮助法官全面获取裁判所需事实信息,从类案整体视角对裁判活动进行衡量。

(2)类案检索推送的适用主体。传统的类案发现过程,既依赖形式逻辑规则,又与法官个体的经验密切相关,可以说是在逻辑与经验的协作指导下发挥作用。如前所述,智能辅助下的类案检索推送机制的有效运用,并非机器程序的单方面运作,而是“人工”和“智能”的共同合作,并且在目前法官责任制的司法语境下,更强调法官作用的体现。因此类案检索推送的功能发挥,仍旧是案件承办法官起到决定作用,即由主审法官决定检索,否则将无法实现类案检索供需的匹配与平衡。系统在初始状态下默认类型案件的检索参数,法官可以根据实际需求更改类似案件检索的范围、数量等信息,但需要在类案检索报告中呈现。基于法官个体特征而“量身定做”的个性化案件推送,是在法官办案类型固定化与司法技术应用智

---

① 参见汤艳莉、赖茂生:《Ontology 在自然语言检索中的应用研究》,载《现代图书情报技术》2005 年第 2 期。

② 参见黄俏娟、罗旭东:《人工智能与法律结合的现状及发展趋势》,载《计算机科学》2018 年第 12 期。

能化背景下追求的目标,但始终应当考虑法官的主体需求,以此作为系统的考察标准,这也体现了智能引入司法的人性化与适应性。

(3)类案检索推送的环境场景。类案的运用是贯穿待决案件审理过程中的关键阶段,以在查明案件事实、正确适用法律中发挥重要作用的庭审为分界,具体可分为庭审前、庭审后和庭审中的类案运用。类案的检索推送主要集中在庭审前阶段,在此时围绕诉讼双方已经展现的争议要点来确定类型案件,为法官审理待决案件提供思路,保障庭审的效率与流畅。同时注意庭审过程中存在的变化,准许法官因案由、事实、证据、争点的变化动态调整类案的检索推送,以寻得合适的类案加以运用。对类案的检索并非"一刀切"的强制或任意,而是强调指引与约束的结合,在案件复杂程度、法官审级等具体情况下综合考虑,但故意或重大过失情况下对案件的不检索与检索后的不接收应当承担责任,以实质化类案机制,形成对类案运用的良性循环,落实案例指导制度和司法责任制度。

(二)类案比对参照机制

法官需要对推送的先例与待决案件进行适用层面上的比对与援引,比对参照是类案运用的核心环节,最能体现"智能"和"人工"的协同作用。类案的比对是法官在系统推送的类案群中将待决案件与先例在一定维度内进行对比,类案的援引则是在比对后选择合适的类案加以参考。类案的比对目的在于在审判中实现对类案的援引参照,从而确保裁判的统一。

1.类案比对参照的技术支撑

(1)比对要素标签化。智能技术通过深度学习对大量的先例判决进行分析、关联、分类、聚类与再次分析,形成比对模型,这使其具备解决司法大数据悖论的能力,在法律框架内辅助类案的裁判,不断缩小类案的比对范围。在类案比对中,智能的参与关键在于将比对要素进行标签化,利用技术条件将案件数据化并自动分析生成标签,与类案的标签进行对比,根据比对结果和预先设定的各要素权重计算出匹配度,按照匹配度高低顺序来确定参照与否,若法官不满意,还可以主动搜索,即通过展开全要素标签的方式,自由勾选或手动输入希望比对的法律要素标签。[①] 法官队伍的精英化需要智能辅助技术的专门化,法官对类案的比对参照加深智能界面的记忆,从而达到类案运用的个性化要求。

(2)知识图谱动态化。比对标签的不断精细化促成知识图谱在类案比对中的进阶运用,知识图谱是大数据时代知识工程的佼佼者,是专家系统升级为语义网后再升级的成果,其用

---

① 参见朱彬彬、祝兴栋:《类案推送的精细化:问题、成因与改进——以刑事类案推送为例》,载《法律适用》2018年第20期。

"节点"表示法律世界中存在的"实体",用边表示各"实体"之间的关系,形成"节点—边—节点"三元组,以图的形式组织、加工、整理法律先验知识,实现动态发展着的法律知识可视化,揭示法学内部发展规律。法官将比对要素涵盖和参照等级设置"投喂"给机器,将价值判断的感知过程转化为特定的机械规则进行推理,为法官提供参考。同时,基于"知识表示"的技术理念,"通过整理、加工、选择与改造等方法,将目标的认知、行为、规则等,整合与转化为计算机系统能够识别的形态"[①],将法官对类案文本的内部批注、类案审理发展趋势、类案裁判社会接受度等信息数据动态化,创造不同法官间的时空对话机制,促使不同诉讼主体基于案例的持续互动,使有效规则得以"浮现"。[②]

2. 类案比对参照的规范要求

(1)类案比对参照的适用主体。类案的比对参照是智能技术发挥辅助作用的实质与关键环节,需要确定比对参照工作的完成主体。法官无疑是整个智能辅助机制的使用者和负责人,但具体到每个环节需要明确是实际使用还是总体负责。在司法改革进程中,法官助理成为司法活动的独立角色并发挥作用,《中华人民共和国法官法》将法官助理功能界定为"审查案件材料、草拟法律文书",并作为"法官遴选储备人才"。[③] 因此可以说,法官助理是法官的"助理",发挥着审判辅助功能,辅助法官完成审判业务,而"审前程序是法官助理角色行为的主要场域"[④]。根据类案检索时间点的不同,在类案比对参照中,法官助理的作用发挥也随之不同,在审前阶段的类案比对参照,可以交由法官助理完成,而在审中阶段,则需要由法官亲自完成,但不论在哪个阶段,法官都必须总体负责,即便由助理完成,法官也要就比对参照阶段进行审核把关。

(2)类案比对参照的适用流程。比对参照机制在类案运用中分为比对环节与援引环节,比对是类案检索推送的随后环节,体现类案"使用与否"的问题,在功能发挥上具有强制性,否则无法体现检索推送的类案的应用价值;而援引环节并非必经环节,其体现类案"有用与否"的问题,需要根据比对结果做具体判断,一旦待决案件与先例达不到援引标准,将无法进入援引阶段,这一切也都将在类案适用报告中呈现。借助内部审判经验或外部数据处理,法官首先筛选出事实冲突、年代久远等不能参考或无参考价值案件,缩小比对的案例群范围。

---

① 朱福喜:《人工智能》,清华大学出版社2017年版,第187页。

② 参见顾培东:《判例自发性运用现象的生成与效应》,载《法学研究》2018年第2期。

③ 参见《中华人民共和国法官法》第67条。

④ 李喜莲、肖文:《法官助理角色异化与回归》,载《湘潭大学学报》(哲学社会科学版)2020年第1期。

其次,法官对案件事实进行过滤,比较待决案件与推送案件事实中,就案件相同点和不同点在法律评价中的重要程度进行权衡。在这一过程中,要注意对异质事实进行整体比较,异质事实是指待决案件事实要件相较于先例案件的"包含不足"与"包含过度",前者指缺乏部分要件事实,后者指存在额外事实。最后,法官结合裁判所需法律规范与法律目的作出最终判断,考察待决案件与推送先例的差异程度是否足以排斥相同特征,从而实现案件的相似性比对。在类案比对参照过程中,当多个推送案件彼此具有冲突时,法官根据类案适用"等级"确定援引时,也同样应当在类案适用报告体现。

(3)类案比对参照的适用标准。类似案件的参照标准未能在实践中予以完整规定,最高院印发的《〈关于案例指导工作的规定〉实施细则》[①](以下简称《实施细则》)中要求,指导性案例属于"应当"参照,并作为裁判理由引述,但不得作为裁判依据引用。到了《最高人民法院关于统一法律适用加强类案检索的指导意见(试行)》[②]中则对其他类案作出可以参考的规定,但其他类案存在法院层级、裁判时间等多方面差异,参考依旧应当有标准可依,在类案比对参照过程中,当多个推送案件彼此具有冲突时,法官根据类案适用法院层级高、案件时间近的级别标准确定援引并在类案适用报告体现。应当明确的是,确保裁判的统一是为了满足法律的预判和指引功能,而非要求裁判文书的千篇一律,[③]裁判要旨仅是从裁判理由中提炼出来的概括性原则,在一定程度上也需进行解释,并不能代替判决本身。[④] 因此引用指导性案例时应当按照要求规范引用来源,避免直接照搬导致以偏概全与断章取义。而其他无须在裁判文书体现的参照类案,应当制作类案参照报告,说明类案的援引情况,并就拟作出不同裁判的原因进行论证,证明对类案裁判的调适是基于裁判安定性等合适理由。

(三)类案偏离预警机制

类案的偏离预警是对类案运用的监督,作为最后的一个环节发挥着纠错性或兜底性的功能,从而管控类案审判质量。传统监督方式主要是上诉制度,即下级法院在审判中没有遵循先例,尤其是指导性案例时,上级法院发挥依法改判或发回重审功能。而在智能辅助下,更强调的是法院内部对类案适用的监督。类案偏离是指在适用类案时,无理由突破为统一

---

① 《〈最高人民法院关于案例指导工作的规定〉实施细则》(法发〔2015〕130号),2015年5月13日发布。

② 《最高人民法院关于统一法律适用加强类案检索的指导意见(试行)》,2020年7月27日发布。

③ 参见赵焱:《类案检索模式的构建逻辑与应用方法——基于物业纠纷案件类型实证分析的展开》,载《司法体制综合配套改革与刑事审判问题研究——全国法院第30届学术讨论会获奖论文集(上)》,人民法院出版社2019年版,第653页。

④ 参见[德]卡尔·拉伦茨:《法学方法论》,陈爱娥译,商务印书馆2003年版,第233页。

司法裁判尺度提供的参照坐标，形成对法的安定性的突破，严重则践踏司法公信力。值得注意的是，类案的偏离并非意味着裁判的错误，个案的独特性、司法政策变迁等原因使得类案类判并非绝对与不可凌驾，出于特殊原因仍可以追求差异性判决。

1. 类案偏离预警的技术支撑

（1）全景式数据监管。智能技术通过增加裁判的统一性和预见性，降低了主观性与随机性，使司法活动成为更为稳定的理性决断过程，其核心在于对数据的监管，类案偏离预警机制在技术层面上就是对数据的管理与控制。信息关联、资源流动和可视化管理使得法官的审判流程和结果被数据化，形成对类案适用的全景式数据监管。数据挖掘技术的聚类算法将类案参考划分适用程度网格，分析不属于提前设置或突破阈值的数据，从而发现类案运用的偏离情形，并将偏离范围和偏离程度精准表示。决定类案偏离预警偏差可能性的是数据颗粒的精细程度，数据颗粒度过大，其偏离预警准确度将极有可能存在系统性偏差。且过大的数据颗粒度，意味着类案样本的不足问题，同样还会消解偏离预警在类案裁判中管控审判质量的价值追求，因此需要根据地域特征，构建不同的数据本地化模型，克服数据颗粒度技术障碍。[①]

（2）双向型偏离预警。对偏离的准确把握是预警的前提，一旦系统监控到类案适用的数据异常，系统会自动预警。预警在文义上理解为提醒，在技术上包括横向预警和纵向预警：横向预警是系统将审判情况和类案的偏离度推送给法官，在界面上给予法官视觉警示；纵向预警是系统控制阻止法官进入下一环节，在程序上给予法官功能限制。为防止法官基于趋利避害的动机，包装符合指标权重的数据，选择性弱化或遗漏关键数据、抹平数据痕迹，将数据而非法律作为行为准则，[②]应当将数据监控视为监管的方式之一，这样做的目的在于规范而非限制法官裁量，因此法官在预警机制中，可以在确定知悉预警原因后，选择进入下一步骤，同时将偏离预警情形经系统传输到上层管理端，形成文字报告，实现机器预警与人的监管的衔接。

2. 类案偏离预警的规范要求

（1）类案偏离预警的接收主体。类案智能辅助机制的偏离预警既需要向案件承办法官发出，又需要向案件审管部门发出，但在接收预警的顺序上有先后之别，从而实现对法官的

---

① 参见王禄生：《司法大数据与人工智能开发的技术障碍》，载《中国法律评论》2018 年第 2 期。

② 参见徐骏：《智慧法院的法理审思》，载《法学》2017 年第 3 期。

辅助与监管的双重作用。偏离预警在类案裁判中首先应当发挥对法官的辅助功能,不应僭越法官作用的发挥,在发送给承办法官提醒后法官仍基于坚持主观判断或刻意忽视预警的原因,未对偏离作出判断,偏离预警数据将发送到案件管理部门,从而起到监管作用。接收到类案裁判偏离预警的主体理应成为是否偏离的判断主体,在智能化和可视化的辅助下结合主观认知对类案偏离进行判断,承办法官在经过偏离预警的判断后提高审理的质量,审管部门在经过偏离预警的判断后提高监管的效率。

(2)类案偏离预警的判断过程。偏离的前提是对类案的参考有一个可量化的区间,这个区间根据同类型案件的审理情况确定。偏离预警机制通过对法官审理个案的过程和结果以及类案适用报告的数据监控发挥作用,一旦发现法官作出与类案参考区间偏离的实体或程序行为,即进行自动预警,偏离度过大,意味着合法性和合理性可能存在需要纠正的问题,需要给审理法官和审管部门予以警示,从司法裁判源头管控审判质量,减少冤假错案的发生。但是,照搬照抄并不能解决司法问题与难题,即使已经有多个“类案裁判预警系统”开发问世,发挥对法官类案裁判的偏离预警作用,后判还是需要考虑前判没有遇到的情节与事实,这也是倾向于将对偏离的预警理解为提醒的原因。法官可以看到偏离原因,从而对裁判进行复查,再三衡量下减少因为认知偏差而被误解为肆意,给予法官以审判技术支持和保障,如此才不会过分限制法官的自由裁量与使案件审理缺乏价值理性。但当案件审结完毕,偏离预警机制成为法院的案件质量管理部门的工具,通过对本院法官裁判质量的全样本筛查,及时发现审判质量不佳的案件甚至冤假错案,追究相关主体责任,以类案偏离预警机制实现从案例指导制度向司法责任制度的过渡。

(3)类案偏离预警的程序后果。如前所述,偏离预警并不是要求法官必须按照完全统一的尺度裁判所有案件,而是对法官无端突破类案裁判尺度、滥用裁量权的行为进行预防,提醒承办法官和审管部门对可能存在的不合理的裁量行为予以重视。偏离预警的结果必须引起判断主体的重视,根据情形的不同,类案审理可能会引起不同的法律后果。当偏离预警还处于主审法官手中时,法官的处理选择包括:①类案的偏离是法官出于类案比对的深思熟虑后做出的审理结果,因此需要就类案裁判情况向审管部门作出书面说明与汇报;②类案的偏离未经类案裁判系统或在法官主观忽视与刻意回避时,偏离预警机制将进入下一步程序,即将偏离预警情况发送案件审管部门,法律后果待定;③类案的偏离预警结果出乎法官意料,超出法官判断能力范围,法官应主动将案件情况作为疑难或新问题向审判委员会汇报,主动寻求帮助,避免司法错误。当偏离预警到达案件审管部门时,对案件的处理结果包括:①偏离预警正确,引起审判法官的重新判决;②法官审理正确,案件按照正常流程进行。在此需要讨论的是当偏离预警正确时法官的责任问题,在没有证据证明是枉法裁判的情况下,应当不予追究承办法官的责任,毕竟错判后果并未发生,这也是偏离预警的价值所在。

结　语

类案在司法裁判中的运用意在统一裁判尺度与凝结法律适用共识,智能辅助在类案裁判中随着案例指导制度的出台与智慧法院建设进程的推进已经推行,其是“法律+智能”在司法领域的具体应用,智能技术以人工无法比拟的快速性、结构性、透明性等优势,助力司法活动公正与公开。但智能技术在当下仍属于“弱人工智能”,既不能对其抱有过分幻想,应破除片面技术主义的迷信,对智能技术的应用具有合理预期,又要对智能技术参与到司法中进行审思,对智能辅助在类案裁判中的目标、定位、限度、责任进行探究,认定智能技术的辅助地位,区分智能辅助的必要和限制区域,确定智能辅助下的责任主体和事故避免的措施。即便承认目前智能技术难以达到独立司法的要求,智能化有其固有的问题与对司法的负面影响,但不能因噎废食、不思进取,而是应当扬长避短,对智能技术的优点加以吸收,对劣处加以约束,最终求得司法与智能的良性互动。

司法类案比对参照适用相关问题研究

张　杰

内容摘要： 类案比对参照适用能够促进法律适用标准统一，实现司法正义。类案比对参照适用，不仅需要遴选、研制、发布指导性案例，推进指导性案例与待决案件之间的比对参照适用，还需要推进司法者重视其他一般性已决案例与待办案件之间的比对参照适用。类案比对参照适用，可以采取提炼规则、适用规则的方式；也可以采取案例与案件之间构成要件、事实的直接比对参照。当前我国可以通过采取建构案例数据库，实现案例便捷推送获取，上级司法机关积极推进引导，培养训练司法者案例思维等多种方式强化类案的比对参照适用。

关 键 词： 类比推理　同案同判　案例库

作者简介： 张杰，法学博士，最高人民检察院法律政策研究室综合指导处处长，三级高级检察官。

论　　纲： **一、类案比对参照适用的相关前提性问题**

二、类案比对参照适用的路径遵循

三、提升类案比对参照适用的建言

诚如美国霍姆斯大法官指出的："法律的生命不在于逻辑，而在于经验"。[①] 不论是成文法国家，还是判例法国家，司法中已生效案例与类似待决案件之间的比对参照，并借助类案比对参照形成的结论，适用于待决案件，为待决案件办理提供可资借鉴的经验、结论，强化司法者的内心确信，或者纠正司法者的认识偏差，即类案之间的比对参照适用是司法过程中不可或缺的重要方法。由此，对司法中的类案比对参照适用问题开展研究，不仅具有理论意义，更对完善司法具有实践价值。

一、类案比对参照适用的相关前提性问题

研究类案比对参照适用，需要界定何谓类案，并厘清类案比对参照适用的必要性和可能性等前提性问题。

（一）如何界定类案

如果将作为类案比对参照适用前提的案例，界定放大到一切已决案例，那么，在"类案比对参照适用"这一概念中，关键性的问题就在于界定何谓"类案"，即在什么样的情况下可以认为已决案例和待办案件之间具有类似性？对此，学界有不同的观点。例如，王利明教授提出案件之间的类似性应当包含四个方面，即案件的关键事实、法律关系、案例的争议点、案件所争议的法律问题具有相似性。[②] 黄泽敏博士与张继成教授认为，要判断待决案件与指导性案例是否做到了相似案件相似审判，需要了解事实特征、法律特征、判决结果和制约因素四类要素，但其中"最终标准是实质理由论证的相似性"。[③] 雷磊教授指出，当两个具体案件在重要性特征上完全相同时，应当对它们得出相同的判决结论。[④] 张骐教授总结的类案比较维度包括争议问题、案情、关键事实，其中基本的比较点是争议问题和关键事实。[⑤]

以上几种观点都有一定的合理性。笔者认为，讨论类案之间的比对参照适用需要明确两个前提性问题：(1)应当承认案例之间具有类似性，可以进行比对参照适用。那种以"世

---

① [美]霍姆斯：《普通法》，冉昊、姚中秋译，中国政法大学出版社2006年版，第1页。

② 参见王利明：《成文法传统中的创新——怎么看案例指导制度》，载《人民法院报》2012年2月20日，第2版。

③ 参见黄泽敏、张继成：《案例指导制度下的法律推理及其规则》，载《法学研究》2013年第2期。

④ 参见雷磊：《为涵摄模式辩护》，载《中外法学》2016年第5期。

⑤ 参见张骐：《再论类似案件的判断与指导性案例的使用——以当代中国法官对指导性案例的使用经验为契口》，载《法制与社会发展》2015年第5期。

界上没有两片相同的树叶”为由，否认案例与案件之间相似性的观点，从根本上空蚀了类案比对参照适用的前提，是不可取的。应当明确，讨论类案比对参照适用的基本前提是：世界上确实未必有完全相同的案件，但必然存在可以类比的案件。由此而来，(2)在什么情况下案件之间可以进行类比？对此，笔者认为，案件之间是否类似，要形成一条简明而又毫无缺漏的规则，“放之四海而皆准”，这实际上是非常困难的。案件之间是否属于类案，很多情况下需要司法者根据实际情况进行具体判断。对类案概念的界定只能为这种判断提供一种方向性的指引。

鉴于以上两点，对类似案件进行定位时必然会发现，能够形成比较的无非是这些方面：争议焦点、案情事实（事实特征）、法律关系、法律问题、裁决结果、作出裁决的实质理由、制约裁决的实质因素、诉讼标的，等等。在以上几个方面中，最不可能完全一致的是案情事实。因为案件中的事实要素涉及生活中的方方面面，不可能完全相似。例如，至少案件中当事人的姓名、个性等人身特征不可能完全一致，案件发生的时间、地点等具体情境也不太可能完全一致。但是，决定案件处理结果的最关键的因素恰恰又是案件事实。这就需要司法者对案件事实作出层次性的区分。在理论研究层面，我们可以说，案件事实可以区分为实质意义事实与非实质意义事实。案件中相当多的事实是对案件处理结论没有实质意义的，这些可以认为是非实质意义事实。正如英国法学家斯通教授谈到，在案件中，很多事实要素的更改或者替换不会改变判决的结果，那么这些要素就不是实质性的事实。① 但同时，还有很多关键事实直接决定案件处理结果，这些事实就是具有实质意义的事实了。

换言之，一个案件总是有很多事实，只有在法律意义上具有实质意义的构成要件事实相似的案件，才能成立类案，这需要依托司法者的经验和价值判断，在案件之间进行分析比较，归纳确定哪些事实属于具有实质意义的事实，并就具有实质意义的构成要件事实是否一致进行精心比较。概言之，在关于类案的问题上，可以归纳三个层面的递进问题：(1)类案是否存在？必须承认司法中类案是存在的。(2)如何判断类案？大多数情况下，只能以是否具有实质意义的构成要件事实一致作为判断类案的依据。(3)如何判断哪些构成要件事实是具有实质意义的构成要件事实？大多数情况下只能依据司法者的实践经验判断。这三个层面的问题，是讨论类案比对参照适用的前提性问题。

---

① See Julius Stone, *The Ratio of the Ratio Decidendi*[J]. The Modern Law Review. 22(1959) 597-620.

(二)类案比对参照适用的必要性

类案比对、参照旨在将案例中的既往裁判思路和结果呈现在面对待决案件需要作出结论的司法者面前,为司法者适用法律提供可资参考借鉴的推理逻辑和评价标准,有利于保证法律的统一正确实施,也是规范自由裁量权的应有之义。对类案比对参照适用的必要性,可以从三个方面予以归纳。

1. 类案同判是司法正义的要求。司法以公正或正义为根本价值。在人类社会生活秩序的形成过程中,公正至关重要,且含义极为复杂。但正义最古老、最基本的涵义无疑是相同情况相同对待。“自古罗马时期以来,每个国家的人们都坚信一个国家法律的好坏体现在是否对同类案件同类处理,是否能够实现个案的公平与正义。”[①]亚里士多德指出:“简而言之,正义包含两个因素——事物和应该接受事物的人;大家认为相等的人就该配给到相等的事物。”[②]类案类判是古老的自然正义观的反映,也是司法的基本要求,更是保证法律获得民众发自内心认可,从而得到统一正确实施的必然要求。

2. 运用类案比对参照的方式促进案例与待决案件之间结论的一致,也是累积传递司法经验的一种方式。最高人民法院胡云腾大法官说:“如果说法治社会是一条大路,那么案例就是公民和法人长途跋涉的脚印。”[③]实际上,作为已决案件形成的案例,无不渗透了司法者对法律精神的理解,对案件中涉及的法律关系的把握和对争议问题的裁断。这种理解、把握、裁断,作为一种“先在”,无疑能够为后来遇到同样案件的同行提供一种可资参照的经验。开展类案之间的比对、参照、适用,实际上就是鼓励、倡导这种经验在司法者之间的传递、积累,借助经验的传递不断提升司法的水平。

3. 运用类案比对参照是限制司法者自由裁量权的重要方式。毫无疑问,自由裁量权的存在是柄“双刃剑”。一方面,自由裁量权可以保证司法者在具体案件中作出具体判断,得出妥当合适的结论。正如一些学者指出的:“司法者唯有在固定的严格规则与鲜活的社会现实之间游刃有余,才能实现法律的真实价值——社会的实际需要。”[④]但另一方面,自由裁量权的滥用又可能导致司法者作出一些不当判断,影响案件结论的正确,甚至出现徇私徇情的结果。《美国法律辞典》在界定自由裁量权时就指出:“自由裁量权是指官员所拥有的基于自

---

① 《法谚》,郑玉波译,法律出版社 2007 年版,第 37 页。

② [古希腊]亚里士多德:《政治学》,吴寿彭译,商务印书馆 1965 年版,第 152 页。

③ 胡云腾:《一个大法官与案例的 38 年情缘》,载《民主与法制》2017 年第 20 期。

④ 崔林林:《严格规则与自由裁量之间——英美司法风格差异及其成因的比较研究》,北京大学出版社 2005 年版,第 188 页。

己的判断而行事的权力。自由裁量权给予官员某些决策方面的选择,但这种选择并非漫无边际。实际上自由裁量权通常要受到某些规则和原则的制约,而不能被独断地行使。"[①]类案的比对参照适用为司法者自由裁量权的行使提供了一种可参照的具体形象的"先在"标准,是自由裁量权的有效引导和制约。从规范自由裁量权行使的角度,有必要更好地开展类案比对参照适用工作。

(三)类案比对参照适用的可行性

类案比对参照适用的可行性同样可以从两个方面予以分析。

1. 司法案件的重复性决定了类案比对参照适用的可能。司法工作本质上是一种经验判断的过程。司法工作的特殊性在于,不同案件中所呈现的法律关系、当事人诉求,大多是日复一日的。由此决定了案件办理工作可以通过经验学习、传授,保证案件办理结果的妥当。实际上,作为司法者需要大量研习案例,是因为司法者能够在研习案例的同时,将案例中相关的行为模式和法律后果内化为自身的认知,从而在今后的司法工作中,遇到相同或类似案件时,能够保证对法律的理解和应用与先前的案例一致,从而实现法律适用的统一与连贯,实现法治社会公民作出的任何行为都可以依据法律得到可预期的结果,即依法得到合理预期。诚如马克斯·韦伯基于法律社会学研究提出的结论:"法规范的形成有两个首要的来源。一是某些共识,尤其是某些目的理性的协议之趋向定型化……二是'法官'的'判例'。"[②]实际上,判例是司法者共识形成的重要基础。类案类判,本质上就是保证前人在案件中积累的经验能够传递、反馈、反映在今后类似案件办理中,形成和巩固法律职业共同体的共识。

2. 司法信息化工作的发展为类案比对参照适用提供了极大便捷。当前我国司法机关正在如火如荼进行的信息化建设为类案的比对参照适用提供了硬件支撑。信息技术在司法中的应用,为类案类判、类案推送提供了便捷的技术支撑,节省了很多检索时间成本,使类案比对参照适用成为案件办理中极其简便可行的工作。

---

① [美]彼得·G.伦斯特洛姆编:《美国法律辞典》,贺卫方等译,中国政法大学出版社1998年版,第103页。

② [德]韦伯:《法律社会学》,康乐、简惠美译,广西师范大学出版社2005年版,第154页。

二、类案比对参照适用的路径遵循

在明确前提性问题后,讨论如何推动类案比对参照适用还需要解决的重要问题就是类案如何参照适用。对此,笔者认为,就类案参照适用的方式来说,主要有两条不同的路径,它们在中国案例制度中并行发展,具有各自运行规律和特点。

(一)类案比对参照适用路径一:通过案例提炼规则

类案比对参照适用的路径之一是通过案例提炼规则,再将规则应用于待决案件。这一思路本质上是成文法的思路,通过案例提炼的规则,有效补充了法律和司法解释的供给不足。

根据2019年修订的《人民法院组织法》和《人民检察院组织法》规定,最高人民法院和最高人民检察院(以下简称"两高")都可以发布指导性案例。目前,"两高"指导性案例的制定、发布和应用基本上就是遵循这样一条路径。案例指导制度本质上是一种类案比对参照适用的方式。只不过,作为比对前提的已决案例,是一种特殊的,经过最高司法机关遴选、研制并正式发布的案例。一般来说,最高司法机关制发指导性案例,总是要通过前期调研,找到实践中在法律适用方面存在疑难或者需要集中解决的同类问题。这些问题的出现,往往是由于法律上存在空白、模糊、歧义之处。这样的问题在某一指导性案例中典型地存在,并且司法机关的处理方式提供了较好的解决问题路径。最高司法机关从实践中收集到这样的案例后,一般都会开展解剖研究,并对案例进行编辑,提炼出1-2条类案中可以普遍适用的规则,再将这样的规则运用于类似案件办理中,解决疑难问题。[①]

例如,以"两高"同时确定为指导性案例的"马某利用未公开信息交易案"[②]为例。该案例即运用体系解释的方法,明确提炼了相关法律规则。该案例的基本案情是:马某是一家股票证券投资基金经理,其利用未公开信息进行交易,买卖股票76只,累计成交金额人民币10.5亿余元,非法获利人民币1900多万元。对此,根据《中华人民共和国刑法》(以下简称《刑法》)第180条第4款的规定,马某的行为已构成利用未公开信息交易罪,应当依据《刑

---

① 在最高人民法院的指导性案例中,这样的规则叫"裁判要点",在最高人民检察院的指导性案例中,这样的规则叫"要旨"。无论是"裁判要点"还是"要旨",一般都代表了通过案例提炼出来,可以推广应用于类案的司法规则。

② 最高人民法院指导案例61号和最高人民检察院指导案例24号。

法》第 180 条第 1 款规定的内幕交易、泄露内幕交易信息罪进行处罚。该案分歧点在于对马某行为的量刑是依照该条款中“情节严重”还是“情节特别严重”？一种观点认为，《刑法》第 180 条第 4 款只规定利用未公开信息交易“情节严重的”，而未规定“情节特别严重”如何处罚，因此只能依照第 1 款中“情节严重”的法定刑进行处罚。一审、二审都是采纳这种观点，对马某判处三年有期徒刑缓刑五年。最高人民检察院认为，《刑法》第 180 条第 4 款规定的“情节严重”是入罪标准，入罪后的处刑应是对第 1 款的全部援引，需区分“情节严重”还是“情节特别严重”来进行处罚。情节严重的，处五年以下有期徒刑，并处罚金；情节特别严重的，则应处五年以上十年以下有期徒刑，并处罚金。马某的行为应适用“情节特别严重”的量刑幅度，一审、二审都在五年以下量刑，属于量刑不当，应予抗诉。

经最高人民检察院按照审判监督程序向最高人民法院提出抗诉后，最高人民法院作出再审终审判决，采纳抗诉观点，认定马某犯利用未公开信息交易罪“情节特别严重”，鉴于其有自首情节，减轻处罚，终审判处有期徒刑三年，并处罚金。终审判决实际上认可了最高人民检察院的抗诉意见，在上述两种观点中采纳了第二种观点。该案例确立了以下司法规则：《刑法》第 180 条第 4 款利用未公开信息交易罪的刑罚是对第 1 款内幕交易、泄露内幕信息罪法定刑的全部援引。利用未公开信息交易罪在处罚上应当依照内幕交易、泄露内幕信息罪的全部法定刑处罚，区分不同情形分别依照“情节严重”和“情节特别严重”两个量刑档次量刑。

“两高”将该案例确定为指导性案例，实际上就是明确了以下类案适用规则：即刑法中类似援引法定刑的规定，应当是对相关条款全部法定刑的援引。指导性案例提炼和明确的这一规则，对后续类似案件办理具有指导意义。类似情形《刑法》中还有规定，例如，《刑法》第 285 条第 3 款规定的“提供侵入、非法控制计算机信息系统的程序、工具罪”中同样有“情节严重的，依照前款的规定处罚”的表述；而该条第 2 款设置的“非法获取计算机信息系统数据、非法控制计算机系统罪”中也规定了“情节严重”“情节特别严重”两个量刑档次，亦为全部援引。对此，“两高”在《办理危害计算机系统安全刑事案件应用法律若干问题的解释》中予以明确，第 3 款依照前款规定处罚的援引是包含“情节严重”和“情节特别严重”两个量刑档次的全部援引。又如，《刑法》第 405 条第 2 款关于违法提供出口退税凭证罪的规定也是如此。这些罪名之间法定刑的援引都应当是全部援引，可以说，马某案确定的规则为后续一系列案件法律适用确定了明确的规则。由此可见，通过指导性案例实现类案的比对参照适用的一般路径是：选择案例确定为指导性案例；通过指导性案例提炼规则；通过规则解释、补充法律,结合法律将规则应用于待决案件。这一路径代表了当前我国司法实践中类案比对参照适用较为典型的模式。

从法律适用方法上来说,指导性案例这种提炼规则,推进规则在类案中应用的方法,是一种演绎推理的方法。所谓演绎推理,即从一个共同概念联系着的两个性质的判断(大、小前提)出发,推论出另一个性质的判断(结论),即"司法三段论"。概括地说,法律规定是大前提,案件事实是小前提,结论就是判决或裁定。[①] 只不过,在指导性案例的应用中将法律规定的大前提置换成了通过指导性案例提炼的规则。

(二)类案比对参照适用的路径二:案例与案件之间的直接比对参照适用

案例与待决案件之间的直接比对参照适用则与上述指导性案例提炼规则的方式有所不同。其基本方式是:司法者遇到存在疑难的待决案件→在已决案例库中寻找到与待决案件事实相类似的案例→司法者进行案例与待决案件之间事实的比对→参照案例中的结论形成对待决案件的判断。

在这一过程中,没有上级司法机关做类似最高人民法院或者最高人民检察院提炼规则的工作。司法者必须自己完成三个步骤:(1)根据检索,寻找具有相似性的案例;(2)在案例与当前待决疑难案件之间进行比对,遴选具有实质意义的构成要件事实;(3)对具有实质意义的构成要件事实进行判断,形成比对,借助案例结论,得出疑难待决案件应有的结论。这种应用案例的方式,从法律适用方法上来说,区别于指导性案例提炼规则的演绎方法,采用的是一种类比推理的方法。

对于案例与案件之间的直接类比参照适用,在此以两起正当防卫案进行说明:

案例1:盛某某正当防卫案,该案的基本案情是:盛某某系山东省莱州市人,在网上结识传销人员郭某(已被判刑)。2018年7月30日,郭某以谈恋爱为名将盛某某骗至杭州市桐庐县,根据以"天津天狮"名义活动的传销组织安排,郭某等人接站后将盛某某诱至传销窝点。盛某某进入室内先在客厅休息,郭某、唐某某(已被判刑)、成某某等传销人员多次欲将其骗入卧室,意图通过采取"洗脑"、恐吓、体罚、殴打等"抖新人"措施威逼其加入传销组织,盛某某发觉情况异常予以拒绝。后在多次口头请求离开被拒并遭唐某某等人逼近时,拿出随身携带的水果刀警告,同时提出愿交付随身携带的钱财以求离开,但仍遭拒绝。之后,事先躲藏的传销人员邓某某、郭某某、刘某某(三人已被判刑)等人也先后来到客厅。成某某等

① 参见沈宗灵:《法律推理与法律适用》,载《法学》1988年第5期。

人陆续向盛某某逼近,盛某某被逼后退,当成某某上前意图夺刀时,盛某某持刀挥刺,划伤成某某右手腕及左颈,刺中成某某的左侧胸部,致心脏破裂,盛某某丢弃随身行李趁乱逃离现场。

当日,传销人员将成某某送医院治疗。同年 8 月 4 日,成某某出院后,未遵医嘱继续进行康复治疗。8 月 11 日,成某某在传销窝点突发昏迷经送医院抢救无效死亡。经法医鉴定:成某某系左胸部遭受锐器刺戳作用致心脏破裂,在愈合过程中继续出血,最终引起心包填塞而死亡。[①]

我国《刑法》第 20 条[②]的规定在处理盛某某正当防卫案时,至少有以下几个方面的疑难问题:盛某某进入传销窝点,能够认为其人身财产权利遭受正在进行的不法侵害吗?传销人员逼迫盛某某,能够认为不法侵害"正在进行"吗?盛某某挥刺,导致"划伤成某某右手腕及左颈,刺中成某某的左侧胸部,致心脏破裂",能够认为是采取制止不法侵害行为对不法侵害人造成的损害吗?

对以上疑难问题,当然可以采取经验判断的方法。但是,在根据经验对法条进行理解之外,实际上,既有案例提供了一种更好的、可以直接类比的方法。在盛某某案之前,最高人民检察院发布过以正当防卫为主题的指导性案例,其中包括于某某案[③]。该案能够为本案中涉及的疑难问题提供类似案例之间的比对参照。

案例 2:2018 年 8 月 27 日 21 时 30 分许,于某某骑自行车在江苏省昆山市震川路正常行驶,刘某醉酒驾驶小轿车(经检测,血液酒精含量 87mg/100ml),向右强行闯入非机动车道,与于某某险些碰擦。刘某的一名同车人员下车与于某某争执,经同行人员劝解返回时,刘某突然下车,上前推搡、踢打于某某。虽经劝解,刘某仍持续追打,并从轿车内取出一把砍刀(系管制刀具),连续用刀面击打于某某颈部、腰部、腿部。刘某在击打过程中将砍刀甩脱,于某某抢到砍刀,刘某上前争夺,在争夺中于某某捅刺刘某的腹部、臀部,砍击其右胸、左肩、左肘。刘某受伤后跑向轿车,于某某继续追砍 2 刀均未砍中,其中 1 刀砍中轿车。刘某跑离轿车,于某某返回轿车,将车内刘某的手机取出放入自己口袋。民警到达现场后,于某某将手

---

① 该案案情描述来自浙江省人民检察院公开发布的案情介绍及相关情况分析。

② 《刑法》第 20 条规定:"为了使国家、公共利益、本人或者他人的人身、财产和其他权利免受正在进行的不法侵害,而采取的制止不法侵害的行为,对不法侵害人造成损害的,属于正当防卫,不负刑事责任。正当防卫明显超过必要限度造成重大损害的,应当负刑事责任,但是应当减轻或者免除处罚。对正在进行行凶、杀人、抢劫、强奸、绑架以及其他严重危及人身安全的暴力犯罪,采取防卫行为,造成不法侵害人伤亡的,不属于防卫过当,不负刑事责任。"

③ 该案确定为最高人民检察院指导案例 47 号,相关案情及分析来自最高人民检察院指导性案例。

机和砍刀交给处警民警(于某某称,拿走刘某的手机是为了防止对方打电话召集人员报复)。刘某逃离后,倒在附近绿化带内,后经送医抢救无效,因腹部大静脉等破裂致失血性休克于当日死亡。于某某经人身检查,见左颈部条形挫伤1处、左胸季肋部条形挫伤1处。

该案事实可以构成实质意义的构成要件事实的,主要包括以下几个方面:

问题一:作为正当防卫的前提,刘某的行为是否属于“行凶”的问题?

答:刘某持砍刀击打,已使于某某的人身安全处于现实的、急迫的和严重的危险之下。

问题二:刘某的侵害行为是否属于“正在进行”?

答:于某某抢到砍刀后,刘某立刻上前争夺,侵害行为没有停止。在于某某抢得砍刀顺势反击时,刘某既未放弃攻击行为也未实质性脱离现场,不能认为侵害行为已经停止。

问题三:于某某捅刺刘某,致其死亡的行为是否超过必要限度?

答:从防卫限度来看,不能认为于某某与刘某的伤情对比不相适应,就不符合正当防卫的限度要求。于某某本人是否受伤或伤情轻重,对正当防卫的认定没有影响。

处理结论:2018年9月1日,江苏省昆山市公安局根据查明的事实,依据《刑法》第20条第3款的规定,认定于某某的行为属于正当防卫,不负刑事责任,决定依法撤销于某某故意伤害案。

借助该案的分析及结论,分析盛某某正当防卫案可以看出,该案同样有几个具有实质意义的构成要件事实:

问题一:盛某某遭受的侵害行为是否能认定为“行凶”?

答:作为正当防卫的前提,盛某某案发时身处封闭的空间,人身自由和安全具有可能遭受众多不法传销人员侵害的现实的、急迫的和严重的危险之下,与于某某案具有类似性。

问题二:盛某某遭受的侵害行为是否属于正在进行?

答:与于某某一案也有类似之处,盛某某拿出随身携带的水果刀,警告阻吓传销人员放弃离开,传销组织人员反而增加人手逼近,可以认为侵害并未结束。

问题三:盛某某持刀捅刺致人死亡的行为是否超过必要限度?

答:关于防卫限度是否必要,考虑案发当场双方力量比对情况,特别是盛某某可能遭受的不法侵害是严重威胁,虽然造成了成某某死亡,盛某某自身并没有遭受大的伤害,应当认为盛某某的防卫行为没有明显超过必要限度,符合正当防卫的限度条件。

处理结论:2019年3月22日,浙江省杭州市检察院对涉嫌故意伤害罪的盛某某作出不起诉决定,认定盛某某的行为属于正当防卫,依法不负刑事责任。

由此可见,案例之间的类比主要是对于法律规定的一些具有争议性的问题进行类比推理,如正当防卫中,何谓《刑法》第 20 条规定的"本人或者他人的人身、财产和其他权利免受正在进行的不法侵害",何谓"正当防卫明显超过必要限度造成重大损害"等,实践中常存在较大争议。所谓类比推理,即从先期处理的案例中,寻找实质性的构成要件事实,作为前在对象,与待决案件进行比对,如果两个案件实质性的构成要件事实没有差别,即可借鉴前在案例处理结果形成待决案件处理结论。概言之,案例与案件之间类比推理的展开模式是:案例 C 具有 a,b,c 特征,案件 C1 也具有 a,b,c 特征,结论 X 在案例 C 中为真,那么,结论 X 在案例 C1 中也为真。

(三)两种比对参照适用路径的比较

上述两条路径中,第一条路径是成文法的路径,优势是通过案例提炼的规则简便易行,清晰明了。但可能存在的问题是,这种通过提炼规则推进案例适用,再将规则运用于案例之中的方式,本质上仍采用的是成文法演绎推理的思维方式,仍然是以规则的一般性涵盖案例的特殊性。第二条路径则是运用案例的方式解决实践中待决案件存在的疑难。这种方式以特殊对应特殊,以个案比对个案,能够比较形象具体地援引案例中的具体细节,分析案例与待决案件构成要件的实质事实是否一致,是一种类比推理的思维方式。

演绎推理无疑是最为重要的法律适用方法,大多数情况下,演绎推理也能够保证法律适用结论的正确与妥当。但是,这种路径还是难以摆脱成文法的固有局限。例如,规则总是有限的,而"法有限、情无穷",上级司法机关不可能通过案例提炼出"足够用"的规则。在这种情况下,第二种方式即类比推理的方法就显现出相对于演绎推理独特的优势了,即能够在一般性的规则之外,总是及时灵活地提供着类似的案例,作为比对参照的前提,弥补着规则所可能具有的固化、僵硬或难以周延的缺陷。德国学者考夫曼提出:法的现实性本身是根基于一种类推,因此法律认识一直是类推性知识。法原本即带有类推的性质。①

笔者认为,在当前推进案例适用的中国特色社会主义司法语境中,应当两种方式同时采用。既应当重视第一种方式,通过司法机关的遴选、研制,发布指导性案例和典型案例,借助指导性案例和典型案例,提炼规则,彰显上级司法机关的鲜明态度;同时有效弥补社会快速运转中成文法律供给的不足,以案例的方式,加强上级司法机关对下级司法机关办案工作的指导,推进法律适用标准的统一,解决同案不同判、同案不同办等问题。但是,如果仅仅存在

① 参见[德]亚图·考夫曼:《类推与事物本质——兼论类型理论》,吴从周译,新学林出版股份有限公司 2016 年版,第 45 页。

各级司法机关发布指导性案例和典型案例的方式推进类案的比对参照适用,无法解决的一个矛盾是:指导性案例和各类典型性案例的总体数量都是偏少的,从这些案例中进行检索,常常不能找到与既有待决案件相类似的先在案例。在针对指导性案例工作开展的各种调研中,各地司法机关提出的一个重要建议就是指导性案例数量有限,难以满足实践中各种类型不同特点的案件办案需要,而由于指导性案例适用的法律方法决定了这一问题难以解决。

因此,司法机关也应当重视第二种类型的案例适用方式,其具有独特的优势。切实发挥类案比对参照这一制度作用,让类案比对参照制度充满活力和生机,才可能将案例具有的弥补成文法不足的优势最大化地发挥出来,真正激发既存案例的潜能和作用。

三、提升类案比对参照适用的建言

类案比对参照制度的适用,关键问题是让比对参照得出的结论得以应用在办案中,解决待办案件的疑难复杂问题。这至少需要以下几方面的条件:(1)存在待决的疑难复杂案件,需要从类案比对参照适用中寻求智力支持;(2)司法者有动力、有意愿、有习惯,能够且善于进行类案比对,并且能够对案例与案件之间实质构成要件事实的一致性作出判断;(3)上级司法机关积极推动;(4)技术上与待决案件类似的案例易于获得;(5)当事人、律师及社会各界对于类案对比、参照适用及得出的结论能够接受,持信任的态度,制度运行具有良性的社会环境。结合以上几个条件的分析,为强化类案比对的实践应用,笔者试对当前如何加强实践制度创新完善提出建言。

(一)完善相关制度设计,强化类案关联检索制度

类案比对参照适用,最高司法机关的型塑推进作用不可或缺。目前,“两高”都在积极推进类案的比对参照适用。如2020年7月27日,《最高人民法院关于统一法律适用加强类案检索的指导意见(试行)》,就人民法院类案检索工作提出相关意见。从实践情况来看,根据媒体公开报道,各地法院对类案比对参照适用问题已多有实践。从检察机关情况看,最高人民检察院也在致力建立并推动类案检索报告制度。如2019年发布的《最高人民检察院关于案例指导工作的规定》第15条第2款规定:各级人民检察院检察委员会审议案件时,承办检察官应当报告有无类似指导性案例,并说明参照适用情况。明确了检察官提交检察委员会审议的案件,应当对关联指导性案例进行检索,并对有无参照适用情况作出说明。

虽然目前“两高”在类案检索问题上都有相应的规定。但在案例指导制度中,类案比对参照适用相关问题还没有提升到足够重要的位置。从未来发展看,重视第二种案例参照适用方式的应用,有必要进一步拓宽案例参照应用的视野。在推进类案适用过程中,指导性案例是重要依据,但并不是唯一依据。类案比对参照适用,最重要的当然是指导性案例与待办案件之间的比对参照适用,但更有必要将视野放大到指导性案例之外的大量类案与待办案件之间的比对参照适用。类案比对参照适用中,既包括通过指导性案例提炼规则应用于类案的方式,更包括待决案件与其他先在案例之间构成要件事实的直接比对、参照,处理结论的借鉴。

(二)建设案例数据库,实现类案便利获取

类案比对参照适用以海量案例数据库的电子化为基础,并应当由司法者对这些案例进行十分便利的检索、查找。实践证明,在司法者承担大量办案任务的情况下,如果类案检索存在极大困难,司法者便会失去耐心,转而依靠经验或其他途径寻求结论。因而,类案检索的前提是司法者应当能够极其便捷获取案例。

目前,实践中司法者能够检索的案例主要是两类:一类是经过司法机关认可的各类案例,如“两高”发布的指导性案例,最高人民法院公报和最高人民检察院公报发布的案例,各级人民法院、检察院发布在各类媒体的各类典型案例等。这类案例的优势是经过遴选、编辑,裁判结论获得上级司法机关的认可,作为类案比对的前提,可能更具有正确性和妥当性。另一类案例是中国裁判文书网或各类网络资源上公布的数量庞大的判决书,这些文书实际上也是一种数量巨大的案例资源。但作为类案参照时,对实质构成要件事实提炼不够,同时这些类似案例在通过网络查找时便捷性不够,即使获得了类案,很多文书说理也显苍白,参照作用有限。

因此,建议可由最高人民法院、最高人民检察院共同建设便捷、权威的案例库,案例库应当收集海量的案例资源。对裁判文书网收入的案例文书应当进行更加精细准确的分工,确定更加准确有效的关键词,以准确定位实质构成要件事实,增加检索的便利性。同时,对各级司法者都应强化对法律文书的说理工作,还应当借助人工智能、大数据技术的发展,加强案例的收集、分析、要素分解,实现案例推送的智能化和获取的便利化。

(三)重视保障当事人、律师等进行类案比对参照等相关活动

通常认为,遇到法律疑难问题时,应当由司法者寻找类案并予以比对参照适用来解决法律疑难问题。“两高”主导的类案强制检索制度都是以此为预设前提。但笔者认为,最有动力寻找、分析类案并作出比对、援引的,远不是司法者,恰恰是同样参与司法活动,但与案件处理结果关系更为密切的当事人、律师、诉讼代理人等;此外,还包括以类案为研究对象的法学研究者等。如果忽略这些群体,类案的比对参照适用制度的落地生根及其运行必然受到很大影响。正因如此,建构中国特色的类案比对参照适用相关制度,就不能仅仅将其对象定位为司法者(办理案件的法官、检察官),而是要放大到参与案件的律师、当事人以及以案件办理为研究对象的法学研究者,甚至包括以案件结果为依据,感受社会公平正义的社会大众。伴随着裁判文书数据的深度开发和应用,当事人自发地运用类似案例来评估待决案件,在数千万个案例中寻求支持,更注重司法理性、经验和法律规则的自然生成。① 从这个意义上说,司法机关所有案例资源,都应当是公开、开放,并可以便捷为当事人、律师等共享、参照的。对于当事人、律师等获取的类案及开展比对参照等得出的结论,司法机关应当更加重视当事人诉求的表达,更加畅通听取当事人意见建议的渠道。对于当事人找到的类案案例,要有充分的渠道展现,司法者要有足够的耐心听取。

(四)提升司法者运用案例的能力和法律思维习惯

毫无疑问,司法者是类案比对参照适用中最为重要的参与者。类案检索要求司法者重视案例、研究案例,注意运用案例的思维习惯分析解决实践疑难问题。然而,目前类案检索总体上还处于上热下冷的状况,上级司法机关希望通过类案检索达到规范行使司法自由裁量权,统一法律适用标准,减少误判错判,强化司法权威公信的目的。下级司法机关却对类案检索持相对冷淡的态度,对自身的司法经验持更多的自信。如何让司法者参照类案?从管理学的角度来说,可行的途径无非是两条:一是从内在角度,激发司法者的动力,让其有兴趣、有积极性地参照类案,并通过类案的比对参照适用,为自己的办案活动寻找依据,寻求支撑,以使办案活动更符合分配正义的需要,更能实现让人民群众在每一个案件中感受到公平正义的目标要求。另一条途径则是通过外在的制度机制制约,驱动司法者不得不参照类案,将类案形成的规则与结论,体现在办案活动中。"两高"主导的类案强制检索,大致都属于这样的努力方向。但是,如果要让类案比对参照适用真正扎根并良性运行,两个方面的工作都不可或缺。

目前亟须提升司法者的数据检索和分析、处理能力。推进类案比对参照适用,需要司法

① 参见李文超:《基于中国裁判文书网建立以来类案检索运行效果的考察》,载《司法体制综合配套改革与刑事审判问题研究——全国法院第30届学术讨论会获奖论文集(上)》2019年6月。

者重视案例的发现和比对。司法者不能过分倚赖上级司法机关公布的指导性案例和典型性案例,特别是不能仅仅只关注提炼的规则,不细研案例细节。只有司法者有足够的耐心,善于、勤于进行类案之间的分析、比对、归纳,才可能不断地来回案例与待决案件之间,培养自身对案例事实的认识、发现和比对能力,才能够促司法者准确捕捉既有案例与待决案件之间的具有实质意义构成要件事实的相似性。同时,要在我国法学教育和司法者专业素质培训中着力加以培养该专业技能。只有司法者真正形成案例思维能力、真正具备案例运用能力,类案比对参照适用制度才可能形成长久的生命力。

结　语

案例比对参照适用,是一种重要的案例应用方式。这种案例应用方式,需要以作为类比前提的案例易于获得,以及司法者在案件办理中有积极性、有动力去寻找发现类似的案例为前提,并且,还需要司法者在既有案例与待决案件之间进行准确的实质意义构成要件事实之间的归纳分析、类比判断为前提。当前,应当鼓励司法者直接开展既有案例与待决案件之间的比对参照,在成文法之外,更加娴熟地运用案例的方式,解决"三段论"演绎方式可能具有不足与缺陷。通过案例比对参照适用的方式,打开实现法治的另一扇窗,提供解决问题、实现正义的另一条进路。

认罪认罚从宽视角下检察官主导“类案类判”的实践路径

雷秀华　朱　珩

内容摘要：“类案类判”是法律面前人人平等原则在司法裁判领域的集中体现。2018 年 10 月，修改后的《刑事诉讼法》首次确立了认罪认罚从宽制度，改变了传统控、辩、审三方诉讼结构，构建了一种基于平等沟通、协商基础上的公力合作模式，对促进刑事案件“类案类判”带来了新的机遇和挑战。本文从司法实践的角度出发，探讨认罪认罚从宽制度对刑事案件“类案类判”的影响，进而探索认罪认罚从宽制度下“类案类判”的实践路径以及检察机关在其中应当发挥的积极作用。

关 键 词：量刑协商　量刑建议　类案监督

作者简介：雷秀华，四川省资阳市人民检察院党组书记、检察长，二级高级检察官。
朱珩，四川省资阳市人民检察院第一检察部副主任，检察官助理。

论　　纲：一、认罪认罚从宽制度下检察官主导“类案类判”的新逻辑
二、认罪认罚从宽制度下检察官主导“类案类判”的几个因素
三、认罪认罚从宽制度下检察官主导“类案类判”的路径探索

一、认罪认罚从宽制度下检察官主导"类案类判"的新逻辑

"类案类判",有学者亦称为"同案同判",①正如古希腊学者赫拉克利特所说"人不能两次踏进同一条河流",司法实践中也确实难以寻找两件完全相同的案件,"同案同判"的表述欠缺精准,也容易引起误解。但无论何种表述,其所对应的英文表述均为"Similar cases be decided similarly"或"Treating like case alike",意即类似或相似案件获得相似的处理。

在长期的司法活动中,"类案类判"逐渐成为人民群众衡量司法公正的重要标尺。作为实现普遍正义的重要途径,"类案类判"不能凭空实现,必须依托于法官们的一个个先例判决得以实现,毫无疑问,法官是实现"类案类判"的当然主体。然而,随着认罪认罚从宽制度的确立,法官的当然主体地位正在发生变化,量刑不再是法官的"独角戏"。2018 年 10 月,新修改的《中华人民共和国刑事诉讼法》(以下简称《刑事诉讼法》)第 15 条规定:"犯罪嫌疑人、被告人自愿如实供述自己的罪行,承认指控的犯罪事实,愿意接受处罚的,可以依法从宽处理。"该条文正式确立了认罪认罚从宽制度在刑事诉讼活动中的法律地位,并配套独有的审判程序——速裁程序。区别于普通程序或者简易程序的是,速裁程序要求人民法院应当在 10 日内审结,最长不得超过 15 日,且不再进行法庭调查和法庭辩论,大幅度简化了案件审理流程,缩短了办案期限,对实现更深层次的繁简分流,提升司法效率具有里程碑的意义。但同时也要清醒地认识到,认罪认罚从宽制度庭审程序的简化客观上弱化了当事人的程序性权利,判决说理部分也随之做了相当程度的简化,部分案件甚至没有判决说理部分;加之对认罪认罚量刑建议,除法定情形外人民法院一般应当采纳的规定,当事人不得不更加依赖于庭前量刑协商程序和量刑建议来判断自己是否将会获得一个公正的判决。在此过程中,检察官渐渐成为实现认罪认罚案件"类案类判"的新主体,随着认罪认罚案件适用率和确定刑量刑建议率的不断上升,检察官"类案类判"主体地位更加凸显。以 S 省为例,2020 年上半年,全省认罪认罚案件适用率为 76.4%,确定刑量刑建议率为 74.6%,量刑建议采纳率为 95.1%,意味着绝大多数的认罪认罚案件,检察官基于控辩双方量刑协商基础上提出的量刑建议就是最后的刑期。检察官作为量刑协商的主导者,无疑将对认罪认罚案件的量刑问题

① 参见张志铭:《对"同案同判"的法理分析》,载《法制日报》2012 年 3 月 7 日,第 11 版。

产生深刻影响,进而直接影响"类案类判"价值功能的实现。

二、认罪认罚从宽制度下检察官主导"类案类判"的几个因素

无论是英美法系国家,还是大陆法系国家,其刑事公诉制度均是在国家追诉和诉讼协商的过程中不断发展和完善,我国认罪认罚从宽制度也体现了国家追诉和诉讼协商相融合的这一趋势。认罪认罚从宽制度充分吸收了以美国为主的诉辩交易制度、以德国为主的认罪协商制度的合理成分,又高度契合我国国情和司法实践的要求,从形式上看似乎只是带来了刑事诉讼程序的进一步简化,但从实质上看,这一改革最大的突破,是对认罪协商机制下量刑协商的引入,建立了一种平等沟通、协商基础上的公力合作模式。[①] 该模式下,犯罪嫌疑人、辩护人或者值班律师可以直接就个案量刑问题与检察官开展平等对话,犯罪嫌疑人不仅可以咨询辩护人或值班律师的专业意见,也可以通过各种公开渠道了解类似案件的处理情况,通过比对,提出对个案的量刑意见,双方在案件事实及量刑情节共识的基础上形成定罪量刑的合意。这种合意以量刑建议的形式予以体现,根据《刑事诉讼法》第201条的规定,对认罪认罚量刑建议,除法定情形外,人民法院一般应当采纳。在此过程中,检察官从以往"类案是否类判"的监督者转变为主导者;犯罪嫌疑人也从"类案是否类判"的事后知情者转变为直接参与者。不可否认,认罪认罚从宽制度对实现刑事案件"类案类判"具有重要价值和意义。

(一)认罪认罚从宽制度中的量刑协商程序

由检察官主导的量刑协商程序是认罪认罚从宽制度的核心内容,是具有中国特色的认罪协商制度,其与国外的辩诉交易制度存在本质区别。认罪认罚从宽制度中的量刑协商,控辩双方只能就量刑进行协商,而不能就罪名和罪数进行协商,且认罪认罚后从宽幅度仍然有明确、刚性的法律限制,是一种法定从宽的模式;辩诉交易制度为了避免诉讼风险,允许检察官就罪名和罪数进行协商处分,如《美国检察官手册》就设置了三种类型的辩诉交易形式,即"指控协议"(允许部分指控或降低指控),"量刑协议"(单独就量刑协商)和"混合协议"。同时,作为控辩双方量刑协商的核心成果——量刑建议,其本质仍属于求刑权或程序职权的

---

① 参见陈国庆主编:《认罪认罚从宽制度司法适用指南》,中国检察出版社2020年版,第67页。

范畴,仍需经过人民法院在全面审查的基础上以判决的形式予以认可。而国外的辩诉交易制度,对交易结果一般只进行形式审查,程序合法即予以确认,按交易结果判决。显然,在辩诉交易制度中,法官的职权配置发生了变化,法官不再行使实质的裁判权,转而以形式审查的方式进行司法确认,其本质是确认权。在该种模式下,法官不再对案件事实是否清楚、法律适用是否准确等问题进行审查,换言之,法官不再对案件是否得到公正处理,个案正义是否实现负有法律或者道德上的义务,更进一步讲,法官亦不再对类案是否类判负有法律或者道德上的义务,这种义务近乎完全的转由检察官承担。

与之不同的是,认罪认罚从宽制度控辩双方所达成的量刑协商仍需经过人民法院在全面审查的基础上进行裁判,并且这种审查的义务不因程序的从简(如速裁程序没有庭审调查和辩论,且人民法院审理期限一般在 10 日以内[①])而被允许放弃或减轻,因此法官仍然负有“类案类判”的法律义务。但与普通程序刑事案件不同的是,认罪认罚案件控辩双方的量刑协商具有司法属性,其量刑建议具有一定的司法公信力,除法定情形外,人民法院一般应当采纳。[②] 由此,检察机关直接主导了认罪认罚案件的量刑全过程,并对法官最终定罪量刑产生了决定性的影响。此种以检察官为主导的刑事诉讼制度设计,必然对检察官提出了既要实现个案正义(个案定罪量刑准确),也要实现普遍正义(类似案件类似处理)的要求,“类案类判”的法律和道德上的义务转由检察官和法官共同承担,甚至可以说,在以确定刑为原则的认罪认罚从宽量刑建议模式下,检察官将承担实现“类案类判”的主要义务。同时,作为量刑协商的参与者和利益攸关方,犯罪嫌疑人及其辩护人、值班律师是实现“类案类判”的天然推动者和监督者,具有强大的内生动力。相较于传统诉讼程序而言,犯罪嫌疑人可以通过量刑协商的方式提前获知自己的司法裁判结果,而无须等到“最后一刻”。通过对裁判结果的预知,犯罪嫌疑人可以在辩护人、值班律师的帮助下,对比类案判决情况,以确保自己能够获得了一个相对公平的量刑,进而对检察官量刑行为进行“纠偏”,促使检察官必须对类似案件作出类似的量刑建议。

(二)认罪认罚从宽制度中的量刑建议

基于人民法院一般应当采纳认罪认罚案件量刑建议的规定,理论和实务界对应当采取何种量刑建议方式更加有利于实现认罪认罚从宽制度功能和价值的实现存在一定争议。有

---

① 部分地区构建刑拘直诉案件“3 +2 +2”工作机制,法院审理时间仅为 2 天,几乎难以进行实质性审查。

② 参见胡云腾主编:《认罪认罚从宽制度理解与适用》,人民法院出版社 2018 年版,第 38 页。

观点认为,提出幅度刑量刑建议有利于法官根据具体案情和庭审变化充分运用裁量权实现罪责刑相适应,且检察官量刑建议的能力和经验不足,不宜提出确定刑量刑建议;[①]也有观点认为,确定刑量刑建议可以增强量刑协商过程和其结果的稳定性和可预期性,最大程度地消弭“可以”从宽的不确定性。[②] 笔者认为,较幅度刑量刑建议而言,确定刑量刑建议更加有利于促进认罪认罚案件的“类案类判”。一方面,如前所述,充分保障辩方有效参与量刑协商是促进“类案类判”的重要途径,而幅度刑量刑建议会使犯罪嫌疑人继续处于处罚预期的不确定当中,削弱了犯罪嫌疑人参与量刑协商的积极性。犯罪嫌疑人无法通过类案比对的方式来发现自己的刑期是否公正,也就不能对检察官量刑行为进行“纠偏”,失去辩方对“类案类判”的督促作用。另一方面,尽管对幅度刑量刑建议,法官一般应当在幅度范围内确定最终刑期,但法官仍然具有相当程度的自由裁量空间。并且,受检察官自行提出的幅度刑量刑建议限制,检察官几乎不可能再通过抗诉等方式对法官量刑问题开展法律监督,即便检察官对类似案件提出了完全相同的幅度刑,最终的判决刑期也可能存在差异,这种差异对实现认罪认罚案件“类案类判”极为不利。

确定刑量刑建议方式能够有效解决上述问题,在检察官、法官之间形成相互配合、相互制约的量刑关系,更加有利于“类案类判”的实现。对于大量简单、轻刑案件,法官往往只需要确认犯罪嫌疑人、被告人认罪认罚是在充分了解认罪认罚制度内涵和后果的基础上的自愿选择,即可直接采纳量刑建议作为判决,无须重复审查案件事实、证据以及在幅度的量刑建议内进行二次考虑,[③]控辩双方量刑协商的刑罚处罚方式一般情形下就是最终的处理结果,确定刑量刑建议呈现出一定刚性,犯罪嫌疑人主动参与量刑协商的意愿更强,对检察官量刑行为的“纠偏”作用更加明显。对于量刑建议明显不当的案件,法官可以根据《刑事诉讼法》第 201 条第 2 款的规定,要求检察官调整量刑建议;调整后仍明显不当的,即便控辩双方对量刑达成一致意见,法官可决定退出适用认罪认罚从宽程序,依法作出判决,从而对检察官量刑建议权形成有效制约。司法实践也更加倾向于采用确定刑量刑建议模式。2019 年 10 月,“两高三部”出台了《关于适用认罪认罚从宽制度的指导意见》(以下简称《指导意见》)规定,办理认罪认罚案件,人民检察院一般应当提出确定刑量刑建议,对新类型、不常见犯罪案件以及量刑情节复杂的重罪案件等,也可以提出幅度刑量刑建议。这意味着绝大多

---

① 参见陈景辉:《同案同判:法律义务还是道德要求》,载《中国法学》2013 年第 3 期。

② 参见樊崇义:《关于认罪认罚中量刑建议的几个问题》,载《检察日报》2019 年 7 月 15 日,第 2 版。

③ 参见陈国庆:《量刑建议的若干问题》,载《中国刑事法学杂志》2019 年第 5 期。

数案件,尤其是常见、高发的轻刑案件,检察官应当提出确定刑量刑建议,由此,以确定刑为原则的认罪认罚量刑建议模式成为目前检察机关办理认罪认罚案件的主要方式,且从办案数据看,该模式在司法实践中得到了普遍运用,确定刑量刑建议得到了人民法院的高度认可。以S省的数据为例,2020年1—6月,全省提出确定刑量刑建议的比例为74.6%,且呈现上升趋势,量刑建议采纳率为95.1%。

值得注意的是,由于辩护人、值班律师参与量刑协商不充分,检察官量刑水平差异,检察官、法官认识差异,地区裁判尺度不一等问题,认罪认罚案件仍然有一定量的"类案不类判"现象,以致各地均不同程度地出现认罪认罚后又"反悔"上诉的问题。

(三)认罪认罚从宽制度中的酌定不起诉

不起诉权,是法律赋予检察机关的一项重要职权。它包含在检察机关的审查起诉中,对刑事案件经过审查后作出起诉或不起诉的决定。在较长时期的司法实践中,酌定不起诉权作为检察官自有裁量权的核心内容,具有准司法的属性,也因此受到了非常严苛的限制。随着认罪认罚从宽制度的确立,为酌定不起诉权的扩大使用提供了进一步的制度支持。《指导意见》第7条规定:认罪认罚从宽制度中的"认罚",是指犯罪嫌疑人、被告人真诚悔罪,愿意接受处罚。"认罚"在审查起诉阶段表现为接受人民检察院拟作出的起诉或不起诉决定,认可人民检察院的量刑建议,签署认罪认罚具结书。《指导意见》明确将不起诉作为犯罪嫌疑人"认罚"的重要方式之一。在此基础上,有学者提出:有必要进一步扩大酌定不起诉权的使用,对于认罪认罚的犯罪嫌疑人,只要犯罪情节轻微,主观恶性不大,尽管从刑法条文中找不到相对应的免除处罚的规定,也可以作酌定不起诉处理,将认罪认罚作为适用酌定不起诉的独立条件。①

尽管上述观点亦有学者持不同意见,总体而言,理论和实务界都在对进一步扩大认罪认罚酌定不起诉权的使用范围进行不断研究和尝试,各地检察机关认罪认罚案件适用酌定不起诉的比例也呈现明显上升趋势。以S省Z市为例,2020年1—9月,全市认罪认罚案件酌定不起诉比例为11.04%,同比上涨了近2倍。笔者通过对以上120份酌定不起诉样本进行简要分析发现,酌定不起诉案件缺乏统一、公开裁量标准,各地基层检察机关不起诉标准把握差异较大,类似案件有的作了不起诉处理,有的作了起诉处理,尽管起诉后人民法院几乎均判处缓刑或者免予刑事处罚,但对犯罪嫌疑人而言,仍然具有本质的区别。以非法狩猎中

---

① 参见宋志军、毛泽金:《论认罪认罚从宽场域内不起诉的适用》,载《政法学刊》2020年第4期。

华蟾蜍类案为例,A 县非法狩猎 60 只蟾蜍即起诉人民法院最终判处缓刑,类似的情况 B 区均作酌定不起诉处理。究其原因,在于 A 县掌握标准为狩猎 30 只以下中华蟾蜍可作酌定不起诉,B 区为 100 只以下酌定不起诉,C 县为 50 只以下酌定不起诉。酌定不起诉适用标准的不统一,对进一步扩大酌定不起诉适用形成了障碍,有必要将酌定不起诉标准进行规范化、公开化,统一临近地区不起诉标准把握尺度,严格限制检察官不起诉自由裁量权,确保类似案件的类似处理。

三、认罪认罚从宽制度下检察官主导“类案类判”的路径探索

作为“类案类判”的逻辑前提,“类似性”的判断标准是什么?即便在将先例判决作为正式法律渊源的普通法系国家,亦很难说找到一种通用的判定方法。我国法学界对此亦未能达成统一的认识,有学者主张判断类似案件的主要标准是案件是否属于同类法律事实和同类法律关系;①有学者主张以裁判要点为判断类案的基础,检验相关联的必要事实和法律问题是否具有相似性;有学者主张类似性应当包含争议点相似、关键事实相似、案由相似和行为后果相似。② 无论何种主张,均难以独立应对纷繁复杂的案件类型,帮助检察官、法官实现“类案类判”。基于此,笔者认为,可以通过类型化的方式对某一类或者某几类案件针对性地设立类似性判断标准,从而增强类案标准的适应性和可操作性。就认罪认罚案件而言,其具有明显的类型化特征:一是案件类型相对集中,90%上的案件集中在交通肇事、危险驾驶、盗窃等社会生产生活中大量重复出现的案件;二是案件事实和法律适用都相对简单,80%以上的案件,只有一个犯罪嫌疑人,一个事实,一个罪名,案件争议焦点明确甚至没有争议焦点。③上述类型化特征决定了绝大多数认罪认罚案件都可以划分为“简单案件”,其判断类案的标准可以相对简化,案由相似和关键事实相似即可作为类案予以考察。

(一)完善认罪认罚从宽量刑协商程序

在刑事诉讼程序中,犯罪嫌疑人处于被追诉的地位,是量刑协商的参与者和利益攸关方,也是实现“类案类判”的天然推动者和监督者,具有强大的内生动力,保障犯罪嫌疑人及

---

① 参见崔红丽:《浅议民事案件“同案不同判”检察监督路径》,载《法制与社会》2015 年第 30 期。

② 参见高尚:《司法类案的判断标准及其运用》,载《法律科学》(西北政法大学学报)2020 年第 1 期。

③ 上述数据分析来源于对 2019 年 1—12 月,S 省 Z 市认罪认罚案件的抽样调查。

辩护人、值班律师的合法权利，确保量刑协商过程的平等、充分，是实现“类案类判”的重要途径。

1. 充分发挥值班律师法律帮助作用。在以检察官为主导的量刑协商程序中，犯罪嫌疑人处于天然的弱势地位，辩护人或值班律师是其了解案情轻重，量刑是否合理的主要途径，也是促进“类案类判”的重要保障。与辩护人相比，值班律师在检察机关通知签署认罪认罚具结书之前，并不了解自己提供法律帮助的对象是谁，更谈不上了解案情，这种信息的不对等，决定值班律师难以帮助犯罪嫌疑人把关检察机关量刑建议的内容或者提出详细的量刑意见，值班律师法律帮助作用几无发挥，仅仅是犯罪嫌疑人签署具结书时“在场”，充当量刑协商的“见证人”而非“参与者”，失去了对检察机关认罪认罚量刑建议的制约作用。基于此，笔者提出以下几点建议：一是进一步明确值班律师的阅卷权。《刑事诉讼法》第 173 条第 3 款规定人民检察院听取值班律师意见的，应当为值班律师了解案件有关情况提供必要的便利，但该规定语焉不详。《指导意见》第 12 条作了进一步的明确，规定自人民检察院对案件审查起诉之日起，值班律师可以查阅案卷材料、了解案情。人民法院、人民检察院应当为值班律师查阅案卷材料提供便利。但《指导意见》只是司法解释性质的文件，能否对赋予值班律师这一如此重要的权利作出超出《刑事诉讼法》的规定，仍然值得商榷。二是完善值班律师预约机制。为提高诉讼效率，缓解值班律师资源紧张问题，检察机关采取集中预约的方式，在某一个时间段内集中签署认罪认罚具结书，这种集中预约的方式并未告知值班律师需要提供法律帮助的具体案件名称，即便《指导意见》赋予了值班律师阅卷权，值班律师也无从行使。因此，建议检察机关在预约过程中，应提前足够的时间告知值班律师需要提供法律帮助的具体案件名称，同时为值班律师查阅案件材料，了解案情提供必要的便利。三是适当提高值班律师酬劳，缓解值班律师资源紧缺。目前，值班律师补贴普遍较低，值班律师数量过少，难以满足认罪认罚案件的办理需求，在经济水平较差的地区尤为明显，客观上制约了值班律师行使职权的积极性。当然，这并非检察机关“一家”之力可以解决，仍需国家层面进行统筹协调。

2. 建立关键事实和证据庭前开示制度。如前所述，认罪认罚从宽量刑协商程序禁止罪名和罪数的协商，仅允许就量刑进行协商。从逻辑上讲，在控辩双方开展量刑协商之前，检察机关拟指控的犯罪事实已经确定，支撑指控犯罪事实的相关证据也应全部收集在案，如此，才存在量刑协商的前提。实践中，检察官在签署认罪认罚具结书时，并未就本案拟指控的犯罪事实和关键证据进行开示，仅含混地告知犯罪嫌疑人及辩护人、值班律师拟指控的罪名和刑期,这种量刑信息的明显不对等必然导致量刑协商的不充分,从而对案件的公正审判施加不利影响。建议在签署认罪认罚具结书之前,检察官应将本案拟指控的犯罪事实和证据进行开示,确保控辩双方量刑信息对等,在此基础上的量刑协商才能客观、公正。

(二)统一量刑尺度,规范自由裁量权

受追诉地位影响,检察机关普遍存在"重定罪、轻量刑"思想,据以定罪的事实清楚,证据确实、充分,即可提起公诉,至于如何量刑,主要由人民法院决定,检察机关往往少提或者不提量刑建议。对检察机关量刑建议权的长期不重视,导致系统性量刑建议规范严重缺失。然而在以确定刑量刑建议为原则的认罪认罚案件中,检察官量刑建议的精准度将直接关系到个案处理是否恰当,类案处理是否均衡的问题,提高检察官量刑建议水平,规范和限制检察官量刑建议自由裁量权已经迫在眉睫。

1. 统一认罪认罚案件量刑标准。受检察官能力、量刑裁判权等因素影响,量刑建议主体与量刑决定主体对同一案件认识可能存在差异,但量刑建议公正标准与法院量刑裁判标准在应然层面具有一致性。[①] 因此,人民法院量刑规范化建设方式为检察机关量刑建议规范化建设提供了有效的参考样本。自最高人民法院制定《人民法院量刑指导意见(试行)》后,各省级人民法院又在此基础上制定了契合各省实际的实施细则,这些实施细则成为地方检察机关提出量刑建议的重要参考,但仍难以满足认罪认罚案件的需要。建议最高司法机关尽快联合制定专门适用于认罪认罚案件的量刑指南,明确不同诉讼阶段的从宽幅度,扩大常见罪名数量,统一适用标准,做到有章可循。同时,注重收集一批量刑较为精准的案例上网,供检察官、律师以及人民群众查阅、参考和对照。

2. 完善认罪认罚案件酌定不起诉适用。由于酌定不起诉决定所具有的终结诉讼程序的作用,除申诉复议外,没有后续司法程序予以纠偏,随着认罪认罚案件酌定不起诉的大量适用,酌定不起诉标准不统一、不透明问题凸显,影响了检察机关法律适用统一。一是建议最高人民检察院制定针对认罪认罚案件酌定不起诉适用标准,明确将认罪认罚从宽情节作为适用酌定不起诉的独立参考标准之一,列举认罪认罚案件常见犯罪的酌定不起诉适用情形,缩小检察官酌定不起诉权自由裁量空间,避免酌定不起诉适用标准地方化。二是建议完善不起诉后续处理程序。对于被不起诉人需要给予行政处罚、处分的,应当提出检察意见,连同不起诉决定书一并移送有关主管机关进行处理,并要求有关主管机关及时通报处理情况,

---

① 参见周习武、张宝印:《认罪认罚案件量刑建议精准化的实现路径》,载《检察日报》2020 年 6 月 8 日,第 3 版。

借助行政处罚、处分的“多元化”,解决不起诉“一元化”处理方式的弊端,避免不起诉带来新的不公正。

3. 引入类案强制检索报告制度。随着大数据、人工智能在司法领域的不断发展,类案检索和推送功能取得了长足的进步,而以案由相似和关键事实相似作为认罪认罚类案判断的核心逻辑,将进一步降低类案检索和推送的技术难度,人工智能辅助实现“类案类判”不再只是幻想。随着检察机关统一业务系统 2.0 的研发应用,其内嵌入的智能辅助量刑系统,能够根据类案判断方法建立的预设逻辑,自动推送和主动检索类似案件。同时,根据“一人一罪一量刑”的原则,将已精细化拆分的案件事实,与犯罪嫌疑人、罪名一一对应,通过预置的量刑计算规则,辅助检察官进行量刑计算,将量刑结果与类案推送结果进行比较,确保对同一要件事实适用相同的法律规则,实现类似案件类似处理。基于此,笔者认为类案检索的客观条件已经具备,可以适时引入类案强制检索报告制度,即要求在案件审理过程中,承办检察官应对本院已审结或正在审结的类案进行检索并制作检索报告。检索后,若承办检察官拟作出的量刑建议与本院同类生效案件裁判尺度基本一致的,即可制作量刑建议书;若不一致的,则视冲突层级进行说明、报请检察官联席会议研究或提交本院检委会讨论。类案强制检索报告制度能够为检察官们创设个案与类案的偏离预警,以智能化手段促使检察官发现并受制于职业群体的平均理解,以平均理解限制其合理使用自由裁量权,最大限度地实现类案的均衡处理。

(三)完善类案监督制约机制

认罪认罚从宽制度下,检察官对量刑协商过程发挥主导作用,也同时对案件办理的程序和结果进行监督;加之司法责任制改革和检察机关员额制改革的完成,检察官独立行权已成常态,规范和完善检察官行权监督机制,既是实现个案正义的需要,也是实现普遍正义的需求。

1. 引入刑事案件类案监督理念。长期以来,检察机关采取的个案监督方式对实现个案公正具有显著成效,但对于避免类案量刑失衡则显得收效甚微。笔者认为,应当引入类案监督理念,强化对“类案不类判”等量刑失衡案件的监督,借助类案检索系统,定期对本地区认罪认罚类案量刑建议采纳情况进行分析研判,总结量刑裁判存在的普遍性问题,灵活运用对话沟通、联席会议、检察建议等形式行使类案监督权。对基层认识分歧的问题,由上级检、法两家统一认识和制定标准,通过印发会议纪要、会签规范性文件等手段,统一裁判尺度。

2. 强化人民法院外部监督。尽管人民法院只能被动地适用认罪认罚从宽制度,但量刑建议的本质仍然属于求刑权的范畴,除法定情形外,受对认罪认罚量刑建议一般应当采纳的规定限制,法官不得随意否决量刑建议的内容,但对明显偏离类案裁判尺度的量刑建议,可以要求检察机关调整直至不予采纳,在案件事实和证据的基础上进行裁判,这种裁判方式对检察机关量刑建议权形成了有效的监督制约。值得强调的是,认罪认罚从宽制度对简化诉讼程序,提高诉讼效率的价值追求,并不意味着人民法院可以放弃或者降低对认罪认罚案件的实质审查义务,更不能对检察机关量刑建议照单全收。

3. 强化检察机关内部监督。检察机关应加强对量刑协商过程的监督,确保量刑协商过程和结果公平、公正,避免案外因素影响。上级检察机关要加强案件质量评查工作,强调对认罪认罚类案的同质化办理,要重点分析本地区类案的量刑建议内容、采纳率权重和酌定不起诉案件适用,对裁判尺度明显失衡的案件要深入分析成因,严格树立自我监督、自我纠错的意识,对检察官故意违反法律法规存在滥用职权、徇私枉法或者因重大过失造成严重后果的,应当追究司法责任,对确因检察官个人量刑水平、认识分歧产生的法律适用差异,要及时发布评查通报,促进检察官对特定法律问题的统一认识。

检察类案研究——价值与范式

黄祖帅

内容摘要：“同案不同判”问题直接影响司法权威和公信力，是一直以来困扰我国司法实践的难点与痛点。本文通过总结天津检察机关案例研究中心的实践经验，深入挖掘和发挥类案研究工作价值，力求为解决“同案不同判”提供可能路径。同时，结合检察实践探索建构以“选题确定—案例征集—组织研讨—成果运用”为主要内容的类案研究范式，进一步发挥案例对检察办案工作的指导、参照、示范作用，推动案例指导制度落实，统一法律适用标准，为检察机关开展类案研究工作提供可复制的借鉴参考。

关 键 词：时代价值　范式探索　工作机制

作者简介：黄祖帅，法学博士，天津市人民检察院法律政策研究室主任。

论　　纲：**一、检察类案研究的时代价值**

二、检察类案研究的范式探索

类案是指在基本事实、争议焦点、法律适用等方面具有相似性的案例。类案研究是法律政策研究特别是案例研究的重要内容,通过对本地、本院办理的同类案件进行研究分析,发现存在的问题和不足,提出研究意见供办案部门参考。① 相较于个案研究,类案研究不仅为个别疑难案件办理提供解决思路和法理支持,更为类案办理提供一般遵循和司法指引。相比传统理论调研,类案研究属于实务研究、应用研究,具有鲜明的实践色彩,既是研究对象创新,也是研究方法创新,有利于新时代法律政策研究工作实现既来源于实践,又高于实践、指导实践,激活司法办案生产力,发挥服务决策、指导办案、推动工作的"智库"作用。

为适应"四大检察""十大业务"法律监督职能体系全面充分协调发展的需要,加强案例研究与指导,天津市检察院在全国率先成立了案例研究中心,选聘一线办案经验丰富的88名优秀检察官为兼职研究员,组建专家组借助"外脑"智慧,以类案研究为重点,通过发布课题、组织案例研讨等形式,促进案例研究与检察办案相融合,丰富和拓展了案例研究的工作机制,初步探索形成了独具特色的研究范式和应用模式。

一、检察类案研究的时代价值

在案例研究中心推动下,将开展检察类案研究与服务解决当前司法改革背景下检察业务发展中的重大问题相结合,实现了价值多元拓展,成为具有统一法律适用标准、提升检察机关法律监督能力与社会治理能力、提高检察业务管理水准、推进检察案例指导制度实施等多领域功能的检察产品。

(一)统一司法办案理念与标准

类案研讨通过主动发现和积极回应一线司法办案中的热点难点问题,以及新类型、新特点典型案件,集中优势智力资源予以研究探讨,有助于消除认识争议、观点分歧,形成统一的司法观点与办案思路。同时,深化对相关社会问题治理规律的认识,提高检察机关法律监督能力与社会治理能力,还体现在:一是统一案件办理规则,解决法律适用难题。通过大数据分析、实务部门研讨、专家理论支持等,针对疑难问题、分歧意见发挥"会诊室"作用,就法律适用问题达成共识,提炼总结办案经验,总结和统一办案规则。例如,在新冠疫情期间,最高

① 参见万春:《新时期法律政策研究工作若干思考》,载《人民检察》2020年第3期。

人民检察院连续发布十批典型案例，取得了显著的社会秩序效益、办案指导效益以及宣传普法效益。[①] 二是实现精准监督，提高监督工作质效。通过类案研究，集中精力研讨法律适用中具有典型性、代表性个案，特别是对在司法理念方面有纠偏、创新、进步、引领价值的典型案件，提出精准监督意见，实现"办理一案、纠正一片"，促进解决一个领域、一个地方、一个时期的司法理念、政策和导向问题，提高监督质效。三是提升社会治理能力，增强社会治理实效。通过类案研究，针对重点问题形成专项分析报告，总结发现类案中存在的普遍性社会治理问题，深入挖掘问题根源，向有关部门提出对策建议，促使其改进工作；同时通过向社会发布典型案例，加强普法宣传和法治教育，提升公民守法意识，有效防范和化解重大风险。

（二）提高类案监督层次效果

通过类案研究，掌握司法大数据，放宽监督大视野，用系统方法把"类案"放在一个"盘子"里进行对比、分析、判断。[②] 总体把握类案裁判尺度，统一不同检察机关诉讼监督标准，实现从"个案监督"、就案论案到"普遍纠错"与深层治理的转型，提升法律监督能力、提高监督效果刚性，体现在：一是与人民法院"类案裁判"制度改革相呼应。司法责任制改革中，人民法院在裁判过程中推出"类案检索"机制，2020 年最高人民法院相继出台了统一司法标准加强类案检索工作的相关规定，进而统一裁判尺度，以解决法律适用不统一问题。审判方式转型，要求法律监督机关同步重视类案监督。二是在更深层次、更广范围实现法律适用统一。通过超越不同时间段、地域、层级，整体把握案件裁判标准与尺度，确保实现"类案同判"，有效约束法官自由裁量权。三是发挥法律监督独特功能与制度优势，促进审判权运行机制完善。跳出"个案正义"的小视野，从类案办理中的普遍性问题出发，发现解决审判权运行机制中带有共性、普遍性的问题，追求实现普遍正义与深层监督。

（三）保障业务管理有效实施

司法责任制改革后，"谁办案谁负责、谁决定谁负责"成为常态，检察长、检委会直接讨论决定的具体案件大大减少，如何在充分放权的同时实现有效限权，保障案件办理质量和效率，成为改革后亟须关注和解决的重要问题。类案研究通过讨论类案办理规则与总结研究专项报告等，推动检察业务管理适应司法改革需要，从微观的"个案办理"向宏观的"业务治理"有效转型，体现在：一是尊重检察官依法独立行使检察职权。借助类案研究，检察业务管

---

① 参见陈灿平：《检察机关发布涉疫情防控典型案例呈现新特点》，载《人民检察》2020 年第 8 期。

② 参见滕艳军：《民事诉讼类案监督的价值与路径》，载《检察日报》2019 年 10 月 15 日，第 3 版。

理实现从管案件处理结果,到管案件办理规则的转型升级。不再直接介入个案的具体办理过程,避免了对个案处理的不当干预,实现了对检察官办案主体地位的尊重。二是管理类案办理规则。类案研究以统一司法尺度,实现"类案同判"为目标,根本要旨在于通过借助类案研究,由检委会为全体检察官办理案件建立办理规则,从而有效管理某一类案件的办理质量。三是管理偏离规则案件。由于检委会制定的办案规则对检察官办案具有拘束力,偏离该规则的案件有必要作为疑难案件提请检委会研究,从而实现对偏离规则的个案精准管控。在此意义上,"类案同判"不仅可为疑难案件提供新的解决途径,也能够成为控制司法偏离度的"纠偏机制",从而成为一种新型司法控制手段与管理技术。①

(四)辅助案例指导制度落地生根

作为推进司法责任制改革的重要举措,检察案例指导制度已经建立并逐步发展,但其制度优势如何转化为司法办案的实际效能,尚需配套的辅助机制。开展类案研究即是推动案例指导制度落地见效的重要基础性环节,体现在:一是发现和培育指导性案例的备选案例。类案研讨针对本地区一段时期司法实践中具有普遍性的热点难点问题展开,所选案例具有一定典型性,研讨所得观点经过理论与实践检验,对类案办理具有一定的参考价值,这就具备了成为指导性案例的"种子案例"的潜质。通过类案研究,有利于打通基层案件办理与顶层案例指导间的联系,从鲜活的司法实践中拓展指导性案例来源。二是弥补指导性案例数量不足的缺陷。现有指导性案例共 21 批 80 件,虽然近两年增长较快,但在类型、数量方面仍严重不足,距离实现对"四大检察""十大业务"全覆盖、全指导的制度目标相距甚远,难以全面充分发挥指导性作用;且由于指导性案例遴选标准严格,该缺陷短期难以弥补。案例指导制度能否发挥常态作用,重要因素就是其提供的规范数量要多,只有量化规模才能制度性地产生影响。数量过少,会让人们的期待落空。② 通过类案研究,发现和形成一大批典型案例、参考案例,可以在案例指导空白领域发挥"替代作用",填补"真空",从而满足司法实践对灵活具体的办案"参照系"的需要。三是培养检察官案例意识与参照思维。办案检察官作为案例指导制度的实践终端,既是指导性案例的生产者,也是消费者,决定着制度的实施效果。③ 当前,受成文法司法传统——从抽象到具体的思维模式影响,检察官案例意识不强、参照能力不足是制约案例指导制度落地的主要因素。通过类案研究,让检察官学习如何在案

---

① 参见左卫民:《如何通过人工智能实现类案类判》,载《中国法律评论》2018 年第 2 期。

② 参见林维:《刑事案例指导制度:价值、困境与完善》,载《中外法学》2013 年第 3 期。

③ 参见宫鸣:《建设"案例研究中心"推动检察案例指导制度落地生根》,载《检察日报》2019 年 8 月 1 日,第 3 版。

件中发现、提炼规则,形成"从具体到抽象再到具体"的思维模式,[①]并在司法实践中养成制作和应用案例的良好习惯,从而为案例指导制度落地培育配套制度土壤。

二、检察类案研究的范式探索

天津市人民检察院以"案例研究中心"工作机制为核心,以类案研究工作为重点,初步形成了完备合理的组织体系与工作流程,建构了以"选题确定—案例征集—组织研讨—成果运用"为主要内容的类案研究范式,现已组织开展类案研讨活动5次,收集、整理案例300多件,由法律出版社公开发行《检察案例集》两部。通过类案研究,打通了一线司法办案实践与法律政策研究的界限,消除了下级办案需求与上级业务指导供给的隔膜,提供了检察观点与其他法律职业共同体观点交流互动的平台,实现了案件办理与法律研究一体、基层工作需求与上级业务指导联通、检察官与法律职业共同体对话的良性互动模式。

(一)类案选题确定

案例研究中心依托省市级检察院把握检察工作宏观形势以及检察官兼职研究员直接从事一线办案,了解具体实际业务难点的双重优势,定期围绕本地区检察工作实践,组织专业小组开展论证,拟定研究选题,并针对该选题结合理论难点与实务重点,列出需要深入研究的重点问题清单,为下一步开展研究提供方向指引。让检察官对受理的典型性、影响性案件有"培养"意识,一开始就按指导性案例、典型案例的标准去办,努力办成精品案。[②] 案例具体选题来源如下:一是兼职研究员发现。发挥案例研究中心检察官兼职研究员直接办案优势,以一线办案检察官为案例收集终端,形成案例上报与办案一线之间的联系点、直通车,实现案件办理与案例发掘的动态融合。[③] 检察官在办案中发现的疑难案件,可以及时向案例研究中心提出。二是案例研究分中心发现。天津市人民检察院案例研究中心在具有研究优势的基层院设置分中心,形成案例研究机制矩阵。作为开展案例工作的前沿阵地,分中心结合本地区本单位一段时期集中出现的司法难点问题,可以向案例研究中心提供备选议题。三是案例研究中心发现。案例研究中心结合市级院在开展业务指导工作中发现的重点问题、

① 参见宫鸣等:《检察案例指导制度:运行分析与完善建议》,载《中国检察官》2020年第1期。

② 参见张军2019年7月20日在成都全国大检察官研讨班上的讲话。

③ 参见宫鸣:《建设"案例研究中心"推动检察案例指导制度落地生根》,载《检察日报》2019年8月1日,第3版。

重点案件，以及日常疑难案例征集与研究工作中发现的对本地区具有普遍指导性意义的案件予以提出，并对兼职研究员、分中心提出备选议题是否具有典型性、指导性和研究价值予以审核。如案例研究中心根据本市认罪认罚从宽制度实践中的相关问题，深入开展类案研究，及时解决制度实施中遇到的难题，评选出认罪认罚从宽典型案例，并先后两次印发《认罪认罚从宽制度问题解答》，为司法实践提供精准参考，有力地促进了检察官用好认罪认罚从宽制度。

（二）案例素材征集

选题确定后，案例研究中心通过检察内网在全市范围内将选题及具体重点讨论问题予以公布，向全体一线办案检察官征集司法实践中的相关典型案例。案例研究分中心以及兼职研究员带头开展案例的收集与撰写工作，并上报案例研究中心。案例收集完毕后，案例研究中心组织专业小组从典型性、代表性等方面进行筛选，并就案例撰写的主题集中度、论证严谨度、形式规范度等方面提出修改意见，待修改完善后，再提交案例研究中心审定，以备研讨。具体工作流程如下：一是司法案例筛选。运用大数据思维，将统一业务应用系统内数据检索与检察官自主报送相结合，在确保数据来源的广泛性和真实性基础上，以案件代表性、典型性为根本，广泛深入地挖掘目标案例。二是典型案例撰写。确定具体案例撰写工作承担者，突出类案研究价值与研究特色，注重实证分析，确保研究过程与观点结论反映司法实践情况。三是研究中心审定。案例撰写完毕，案例研究中心就报告成果予以初步研讨，在征求一线检察官意见基础上，进一步予以修改完善，作为案例研究备选素材。

（三）类案专题研讨

案例分析报告成熟后，案例研究中心邀请相关专家学者、实务界人员对报告成果进行专题研讨，阐述检察机关的处理意见、理由依据、办案思路等，形成会议研讨综述，送发相关司法机关征求意见建议。具体研讨程序如下：一是研究成果汇报。首先，负责案例撰写的检察官从检察机关法律监督视角，就类案办理中遇到的相关疑难问题予以阐释，提出办理观点与解决思路，并重点就法律依据、理论依据、实践依据予以阐述。二是“检审侦律”大家谈。邀请与案件办理有关的其他单位特别是审判、公安、律师等参与研讨，多维度、多角度展开对话交流，努力达成司法共识。三是专家理论支持。注重发挥“外脑”作用，引入专家学者提供专业指导和理论支持，一方面，强化专家对案例要旨与指导意义提炼、决定理由分析等的指导；另一方面，针对实践中不同机关、控辩双方之间的争议焦点予以评析解答，确保案例在法律适用与政策把握上符合立法精神、权威正确，对检察工作具有引领和示范作用，确保案件处理意见能够经得起推敲、站得住脚、获得普遍认可。

(四)研究成果应用

根据研讨情况,整理形成案件办理的综述意见,作为类案研究最终成果,提交检察委员会审议。检委会讨论通过后,将研究综述并附录具体案例、相关法条司法解释,整理汇编,一并发至全市各级检察机关,供检察官在办案中参照,赋予研究成果制度拘束力。具体应用方式如下:一是经检委会研究确定为办案规则。经过检委会决议,类案研究综述确定的案件办理理念、方法及适用规范,从个人意见和学术观点上升为案件办理规则,具有了相应效力,供一线办案检察官参照适用。例如,天津市人民检察院"醉驾型危险驾驶犯罪"类案研讨会综述,[①]有效地统一了全市检察机关诉讼标准不一的问题,特别解决了相对不诉适用不规范问题,促进了司法公正与权威,提升了司法公信力。二是作为检察普法产品。"一个案例胜过一沓文件"。案例是反映检察机关办案理念、质量和效果的"晴雨表",也是社情民意的"风向标",通过以案释法、以案普法,强化法治教育、弘扬法治精神,增强公民尊法学法守法用法意识,可以为人民群众提供明确的行为指引和稳定的司法预期,从而消除社会潜在的法律风险与矛盾纠纷。天津市人民检察院根据案例研究中心类案研究成果,围绕社会治理大局,先后发布了涉民营企业司法保护典型案例、"扫黑除恶"典型案例、非法集资类典型案例,取得了良好效果。三是服务上级决策。案例研究中心就类案研究成果、办案规则与典型案例及时整理上报上级机关,供制定司法解释、指导性案例参考选用。中心成立以来,向最高人民检察院报送高质量备选案例 56 个,其中 13 例入选典型案例,为最高人民检察院案例工作提供了优质案源,成为案例来源的"发动机",形成了检察官办案与案例研究的良性发展,提升司法办案质效。

① 参见华炫宁:《以案例研究为导向 构建类案研究机制》,载《人民检察》2019 年第 21 期。

计算法学视角下的类案检索机制构建

应秀良　郑淑淼

内容摘要：类案检索机制是人工智能和大数据在司法领域的一项重要应用。类案检索机制的构建应当立足司法领域，以计算法学为方法论基础，将法学理论和方法融入算法之中，并成为算法构建的框架基础，实现法律数据与法学规范理论的深度融合。在厘清类案概念、类案判断标准和类案检索的范围和效力的基础上，利用大数据挖掘技术构建类案检索的技术路径，最后结合法官的价值判断以最终确定类案。

关 键 词：方法论　理论支撑　技术路径　价值判断

作者简介：应秀良，金华市中级人民法院审判委员会委员，中国法学会案例法学研究会理事。

郑淑淼，金华市中级人民法院研究室法官助理。

论　　纲：

一、类案检索的方法论基础：计算法学

二、类案检索的理论支撑：类案标准与范围

三、类案检索的技术路径：大数据挖掘

四、类案的实质性判断：法官价值判断

第四次技术革命以来,信息化、互联网、云计算、大数据和人工智能等科学技术飞速发展,新兴技术为司法现代化带来了全新的可能。“类案类判是当前法律大数据与人工智能在司法领域最为热门的一项实践尝试,司法实务部门对类案类判抱持强烈的需求与期待。”[①]类案类判既是法律人的不懈追求,也体现人民群众对司法公平正义的渴望。司法体制改革对类案裁判标准统一和法律适用统一的要求以及司法实践中案多人少矛盾的困境,使得一线员额法官迫切需要精准类案审判规则的智能辅助系统,通过人工智能和大数据实现类案类判。

一、类案检索的方法论基础:计算法学

人工智能和大数据的出现,颠覆了传统社会科学研究方法,也引发了技术哲学领域的讨论热潮。从认识论维度看,“大量研究显示,有关大数据经验主义和数据科学的认识论正在改变着生命科学、物理和工程学等领域的研究方法,也在不断促进社会科学领域理论范式和研究方法的重构”[②]。从方法论维度看,“问题的研究主体从哲学界转向了社会科学各专门领域,不同于哲学界关注大数据能否找到因果性这种问题,实际的社会科学研究中是采用工具主义或多元主义的视角,综合运用大数据方法以及传统统计方法进行因果推论”[③]。“方法论问题不仅是对理论的抽象,更关系到现行制度的生成路径,也是评价实践合理性的标尺”[④],类案检索的方法论问题是类案检索机制的顶层问题和方向性问题。

(一)摒弃:大数据通用研究方法

大数据分析强调让数据说话,“跳过事先的假定,直接通过数据挖掘技术分析繁复冗长、丰富多样、动态及时的具有高度不确定性、高相关性的数据集来探寻数据背后的模式和相互关联”[⑤]。基于这一数据驱动的分析框架,“当前法律大数据在方法论上表现为‘通用技术+

---

① 左卫民:《如何通过人工智能实现类案类判》,载《中国法律评论》2018 年第 2 期。

② 贺光烨:《喧嚣之后的沉思——关于社会科学大数据研究的认识论与方法论的讨论》,载《华东理工大学学报》(社会科学版)2018 年第 2 期。

③ 田凯今:《基于大数据的社会科学因果性问题研究》,哈尔滨工业大学 2019 年硕士学位论文,第 5 页。

④ 卫跃宁、袁博:《守定与融合:大数据时代的刑事诉讼方法论省思》,载《浙江工商大学学报》2019 年第 1 期。

⑤ 贺光烨:《喧嚣之后的沉思——关于社会科学大数据研究的认识论与方法论的讨论》,载《华东理工大学学报》(社会科学版)2018 年第 2 期。

通用流程'的特点,即在数据获取、预处理、训练、解释、应用等数据挖掘常见步骤中使用通用的大数据分析技术、算法与模型"①。类案检索,是通过语义识别技术将法律语言转换成计算机语言,然后计算机通过算法和编程找出所需类案的过程,其实质上是一个从庞大的数据中挖掘未知的、隐含的及有价值的信息的过程。目前,类案检索系统研发者基本采取文本相似度的计算方法进行系统开发,而文本相似度计算是以自然语言处理技术(NLP)的运用为前提的。通用的文本相似度计算方法,按照各词项重要性相同的原则或以"词频—逆文本词频模型"(TF-IDF)等词项权重计算公式来计算裁判文书的相似度,由于缺乏司法场景的针对性,导致在准确性上、检索精度上与司法实践需求差距较大。TF-IDF 作为一种用于信息检索与数据挖掘的常用加权技术,根据词汇出现的频率来计算文本之间的相似度,但是出现次数多的词并不代表这个词的重要性高。类案识别的重要要素包括关键事实、法律关系、争议焦点、法律适用等,忽略了不同的词汇在类案识别中的重要程度不同这一关键问题,就不能识别出真正的类案。同理,未针对类案判断标准进行设计的通用自然语言处理技术(NLP)在识别和理解案件情节时容易出现错误与遗漏。"技术开发没有真正掌握司法活动的'痛点',而是将人工智能技术往司法活动上'硬套',其结果是在一些外围式、边缘式活动中有所成效,但在主要、核心的活动中却难以配套。"②忽视现有研究理论和分析语境的"通用技术 + 通用流程"的方法论不可取,导致对数据背后的把控能力减小,虚假相关的概率提高,脱离了法学理论支撑的类案检索系统与一线需求也并不相适应。

(二)采纳:计算法学研究方法

与大数据经验主义主张的理论终结论完全相反,事实上,大数据与不同学科知识体系的融合已经成为趋势,理论在专业化领域大数据分析中扮演的角色越来越重要。法学作为一门社会学科,尝试以适度开放的研究格局,与人工智能、数据挖掘等最新技术的对接可以为某些基础性和前沿性的问题提供新的研究方法和视角,该种跨学科研究不但可以完善法律制度和法学基础理论,更可以为司法实践提供更具可行性的解决策略。计算法学是法学实证研究进入大数据时代的产物,"计算法学在方法论上的基本立场深嵌于法学与社会科学的交叉研究范式中"③,"在兼容并蓄地吸纳了定性与定量、规范与实证方法的基础上,呈现出

---

① 王禄生:《论法律大数据"领域理论"的构建》,载《中国法学》2020 年第 2 期。

② 左卫民:《从通用化走向专门化:反思中国司法人工智能的运用》,载《法学论坛》2020 年第 2 期。

③ 于晓虹:《计算法学:展开维度、发展趋向与视域前瞻》,载《现代法学》2020 年第 1 期。

复合式、开放型构造,突出了混合研究方法的重要意义"①。计算法学是以问题为导向、以法律数据为轴心展开的数据密集型科学研究,将法学理论和方法融入算法之中,并成为算法构建的框架基础,实现了法律数据与法学规范理论的深度融合。计算法学将数据分析结果用于指导司法实践,例如类案检索与推送、裁判预测、质效评估等领域,实现法学研究与法律应用的转型升级,相较于大数据通用技术更凸显出了其领域优势,也突出了混合研究方法的重要意义。有学者从认识论角度提出,"构建结合法律领域特殊性的'轻量级理论驱动'法律大数据认识论,将法学理论结构映射到法律大数据的知识发现过程中"②,也强调了理论对大数据知识发现进行指导的重要性。具体到类案检索领域,在计算法学方法论指导下,首先要通过法学理论研究界定类案的概念以及判断标准,并以此作为算法构建的框架基础,以自然语言处理技术等为主要技术手段,进行大数据挖掘和分析。

二、类案检索的理论支撑:类案标准与范围

在类案检索机制的构建过程中,明确"类案"的判断标准和类案检索的范围、效力是基础和关键,也是实现类案类判、法律适用统一的核心所在。"在大多数成文法国家,似乎判例检索系统最初的建设都受到成文法体制和法律教义学的限制和约束"③,我国类案检索系统构建同样如此。因此,类案检索系统的构建应当以成文法体系作为基本依据,以类案的相关规范性文件和法学理论作为领域理论支撑。

(一)类案概念

《最高人民法院关于统一法律适用加强类案检索的指导意见(试行)》(以下简称《指导意见(试行)》)规定,类案是指与待决案件在基本事实、争议焦点、法律适用问题等方面具有相似性,且已经人民法院裁判生效的案件。换言之,类案与待决案件之间强调的是一种类似的关系,故类案的判断是一个多维度和多因素综合相似性程度判断的过程,这里的类案的"类"有类似的意思。从法律方法维度看,类案的"类"可以理解为类比。类比推理是一种传

① 于晓虹、王翔:《大数据时代计算法学兴起及其深层问题阐释》,载《理论探索》2019 年第 3 期。

② 王禄生:《论法律大数据"领域理论"的构建》,载《中国法学》2020 年第 2 期。

③ 李鑫:《从信息化呈现到体系性构建:判例运用视角下判例检索系统的建设与发展》,载《四川大学学报》(哲学社会科学版)2020 年第 2 期。

统的法律推理方法，借助已知事物和未知事物之间的相似性展开推理，“从一个已知的特殊推断一个未知的特殊，待认知的对象不是在其内部及其本身，而是在关系中被获知的，是一种从在一些特征上一致向在未知的其他特征上一致的推理”①。可见，类案判断的过程就是类比推理的过程，通过一定的要素和标准比对发现待决案件和已决案件之间存在相似性，已决所依据的裁判规则同样适用于未决案件，法律推理方法在司法实践中得到充分展现。

（二）类案判断标准

从法律规定层面看，《指导意见（试行）》将基本事实、争议焦点、法律适用等作为类案判断的要素。从法学理论层看，类案判断标准存在多种观点，包括主要事实特征说、关键事实说、法律关系说以及综合分析说等。类案的判断标准的确定需要从法学理论和法官的实际需求出发，将关键事实、具体法律关系及争议焦点作为基本识别要素。

（1）在关键事实层面，判断待决案件与已决案件基本事实类似性，重点要考虑关键事实是否具有类似性，“如果关键事实不同，通常就可以说这两个案件具有不同之处”②。关键事实处于法律推理的中枢位置，是法律关系和争议焦点梳理和归纳的基础。

（2）在具体法律关系层面，首先待决案件与已决案件的案由应当相同，案由相同是类案判断的首要步骤，可以有效排除大部分不相关信息；其次要判断具体的法律关系类型的类似性，例如侵权责任和违约责任竞和时，两者的审理思路和裁判结果就存在差异。法律关系越具体且越相似，则案件之间的类似性就越高。

（3）在争议焦点层面，某个小前提的类型化要素在与大前提的类型化要素比对时存在争议，且该争议足以影响案件的裁判结果，待决案件与已决案件存在相同的争议焦点，才能具有推导出适用统一裁判标准的合理性，它使类案识别更具针对性。

（4）在类案判断过程中，以案件关键事实为起点，通过法律关系、争议焦点等方面的类比来最终确定案件之间的相似性。根据案件难易程度的不同，法官想要获取的类案的相似程度可能不同，对于简单案件，类案可能是情节高度匹配，而对于复杂案件，类案则可能是法律关系或者争议焦点相同。

（三）类案检索的范围及效力

《指导意见（试行）》第4条规定，类案检索的范围一般包括：（1）最高人民法院发布的指

---

① 转引自刘鲁吉：《类比推理在法律人工智能中的应用——以指导性案例智能推送系统的构建为例》，载《法律方法》2019年第2期。

② 王利明：《我国案例指导制度若干问题研究》，载《法学》2012年第1期。

导性案例;(2)最高人民法院发布的典型案例及裁判生效的案件;(3)本省(自治区、直辖市)高级人民法院发布的参考性案例及裁判生效的案件;(4)上一级人民法院及本院裁判生效的案件。《指导意见(试行)》还规定,除指导性案例以外,优先检索近三年的案例或者案件;已经在前一顺位中检索到类案的,可以不再进行检索。可见,类案检索机制以"类案"为前提,并且不同的"类案"在类案参考中的适用效力也有所不同。当类案检索出多个类似案件的情况下,要结合类案检索结果的准确性和类案效力等级进行判断。从我国司法案例体系构成来看,内容和形式都十分丰富,不同类型的案例其依据、功能及效力等方面都有所不同。"指导性案例所确定的裁判要点,对人民法院审理类似案件具有指导作用,即在根据法律、有关司法解释作出裁判的同时,各级人民法院在审判类似案件时应当参照,并可以作为裁判文书的说理依据加以引用。"[①]除此之外,根据案例的发布主体和发布程序的不同,通过技术手段明确类案检索系统中案例按照级别进行分类:最高人民法院各业务部门编发的审判指导与参考类案例;各高级人民法院的参考性案例;《公报》案例、《人民法院案例选》案例、中国审判案例要览等研讨性案例;各级法院普通的生效裁判文书。

三、类案检索的技术路径:大数据挖掘

最高人民法院院长周强在2017年召开的司法案例工作推进会上提出:"目前,司法案例工作与信息革命技术发展严重不适应,我们要主动拥抱新一轮科技革命,充分利用信息化建设成果,坚持问题导向,借助大数据、云计算与人工智能技术来推进司法案例工作,使案例数据高效利用,尽快实现建成国际一流司法案例数据库的目标。"[②]类案检索是将复杂的法律术语转化成计算机语言,计算机通过算法检索出案例数据的过程,故应当以计算法学为方法论基础,以类案相关法学理论为指导,以大数据挖掘为技术路径构建国际一流的类案检索系统。

(一)类案检索的技术逻辑

人工智能和大数据驱动下的类案检索系统具有其特有的思维逻辑。类案检索依托的技

① 石磊:《人民法院司法案例体系与类型》,载《法律适用》(司法案例)2018年第6期。

② 周强:《构建司法案例研究大格局　开创司法案例应用新局面》,载《法律适用》(司法案例)2017年第16期。

术或者说“算法”,是一系列指令的组合,更是解决问题和作出决策的策略机制。如前所述,类案检索系统需要以类案相关规定和理论为指导,建立包含关键事实、具体法律关系及争议焦点相似性识别要素的算法框架,实现在系统检索规则下满足法官类案检索需求的人机互动与配合。“类案推送系统依托自然语言处理贯穿三大主干技术完成平台搭建,即通过模板匹配、规则标注完成类案要素提取,借助知识图谱构建类案知识树和知识库,利用随机森林完成类案匹配。”[①]就类案检索系统而言,其构建的技术逻辑应当围绕“知识图谱构建→类案要素提取→类案模型构建→类案检索与推荐”四个步骤展开。

(1)知识图谱构建,即设定好案件图谱的相关结构为系统提供背景知识,注重法律专家的介入,用符号形式描述关键事实、法律关系和争议焦点等类案识别要素,以法律逻辑展开形成系统的图谱结构。构建路径应“依照不同法律关系、不同事实要件进行层级解构,将案件事实以法律知识解构为不同层级要素,并进行分层级的‘标签化’标注,逐步形成要素化、结构化的法律知识图谱大数据”[②]。

(2)类案要素提取,系统根据知识图谱对类案识别要素进行提取,将裁判文书中的关键信息进行提取和整合,通过自然语言处理技术将复杂的案件内容形成结构化标签,这实际上是一个大数据挖掘的过程。

(3)类案模型构建,将提取要素嵌入目标结构中,发现其中的裁判逻辑,完成各相似性要素的有机重构,为类案多方位画像,在训练数据集上进行模型训练,构建泛化能力好的类案模型。

(4)类案检索与推荐,根据类案模型对目标案件进行立体化相似性匹配,对目标案件的属性标签与数据库中所有案例的属性标签进行比对,针对用户个性化要求和相似度算法进行智能排序和推送。

(二)类案检索的技术理想

人工智能、机器学习、大数据挖掘等最新技术与类案检索机制的融合,已成为提高司法效率,实现类案类判和统一裁判尺度的一个重要途径。“人工智能中的大数据挖掘技术所具备的智能化、高速化以及可处理海量信息等特征,可有效弥补相似性比对过程中识别关键事实以及比对待决案件与指导性案例关键事实之间的相同点和不同点的烦琐、复杂和可变性

---

① 李世宇:《司法大数据在类案裁判中的应用探索》,载《郑州大学学报》(哲学社会科学版)2018 年第 1 期。

② 高翔:《人工智能民事司法应用的法律知识图谱构建——以要件事实型民事裁判论为基础》,载《法制与社会发展》2018 年第 6 期。

等固有局限性。”①在理想情况下，类案检索系统是能够实现规则判断、模型分类和类案精准推送，解决类案检索的根本性、基础性和前沿性问题。

(1)类案检索结果高精度。“司法实践表明，法官的裁判与个人的预测总是不一致，建立精准类案审判规则的智能辅助系统是司法模型追求的终极目标。”②类案检索系统中算法的输入及其编程直接决定类案检索结果的精确度，投入更强大的技术研发力量，运用神经网络、深度学习、大数据挖掘等技术，突破人工智能自动识别关键事实、法律关系以及争议焦点的技术障碍，完成案例库精细化标签标注、检索意图的精确解析，最终达到类案的精准识别与推送。此外，一套完备和精细的类案检索系统的构筑需要法律和计算机领域的专业人士的充分参与，复合型人才的培育为高精度的类案检索系统起着根本作用。

(2)类案检索程序透明化。大数据算法存在困境，存在算法歧视、算法共谋、算法操控等算法“黑箱”问题，“算法的隐蔽性与司法裁判的透明性之间的矛盾，在提倡公平公正公开的今天，该问题需要在我国的司法体制改革中受到重视”③。类案检索系统要尽量以有效的案例数据库为基础，通过设计精准的算法规则，实现模型的可解释性、代码的可重复验证性，努力克服算法隐蔽性的局限。

(3)类案检索报告生成自动化。《最高人民法院关于深化人民法院司法体制综合配套改革的意见》明确要求“完善类案和新类型案件强制检索报告工作机制”，《指导意见(试行)》规定对应当进行类案检索的案件应当制作类案检索说明或报告。在类案检索系统检索出类案后，就检索主体、时间、平台、方法、结果、类案裁判要点以及待决案件争议焦点等内容自动形成基础性检索报告，不但可以规范类案检索报告，而且可以大大提高司法效率。

四、类案的实质性判断：法官价值判断

完成类案的检索并不意味着问题已经解决，在存在多个类案且类案的判决结果各不相同的情况下，法官需要结合类案检索结果的准确性和类案效力等级进行二次识别，然后进行综合价值判断。“案件相似性的判断过程，就是按照一定的价值标准，在若干具有关联性的

① 侯晓燕：《人工智能在参照援引指导性案例中的应用及其完善研究》，载《西部法学评论》2019 年第 3 期。

② 张妮、徐静村：《计算法学：法律与人工智能的交叉研究》，载《现代法学》2019 年第 6 期。

③ 朱晖、刘晨晖：《大数据在同案审判中的应用研究》，载《法律适用》2019 年第 20 期。

指导性案例中选择、确定与待决案件事实最为接近、裁判效果最好的一个,从而参照试用。"[①]

(一)人工智能的辅助地位

从认识论上说,"人工智能无论再怎么类似于人,它始终是认识主体所要把握的客体对象,从属于认识主体"[②]。可见,人类对于人工智能具有绝对控制的地位,人工智能处于辅助地位。此外,"法律作为社会现象,与自然现象存在显著差异,法律判断不是单纯的是非判断,技术理性无法等同于司法智慧,法院裁决也绝非机器算法和应用软件可以替代"[③]。司法自身的亲历性、经验性、程序性和判断性等特性决定了人工智能不可能取代法官。尽管如此,"人工智能法律系统强大的记忆和检索功能,可以弥补人类智能的某些局限性,帮助律师和法官从事相对简单的法律检索工作,从而极大地解放律师和法官的脑力劳动,使其能够集中精力从事更加复杂的法律推理活动"[④]。也就是说,司法领域的人工智能不能取代法官办案,但是可以为法官办案提供帮助,人工智能属于辅助法官办案的工具。人工智能的辅助地位也可以从一些司法智能系统的命名中看出,例如上海"206"刑事案件智能辅助办案系统、广州法院的智审辅助量刑裁决系统、海南法院的量刑规范化智能辅助系统等。类案检索是人工智能辅助司法实践的活动之一,与法官独立思考的过程不同,类案检索是计算机基于算法和编程进行类案检索和推送的过程。"类案检索本质上是为法官配备最佳智能'办案助手',而绝不是替代法官办案,更不是让机器人'独立办案'。"[⑤]类案检索是类案的形式判断,法官在确定案件相似性的过程中,只能将系统推送的案例作为一种法律分析的框架和模式,而具体的适用与否需要回归到具体的个案中对所涉及关键事实情节以及相似度的权重进行综合判断。

(二)法官的价值判断

类案的判断是一个技术理性和法官价值判断相结合进行综合判断的过程,法官必须在价值判断的指引下来实现自己的任务,类案的判断上必须重视法官的自由裁量权。"类案检索嵌入价值判断的解决路径是在闭合性逻辑原理基础上,通过个案与类案的偏离预警,运用综合价值判断以摆脱法律形式逻辑禁锢,从而实现个案公平正义的过程。"[⑥]完全一样的案件

---

① 于同志:《论指导性案例的参照适用》,载《人民司法》2013 年第 7 期。
② 王治东:《人工智能研究路径的四重哲学维度》,载《南京社会科学》2019 年第 9 期。
③ 李世宇:《司法大数据在类案裁判中的应用探索》,载《郑州大学学报》(哲学社会科学版)2018 年第 1 期。
④ 张保生:《人工智能法律系统的法理学思考》,载《法学评论》2001 年第 5 期。
⑤ 谷昌豪、高新峰:《类案检索如何发挥作用》,载《人民法院报》2019 年 1 月 17 日,第 2 版。
⑥ 谷昌豪、高新峰:《类案检索如何发挥作用》,载《人民法院报》2019 年 1 月 17 日,第 2 版。

几乎是不存在的,每个案件都涉及很多因素并存在差异。司法裁判是一个综合运用法律知识、经验法则、裁判技巧以及法律解释的过程,以法律为准绳并不意味着机械地适用法律而不进行任何价值判断。而人工智能仅仅是对人类智慧的功能性模仿,无法模拟人的社会意识,不能对人的自我意识和感情发生机制等进行编码和计算,因此也不具备人类的社会性和实践性,价值判断的主体还是人类本身。类案的判断最终依靠法官的价值判断。一方面,在弱人工智能时代,类案检索系统尚不能达到法官的理想需求,还需法官进行类案二次识别和判断。如前所述,类案判断标准包括关键事实、具体法律关系及争议焦点,如果两个案件只在一个或两个方面相似,就需要法官进一步判断才能最终确定是否为实质类案。另一方面,经系统推送和法官筛查出的类案,还是需要依靠法官价值判断对类案予以援引、摒弃、改变抑或推翻。按照我国案例指导制度,类案为指导性案例的,应当参照作出裁判,但与新的法律、行政法规、司法解释相冲突或者为新的指导性案例所取代的除外。类案属于指导性案例之外的其他案例的,可以作为作出裁判的参考。类案之间存在法律适用不一致的,可以综合法院层级、裁判时间、是否经审判委员会讨论等因素,通过法律适用分歧解决机制予以解决。可见,类案类判目标的实现必须依靠法官的价值判断,案件所涉及的法律问题、案件的关键事实情节以及案件之间的相似程度等都需要法官的自由裁量。法官在价值判断过程中,“通过灵活运用目的解释和制度解释的方法,根据审判实践分析具体概念与其他术语,具体法律与其他法律之间的关系决定了‘法官的价值判断’目的和意义”①。

结　语

法律的生命在于经验,类案检索机制的构建一方面能够提升司法效率,另一方面也有利于统一法律适用和裁判尺度。人工智能作为技术物是为人类所用,所以类案检索机制的构建应以法官的实际需求为出发点。此外,司法有其特有的领域特征,类案检索机制作为“人工智能 + 司法”的产物,其构建逻辑应当以类案相关理论指导算法和编程。基于目前初级人工智能的实际情况以及法官自由裁量的领域特性,类案检索系统尚不能独当一面,还需要法官结合类案检索结果综合进行价值判断。

① 谷昌豪、高新峰:《类案检索程序透明化的实现路径》,载《人民法院报》2019 年 11 月 24 日,第 2 版。

从中级法院层面解决民商事案件类案不同判的思考

马　荣　龙海阳　徐天骅

内容摘要： 类案不同判问题由来已久，尤其是在民商事领域，在司法体制改革后，类案不同判问题愈发严峻，其产生的原因较多，给法院带来了十分不利的影响。要正确认识类案不同判问题，遵循“法律是一种地方性知识”的规律，结合我国行政区划设置和地区差异的国情，权衡各级法院统一其辖区裁判尺度的利弊，从中级人民法院层面来统一其辖区的裁判尺度最具有合理性和可行性。本文在借鉴域外的先进经验和总结国内探索实践的基础上，提出解决民商事案件类案不同判的路径为：建立完善具有实际约束力的案例制度是重点；找准类案不同判的重灾区——常规案件的类案不同判，大力解决常规案件的类案不同判问题；加强对法官的选拔和指导监督是关键，有效利用和强化主审法官会议和审判委员会会议在统一裁判尺度、裁判规则的生产上的功能；建立疑难问题汇总和上传的硬件软件条件，促进上下级法院法官信息的有效沟通。

关 键 词： 表现类型　原因分析　经验探索

作者简介： 马荣，江苏省常州市中级人民法院院长。
龙海阳，江苏省常州市中级人民法院法官。
徐天骅，江苏省常州市中级人民法院研究室主任。

论　　纲： **一、表现类型及后果**

二、原因分析

三、域外经验及国内探索

四、中级法院的优势和障碍

五、中级法院的解决路径

一、表现类型及后果①

民商事案件,由于社会实践日新月异,相关的法律规定存在过于原则、模糊甚至空白的情况,人民群众在生产生活中的行为与法律的"假定"时有不符,导致法官在裁判案件时徘徊于严守法律和照顾实践之间,"回旋"空间巨大,产生了大量的类案不同判的案件。

(一)表现类型(见表1)

表1 民商事案件类案不同判的表现类型

环节	表现类型
从裁判结果上看	有的全部支持诉请
	有的部分支持诉请,有的不予支持诉请
从裁判形式上看	有的裁定驳回诉讼请求
	有的裁定驳回起诉
从裁判环节上看	有的事实认定不同
	有的法律适用不同
从裁判理由看	有的适用相同的法律依据
	有的适用不同的法律依据
从审理程序上看	有的中止审理,有的甚至长期中止审理
	有的径行裁判
从审级上看	二审法院发改率高,说明不同审级的法院在相当程度上达到了"同案不同判"
	例如,J省C市中级人民法院民二庭2019年审结的二审案件中,发改率为23.33%
从改判案件类型看	二审发改的案件绝大部分是常规案件
	例如,J省C市中级人民法院民二庭2019年审结的二审发改的案件中,常规案件占100%

为了进一步对不同审级法院之间裁判尺度不一致的案件进行分析,笔者统计了J省C市中级人民法院民二庭2019年审结的二审的发改案件。J省C市中级人民法院民二庭2019年审结

① 此处的"类案",与社会上一般老百姓理解的"同案"大体相似,主要指案件的主要事实基本相同或相似。不少人对同案不同判的"同案"持怀疑态度,甚至认为这是一个伪命题。笔者认为,前述怀疑态度并非没有意义,它至少对相似的案件的不同点进行了着重强调,有利于分析案件的细节上的差异,从而为案件更加精细化的处理提供了可能。但是,不能因为相似案件之间存在差异而一概否认同案不同判的这种重大的不当。更不能以"很难找到两片完全相同的树叶,因此,也很难找到两个完全相同的案件"来阻止和否认从理论和实践上解决同案不同判的努力。

的二审案件改判、发回重审、裁定驳回起诉、撤销变更原裁定的情况见图1,发改率为23.33%。

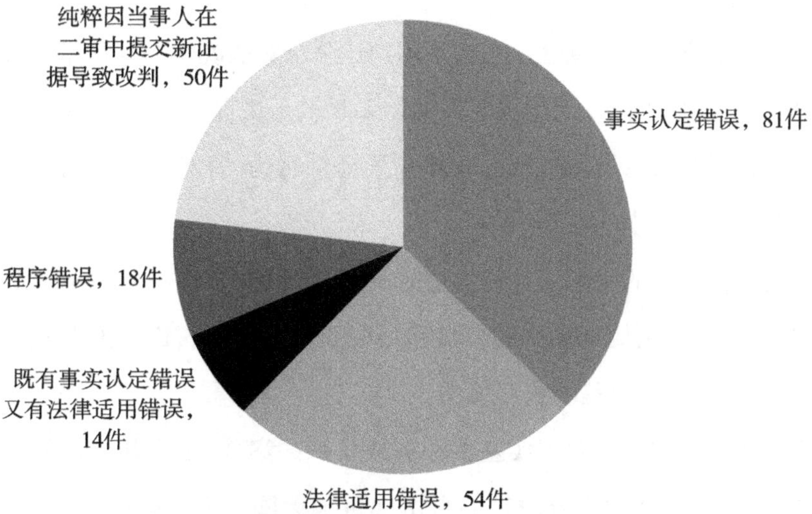

图1 J省C市中级人民法院民二庭2019年二审案件改判、发回重审、裁定驳回起诉、撤销变更原裁定情况分布

从发改案件的类型来看,发改的案件没有新类型的案件,全部都是民商事审判实践中最为普通的常规案件。详细情况见图2。

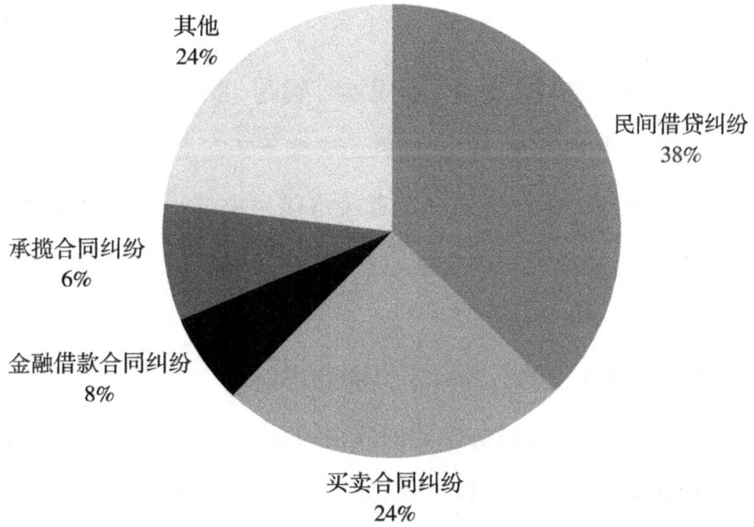

图2 J省C市中级人民法院民二庭2019年发改案件案由分布

(二)后果

1.违背司法平等和司法公正。美国著名的法官、法学理论家卡多佐曾指出:“如果在昨天的一个案件中,判决不利于作为被告的我,那么今天我是原告,我就会期待对本案的判决相同。如果不同,我的胸中就会升起一种愤怒和不公的感觉。”[①]如果相同的案件却得到不同的判决,对当事人不公平是不言而喻的。

2. 伤害司法权威性和可预见性。类案不同判让公众对法院作为纠纷解决和利益分配机构的权威感到怀疑,他们可能认为造成这样的结果要么是法官愚蠢,要么是法官受到了不正当的影响。同时,法律的预见性被贬损,法律指导公众行为的作用将会大打折扣,公众行为时将会产生不安全感和侥幸的心理。

3. 造成法官在裁判时的困惑。一种类型的案件,如果各种不同的裁判结果大量出现,对未结案件的法官来说,不论他是多么的善良和尽职,在裁判之前,面对五花八门的类似的已决案件,他内心的茫然和纠结是不言而喻的。

4. 易于滋生司法腐败。主要事实基本相同或相似的案件,法官却可以做出差异很大的甚至是完全相反的裁判,这意味着法官的自由裁量被无限放大,其审判权无法得到有效制约,个别法官可能利用法律推理和解释为合理的论证手段,进行权力的寻租。

二、原因分析

(一)法律条文本身存在模糊、僵化、不周延等问题

我国是成文法国家。成文法的一大缺点就是法律条文本身存在模糊、僵化、不周延等特点。几乎每一条一般性规则都存在规则制定者所不能预见的很多合理的例外,同时条文也无法避免含糊歧义之处。[②] 由于民商事领域包罗万象,且瞬息万变,法律的模糊和僵化、不周延等缺点表现得更加明显。

(二)人民群众在实施自己的行为时未遵照法律规定

我国社会正处于大变革中,人民群众的旧风俗习惯未能完全消除,因此,就出现了一定程度上的法律规定与社会行为的二元性。这种二元性对法官司法带来了极大的挑战,法官经常需要在严格按照法律规定还是照顾到社会实际之间进行困难的选择,这也是导致同案不同判的重要原因。

---

① [美]本杰明·卡多佐:《司法过程的性质》,苏力译,商务印书馆2005年版,第18页。

② 参见[英]托马斯·霍布斯:《哲学家和英格兰法律家的对话》,姚中秋译,上海三联书店2006年版,第93页。

(三)中国幅员广阔,不同地域之间差异巨大

作为世界上国土面积最大的几个国家之一,我国各地区之间的人群的收入、生活方式和习惯、宗教信仰、文化程度、民族、语言等都存在巨大的差异。由于法律是一种地方性知识,这些差异必然反映到案件中来,导致类案的裁判结果存在实质的差异。

(四)法官队伍对案件的认知水平不一致

我国法官队伍在法官员额制改革之后,法官由21万人减少到12万人。[①] 在这些人中,除了科班毕业的法学人士外,还有不少没有接受过系统的法学专业教育,有的是军转干部,有的是社会招干,有的是速录员转任。由于法官队伍的成分复杂,年龄跨度大,导致对案件的认知水平差异很大,造成类似案件的裁判不一致。

(五)通过司法解释不能有效解决司法不统一问题

司法解释本身具有抽象性。正如有学者所言:我国基本上是把立法技术应用于司法解释的制定,因为中国的司法解释事实上就是细化的立法。[②] 司法解释也与法律一样具有模糊、僵化、不周延等缺陷,用细化的立法来解决立法本身的缺点,自然难以完全胜任。

(六)目前的指导案例制度作用不明显

最高人民法院于2010年出台了《关于案例指导工作的规定》,随后又发布了指导性案例。问题在于:一是从本源来看,被"册封"为指导性案例的裁判本身就属于不同于以往的"异案异判"或者"同案异判"。[③] 二是指导案例的选取不是针对最普遍的案件,因此,对日常的绝大多数案件无适用价值。三是指导案例的数量过少,覆盖面太窄。四是我国没有赋予指导案例明确的约束力,导致指导案例的指导刚性不足。

(七)审判程序及司法政策和上级法院观点的调整

我国的民商事审判程序多年来一直处于变革中,原有的诉讼模式因法官认知框架的更新而发生转型,新的司法行为样式又未定型或取得共识,使得不同地区法院或同一法院不同时期的程序操作出现风格迥异的特点。[④] 此外,司法政策的不断调整,上级法院甚至上级法

---

① 参见《2017年上半年全国法院审判执行工作态势新闻发布会》,载中国法院网,https://www.chinacourt.org/chat/chat/2017/07/id/47913.shtml,2020年8月28日访问。

② 参见季卫东:《法治秩序的建构》,中国政法大学出版社1999年版,第138页。

③ 参见冯文生、平宏民:《"同案异判"问题研究》,载舒国滢编:《法学方法论论丛》(第1卷),中国法制出版社2012年版,第288-289页。

④ 参见陈杭平:《论"同案不同判"的产生与识别》,载《当代法学》2012年第5期。

院具有影响力的法官对某一问题的看法的改变，都是造成类案不同判的原因。[①]

三、域外经验及国内探索

"历史研究表明，各国关于法律缺陷弥补的主要方式经历了从侧重立法到侧重司法的转变。"[②]而司法中应对法律缺陷的主要的有效方式之一就是案例指导制度。案例指导制度对法律的发展是一个循序渐进、不断完善的过程，正如美国侵权行为法一样，逐渐建立起一套完整的规则，并且其修正和完善的过程生生不息。[③] 在英美法系国家，判例制度在司法中占据重要地位，并发展成为"遵循先例"的司法原则和准则。[④] 虽然大陆法系国家没有实行名义上的判例法，但是为解决成文法的不足以及裁判尺度不统一问题，大陆法系国家法官审理案件非常注意以判例作为参考，下级法院法官自觉遵循最高法院确立的判例。

英美法系国家实行的是判例法制度，在这种制度下，"遵循先例"不仅是整个判例制度的本质特征，而且是判例法的核心要义。法官在审理案件时应考虑上级法院甚至本法院在以前类似案件判决中所包含的法律原则或规则。例如，英国的做法是：上议院的判决对其他一切法院均有约束力；上诉法院的判决，对除上议院以外的所有法院，包括上诉法院本身，均有约束力；高等法院的一个法官的判决，下级法院必须遵从，但对该法院其他法官或刑事法官并无绝对的约束力，而仅有重要的说服力。[⑤] 美国的判例制度相对于英国来说较为柔性。美国联邦最高法院和几个州的最高法院在发现自己先前的一些决定明显有错时，可以灵活选择而不必遵从。当然，美国最高法院并不会轻易推翻自己之前的判决。正如美国大法官卡多佐所说："我认为，遵循先例应当成为规则，而不是一种例外"。[⑥]

新加坡高等法院1965年至1985年在其裁决的527件案件中，共引用1383件先例，其中923件为英国法院的判例，仅329件为新加坡当地的判例。对英国判例法的高度依赖，至今

---

① 比如，2018年1月18日起施行的《最高人民法院关于审理涉及夫妻债务纠纷案件适用法律有关问题的解释》，对之前施行的《最高人民法院关于适用〈中华人民共和国婚姻法〉若干问题的解释（二）》关于夫妻债务的规定作了重大调整，导致大量的案件在《最高人民法院关于审理涉及夫妻债务纠纷案件适用法律有关问题的解释》施行前后裁判尺度不一致。

② 刘作翔、徐景和：《案例指导制度的理论基础》，载《法学研究》2006年第3期。

③ 参见刘作翔、徐景和：《案例指导制度的理论基础》，载《法学研究》2006年第3期。

④ 参见何能高：《加强案例指导，统一法律适用》，载《人民法院报》2019年10月28日，第2版。

⑤ 参见沈宗灵：《比较法研究》，北京大学出版社1998年版，第249－250页。

⑥ ［美］本杰明·卡多佐：《司法过程的性质》，苏力译，商务印书馆1997年版，第90页。

仍是新加坡司法的重要特征。①

德国宪法法院的判决具有成文法的效力，一经在联邦法律公报上公布，即可以约束全体公民。联邦法院以外的其他的法院的判例并不具有正式的约束力，但事实上，联邦法院公布的判决中引用有关判例的占了绝大多数，下级法院绝少不遵循上级法院的判例，律师和其他部门对法院的判例的重视程度也很高。②

法国的侵权法大部分都是依赖判例建立起来的，这些判例被法官们自觉遵守。此外，在契约法和劳动法领域，法国的判例也具有非常重要的作用，指导着司法实践。

江苏是我国最早建立参阅案例制度的省份。《江苏省高级人民法院关于加强案例指导工作的实施意见》(苏高法审委〔2012〕15 号)规定，“参考性案例，是指《最高人民法院公报》发布的典型案例和《江苏省高级人民法院公报》(以下简称省法院公报)发布的在全省具有指导和参考价值的案例。经《最高人民法院公报》和省法院公报发布的案例，全省各级法院在审理类似案件时可以参考”。

北京市高级人民法院应用“北京法院审判信息管理系统”，通过对案件实体的比对分析，防止“同案不同判”。针对审判工作中容易出现的“同案不同立”，该院还开发了立案监控平台，有效实现法院不同立案窗口、不同法院之间统一立案标准。③

广东省东莞市第一人民法院的案例引证制度④，其《案例引证指南(试行)》规定：引证案例不作为本案裁判的直接依据，但法官可以在本案判决理由部分引述上述案例所确定的裁判规则；当事人在诉讼过程中以引证案例及其裁判规则支持自己诉求的，法官应当审查并在裁判文书对是否参照说明理由。法官对类似案件或相同法律问题作出不同于最高人民法院公布的指导性案例、广东省高级人民法院公布的参考性案例及其裁判规则的裁判时，应提出书面意见，报请本院审判委员会讨论。

山东省高级人民法院 2007 年 11 月制定下发了《关于完善案例指导制度的规定》，决定在全省法院建立三级双轨制案例选报网络，并创办全省发布指导性案例的权威载体，为全省法官裁判案件提供交流和借鉴的平台。⑤

---

① 参见王涛：《新加坡法院如何遵循先例》，载《人民法院报》2018 年 6 月 15 日，第 8 版。

② 参见最高人民法院课题组：《关于德国判例考察情况的报告》，载《人民司法》2006 年第 7 期。

③ 参见林莹：《对民事纠纷“同案不同判”的法律监督》，载《中国检察官》2014 年第 4 期。

④ 该制度出台于 2013 年 8 月 20 日，仅适用于知识产权案件。参见祝建军：《避免“同案不同判”的积极尝试》，载《电子知识产权》2015 年第 8 期。

⑤ 参见袁成本、张志华：《规范自由裁量权防止同案不同判》，载《法制日报》2007 年 11 月 7 日，第 5 版。

四、中级法院的优势和障碍

(一)优势

1. 法律是一种地方性知识,决定了裁判尺度统一的区域性

我国幅员辽阔,不同地区之间的差异极大。在考虑司法裁判统一性的时候,应特别注意统一的范围的设定,即应从区域性统一的角度来考虑司法裁判尺度统一的问题。从目前我国的行政区划来看,如果以区县为一个区域,一是面积太小、人口太少,二是目前我国最低的司法单元就是区县法院,从宏观上讲无须再统一。而如果以一个省为单位来考虑司法裁判尺度统一问题,由于有的省太大,比如江苏省,省内各地区的经济发展水平和文化风俗差异巨大,统一裁判尺度的障碍太多。而我国的地级市的行政区划设置,一般沿袭了几百年甚至几千年,区域内形成了文化、风俗习惯和经济发展程度等高度一致。因此,从这个角度来看,以地级市为单位,解决类案不同判问题既具合理性,又具可操作性。①

2. 我国两审终审的审级设置有利于中级法院解决类案不同判问题

目前,中级法院作为一定程度上的二审法院②,面对辖区基层法院审理案件中的上诉案件,一方面,可以通过二审的生效裁判来保持对辖区裁判尺度统一的把握;另一方面,也可以通过二审法院的已决案件来保持对一审法院法官待决案件裁判的制约。此外,不少基层法院还存在如果一审法院法官的案件被二审法院发改,那么一审法院将对一审承办法官进行一定程度的追责。这种做法虽然在对法官职业保障上的合理性方面值得商榷,但也反映了作为二审法院的中级法院对辖区法院的制约,有利于统一裁判尺度。这一优势是主要作为监督法院的高级法院和主要作为规则制定法院的最高人民法院所不具备的。

---

① 当然,我国还涉及正省级的城市,比如北京、上海等直辖市,但是它们辖区的最高级别的法院已经是高院了。由于本质上直辖市仍是一个城市,只是体量比普通地级市大而已。可以在整个城市行政区域的范围内统一裁判尺度,也可以在所在直辖市的高级法院的辖区内统一裁判尺度。虽然我国也存在副省级城市,但是目前我国副省级城市辖区内设置的最高级别的法院仍然是中级法院,故与本文讨论的地级市及中级法院并无实质上的区别。

② 在2015年4月30日发布的《最高人民法院关于调整高级人民法院和中级人民法院管辖第一审民商事案件标准的通知》(法发〔2015〕7号)后,大部分中级法院受理的一审案件已经很少,以受理和审理二审案件为主。虽然高级法院更主要以受理和审理二审案件为主,但高级法院的二审案件数量比起中级法院来说毕竟不多。

3. 同城或者同域的法院之间更便于沟通与交流

一般来说,中级法院与其所辖的基层法院在同一个地级市行政区划内,特别是城区的基层法院,与其上级的中级法院在同一个城市。这种地理属性使得中级法院与其所辖基层法院之间的交流更为方便和快捷。特别是在目前的中国社会,仍然处于人情向法治过渡的阶段,两级法院的法官在同一个地区,联系就更为广泛和紧密。通过中级法院的法官与其所辖基层法院的法官之间的便捷沟通,有利于案件的裁判尺度的统一。

4. 中级法院在掌握基层法院案件情况上更具优势

在2015年民商事案件的级别管辖调整后,中级法院基本上成为二审法院,高级法院基本上成了监督法院。从二审和监督的功能来看,二审程序是对一审程序的未生效案件因当事人上诉而进行复查,而再审程序是对已经生效的案件可能存在错误的情况下才启动的复查程序。因此,二审案件的数量应该远比再审案件多;相应地,同一个基层法院上诉到中级法院的二审案件要远比高级法院启动再审的案件数量多。同理,最高人民法院的案件数量更少。由于中级法院掌握了更多的案件情况,因此,由其来统一所辖区域的裁判尺度才更有基础。

(二)障碍

1. 判例制度在我国从理论到实践均未建立

严格来讲,在司法制度中,我国当然不存在判例法。从理论上看,我国的判例法理论研究也未有效开展。至于最高人民法院以及一些其他层级的法院在指导性案例和典型案例上所作的一些工作,是否可以算作判例的一些探索还存在争议。因此,我国的判例制度,从理论到实践均处于早期的探索阶段。如前文所述,判例在统一裁判尺度上具有巨大的不可替代的作用,但是,我国目前对判例制度的一些基本的问题,比如判例制度要不要着力建立、判例对未决案件的效力、判例的来源、判例的有效期间等问题均未能形成相对统一的认识,这必然制约中级法院在统一所辖区域裁判尺度时手段的选取和使用。

2. 我国对中级法院的定位仍是案件审理而不是案件监督指导

目前我国的中级法院定位基本上为二审法院,承担了极为繁重的案件审理任务。虽然中级法院也具有对基层法院进行监督指导的功能,但是,目前中级法院除了以输出二审裁判的方式对一审法院进行监督指导外,既没有其他合适的手段也没有足够的精力去监督指导一审法院。对中级法院作为案件审理法院的定位,特别是近些年来越来越严峻的案多人少矛盾,导致中级法院在统一裁判尺度上的功能弱化。

3. 中级法院对辖区法院缺乏有约束力的裁判规则制定权

在我国目前的四级法院体系中，从制度规定上看，只有最高人民法院有权制定有约束力的裁判规则，其他各级法院均无权制定对其辖区法院具有约束力的裁判规则。虽然省级法院多以会议纪要的方式解决辖区法院裁判尺度不统一问题，但会议纪要毕竟不具有约束力，也不能在裁判文书中直接援引。而中级法院目前连统一裁判尺度的会议纪要都很少出台，导致在裁判规则的树立和宣示方面，中级法院明显处于极为克制和低调的状态。[①] 无权出台有约束力的裁判规则，在相当程度上制约了中级法院统一辖区法院裁判尺度的功能的发挥。

4. 目前中级法院仅能对基层法院的上诉案件和再审案件发挥审级监督指导作用

由于中级法院并不享有制定具有约束力的裁判规则的权力，因此，中级法院目前直接对基层法院发生作用的是上诉审和再审。但是，上诉审和再审毕竟只涉及基层法院的小部分案件，而基层法院大多数案件并不处于中级法院的审级监督和再审监督之下，故中级法院对这些无法触及的案件的裁判尺度难以有效地施加影响。

五、中级法院的解决路径

(一)厘清对类案不同判的认识

第一，类案同判是一个相对概念。只能限定在一定的地区和一定的时期之内。“同案不同判”作为一种法现象具有地域属性和科层属性，与司法权横向和纵向的配置密切相关。对特定法院而言，无管辖权即无司法不统一。各级法院只负责维护本辖区内的司法统一，避免类案不同判。如果属于法官的裁量权限范围，即立法允许法官在一定限度内作出自由选择，只要没有达到“滥用”(abuse of discretion)程度，无须强求裁判结果的一致。[②] 第二，类案同判不仅仅是一个司法问题，它还是一个立法、执法、司法、守法等全方位的问题。仅靠司法是难以彻底解决类案不同判的问题的。第三，类案不同判本身也具有一定的价值。在一定限度内存在观点的对立或出入，不仅是司法审判这一人类裁断性活动的固有特征，也是法律体系不故步自封、面向未来不断与时俱进的张力所在。

---

① 当然，中级法院在裁判规则的树立和宣示方面的低调，与其本身的案件压力太大和其自身定位也有极大的关系。

② 参见陈杭平：《论“同案不同判”的产生与识别》，载《当代法学》2012年第5期。

（二）找准类案不同判的“重灾区”发力

目前，类案不同判的重灾区，从案件类型来看，是常规案件，而不是新类型案件或者疑难复杂案件。关于这一点，本文在分析类案不同判的表现形式时已经作了阐述。这说明我们在防范类案不同判时，不能仅把注意力放在新类型案件或者疑难复杂案件上，而应该把注意力主要用在常规的普通案件上。相对于疑难复杂案件的数量极少，社会影响也当然较小，绝大多数的常规案件的社会影响广泛而深远。疑难复杂案件要统一裁判尺度难在如何研究出一个合理的裁判规则，而常规案件裁判尺度的统一就不是确立裁判规则的问题，而是要尽量减少法官的随意性，在实践中，后者的难度要远远大于前者。

（三）建立完善中级法院的案例指导制度

关于中级法院建立案例指导制度，有两种方法：一是已经生效的裁判全部作为对未结案件有约束力的案例；二是从已经生效的裁判中挑选出一部分质量较好的作为对未结案件有约束力的案例。这两种方法各有利弊，为更好地实现案例指导的效果，可以考虑综合利用这两种方法。比如，可以挑选一部分质量较好的案件作为典型案例（供挑选的案例，必须是该领域的法律、司法解释、司法政策最后一次调整后的案例），供未结案件直接借鉴。同时，未结案件在裁判时必须对类似的其他生效案件进行检索。如果未结案件拟作出的裁判结果与典型案例或者多数生效裁判不一致，需要详细说明裁判理由并交所在部门主审法官会议研究，必要时提交所在法院审判委员会进行讨论。当然，建立方便法官检索案例的硬件和软件系统也相当重要。

（四）及时对法律规定存在空白和模糊的领域出台审判指引

两级法院的法官及时对法律规定存在空白和模糊的情况以及法律适用中的疑难问题进行汇总，由中级法院研究出台在全市范围内统一适用的指导意见，供全市法院参照执行。[①]中级法院的专业法官会议和审判委员会应主要承担此类裁判规则的研究和出台工作。

（五）吸纳当事人和律师、法学专家对类案不同判进行监督

为了防止案件的裁判出现类案不同判而对自己不利，当事人可以主动搜集本地区的生效裁判并提交给未结案件的承办法官，供其裁判参考。律师和法学专家利用自身掌握的专

---

① 学术界对中级法院和高级法院出台裁判指引问题存在争议，认为中级法院和高级法院无权出台类似于司法解释的规范文件。笔者认为，面对司法实践中的新情况新问题和常规案件出现的类案不同判问题，如果中级法院和高级法院不出台相关指引，而是将相关裁判规则的“制定权”完全交由主审法官明显不妥。因此，这也是笔者主张中级法院和高级法院面对司法实践，应当更加主动承担起统一所辖区域的裁判尺度的理由。

业知识和技能，对生效裁判进行研究，更有利于发现生效判决的不足，从而为以后的案件裁判提供参考。此外，纳入公众监督视野的案例或者判例，才能更大程度地约束个别法官的恣意行为。

（六）大力提升法官的司法能力，促进廉洁司法

在进行员额法官选拔时，严把司法能力关，将不具有系统的法学专业知识、审判经验不足、作风和办事习惯不公正的人坚决挡在员额之外。同时，加强对法官素质和履职表现的动态考核，将侥幸入额但不具备法官履职能力要求的人员及时清理出法官队伍。在防止法官利益固化被收买的同时，相对固定法官审理的案件类型，至少保证法官对所审理的案件是熟悉的。定期举行全市法院法官交流会，统一本地区的裁判尺度。加大对法官的违法审判以及贪腐的追究力度，斩断常规案件恣意乱判的幕后黑手。

（七）充分发挥专业法官会议和审判委员会类案同判的功能

对司法界争议比较大的案件、合议庭内观点分歧大的案件、即将作出的裁判与类似的已决案件明显不一致的案件应交主审法官会议讨论。如果不接受主审法官会议的多数意见的，应提交审判委员会讨论。此外，由于中级法院与基层法院的审判部门设置并不对应，还应加强不同审判部门之间的裁判尺度协调。由中级法院审判委员会讨论决定作出的裁判，在法律、司法解释和司法政策未改变的情况下，对全市法院的类似未结案件具有约束力。如拟作出与中级法院审判委员会决定的案件有实质差异的裁判，需由所在法院审判委员会讨论决定。

类案类判机制在基层法院的实现路径研究

牛传勇　李文君

内容摘要：类案类判机制在新一轮司法改革背景下提出，受到理论界的热切关注，并对其概念、价值等进行了充分的探讨。但随着2020年《最高人民法院关于统一法律适用加强类案检索的指导意见（试行）》的出台，如何将该理论付诸实践成为现实问题与必然要求。本文以在我国法院系统具有独特地位的基层法院为视角，以类案类判机制设立本身所要实现的三个向度为导向，分析基层法院相关制度角色定位的偏离与功能的错位所带来的困境。在此基础上，以健全与完善现有制度，为类案类判机制提供内外部环境为目标，推进类案类判机制在基层法院的切实开展。这既是推行该机制的关键点，更是全国范围内展开类案类判的重要抓手。

关 键 词：向度分析　运行困境　路径构想

作者简介：牛传勇，青岛大学法学院副教授、硕士生导师，山东省首批审判业务专家。
李文君，青岛大学法学院法学硕士研究生。

论　　纲：

一、类案类判机制的实现向度分析

二、基层法院视野下对类案类判机制实现路径再认识

三、类案类判机制在基层法院的运行困境

四、类案类判机制在基层法院的实现路径构想

在司法大数据与人工智能技术掀起的司法“技术革命”时代,依赖于此实现的类案类判已被视作贴近一线法官需要的重大尝试。类案类判意味着相同或者类似案件能够得到相同或类似判决结果,其机制在于通过被动或主动的方式,为法官寻找与正处理案件相似甚至相同的案件,以达到启发、拓展法官判决思路,帮助正确裁判之目的。① 它具有多方位价值,在学术话语层面引起热切讨论,而《最高人民法院关于统一法律适用加强类案检索的指导意见(试行)》(以下简称《意见》)的出台以及在实践中建立“类案智能推送系统”等尝试,意味着该机制的理论付诸实践成为现实问题与必然要求。在实践中,究竟以何种路径实现,如何把握类案类判机制等问题需要充分的探讨与清晰的答案。鉴于此,笔者考察中国基层法院以及相关制度的运行,并在此基础上对其展开理论阐释与实践分析。

一、类案类判机制的实现向度分析

新一轮司法改革中,从以往的案例指导机制开始提倡覆盖面更强的类案类判机制,该项制度之所以能够得到我国司法实践的青睐,是其兼具多重价值共同作用的结果。回归类案类判机制建立初衷,必须牢牢把握该制度所追求的一对基础价值以及在运行中所要平衡的两对关系,避免其在运行中被异化,方可从顶层改革顺畅延伸至具体机制转型,以此夯实此领域改革的基石。

(一)类案类判机制要实现的最终价值——司法公正

司法公正是司法权运行追求的至高价值目标,它不仅体现在个案公正,还表现为类案统一,使相似案件得到相似的判决结果。正如博登海默提出:“相同的人和相同的情形必须得到相同的或至少是相似的待遇,只要这些人和这些情形按照普遍的正义标准在事实上是相同或相似的。”②类案类判机制能够为刑事诉讼活动提供示范,具有维护司法活动之公正的价值。当然,随着诉讼成为人们解决纠纷的主要途径,案多人少的情况较为普遍,司法效率成为运行中需要考虑的问题。因此,类案类判机制在保障公正的同时应该兼顾效率,通过司法大数据与人工智能技术实现类案检索、推送以及裁判标准化,减轻法官以往根据司法解释、

---

① 参见左卫民:《如何通过人工智能实现类案类判》,载《中国法律评论》2018 年第 2 期。

② [美]E. 博登海默:《法理学:法律哲学与法律方法》,邓正来译,中国政法大学出版社 2016 年版,第 309 页。

指导案例进行类比提取运用的工作压力,缩短案件审理周期,减少案例适用的难度,提高诉讼效率。

(二)类案类判机制追求的现实价值——规范审判权,统一法律适用

在司法责任制改革背景下,伴随着审判权力下沉至一线法官,法官的自主裁判权和自由裁量权进一步增强,地方法院生效判决存在法律适用的分歧,例如,“流浪汉被撞赔偿案”[①],“职业打假人知假打假案”[②]等案件将“同案如何同判”再次置于观众视野。如何平衡审判权的规范行使与自由裁量,如何把握好类案的共性与特性成为需要考虑的现实问题。

1. 在规范审判权的同时防止沦为禁锢法官的枷锁

与法官自由裁判具有很大主观性不同,类案类判机制运作所依靠的科技能够客观处理法律条文、案例特征与数据库检索到的基础案例特征之间的类似性,并进行理性倾向性推理和判断。[③] 这样一来,为法官在审理具体案件时提供相似案件所适用的相同规则,使其不得不参考已有类似案件,不能随意裁量。通过外在约束机制,固定裁判标准,规范司法行为,有效防止法官的个人成见、感情等因素左右判决。尽管类案类判固然能在很大程度上排除行使自由裁量权方面的主观任意性,但也会排除个案中所体现的特殊情况,带有地方特色的人情之类的思辨性要素。[④] 这就要求法官需要注重类案裁判中的思考方式、思维进路,不被他人类案的裁判结果所禁锢以追求法律的正确适用。所以在类案类判机制的实现路径中,应当认识到它也仅是作为规范审判权运行的一个辅助工具,并不能代替法官在审判时的主体地位,更不能因此削弱法官司法的能动性。

2. 在追求法律统一适用的同时防止适用机械化

类案类判机制能够在动态运作中,通过司法大数据的精准算法所确立“类案指导”中

---

① 2005年4月2日,南京市高淳区一流浪汉被某司机撞倒在机动车道内,而迎面驶来的机动车从其身上碾压而过,致其当场死亡。后江苏高淳民政局提起诉讼,江苏高淳人民法院一审法院最终作出裁决:因原告主体不适格,驳回民政局起诉;2005年11月12日,湖北某司机因驾驶机动车在湖南某地将一流浪汉撞死,湖南临湘救助站代位提起诉讼,湖南临湘人民法院作出判决:被告向原告赔偿共计15.46万元。参见郭哲、张双英:《案例指导制度:法律统一适用的中国话语——以“同案不同判”契入》,载《西南民族大学学报》(人文社会科学版)2008年第12期。

② 2019年3月6日,青岛市中级人民法院作出的(2019)鲁02民终264号民事判决书认为,职业打假人属于消费者,并且认定知假买假行为为可获得10倍赔偿;同年12月31日,北京市第三中级人民法院作出的(2019)京03民终6905号民事判决书认为,职业打假人以索赔为目的进行的购买商品等活动,不应认定其属于消费者,要求赔偿10倍的请求不予认定。参见《统一裁判标准避免“同案不同判”》,载新华网,http://www.xinhuanet.com/,2020年9月15日访问。

③ See Jim Prentzas and Ioannis Hatzilygeroudis, *Categorizing Approuches Combining Rule-based and Case-based Reasoning*, ExpertSystems Vol. 24 No. 2007, pp. 97 -122.

④ 参见季卫东:《人工智能时代的司法权之变》,载《东方法学》2018年第1期。

"类案"的标准获得普遍的使用,将"类案"裁判标准统一化,[①]以此实现法律的统一适用。齐佩利乌斯指出,以同等对待原则为指导的类型比较可以使法律后果精确化,例如法官在民事司法中的确定精神损害赔偿(抚慰金)的自由裁量权,更能确立一个司法经验支撑的量化标准。[②] 类案类判机制将特定案件事实及其法律适用归入某个具体法律规范及如何适用的范畴,并将其典型化、类型化,该法律规范的意义得到框定,从而最大限度地保障法律统一适用的司法实践价值。当然,类案类判机制追求的法律统一适用并非意味着无差异的一致。"法律的内涵应在地方化的语境中去理解,一般性法律概念与具体性法律知识都存在地方化特征。"[③]我国幅员辽阔,区域差异明显,地方性特点要求法律适用时要与当地人共通观念和价值,脱离于此而作出的司法裁决可能面临"水土不服"的问题。因此,在追求法律统一适用时防止异化,不搞"一刀切",保障法律的正确适用、精准适用。

类案类判机制的设立,既可以避免毫无边界行使裁判权的不安全,也能避免限制裁量权可能遭遇的因相关制度无法协调运作而造成的理念与社会期待的反差。[④] 在这基础上也就能够最大限度地避免出现"同案不同判"的法律荒谬,同时能够把握好类案共同特征与案件独特性,让每一个人民群众在司法案件中都感受到公平正义。因此,类案类判机制的实现,应该从"保障法律的统一适用"与"规范审判权"两个现实问题为出发点,以实现公平正义为最终落脚点,平衡好"公正与效率""制约与能动""统一与独特"三对关系,在均衡发展的前提下追求实现效果的最大化,防止潜在问题的出现。

二、基层法院视野下对类案类判机制实现路径再认识

(一)基层法院之于类案类判机制的意义

在我国处于独特地位的基层法院是类案类判机制平衡三对关系的重要场所,基层法院之于类案类判机制具有特殊意义。

---

① 参见蒋惠岭:《司法大数据能为我们带来什么》,载《人民论坛》2017 年第 36 期。

② 参见[德]齐佩利乌斯:《法学方法论》,金振豹译,法律出版社 2009 年版,第 113 页。

③ 肖琳:《作为地方性知识的法律——读格尔兹的〈地方性知识〉》,载《西北民族研究》2007 年第 1 期。

④ 参见吴玲、殷蔚:《从模糊到规范:类案检索与裁判尺度的统一——以结构化案例要素识别规范的构建为解决契机》,载《司法体制综合配套改革与刑事审判问题研究——全国法院第 30 届学术讨论会获奖论文集(上)》,人民法院出版社 2019 年版,第 14 页。

1. 基层法院是实现法律统一适用的核心环节

基层法院原本就是绝大部分案件(大约达到89%[①])最主要的裁判者,与此相应的绝大部分法院工作人员包括法官也在基层。在实践中的多数一审案件并未启动二审程序或进入再审程序,基层法院的判决往往是这些巨大数量的案件如何适用法律的结果,其自然就成了案件能够类案类判最重要的场所。在基层法院中实现类案类判机制可以获得在区域完成类案类判机制的运行,将全国大部分案件的审理纳入机制中,换一句话讲,在基层法院实现了类案类判机制,也就实现了我国大部分案件的类案类判。

2. 基层法院案件独特性有益于预防适用僵化

现代性法律基本上是以城市文明为主导的,使得在适用法律方面往往与基层社区通行的风俗民情、传统观念、道德直觉等相互冲突。基层法院案件当事人也更关注个案结果的实质合理性,他们只希望法院对纠纷的处理符合他们朴素的正义直觉和社区道德。因此,基层法院在法律适用的过程中,更加强调灵活性,裁判结果注重法律效果与社区观念的融合。从基层法院出发能够确保案件统一适用法律的同时与地域性特点紧密结合,避免该机制陷入大而化之的误区。

3. 基层法院是公众感知司法公正的重要场域

如前文所述,基层法院案件数量多,涉及的当事人群体数量庞大,且案件都要通过开庭、调解等方式与当事人直接接触,当事人在一审过程中直观地感受到司法是否公正,公众从每一个司法人员在每一个案件中的切入、回应和处理中建立起对基层法院司法的信任。同时,基层法院的当事人因多处于乡村、社区等熟人社会,信息传递快,容易习惯性地将案件进行比较。同一法院的不同部门在法律适用尺度上如存在差异,将直接影响公众对司法是否公正的判断。加之绝大多数案件的执行工作由基层法院完成,导致执行未果案件当事人会将所有矛头指向基层法院,进而直接引发公众对整个司法制度实现公正能力的质疑。因此类案类判机制在基层法院运行的效果将直接影响公众对司法公正的感知与评判。

(二)基层法院现有实现路径的局限

现有类案类判机制实施从最高人民法院与高级法院展开,如最高人民法院正式上线运行了“类案智能推送系统”,安徽省高级法院与安徽富驰信息技术有限公司合作开展了“类

---

① 参见《最高人民法院关于加强人民法院基层建设促进公正司法情况的报告》,载中国人大网,http://www.npc.gov.cn/,2020年9月15日访问。

案指引项目”，以期自上而下实现全国的类案类判。此种尝试都必须由外在程序辐射到下级法院，无法把握基层的真实情况，缺乏针对性。同时将类案类判机制做拆解，从实现类案检索的微观步骤入手，建立类案检索、推送等制度，实践中其作用十分有限。究其原因并非在于这一微观制度本身存在的技术障碍，而是未能分析基层法院的本土环境，实施时冥行盲索。因此，基层法院之于类案类判机制的重要作用与现有路径的缺陷，决定了新路径的尝试应聚焦在基层法院，由点到面、从下到上，从区域到全国实现类案类判机制；同时，将从微观角度关注类案检索、推送等制度的单一视角转向宏观角度关注与其相关制度关系的多方视角作为现阶段的突破口，通过健全完善基层法院的相关机制，减少类案类判机制在实践中的运行阻力，搭建运行良好的动态机制。

三、类案类判机制在基层法院的运行困境

类案类判机制在基层法院运行的困境，除了现阶段搭建“类案检索”等措施为主的实践路径具有的局限性外，很大部分阻力来自基层法院现有制度框架的不完善，即相关配套机制在实践中存在的一些问题阻碍了其类案类判功能的充分发挥。具体而言，包含法官团队建设不到位、专业法官会议运转不善与审判委员会功能偏废等。

（一）案多人少，对类案检索“有心无力”

基层法院承办着大多数案件，基层法院的法官人均办案数超过200件，一年除去法定节日、法定年休假、双休日等，剩余有效的工作日大约有240天，相当于法官每天要审结1个案子，[①]员额制改革后的基层司法本就面临着案多人少的巨大压力，而《意见》的出台又将承办法官作为类案识别、检索的主体，需要履行制作类案检索报告等义务，无疑增加了其工作任务，法官团队的组建对真正落实类案类判机制至关重要。

绝大多数基层法院在员额制改革后，未入额的法官中，除了35岁以下年轻人更多的是45岁以上的中老年法官。由于中老年法官往往拥有较高的职级和资历，如果他们不愿意做法官助理即使院领导也无能为力。[②] 因此各基层法院真正充当法官助理的几乎全是35周岁

---

① 参见《关于法官合理工作量的调研——以江门基层法院2018年工作量为切入点》，载广东法院网，http://www.gdcourts.gov.cn/，2020年9月13日访问。

② 参见刘斌：《从法官“离职”现象看法官员额制改革的制度逻辑》，载《法学》2015年第10期。

以下的年轻人。然而,单凭此很难做到法官与助理的1∶1配备,最终的处理办法是从社会招录聘用制书记员来协助法官,但也仅有极少数实现了法官、书记员1∶2配备。以青岛市市南区人民法院为例,刑事审判团队8名成员,民一、民二庭审判团队分别为9名和7名。在法官助理分配上,分别有2名、6名和1名,均未达到1∶1配备。刑事审判团队6名书记员,民一、民二庭分别有13名、9名书记员,入额法官与书记员比例勉强达到1∶1。[①] 法官团队未建立起来,法官在承担巨大审判工作的同时,还需要花费大量的时间进行类案的收集、识别与类比,在长篇的判决书之中准确提炼裁判思路等辅助性工作,难免会出现使用类案检索"有心无力"的状况。

(二)类案类判机制的专业"智囊团"缺位

专业法官会议是审判权运行机制改革中一项重要举措,其设立初衷就是应对法官判断不足等状况,属于为案件承办法官或合议庭提供参考性意见的审判业务咨询组织。[②] 司法实践中,专业法官会议可以实现对案件中的类案问题等进行研究讨论,甄别与研究类案并提出咨询意见供独任法官或合议庭参考;同时能够对所研讨类案进行总结提炼,研究裁判思路、裁判标准、审理要点,形成裁判指引和类案参考等。对类案研判和指导,针对审判实务内容形成办案指引等多元价值的设定与类案类判机制的内涵不谋而合,这也就意味着,如果说人工智能与大数据是作为类案类判机制运行的科学技术支持,那么专业法官会议无疑为其提供的是学识法律支持。但在基层法院中,"人不够""不专业"等问题使专业法官会议原本功能难以兑现,类案类判机制的推进也面临"智囊团"的缺位。

1. 员额法官少导致专业法官会议难以开展

《最高人民法院关于健全完善人民法院主审法官会议工作机制的指导意见(试行)》中将参会人员限定为员额法官,而基层法院司法资源缺乏,员额法官人数少,如山东省青岛市崂山区人民法院刑庭只有2名员额法官,广东省广州市增城区人民法院刑庭只有3名员额法官。[③] 几名法官根本无法召开体现集体智慧的会议,往往出现"没人开""开不起来"的情形。即使有些基层法院设立了专业法官会议,讨论以个案为主且缺乏专业性,难以对类案进

---

① 参见青岛市市南区人民法院:《内设机构》,载 http://qdsnqfy.sdcourt.gov.cn/,2020年9月15日访问。

② 2015年2月颁布的《最高人民法院关于全面深化人民法院改革的意见——人民法院第四个五年改革纲要(2014—2018)》将其职能定位为法官审理案件准确适用法律提供指导和参考,促进裁判规则及标准统一,总结审判经验,完善审判管理,研究典型案例。

③ 参见青岛市崂山区人民法院:《法院简介》,载 http://qdlsqfy.sdcourt.gov.cn/,2020年9月15日访问;广州市增城区人民法院:《法院简介》,载 http://www.zcfy.gov.cn/,2020年9月15日访问。

行研判和指导,无法产生"头脑风暴"效果。该制度总结审判工作经验、讨论类案裁量规则、研究确定典型案例等其他功能几乎没有兑现,无法对基层法院出现的复杂、疑难案件进行讨论,梳理"类案类判"的机制无法常态化运转。

2. 专业法官会议专业效果缩水

领导的监督管理仅仅是在统一法律适用、提供咨询意见、过滤审判委员会研讨案件功能定位基础上的附带功能,[①]智囊团才是最直接的功能,也是类案类判机制运行中启发、拓展法官判决思路,帮助正确裁判的必然要求。而在实践中,基层法院往往因人数限制,院庭领导仍是专业法官会议的主要成员,普通法官仅占次要部分,多数法院与审判委员会委员组成高度雷同。无论参会人员身份如何、发言顺序如何,院长、庭长在法官会议上提出的观点,对合议庭的影响总是存在的,专业法官会议的意见基本上代表了审判委员会的相当部分委员的意见,使专业法官会议由审判咨询组织实际上成为审判决策机构,根本无法实现其专业化的指导,其智囊团的作用被大大削弱。

(三)审判委员会对类案类判的指导功能"荒废"

审判委员会作为审判工作的一个集体领导机构对于实现类案类判机制具有宏观的指导功能。[②] 审判委员会通过讨论决定重大、疑难、复杂案件,对已决案件进行筛选、归纳与总结,发布类案参考案例,发挥其宏观审判指导职能,主动建立裁判尺度及审判思路不统一的甄别梳理机制,定期讨论研究形成类案裁判指引规范,促进类案类判。但是在实践中,基层法院对于微观个案的讨论挤占了审判委员会的大部分工作时间,某一基层法院每年讨论数量均在104件以上,[③]很多典型案件多次提交审判委员会进行讨论只落实到个案处理上,这也就使得总结审判工作经验、发布指导性案件等宏观职能存在感过低。审判委员会对个案的把控、宏观指导角色的移位就避免不了其成为凌驾于合议庭之上的审判组织,审判委员会如果成为实际的审理者,那就会造成"审者不判,判者不审"的现象。现行的审判委员会制度主体定位模糊,推动个案的微观职能过度膨胀,使其从案件指导者成为个案领导者,从审判监督者成了实质审判者,失去了其原本预设的宏观指导作用。

---

① 参见梁桂平:《论专业法官会议的功能定位及运行模式》,载《法律适用》2016年第8期。

② 《中华人民共和国人民法院组织法》第37条规定:"审判委员会履行下列职能:(一)总结审判工作经验;(二)讨论决定重大、疑难、复杂案件的法律适用;(三)讨论决定本院已经发生法律效力的判决、裁定、调解书是否应当再审;(四)讨论决定其他有关审判工作的重大问题。最高人民法院对属于审判工作中具体应用法律的问题进行解释,应当由审判委员会全体会议讨论通过;发布指导性案例,可以由审判委员会专业委员会会议讨论通过。"

③ 转引自张茹婷:《基层法院审委会职能实现的调研报告》,西南政法大学2019年硕士学位论文,第11页。

（四）审级制度的类案类判指导功能失灵

日本法学家松尾浩也曾指出："在刑事程序的各个阶段，从基本问题到派生问题都进行许多裁判，如果在审判的内容或程序上存在违法或者不当时，必须对此加以纠正，"①我国审级制度也是在这一基本诉讼理念下设立，其基本功能是纠错和纠偏，实现司法公正。上诉审法院通过对初审法院的裁判行使审判监督权，对下级法院的司法裁判进行再一次的检验，纠正其中的错误与不当，既促进司法公正，防范错案，同时又促进辖区内法院裁判的统一。可见，审级制度本身自带类案类判的实现功能。然而在我国目前的司法实践中，上下级法院的关系在行政化的思维和管理模式下出现了错位和异化。"下级法院成为上级法院的延伸，上级法院凌驾于下级法院之上，"②理论上讲的上下级法院之间仅存在诉讼程序内裁判审查监督关系在我国呈现的是将司法依赖性与独立性混同在一起的奇特混合体。③ 对下级法院和法官而言，一方面过度关心上级法院如何审理先前类似案件，不深究上级裁判的合法性与合理性，即便上级法院有些裁判思路和裁判标准不符合法律本意，往往也会"屈从"，限制了其司法的能动性和创造性，阻碍了有创新性的指导性案例的产生，进而影响了类案类判的全面实现。而对上级法院和上级法官来讲，因改发案件会直接影响下级法院和法官利益，即便没有下级法院的"强力沟通"，在法官熟人群体文化影响下其裁判时也可能会有所顾虑，陷入一种"能不改就不改"的尴尬境地，在很大程度上削减了上诉审的纠错和调整功能，背离了审级制度设计的初衷，进而影响了审级制度自带的类案类判功能实现。

四、类案类判机制在基层法院的实现路径构想

根据制度系统论的基本观点，对于各种制度安排的研究必须将其置于制度系统中，分析它们之间的相互联系和影响，只有这样才可能得出正确的结论。④ 类案类判机制的顺畅运行同样需要系统论观点。通过前文论述可以看出，类案类判机制在基层法院的运行困境大多来自系统环境支撑乏力，相关配套制度不完善，原设定的价值难以充分发挥。这意味着在当

---

① ［日］松尾浩也：《日本刑事诉讼法》（下），张凌译，中国人民大学出版社2005年版，第282页。

② 王亚新：《司法成本与司法效率——中国法院的财政保障与法官激励》，载《法学家》2010年第4期。

③ 参见杜豫苏：《上下级法院审判业务关系研究》，北京大学出版社2015年版，第153－155页。

④ 参见李志强：《制度系统论：系统科学在制度研究中的应用》，载《中国软科学》2003年第4期。

下现有制度框架中,其实现路径除了需要关注调整制度本身,从类案检索、指导等各个环节完善之外,更需要以系统论的观点改进和完善专业法官会议、审判委员会等一系列相关制度以发挥其自带的类案类判功能。只有以一种内外兼修的系统化思维,从完善基层法院审判权的整体运行制度出发,方能真正实现类案类判机制。

(一)强化司法队伍建设,确保类案类判机制正常运行

只有以具体可操作性的措施推动审判团队的实质化运作才有可能推动类案类判机制的运行,保障裁判公正,提高诉讼效率。法官作为团队的中心,最基本的是合理配置员额比例,建立员额的动态管理。综合域外国家法官数量和结构的情况,笔者发现各国家各级法院的法官数量保持相对固定的样态,即上下级法院法官数量是根据案件数量和人员的职能定位而决定的。[①] 因此,各地法院应以"以案定员"的标准,合理确定法院内部的配置比例。法官员额要向基层办案一线倾斜,越往基层,法官的员额比例越高;对于偏远地方人口少、案件少的基层法院,可结合实际确定法官员额。当然,入额法官缺少司法辅助人员易成"光杆司令",应及时跟进法官助理、书记员等司法辅助人员的配置,一个审判团队至少要按照1∶1∶1的比例配置人员,即一个法官至少要配备一个法官助理和一个书记员。另外,除了法官助理和书记员这两类核心司法辅助人员,司法辅助部门和司法行政部门的人员情况也要具体考量,进行适当弹性调整,以为法官服务为出发点,将法官从繁杂的行政性工作中解放出来,建立起审判队伍与司法行政部门以审判为中心的运转模式。

(二)建立片区专业法官会议,打造类案类判机制的"智囊团"

专业法官会议是审判业务法律研讨机制,不是审判管理监督机构,功能定位在统一法律适用、提供咨询意见、过滤审判委员会研讨案件上。[②] 基层法院对于专业法官会议的完善,应当从通过提供智力支持往法律指引的实现向度进行落实,根据当下基层法院员额法官少的现状,突破单一法院地域限制,创造性建立片区法官专业会议。

片区性的法官会议顾名思义,就是在具有相类似乡土文化基础的区域内,通过整合多方专业司法资源为案件承办法官或合议庭提供参考性意见的专业咨询组织。基层法院法官面对的乡土社会,不仅在经济发展上有很大差异,而且在统一法律规范外有一套扎根在当地人民心中的规则。这就要求法官在一个案件的审理中不仅要考虑法律的适用,还要与当地的

---

① 参见王亚明:《法官员额制的结构改革新探》,载《法治研究》2017年第5期。

② 参见骆锦勇:《厘清专业法官会议功能定位》,载《人民法院报》2018年6月8日,第2版。

风土人情紧密结合。具有地方特色的案件只有相同本土根基的法官通过组成专家群体,以专业法官会议的方式进行类案的整合、指导,从而形成具有地方特色的法律适用机制;同时,这一机制的形成反过来也可作用于整个区域内,实现区域化的类案类判。

片区性的法官会议在具有实际合理性的同时,也具有实现类案类判机制运作的现实必要性。它可以实现跨法院司法资源整合,直接解决单个基层法院法官因人员少而“开不了”“开的不专业”的窘境,在保证专业化的同时也有效降低行政化色彩。需要指出的是片区的范围需谨慎划定,太小达不到区域性的资源整合效果,太大地方情况相差太多,容易失去本土化的根基,实际操作也较为困难。适宜以邻近三到五个基层法院为单位,建立不同领域的专业法官库,灵活调配、组建参会人员队伍,保障员额法官的参会人数;同时可以借助互联网技术,召开突破时间、地域以及审级限制的网上会议,以充分发挥具有相同地域文化的法官群体们对本地区的类案研判与审判指引。此外片区法官会议的建立还能够将专家学者、人大代表、政协委员等其他相关专业人士纳入其中,使得智囊团功能最大化。片区专业法官会议还可以借鉴医院实行的“专家会诊”模式,学习会诊资源调配的层级性,将法官咨询也分为多个层次,法官可以据需要选择一个或几个咨询对象参与一个案件的讨论,也可以在一次咨询得不到解决的情况下,发起更大范围、更高层次的咨询申请,[①]充分实现专业法官会议的功能,建立起常态化的类案类判机制。

(三)审判委员会还权赋能,发挥在类案类判机制中的宏观指导作用

基层法院的审判委员会制度完善,要最大化地降低其过度关注微观个案所带来的消极结果,以新的模式进行技术层面的改进,使其与专业法官会议一同成为类案类判机制运行提供专业法律支持的组织。审判委员会所应承担的程序性义务最根本的目的和最直接的效果是通过宏观指引规范审判权运行,实现类案类判。因此需要弱化审判委员会讨论决定个案的职能,限缩案件的讨论范围,将未决案件还权给合议庭,改变法官的办案依赖心理,避免审判委员会涉足与案件事实相关的认定问题。同时充分发挥专业法官会议作为咨询机构的过滤作用,院长在审查上会案件时,认为无须提交审判委员会讨论决定的,可以由其先行讨论,改善因对案件把控不严导致上会案件泛滥的情况。在纠正过度个案化的同时从宏观入手,总结本院具有指导性和典型性的审判经验,主动建立裁判尺度及审判思路不统一的甄别梳

① 参见时芸芸:《从“专业法官会议”到“专业法官会诊”:论审判咨询机制之突破完善》,载《山东法官培训学院学报》2019 年第 1 期。

理机制,统一裁判尺度;同时定期讨论研究本辖区外的类案裁判,以调整本地区的审判思路。将审判委员会作为本院类案与外部类案互通的窗口,最大限度地保证将审判经验从哪里来、又于哪里去的实践问题予以落实,切实发挥审判决策、审判指导、审判管理和审判监督的功能作用,促进类案类判。

(四)上下级法院监督关系归位,在审级内部实现类案类判

1. 完善司法政务关系,保障司法独立

我国上下级法院关系中,审判工作与司法政务工作在同一体系内并行,法律所规定的监督关系在很大程度上被突破。相比较德国的司法行政部门虽然管理了大量的司法行政工作,但他们以保障司法独立为己任,司法行政部门不能也不敢干预司法独立,尤其是审判独立。司法行政部门的公务人员(包括检察官)与法官一道形成了法律职业共同体,保障了德国上下级法院之间的相对独立地位。[①] 德国这一做法值得我们借鉴,在我国司法改革中将审判工作与政务管理工作区分开,审判指导不依赖于命令或考核等行政性举措,使下级法院在案件审判中独立于上级法院。

2. 完善审判管理关系,保障审级独立

上级法院以监督为名加大审判管理来实现对下级法院的掌控是不符合审判管理权的辅助地位要求的,容易产生审判管理权重大越界之虞,导致审判管理在促进司法公正、保证类案类判方面产生副作用。因此上级法院需要界定审判权与审判管理权的边界,既要防止审判管理的"边缘化、空心化",又要防止审判管理不当侵入、干扰审判权。对于上下级法院间的审判管理,则更是强调下级法院应有的审级独立,上级法院不能直接对承办具体案件的法官、合议庭作出管理指令,也不能对下级法院施加强制性管理,尽可能通过间接的影响、指引,以及对下级法院审判工作的宏观评价等方式,促使下级法院及其审判组织实现类案类判。

3. 解开法官的枷锁,实现独立审判

上下级监督关系的回归是审级制度发挥功能的外在环境,而如何解开法官的枷锁,切断法官"畏手畏脚"的内在诱因则是根本保障。一方面,要改革法院和法官的绩效评估方式,量化指标从各法院的实际情况出发,尊重司法规律。另一方面,支持下级法院法官依法裁判与上级法院依法改判。在当前法官终身责任追究难以获得职业保证的情况下,下级法院法官

---

① 参见王公义主编:《中外司法体制比较研究》,法律出版社2013年版,第76页。

往往以减少上诉率、改判率而选择避险,根据上级法院意思作出判决,上级法院也出现"能不改就不改"的职业保护。基于此,必须有效提升法院和法官的履职保障,对法官的责任追究应以豁免为原则,追究为例外,尤其是所谓的错案追究,更应如此。[①] 以此真正解开法官身上不应有的"枷锁",让下级法院和法官有能力有条件担负起独立行使审判权的责任,上级法院与法官根据司法公正的理性进行案件的审查。这是发挥法官的能动性,保障法律统一适用的必要前提,也是实现上下级监督关系回归,实现纠正非类判内部功能的必然要求,更是实现类案类判机制的应有之义。

结　语

人工智能将与司法审判实现深度融合,类案检索终将成为司法审判的规定动作。我国基层法院是探索类案类判机制实现路径的关键点,应该在此现实空间中搭建静态规范与动态实践的沟通桥梁,在确保机制本身构建合理性、科学性的同时,以系统化的思维健全完善相关配套制度,以现有制度定位回归为前提,指引法官团队"智慧司法""协同合作",发掘现有制度能服务于类案类判机制的因素,改善机制运行的外部环境,以真正落实类案类判机制。

① 当下在我国还未建立起系统的法官豁免制度,但在国际条约(如1983年《司法独立世界宣言》、1998年《国际刑事法院规约》等)以及英国、德国等国家的司法实践中都有规定。我国也可以借鉴此思路,保障裁判者能独立审理案件,保障国家司法机关活动的正常进行,维护国家司法的权威,促进法治社会公平正义。

类案同判和法律统一适用机制研究

——以X中院2019年机动车交通事故责任纠纷案件发回、改判案件为例

张妍丽　高凤娜

内容摘要： 发回、改判率是体现法院审判质量和裁判尺度是否统一的重要指标。本文通过分析发回、改判案件原因，找出存在的问题，从指导学习、健全制度、优化配置、完善管理等几个方面着手，促进类案同判和统一裁判尺度。

关 键 词： 案件现状　成因分析　破解之道

作者简介： 张妍丽，河南省新乡市中级人民法院审判委员会委员，民一庭庭长，四级高级法官。

高凤娜，河南省新乡市中级人民法院民一庭员额法官，二级法官。

论　　纲： **一、发回、改判案件现状**

二、裁判尺度不统一的成因分析

三、破解之道

类似的案件事实,在不同法院之间甚至同一法院不同业务庭之间、不同合议庭之间,裁判结果可能大相径庭。“类案不同判”现象屡见不鲜,严重影响司法公信力。特别是在司法改革倡导去行政化,放权于法官与合议庭的背景下,统一裁判尺度,健全法律适用统一机制显得尤为迫切。本文旨在以 X 中级人民法院(以下简称 X 中院)2019 年审结的机动车交通事故责任纠纷案件中的发回、改判案件作为切入点,通过分析类型案件发回、改判原因,探析造成“类案不同判”的共性问题,有针对性地提出破解思路,以推动类案同判机制形成。

一、发回、改判案件现状

随着“道路交通事故纠纷网上数据一体化处理”改革工作的深入,部分机动车交通事故责任纠纷案件在诉前调解程序中解决,一定程度减轻了法院审判压力,但整体而言,机动车交通事故责任纠纷案件仍在民事案件中占据较大比重。以 X 中院为例,2017 年 X 中院共审结民事二审案件 5525 件,其中机动车交通事故责任纠纷案件 668 件,占比 12%;2018 年 X 中院共审结民事二审案件 6110 件,其中机动车交通事故责任纠纷案件 673 件,占比 11%;2019 年 X 中院共审结民事二审案件 5853 件,其中机动车交通事故责任纠纷案件 612 件,占比 10%。

2019 年 612 件机动车交通事故责任纠纷案件中,维持 379 件,占比 61.93%;调解 32 件,占比 5.23%;撤诉 35 件,占比 5.72%;按撤诉处理 19 件,占比 3.10%;改判 132 件,占比 21.57%;发回重审 13 件,占比 2.12%;撤销变更原裁定 2 件,占比 0.33%。

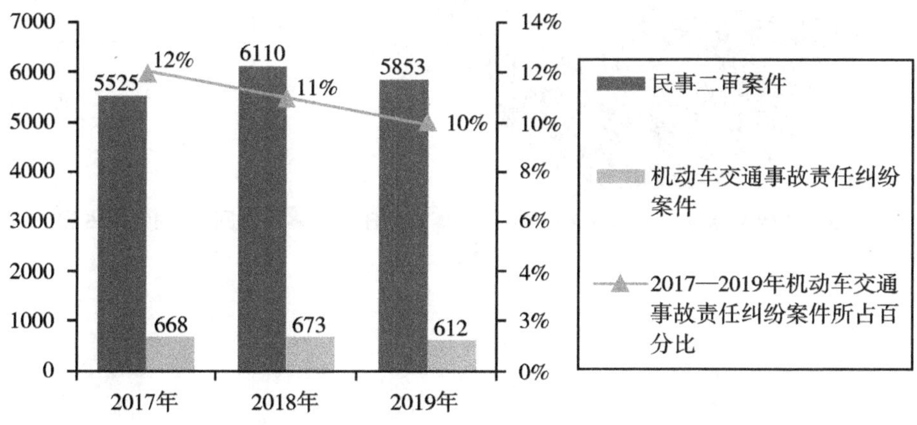

图 1　2017—2019 年 X 中院审结的机动车交通事故责任纠纷案件占民事二审案件比重

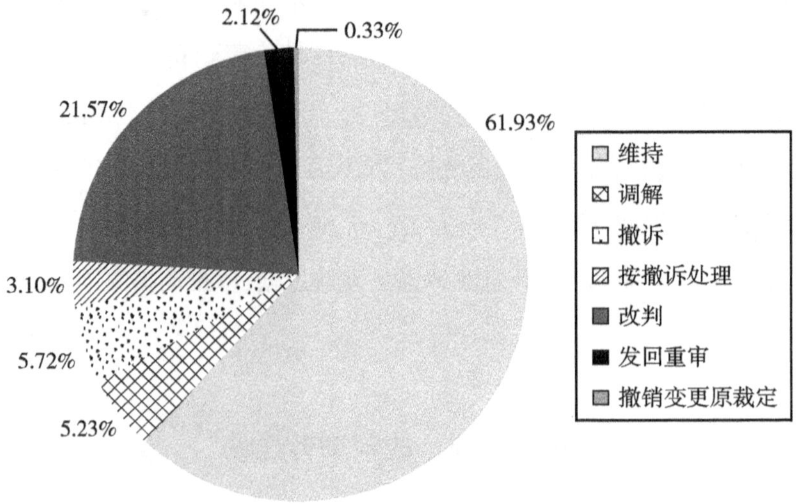

图2　2019年X中院审结的机动车交通事故责任纠纷案件裁判结果占比

发回、改判(含撤销变更原裁定)案件共147件,约占机动车交通事故责任纠纷案件总数的24%,除未经实际判决的调解、撤诉(含按撤诉)案件,发回、改判(含撤销变更原裁定)案件占比约28%,比例不可谓不重,但意味着28%的案件上下级法院认识不一致、裁判不统一。

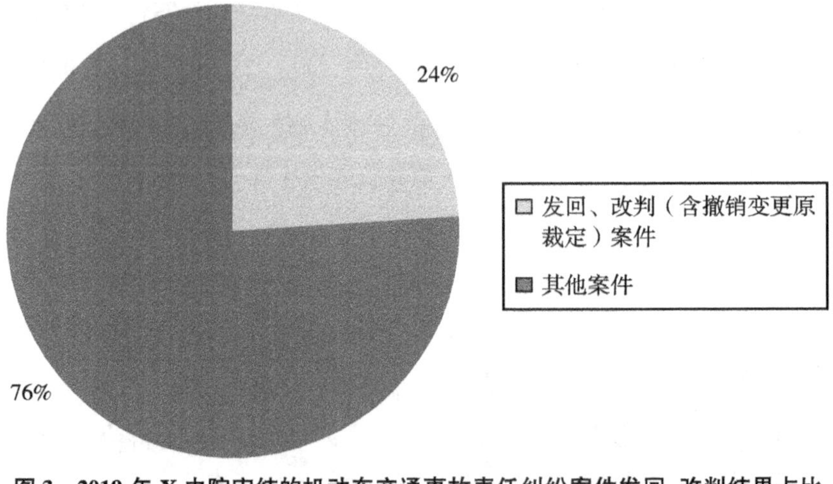

图3　2019年X中院审结的机动车交通事故责任纠纷案件发回、改判结果占比

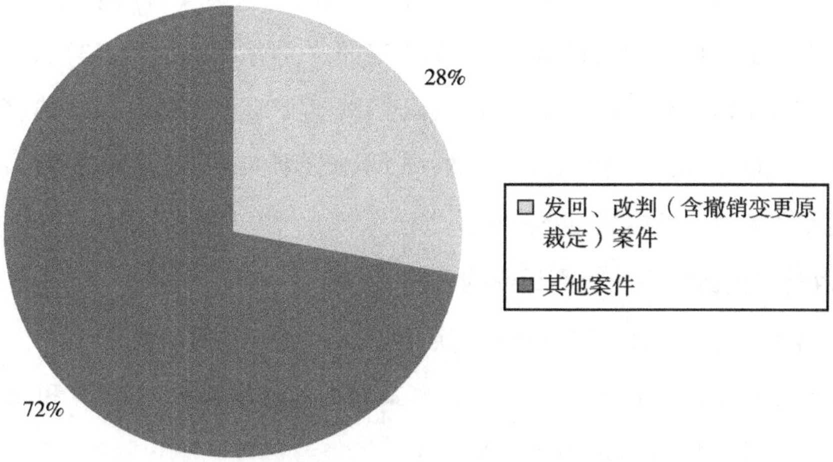

图4　除未经实际裁判的调解、撤诉案件与2019年X中院审结的机动车交通事故责任纠纷案件发回、改判结果占比

在147件发回、改判案件中，因事实认定原因发回、改判的38件，占26%；因法律适用原因发回、改判的92件，占62%；事实认定和适用法律二者兼具的发回、改判案件7件，占5%；其中不涉及事实认定或适用法律的计算错误案件6件，占4%；因城镇居民赔偿标准不一致被改判、发回的案件4件，占3%[①]。

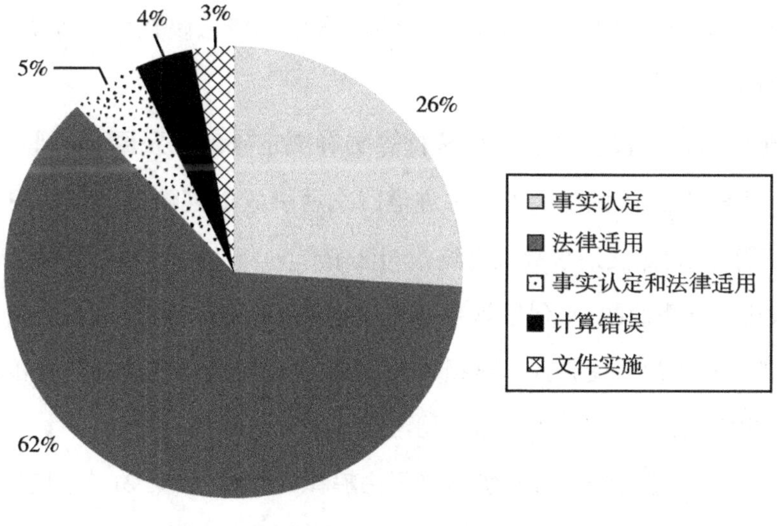

图5　2019年X中院审结的机动车交通事故责任纠纷案件发回、改判原因占比

① 2019年12月21日河南省高级人民法院、河南省公安厅等四部门联合发布豫高法〔2018〕372号《河南省道路交通事故损害赔偿项目计算标准和主要情形损害赔偿责任比例（试行）》的通知，规定河南省道路交通事故责任纠纷案件残疾赔偿金、死亡赔偿金、被扶养人生活费按照河南省上一年度城镇居民标准计算，为保障受害人权益，实现实质正义，因该文件实施导致的改判、发回并非一审法院认定事实和适用法律所致，本文不予讨论。

对上述发回、改判案件原因进行分析归类,可细化为五大类:(1)两级法院对事实认定不一致;(2)法律、行政法规、司法解释等有明确规定,但一审未正确适用;(3)法律、行政法规、司法解释等有规定但不够明确,两级法院具体适用中理解存在偏差;(4)法律、行政法规、司法解释等无相关规定,两级法院认识不一致;(5)不涉及事实认定或适用法律问题,单纯因计算错误或笔误等导致。具体举例分析如下:

(一)因对事实认定不一致而导致的发回、改判

一是法官基于自身审判经验对事实认定、案件定性不一致而导致。

案例1①:受害人从事化妆工作,一审计算其误工费时按照文化、体育和娱乐业标准计算,二审改判为居民服务业和其他服务业。

案例2②:案涉肇事车辆登记车主和实际车主均非本案当事人,无法查明案涉车辆的投保情况以及保险公司是否履行提示、说明义务,而保险公司对投保人尽到提示说明义务与否直接影响到该案的裁判结果,一审法官未能查清案件基本事实,导致该案被发回重审。

二是客观事实相同但当事人举证能力不同导致法院认定的法律事实不同。有的当事人具备较高的法律素养,能够就其主张提供符合证据真实性、合法性、关联性要求的证据材料或者委托有律师等具备专业法律知识的人员,就其主张准确举证;有的当事人则无法达到上述标准。一审、二审期间因举证能力和程度不同,导致两级法院在事实查明上存在差异,判决结果亦不相同。

(二)因违反法律、行政法规、司法解释等明确规定导致的发回、改判

案例3③:根据《最高人民法院关于审理道路交通事故损害赔偿案件适用法律若干问题的解释》(以下简称《道路交通事故损害赔偿司法解释》)第18条规定,驾驶人未依法取得机动车驾驶证发生交通事故的,承保案涉机动车交强险的保险公司仅在人身损害范围内承担赔偿责任,案涉交通事故致受害人车辆损失,一审判令保险公司在交强险范围内赔偿财产损失明显与上述规定相悖,系因一审法官对司法解释未完全掌握所致。

案例4④:根据《道路交通事故损害赔偿司法解释》第16条、第21条规定,承保无责方机动车交强险的保险公司应当在交强险无责赔付限额范围内承担责任,受害人并未将无责方

① 参见河南省新乡市中级人民法院(2018)豫07民终5934号民事判决书。

② 参见河南省新乡市中级人民法院(2019)豫07民终96号民事判决书。

③ 参见河南省新乡市中级人民法院(2019)豫07民终566号民事判决书。

④ 参见河南省新乡市中级人民法院(2019)豫07民终1144号民事判决书。

车辆列为被告,一审在未向受害人释明其是否放弃主张该部分权利的情况下,未扣除无责方车辆交强险在无责赔付限额范围内应承担赔偿数额,与上述司法解释相悖。

案例5[①]:根据《中华人民共和国保险法》(以下简称《保险法》)第56条规定,案涉车辆分别在两家保险公司投保交强险和商业三者险,在超出交强险部分,保险人应当按照其保险金额与保险金额总和的比例承担赔偿保险金的责任,一审判决两家保险公司在商业三者险范围内各承担50%的责任违反上述规定。

(三)因法律规定不够明确、法官理解偏差导致的发回、改判

1.关于护理人员人数的认定问题。《最高人民法院关于审理人身损害赔偿案件适用法律若干问题的解释》(以下简称《人身损害赔偿司法解释》)第21条规定,护理人员原则上为一人,但医疗机构或者鉴定机构有明确意见的,可以参照确定护理人员人数。怎样理解"医疗机构或者鉴定机构有明确意见"?审判实践中有的法官以医院出具的诊断证明为准;有的以长期医嘱单为准,裁判不统一,仅因该原因改判的就占4件。

2.关于保险公司免责条款效力问题。《保险法》第17条规定了在订立保险合同时保险人对免责条款的提示说明义务,司法实践中,关于如何把握保险人已对投保人履行了提示和明确说明义务,法官认识不一。有法官认为保险人提交有投保人签字或盖章的投保单即可证明;有法官认为仅提供上述投保单不足以证明,尚需提供投保人将保险条款送达给保险人的相关证明,仅2019年因该原因改判案件14件,在改判原因中占比最大。

3.关于误工时间的确定问题。《人身损害赔偿司法解释》第20条规定,误工时间根据受害人接受治疗的医疗机构出具的证明确定。受害人因伤致残持续误工的,误工时间可以计算至定残日前一天。受害人提供有医疗机构出具的证明或鉴定意见,主张误工时间较定残前一天长,是按照医疗机构出具的证明或鉴定意见确定受害人的误工时间还是按照上述法条的规定确定误工时间,法官认识不一致,改判案件中涉及该原因的占3件。

(四)因法律、法规、司法解释等未规定,上下级法院认识不一致导致的发回、改判

1.关于经鉴定相关标准达到机动车性能的电动车应否在交强险限额范围内承担责任的问题,例如案例6和案例7[②]。对此问题法无明文规定,有法官认为,电动车经鉴定为机动车,应当在交强险限额内承担责任;有法官认为电动三轮车没有列入国家工信部机动车目

① 参见河南省新乡市中级人民法院(2019)豫07民终1397号民事判决书。

② 参见河南省新乡市中级人民法院(2019)豫07民终3173、2606号民事判决书。

录,车管所不予注册登记,无法在保险公司办理交强险,法谚有云"法不强人所难",故不应在交强险限额范围内承担责任。因该原因改判的有2件。

2. 交通事故造成营运车辆停运时,停运时间的认定问题。有法官认为仅应当支持车辆维修期间的停运损失;有法官认为应当支持自交通事故发生至修理完毕期间的合理损失;还有法官认为应当根据鉴定结论确定停运时间。因该原因改判的有3件。

3. 关于交通事故受害人自身体质状况对损害后果影响的参与度问题。有法官认为根据最高人民法院指导案例24号,受害人没有过错,其体质状况对损害后果的影响不属于可以减轻侵权人责任的法定情形,不应考虑参与度;有法官认为,最高人民法院指导案例24号不具有普适性,应当根据参与度比例分情况讨论是否可以减轻侵权人责任。

(五)单纯因计算错误或笔误导致的发回、改判

案例8[①]:一审法院在扣除侵权人垫付款时乘以其应承担的责任比例明显不当,二审改判。

案例9[②]:一审判决将12,059元写成12,590元,导致少判决侵权人承担265.5元,二审改判。

二、裁判尺度不统一的成因分析

根据上述排查出的问题,通过召开座谈会、发放调查问卷等方式分析原因,发现造成上述问题的主要原因分为以下几点:

(一)法律规定缺失

"法律从他判定的那一刻起就已经落后了。"成文法的滞后性与客观情况的不断变化是一对永恒的矛盾,社会在发展,立法不可能时时跟进,司法解释在一定程度上能够填补法律的空白,但本身也具有一定的局限性,亦不能面面俱到。部分问题法律和司法解释作出了规定,但法条规定抽象、模糊、泛化。在法律规定不够具体、明确,不能涵盖新类型、新问题时,不同法官只能依据法律原则和日常生活经验、法则等进行裁判,这就导致法律适用不一致的

① 参见河南省新乡市中级人民法院(2019)豫07民终5084号民事判决书。

② 参见河南省新乡市中级人民法院(2019)豫07民终4589号民事判决书。

概率增大。

(二)法官自身原因

法院员额制改革背景下,“大民事”“繁简分流”和均衡分案等机制的实行,要求法官必须在不同案由之间自如切换,且要保证质量和效率,这就对员额法官自身素质提出更高要求。当前制约法官素质提升的原因主要体现在:

1. 知识更新较慢,不适应当前审判快节奏。机动车交通事故责任纠纷案件上诉请求中涉及赔偿项目数额认定的案件约占41%,关于各赔偿项目数额的计算,河南省高级人民法院、河南省公安厅等四部门联合发布的豫高法〔2018〕372号通知就各赔偿项目计算方法、必要证据等已经作出明确规定,但仍有部分法官不注重知识更新,对新法律、法规等学习不够透彻,导致二审在简单问题上改判、发回,严重影响司法公信力。

2. 对于新情况、新问题缺乏探索精神,智能审判应用缺乏深度。表现在:一是对于法律规定不明晰的部分,实践中由于法官素质参差不齐,知识结构、裁判经验不同,不能够正确理解立法深意,不能够从整体上把握法条的含义,对类似案件给出不同的裁判结论。二是智能审判系统应用,包括类案检索、智能查询、审判和执行系统查询等智能系统运用不够广泛,部分法官主观上不愿意接受新生事物,不愿意学习现代化办公方式,仍采用固有模式撰写裁判文书,导致智能系统被束之高阁,并未起到其应有的作用。

3. 责任意识有待增强。受案多人少、员额团队配置不到位等因素制约,较多基层法院的员额法官一方面仍需在文书校对、审判事务安排等日常工作中耗费精力,一方面还要对审判质量把关。一些法官责任意识缺失,存在侥幸心理,将办案质量终身负责制和错案责任倒查问责制置之脑后,不能恪守法官职业道德,未能保证案件质量。

(三)上下级法院、同级法院法官之间缺乏沟通

上级法院对下级法院条线指导不足。目前上级法院对下级法院的指导主要体现在对案件的发回、改判上,统一的指导性意见较少,有的仅是个别基层院法官就个案向熟悉的上级法院法官请教,个别基层院就个案向上级法院承办该类案件的业务庭请示,上级法院法官、业务庭就个案进行的口头指导,受众少,范围小。下级法院对上级法院发回、改判的案件不够重视,以至于同样的问题屡次出现。员额法官只顾埋头办案,对自己被改判、发回的案件缺乏学习,甚至有的员额法官从不关心自己哪些案件被发回、改判。目前X中院各民庭承办固定案由案件,但因每年各类案件数量、难易程度不一致或法官辞职、生病等原因导致部分业务庭无法将本庭案件审结完毕,此时院里会将该庭案件分流至其他业务庭,其他业务庭法

官对该庭案件不熟悉,又未与该庭及时沟通,导致掌握的裁判尺度不统一。

(四)案件监督机制不够完善

1.审判长基于种种原因,对案件把关不够严格。员额制改革后,案件不再需要庭长、院长层层审批,缺少了经验丰富的院、庭长的监督把关,特别就某些有争议的问题,各审判团队、员额法官之间不能达成一致意见,各判各的。案件裁判权主要集中在承办人手中,大部分案件由合议庭审判长签发,但审判长本身也是员额法官,也有办案任务,对合议庭其他成员承办的案件,有的审判长仅仅是负责在文书上签上自己的姓名。

2.院、庭长未发挥有效的案件监督职能。自司法改革审判权下放至合议庭后,部分员额法官机械办案,不考虑法律效果、政治效果、社会效果,心理上排斥院、庭长对案件的正常监督,院、庭长就案件发表意见有时不被重视,导致有些院、庭长怠于行使监督管理权,这也是适法不统一的原因之一。

三、破解之道

当前情况下,互联网高度普及,裁判文书上网,当事人对于与自己案件事实基本相同的案件经过上网搜索后了如指掌,在法院未作出裁判文书之前,当事人对自己的案件会有预判,如果裁判结果与已经上网的同类案件不同,对司法公信力危害是极大的,如何通过机制设置,促进审判实践中统一裁判尺度,笔者认为应当从以下几个方面着手:

(一)加强学习,强化指导

1.上级法院加强类案条线指导。以X中院民一庭为例,以半年或一年为周期,以案由为单位,定期汇总各基层院在审理机动车交通事故责任纠纷、劳动争议纠纷等案件中出现的典型问题及本院在审判实践中遇到的发回、改判案件中具有代表意义的问题,分派专人负责,查找相关法律、法规、司法解释等,由全体员额法官及法官助理讨论,就没有争议的、达成共识的问题制作案件审理指引,经过本院民事法官会议、审判委员会讨论通过,以四个基层院为一组,派合议庭分片区组织基层院负责审理相关案由案件的法官召开座谈会,逐条进行集中学习、答疑;同时,每周五下午为接受基层院对口审判业务部门请示案件时间,民一庭全体员额法官和基层院来请示的法官一同探讨审理案件过程中出现的新情况、新问题,当场不能形成结论的,逐级向上级法院请示,统一裁判思路。

2. 发挥专业法官会议、审判委员会类案指导作用。就重大、疑难、复杂案件,提请专业法官会议、审判委员会讨论,做好记录。审判委员会是法院内部的最高审判组织,由专业知识深厚、审判经验丰富的资深法官组成,经过审判委员会讨论决定的重大、疑难、复杂案件对本院类似案件具有指导作用,中院以业务庭为单位,整理成册,形成类案参考案例,发放本院及辖区各基层院,统一全市法院裁判尺度,促进类案同判。

3. 开展多种形式的学习活动。(1)加强专业知识学习。以机动车交通事故责任纠纷案件为例,派精通该类案件审理思路的员额法官专门搜集相关法律、行政法规、司法解释、常用法条,以及最高人民法院发布的相关指导性案例、公报案例,河南省高级人民法院印发的规范性文件等,例如最高人民法院指导案例 19 号、24 号,河南省高级人民法院印发的豫高法〔2019〕338 号《关于开展人身损害赔偿案件统一城乡标准试点工作的意见(试行)的通知》,豫高法〔2018〕372 号《河南省道路交通事故损害赔偿项目计算标准和主要情形损害赔偿责任比例(试行)》以及《河南省高级人民法院保险案件常见争议问题审理指南(一)、(二)、(三)》《河南省高级人民法院关于印发省法院民一庭机动车交通事故责任纠纷裁判问题的意见通报》等,制定成册,人手一份,督促员额法官认真学习。(2)加强其他知识学习。实证主义法学创始人、美国大法官霍姆斯说,"法律的生命在于经验,而不在于逻辑"。一个有经验的法官,能够洞察案件背后的社会现实、人际关系等,能够最大限度地还原客观事实,这是初出茅庐的年轻法官无法比拟的。一名合格的法官不仅要学习法律专业知识,还需要学习其他学科知识;一个好的法官,不仅需要具有深厚的法学理论素养,还需要具备丰富的实践经验,多了解社情民意,多接触人民群众,多学习、多充电,完善自己的知识结构,做到世事洞明、人情练达,准确认定法律事实,尽可能使法律事实与客观事实一致。(3)与学习强国软件对接,设立学法专栏,以案由为单位,将搜集到的上述相关法律、行政法规、司法解释、常用法条以及最高人民法院发布的相关指导性案例、公报案例,河南省高级人民法院印发的规范性文件等中包含的专业知识设置成选择题、判断题等形式,每天学习、反复学习,实行积分制,每半年或一年组织考试,并将平时学习成绩及考试成绩纳入绩效考核。(4)定期召开培训、研讨会。建立审理机动车交通事故责任纠纷法官定期培训交流机制,邀请审判业务专家、审判业务骨干就审理机动车交通事故责任纠纷案件过程中出现的常见问题交流经验,邀请高校教师就疑难问题进行讲解,开展灵活多样的法官培训交流活动,如实地培训、短期培训、研讨会等形式。(5)加强政治理论学习。克己奉公、廉洁自律,在审理案件过程中,时刻不忘悬在头上的"达摩克利斯之剑",秉公执法,依法办案。

（二）健全制度，创新机制

1. 聚焦发回、改判案件，建立研究机制。以中院为单位，每半年或一年按照案由分析发回、改判（含再审改判）原因，就发回、改判案件中涉及的事实认定或法律适用问题进行汇总，形成案件审理指引、裁判标准，经专业法官会议、审判委员会讨论，下发各基层院，并上报河南省高级法院；辖区各基层院对中院发回、改判的案件认真研究，总结经验教训，建立奖惩机制，将发回、改判案件纳入绩效考核，与年终奖金挂钩；辖区基层院对中院发回、改判的案件有异议的，组织审判委员会研究，仍有异议的，书面向承办该案的中院业务庭反映，业务庭呈报中院审判委员会讨论决定，以书面形式就该问题作出回应并下发指导辖区基层院。

2. 健全数据库，实行强制检索、文书预警制度。（1）现有类案智能推送、元典智库没有发挥其应有功能，以机动车交通事故责任纠纷案件为例，一审在基层法院，二审在中级法院，为确保终审结果裁判标准统一，可建立两级法院数据库，输入与该案由有关的法律、法规、司法解释以及最高人民法院指导性案例、公报案例，《中国审判案例要览》《中国法院年度案例》《中国审判》《人民法院案例选》《人民司法》《法律适用》《人民法院报》《民事审判指导与参考》和省法院颁布的案件审理指南、典型性案例、中级法院制定的案件审理指引等，就案件上诉涉及的问题，精准案件信息，提高类案推送契合度，自动关联到承办人本人、一审法院、二审法院曾经判决过的案例，以及相关法条、审理指南、案件审理指引等。（2）上述数据库健全后，实行类案强制检索制度，承办人制作审理报告之前，需就目标案件进行强制检索，类案检索形成书面检索报告附卷，承办人向合议庭、专业法官会议、审判委员会汇报时应当汇报类案检索结果，同时，将类案检索报告落实情况纳入案件质量评查和法官绩效考核中。（3）在上述类案智能推送、类案强制检索基础上，裁判文书作出前，建立裁判文书预警机制，对案件进行预判，对与预判偏离度较高的案件进行预警，对被预警的案件，合议庭应当复议，复议后与预判结果不一致的，逐级提请专业法官会议、审判委员会研究。

3. 建立专业检校制度。目前各法院并未设置有专门的裁判文书校验人员，审判流程管理系统中的文书纠错功能过于简单。就机动车交通事故责任纠纷案件，可以设置专门负责检校的法官，应由有经验的资深法官担任，比如可以返聘已退休的资深法官，以院为单位，就法律适用、裁判文书说理、文书格式、数据计算等进行校对，减少错漏；对一般的错误诸如错别字、语句不通顺、文书格式不正确、计算数额错误等可以直接校对改正，但遇有裁判标准不统一等情形时及时向承办法官、合议庭反馈，交由合议庭复议，若有必要，提请专业法官会议、审判委员会讨论。

4. 建立公众号,发布典型案例。上海高级人民法院建立有微信公众号“中国上海司法智库”,分司法智库、审判实践、智库资源三大版块,其中审判实践板块又分法官论坛、精品案例、论文精选、适法研究四部分,精品案例来源于上海三级法院法官在审判实践过程中形成的优秀文书。可以参照上述公众号内容,建立两级法院司法智库公众号,将最高人民法院发布的指导性案例、《最高人民法院公报》刊登的案例、最高人民法院及其相关业务部门发布的典型案例、河南省高级人民法院发布的典型案例、本院及上级法院评选出的精品案例、经过本院审判委员会讨论决定的案件以及具有代表性的发回、改判案件予以公布,起到学习、警醒的作用。

(三)整合审判力量,优化人员配置

1. 整合审判力量,充实一线办案。要做好人员保障,将人员充实到审判一线,优化人员配置,减少行政科室人员,增加业务庭人员,提高聘任制书记员待遇,使其能够全心全意辅助员额法官工作,使员额法官能够从一些事务性工作中解脱出来,全身心地投入到审判工作中去,提高审判质量。

2. 做好员额法官遴选工作。将政治素质好、业务水平高、办案能力强、审判业绩突出、年富力强、积极进取的法官助理遴选到员额法官队伍中来,优化员额法官年龄结构比例,为提高审判质量、促进适法统一做好人员保障。

(四)科学分工,完善审判管理

1. 增强合议庭权责意识。以 X 中院为例,目前合议庭审判长一般为副庭长,合议庭文书由审判长签发,而副庭长与一般的员额法官每年的办案数量是一致的,导致副庭长额外多出签发合议庭其他两位成员的文书工作。而审判长系合议庭成员,对案情较为熟悉,其较合议庭外其他人核对文书具有优势,审判长及合议庭成员要共同增强权责意识,对案件事实和法律适用负同等责任,共同审理、共同研究、共同参与,实现全员负责、共同监督,确保裁判尺度统一。

2. 加强院、庭长对案件的正常监督。院、庭长不得干预独任审判法官或合议庭审理案件,但院、庭长有正常监督案件的权力,要准确划定院、庭长监督案件的红线,确保院、庭长正常行使监督管理权。院、庭长不得直接改变合议庭意见,不得就个别案件处理发表意见;对案件有不同意见时,可以提请专业法官会议或审判委员会讨论决定,专业法官会议及审判委员会讨论意见应当全程记录留痕并附卷,确保院、庭长行使案件的正常监督管理权。

3. 准确核定业务庭案件数量。尽量不分流案件,若需分流,也应与原主要审理该类案件的业务庭做好沟通,由原业务庭庭长或原合议庭审判长签发文书,实现类案同判。

综上所述,使同类案件获得相对一致的裁判结果,提高案件审判质量,增强当事人对裁判的可预测性,是满足人民群众对司法公正期待的重要表现,是法治统一的必然要求,是维护司法权威的重要举措。统一裁判尺度,实现类案同判和法律适用统一,关键在于落实,需要法院各位同仁共同努力。

案例评释

公民姓氏创制权的行政法限制

——"北雁云依"诉济南市公安局历下区分局燕山派出所公安行政登记案[*]评析

章剑生

内容摘要： 公民姓氏创制权是指公民在既有姓氏之外创制一个新姓氏的权利，它是公民姓名权的一项子权利。无论是全国人大常委会的法律解释还是《民法典》的规定，都未涉及公民姓氏创制权。最高人民法院指导案例 89 号"北雁云依"案涉及公民姓氏创制权，法院依据"有不违反公序良俗的其他正当理由"之规定，否定了该案原告的诉讼请求。法院从"公序"和"良俗"两个面向作出了相关的解释，并以"未成年人权利保护"为补充，给出了该案的裁判理由。"公序良俗"作为私法条款，法院在解释时当以私法自治价值为指引，为公民行使姓氏创制权提供最大限度的法空间。

关 键 词： 姓名权　姓氏选取权　姓氏创制权

作者简介： 章剑生，浙江大学光华法学院教授、博士生导师。

论　　纲： 一、引言

二、案情梗要与问题切分

三、评析

---

* 最高人民法院指导案例 89 号。

一、引　　言

自20世纪80年代初国家法制重建以来,公民权利保护获得了国家的高度重视。在1954年《中华人民共和国宪法》(以下简称《宪法》)的基础上,1982年《宪法》进一步明确规定并增加了公民多项基本权利。[①] 国家最高立法机关一方面通过法律将宪法规定的公民基本权利加以具体化,另一方面又通过法律规定了公民的其他权利。就公民姓名权而言,1986年《中华人民共和国民法通则》(以下简称《民法通则》)第99条规定:"公民享有姓名权,有权决定、使用和依照规定改变自己的姓名,禁止他人干涉、盗用、假冒。"这是国家法律首次对公民姓名权的确认。2017年《中华人民共和国民法总则》(以下简称《民法总则》)第110条规定:"自然人享有生命权、身体权、健康权、姓名权、肖像权、名誉权、荣誉权、隐私权、婚姻自主权等权利。"与《民法通则》相比,《民法总则》仅确认了公民姓名权,同时删除了《民法通则》中的"有权决定、使用和依照规定改变自己的姓名,禁止他人干涉、盗用、假冒"之内容。2020年《民法典》用第四编第三章共计6条,专门对姓名权(包括法人、非法人组织名称权)作出了较为系统性的法律规定。公民姓名权作为公民的一项法定权利,至此可以说获得了国家宪法、法律的充分保护。

任何权利都附有不得滥用的义务。[②] 这是权利人行使权利过程中应当遵守的一项基本法则,它同样适用于公民行使姓名权。所谓"姓名,乃用以区别人己的一种语言上的标志,将人予以个别化,表现于外,以确定其人的同一性。"[③]姓氏与名字有所不同,姓氏不具有人己区分的功能,但它却具有家族性、血缘传承性。名字可以由个人或者其他父母依其喜好选定,但姓氏却因涉及很多客观因素而受到多种限制。因此,姓名权涉及两部分内容:一是姓氏,二是名字,两者有质的区别。由于姓氏具有强烈的家族性、血缘传承性,所以在日常生活中往往更受人关注,而名字因仅具有区别于其他人的个体性,相对而言限制比较宽松。所以,《民法典》第1015条对公民选取姓氏专门作了限定。尽管姓名权作为一种民事权利为《民法典》所确认,但它的适用并不仅仅限于民事法域。因此,姓名权在水平面上涉及"权利人—他

---

① 参见吴家麟主编:《宪法学》(高等学校法学试用教材),群众出版社1983年版,第363-364页。

② 参见《民法典》第132条规定:"民事主体不得滥用民事权利损害国家利益、社会公共利益或者他人合法权益。"

③ 王泽鉴:《人格权法》,北京大学出版社2013年版,第116页。

人”的民事法律关系,在垂直线上涉及“行政机关—相对人”的行政法律关系。本文选取的最高人民法院指导案例89号“北雁云依”诉济南市公安局历下区分局燕山派出所公安行政登记案,仅涉及后者关系。在“行政机关—相对人”的行政法律关系中,基于户籍登记制度的要求,公民在申报户籍时必须附其姓名。在公民姓氏选取上,《民法典》第1015条则是公安机关审查公民户籍申报的行政法“基准”。[①]

二、案情梗要与问题切分

(一)基本案情

原告“北雁云依”出生于2009年1月25日,其父亲名为吕某某,母亲名为张某某。因酷爱诗词歌赋和中国传统文化,吕某某、张某某夫妇二人决定给爱女起名为“北雁云依”,并以“北雁云依”为名办理了新生儿出生证明和计划生育服务手册新生儿落户备查登记。2009年2月,吕某某前往燕山派出所为女儿申请办理户口登记,被民警告知拟被登记人员的姓氏应当随父姓或者母姓,即姓“吕”或者“张”,否则不符合办理出生登记条件。因吕某某坚持以“北雁云依”为姓名为女儿申请户口登记,被告燕山派出所遂依照《中华人民共和国婚姻法》(以下简称《婚姻法》)第22条之规定,于当日作出拒绝办理户口登记的具体行政行为。

(二)裁判理由

本案不存在选取其他直系长辈血亲姓氏或者选取法定扶养人以外的抚养人姓氏的情形,案件的焦点就在于原告法定代理人吕某某提出的理由是否符合上述立法解释第2款第3项规定的“有不违反公序良俗的其他正当理由”。首先,从社会管理和发展的角度,子女承袭父母姓氏有利于提高社会管理效率,便于管理机关和其他社会成员对姓氏使用人的主要社会关系进行初步判断。倘若允许随意选取姓氏甚至恣意创造姓氏,则会增加社会管理成本,不利于社会和他人,不利于维护社会秩序和实现社会的良性管控,而且极易使社会管理出现混乱,增加社会管理的风险性和不确定性。其次,公民选取姓氏涉及公序良俗。在中华传统文化中,“姓名”中的“姓”,即姓氏,主要来源于客观上的承袭,系先祖所传,承载了对先祖的

---

① 尽管本案裁判依据是2014年11月1日第十二届全国人民代表大会常务委员会第十一次会议通过的《全国人民代表大会常务委员会关于〈中华人民共和国民法通则〉第九十九条第一款、〈中华人民共和国婚姻法〉第二十二条的解释》,但它已经为《民法典》第1015条所吸收。

敬重、对家庭的热爱等,体现着血缘传承、伦理秩序、文化传统。而“名”则源于主观创造,为父母所授,承载了个人喜好、人格特征、长辈愿望等。公民对姓氏传承的重视和尊崇,不仅仅体现了血缘关系、亲属关系,更承载着丰富的文化传统、伦理观念、人文情怀,符合主流价值观念,是中华民族向心力、凝聚力的载体和镜像。公民原则上随父姓或者母姓,符合中华传统文化和伦理观念,符合绝大多数公民的意愿和实际做法。反之,如果任由公民仅凭个人意愿喜好,随意选取姓氏甚至自创姓氏,则会造成对文化传统和伦理观念的冲击,违背社会善良风俗和一般道德要求。最后,公民依法享有姓名权,公民行使姓名权属于民事活动,既应当依照《民法通则》第 99 条第 1 款和《婚姻法》第 22 条的规定,还应当遵守《民法通则》第 7 条的规定,即应当尊重社会公德,不得损害社会公共利益。通常情况下,在父姓和母姓之外选取姓氏的行为,主要存在于实际抚养关系发生变动,有利于未成年人身心健康,维护个人人格尊严等情形。本案中,原告“北雁云依”的父母自创“北雁”为姓氏,选取“北雁云依”为姓名给女儿办理户口登记的理由是“我女儿姓名‘北雁云依’四字,取自四首著名的中国古典诗词,寓意父母对女儿的美好祝愿”。此理由仅凭个人喜好愿望并创设姓氏,具有明显的随意性,不符合立法解释第 2 款第 3 项的情形,不应给予支持。

(三)问题切分

1. 姓氏创制权与姓名权行使。姓名权属于人格权之一,从《民法通则》《民法总则》到《民法典》,国家法律都确认了这项权利。作为一种法定权利,公民在行使此项权利时,必须履行附随的法定义务。学理上,姓名权可以细分出若干种子权利,即姓氏创制权和选取权,名字选取权和创制权以及姓名变更权。姓氏创制权,即在既有姓氏之外创制一个新的姓氏,如本案中“北雁”;姓氏选取权,即在既有姓氏中选取其中一个姓氏;名字选取权,即选取他人已用的名字;名字创制权,即在既有他人名字之外创制一个新名字,如赵 C 中的“C”;姓名变更权,即变换本人自己既有的姓名。本案中,法院认定原告代理人“仅凭个人喜好愿望并创设姓氏”,所以争议仅涉及姓氏创制权;从“倘若允许随意选取姓氏甚至恣意创造姓氏”这一裁判理由看,法院是区分了姓氏选取权和姓氏创制权的,但在现行法律体系中,并无直接与姓氏创制权有关的法规范。那么,本案法院裁判依据何在?

2. 姓氏创制权与公序良俗、未成年人权利保护。在“行政机关—相对人”这一法律关系框架中,对公民姓氏创制权的限制,本案裁判理由引入了民法上的公序良俗一般性条款作行政法上的限制。因一般性条款的高度抽象性,法院能够获得较为开阔的解释空间。“公序良俗在我国语境下,更适合被理解为法官对立法者给定的法律体系的一种框架性解释工具,在这一规范框架中,应当被尊重的国家与社会秩序以及为一般社会公众所广泛承认的道德,或者简单称之为国家与社会的一般伦理,是公序良俗的实体内容。"①从法院给出的裁判理由中可以看到,就"公序"而言,裁判理由着墨于"社会管理和发展"的效率性、良性管控等要求上,"良俗"则在于"传统文化、伦理观念、人文情怀"的保护上。尽管法院裁判理由的切口得当,但对于公序良俗解释以及作为限制公民姓氏创制权之间的裁判逻辑为何,未见更有力的逻辑证成,又,依常情常理,公民姓氏创制权通常是由其父母代为行使。当然,实务中也有成年人自我改姓的个案。对于父母代为子女行使姓氏创制权时,除了公序良俗的限制之外,本案裁判理由还给出了一个"未成年人权利保护"的限制理由。如果公序良俗涉及国家、社会或者他人的利益需要法律保护,那么,作为父母本来就是未成年人权利的最重要的"本能"保护者,在公序良俗之外再设这一限制的理由又是什么呢?这构成了本文需要讨论的问题之二。

3. 姓氏创制权与自由空间。姓氏创制权作为一种权利,在"行政机关—相对人"关系中,它必须受到行政法的限制。然而,与姓氏创制权有关的私法能否作为行政机关限制公民姓氏创制权的法定依据,并非没有讨论余地。私法中确认公民的姓名权,其价值重在保护,而行政法上涉及公民姓名权时,则侧重在限制。因此,在公法、私法交织的法域中如何厘清姓氏创制权自由边界,也是本文写作的目的之一。

三、评　　析

(一)作为姓氏创制的姓名权

如前所述,姓名权逻辑上应当包括五个子权利,那么法律上的姓名权中是否包括姓氏创制权?这是本案引出的第一个问题。关于姓名权的法律主要有两部:

1.《中华人民共和国户口登记条例》。该条例第18条规定:"公民变更姓名,依照下列规定办理:(1)未满十八周岁的人需要变更姓名的时候,由本人或者父母、收养人向户口登记机关申请变更登记;(2)十八周岁以上的人需要变更姓名的时候,由本人向户口登记机关申请变更登记。"根据这一规定,其一,本条对姓名权的限制是变更姓名,不及姓名初始登记。对

---

① 谢潇:《公序良俗与私法自治:原则冲突与位阶的妥当性安置》,载《法制与社会发展》2015年第6期。

于公民姓名初始登记的申报条件,在该条例的其他条款中也没有明确规定。其二,对于公民变更姓或者名有何限制,该条例也没有规定。在王某某诉北京市石景山区公安局不同意变更姓名权案①中,原告王某某向被告石景山区公安局申请将自己的名字改为"奥古辜耶"。被告引用公安部治安管理局《关于执行户口登记条例的初步意见》第9条规定,年满18周岁的人,要变更现用姓名时,应适当加以控制,没有充分理由,不应轻易给予更改。有充足理由的,也应经派出所所长或乡长批准,才可给予更改。不好决定的,应报上一级户口管理机关批准。据此,被告不同意原告申请。但在诉讼过程中,被告同意原告申请,准予变更,原告撤诉。本案中,被告对于王某某的变更姓名申请,虽然公安部治安管理局有内部文件,但对"奥古辜耶"这样的姓名也只能同意,这说明相关规定对公民变更姓名的限制是十分"柔软"的。

2.《民法典》。该法用第四编第三章共计6条,较为系统地规定了自然人的姓名权。其中该法第1015条第1款专门规定了姓氏选取权。即"自然人应当随父姓或者母姓,但是有下列情形之一的,可以在父姓和母姓之外选取姓氏:(一)选取其他直系长辈血亲的姓氏;(二)因由法定扶养人以外的人扶养而选取扶养人姓氏;(三)有不违背公序良俗的其他正当理由。"《民法典》第1015条前身是因本案引发的一个法律解释,即2014年《全国人民代表大会常务委员会关于〈中华人民共和国民法通则〉第九十九条第一款、〈中华人民共和国婚姻法〉第二十二条的解释》。②

从上述两部法律规定内容看,我们未见其中有明确的姓氏创制权的规定。本案中,法院认为:"公民依法享有姓名权,公民行使姓名权属于民事活动,既应当依照《民法通则》第99条第1款和《婚姻法》第22条的规定,还应当遵守《民法通则》第7条的规定,即应当尊重社会公德,不得损害社会公共利益。"从这一段裁判理由中我们也可以看出,法院并没有从姓名权中分析出姓氏创制权,并明确排除姓名创制权,只是笼统强调了公民行使姓名权时,应当受到《民法通则》第7条的限制。但是,从法院"如果任由公民仅凭个人意愿喜好,随意选取姓氏甚至自创姓氏""此理由仅凭个人喜好愿望并创设姓氏,具有明显的随意性,不符合立法解释第2款第3项的情形,不应给予支持"这样的裁判理由表述中,我们似乎可以推断,法院

① 北京市石景山区人民法院(2002)石行初字第15号。

② 2014年11月1日,第十二届全国人民代表大会常务委员会第十一次会议通过了《全国人民代表大会常务委员会关于〈中华人民共和国民法通则〉第九十九条第一款、〈中华人民共和国婚姻法〉第二十二条的解释》。该立法解释规定:"公民依法享有姓名权。公民行使姓名权,还应当尊重社会公德,不得损害社会公共利益。公民原则上应当随父姓或者母姓。有下列情形之一的,可以在父姓和母姓之外选取姓氏:(一)选取其他直系长辈血亲的姓氏;(二)因由法定扶养人以外的人抚养而选取抚养人姓氏;(三)有不违反公序良俗的其他正当理由。少数民族公民的姓氏可以从本民族的文化传统和风俗习惯。"本解释为后来《民法典》第1015条所吸收。

在本案中是认可公民有"姓氏创制权"的,只是不得"随意"行使。本案是在依照全国人大常委会立法解释作出的裁判,在裁判中法院对于立法解释中"选取姓氏"之规定未作细斟、推敲,将解释中对姓氏选取权限制法规范直接用到姓氏创制权,这是否有适法错误之嫌,值提讨论。笔者认为,姓氏选取权和姓氏创制权当是两个不同质的权利,既然全国人大常委会立法解释限于姓氏选取权,那么对于姓氏创制权的法规范就是一个"空白"。如果这是全国人大常委会立法解释留下的法律漏洞,那法院在审理本案时是否应当通过填补法律漏洞的方法作出裁判?但从本案裁判中,我们未见法院有这样的裁判逻辑。最高人民法院将此案作为指导性案例发布时,似乎也未意识到这一点,并加以修补。之后,《民法典》似乎同样没有注意到这一点,直接"照搬"了立法解释的内容。对于这个问题,我们只能期待之后的立法解释或者"法官造法"了。

(二)姓氏创制权与公序良俗、未成年人权利保护

在姓名权中,名的创制与选取可以由个人或者其父母依照自己的喜好来决定,法律限制相对比较宽松。但姓氏创制或者选取却因涉及很多客观因素,受到法律较严格的限制。就限制对象来说,公民出生之后他的姓名是由其父母决定的,即姓名的初创权,这是父母对子女亲权的一种体现;公民成年之后,他即有了依照自己的意愿变更自己姓名的权利。因此,对公民姓氏创制权的限制,其对象还包括父母。就其内容来说,《民法典》第1015条除了法律规定原则上自然人应当随父姓或者母姓,但《民法典》在列出两种具体的例外情形之后,又给出了若"有不违背公序良俗的其他正当理由"时,自然人也可以在父姓或者母姓之外选取其他姓氏。也就是说,如果没有两种具体例外情形,那么自然人只要有不违背公序良俗的其他正当理由时,就可以选择父姓或者母姓之外姓氏。本案中,原告以"北雁"作为姓氏,并不符合《民法典》法定的两种具体例外情形,因此,法院也只能依照"有不违背公序良俗的其他正当理由"之规定作裁判了。

正如有学者所言:"公序良俗从民族共同的道德感中抽象而成,可以看作是全社会范围内所形成的普遍共识,是一种通行于全社会范围的'习惯法',具备最高程度的'法的确信',权威等级与规范拘束力高于其他习惯。"[①]本项"有不违背公序良俗的其他正当理由"适用的重点是如何界定"公序良俗"。对此,法院在区分公共秩序和善良风俗的基础上分别展开论证:(1)公共秩序。公序,即公共秩序,它是行政法所追求的一种基本法律价值。法院认为:

① 汪洋:《私法多元法源的观念、历史与中国实践——〈民法总则〉第10条的理论构造及司法适用》,载《中外法学》2018年第1期。

"从社会管理和发展的角度,子女承袭父母姓氏有利于提高社会管理效率,便于管理机关和其他社会成员对姓氏使用人的主要社会关系进行初步判断。倘若允许随意选取姓氏甚至恣意创造姓氏,则会增加社会管理成本,不利于社会和他人,不利于维护社会秩序和实现社会的良性管控,而且极易使社会管理出现混乱,增加社会管理的风险性和不确定性。"从这一裁判理由看,法院是从"公民—管理机关"和"公民—其他公民"这两个法律面向上,肯定了公民承袭父母姓氏的价值。然后法院假设公民"随意选取姓氏甚至恣意创造姓氏",那么会产生不利于社会管理的影响。从这个裁判逻辑中,我们至少可以看出:其一,法院已经注意到了姓氏选取和姓氏创制的不同,遗憾的是,法院并没有明示全国人大常委会立法解释未及姓氏创制这一法律漏洞,并试图用法律解释方法加以弥补。这可能间接影响了《民法典》的制定者也疏忽了这个法律漏洞。本案恰恰是姓氏创制权之争,法院的裁判留下了"于法无据"之感,至少法院没有论证为什么用于限制姓氏选取权的法规范,也可以当然直接用于限制姓氏创制权的理由。其二,将公共秩序等同于社会管理。这种等同是否妥当,并非没有讨论余地。社会管理是由现行法强行形成的一种法秩序,若有违反社会管理秩序的行为,相关国家机关可以在现行法中找到相对应的法条对其作否定性评介,正是因为可能存在法未能所及的领域,所以立法者通常采用不确定法律概念或者一般性条款作"预防性"的制度设计。因此,公共秩序可能难以等同于社会管理。正如有学者所说:"公共秩序指国家社会的一般利益,此种一般利益只能在现行法秩序之外去探求,它并非体现于法律的具体规定,而是体现于法律的一般精神和价值体系之中。"[①]或许不确定法律概念或者一般性条款的法律价值正在于此。(2)善良风俗。法院认为:"在中华传统文化中,'姓名'中的'姓',即姓氏,主要来源于客观上的承袭,系先祖所传,承载了对先祖的敬重、对家庭的热爱等,体现着血缘传承、伦理秩序和文化传统。而'名'则源于主观创造,为父母所授,承载了个人喜好、人格特征、长辈愿望等。公民对姓氏传承的重视和尊崇,不仅仅体现了血缘关系、亲属关系,更承载着丰富的文化传统、伦理观念、人文情怀,符合主流价值观念,是中华民族向心力、凝聚力的载体和镜像。公民原则上随父姓或者母姓,符合中华传统文化和伦理观念,符合绝大多数公民的意愿和实际做法。反之,如果任由公民仅凭个人意愿喜好,随意选取姓氏甚至自创姓氏,则会造成对文化传统和伦理观念的冲击,违背社会善良风俗和一般道德要求。"从这一裁判理由看,法院首先区别了客观承袭的"姓"和主观创造的"名"的不同,因本案仅涉及"姓"的争

① 于飞:《公序良俗原则研究——以基本原则的具体化为中心》,北京大学出版社2006年版,第20-21页。

议,所以,法院接下来从"公民—家庭(家族)"的血缘关系、亲属关系和"公民—国家(社会)"的主流价值观两个面向对"善良风俗"展开论证,肯定了公民原则上应当随父姓或者母姓的法律价值。在此基础上,法律又假定"如果任由公民仅凭个人意愿喜好,随意选取姓氏甚至自创姓氏",那么就会与"善良风俗"相悖。基于这一裁判逻辑,我们可以得到这样一个公式:"善良风俗" = 家庭(家族)关系 + 主流价值观。那么,这样的公式妥当否?我们知道,无论是家庭(家族)关系还是主流价值观,其核心内容是人伦道德。那么,"善良风俗"等于人伦道德吗?如果是肯定的,那么可能会得出在调整家庭关系规则上道德等于法律之结论。这显然是不妥的。我们知道,法律不能强制人们行善,道德也不能制止他人作恶,两者功能不同,自然难以等同。当然,法律也有将道德加以法化的情况,即将某些道德规范上升为法律规范。因此,对"善良风俗"的解释,可能不能穷尽所有的道德规范,[①]更不能等同于道德规范。依照上述的理解,本案法院的裁判理由有对"善良风俗"作"泛道德化"解释的倾向,客观上有限制过度之嫌。本案涉及吕、张父母为自己女儿创制"北雁"姓氏是否有违"善良风俗"之嫌,从上述裁判理由看,法院并没有在"北雁—善良风俗"这一框架中作联结性论证,而仅仅解释了什么是"善良风俗",至少对"北雁"作为姓氏如何不能容于"家庭(家族)关系",为何"北雁"作姓氏有悖于主流价值观等,均无着墨。

在完成了"公序良俗"裁判理由论证之后,法院又引入了"未成年人权利保护"作为限制理由。法院认为:"公民依法享有姓名权,公民行使姓名权属于民事活动,既应当依照《民法通则》第 99 条第 1 款和《婚姻法》第 22 条的规定,还应当遵守《民法通则》第 7 条的规定,即应当尊重社会公德,不得损害社会公共利益。通常情况下,在父姓和母姓之外选取姓氏的行为,主要存在于实际抚养关系发生变动、有利于未成年人身心健康、维护个人人格尊严等情形。"这一裁判理由,功能上可以视为对"公序良俗"论证的补强。因为在实务中,"若存在因早期填写错误或其他原因而与祖姓不同,欲改称祖姓且得到相关亲属同意的,或当再坚持父母姓氏将严重损及人格尊严及人格自由发展的,例如某人长期受到来自家族内的侵害,而欲在形式上脱离该家族以走出阴影获得重生,或原称之姓有'生僻、歧义、贬义'之情况存在,可允许其自称第三姓"[②]。当然,将在父姓和母姓之外选取姓氏的行为限定于具有客观性的"实际抚养关系发生变动、有利于未成年人身心健康、维护个人人格尊严等情形",未及公民

① 参见于飞:《公序良俗原则研究——以基本原则的具体化为中心》,北京大学出版社 2006 年版,第 21 页。

② 张红:《姓名变更规范研究》,载《法学研究》2013 年第 3 期。

主观性偏好等需求是否妥当,也不是没有问题。如果担心涉及主观价值的需求可能导致公民姓氏创制的随意性,那么只要设计出行之有效的限制规则,问题并非不可以避免。

笔者认为,在"百家姓"之外创设姓氏,并非当然不行,否则法律只要规定公民姓氏只能在"百家姓"中选即可,何必多此一举地规定"有不违背公序良俗的其他正当理由"?正是因为有了这一款,我们才可以导出公民有在"百家姓"之外创设姓氏的权利,本案中,法院也就有义务审查"北雁"这样的姓氏所承载的含义是否属于"有不违背公序良俗的其他正当理由"。如果离开这个审查基点,泛论"社会管理"、主流价值观和血缘关系、亲属关系,无异于使"有不违背公序良俗的其他正当理由"成为具文,何异于剥夺了公民姓氏创制权。

(三)姓氏创制权的自由空间

本案法院裁判的主要依据是全国人大常委会的法律解释。该解释所涉及的法律是《民法通则》和《婚姻法》相关条款。在学理上,这两部法律称之为私法。法院引用的具体条款涉及公序良俗,《民法典》第8条规定:"民事主体从事民事活动,不得违反法律,不得违反公序良俗。"又在第1015条中,就公民姓氏选取权问题上重述了不得违反公序良俗。由此引出的一个问题是,这些私法条款能否在公民行使姓名权的"行政机关—相对人"这一法律关系框架中适用呢?答案是肯定的。如前所述,公民行使姓名权在水平关系中是私法行为,在垂直关系中是公法行为。无论是全国人大常委会的法律解释还是《民法典》第1015条,既可以调整水平的私法行为,也可以调整垂直的公法关系。本案中,原告"北雁云依"的父母为其向公安派出所申请户口登记,这是原告在垂直关系中面向国家行使自己的姓名权的法行为,性质上是一种公法行为。被告引用"公序良俗"条款否定其请求,是一种公法上的行政决定。此时,公序良俗具有了这样的法律价值:通过公序良俗条款,行政介入民事活动,强制民事活动必须符合公序良俗才能被国家认可,从而获得法律保护。一方面,公序良俗是公民行使姓名权的行为规范,另一方面,公序良俗也是民法界面上向行政法开放的一个管道,通过这个管道,行政权可以对公民行使姓名权行为的限制。一旦公民行使姓名权行为违反公序良俗,在行政法上就不受法律保护。由于公序良俗为一般性条款,其本身内容具有不确定性,行政机关在适用该条款时,具有较大的解释空间。所以,在"姓名权—公序良俗"这一行政法限制的结构中,规制行政权正当行使也是题中应有之义。

《民法典》第1015条为行政权干预公民姓氏创制权提供了法律依据,但这种干预必须善意、适度。在既有姓氏之外创制姓氏,法律并没有完全禁止。然而,"在既有姓氏之外创制新姓氏"的法律空间究竟有多大,取决于"姓氏创制—公序良俗"结构中的行政权行使。姓氏选取权细分其实可以有两种情形:(1)从父母姓氏之外既有姓氏(俗称百家姓)中择其一姓,《民法典》第1015条规定的第1、2种情形。在独生子女政策下出现的“父母姓+子女名”这样的姓名组合结构,我们可以在“父姓+母姓子女名”的组合结构中,认可这种姓氏创制的合法性,如“杨柳云依”。这种解读可以最大限度地保护公民姓名权行使的自由空间。(2)创制既有姓氏之外的姓氏,如本案中的“北雁”。在上述(1)情形,法律规定解释空间基本没有,即使是既有姓氏,其选取也有范围。而(2)情形中法律规定的空间较大,文义字面上是指先取第一种情形之外的既有姓氏,那是否还有创制姓氏之意呢?

笔者认为,在“姓氏创制—公序良俗”结构中,前者涉及姓名权与私法自治,其核心是在私法自治空间中,姓名权的边界当定于何处。正如有学者所言:“姓兼具血缘性与人格性之双重特征。血缘性决定了姓氏选择范围的狭隘性,而人格性则决定了姓名权人对于自己姓氏从自身人格各个方面考虑是否合适的可能性。此两种特质决定了姓氏变更规范中最核心的问题——姓氏的选择范围究竟有多大?”[①]而后者涉及公序良俗的意义究竟当基于何种价值目标予以理解和解释,从而为公民姓名权保留一个最大限度的范围。这里当然会发生公序良俗与私法自治的碰撞,但我们又应当以何种价值加以权衡呢?这并非一件易事,因为“从更为一般的角度审视公序良俗与私法自治,则会发现,前者更具有基于伦理与理性之原则而衍生出的对秩序与道德的遵从感,而后者则更富有缘于自由原则的,令个人保有自主决定自己事务之自由的色彩。”[②]

作为私法条款的公序良俗,当其置于民法体系中,其内容必然与私法自治价值保持一致。当它作为行政机关审查公民行使姓名权是否合法时,私法自治价值不可以在公序良俗的张扬中丢失。也就是说,公序良俗条款是权利保护法,而不是行政管理法。行政机关在解释公序良俗条款时,其着眼点当在于前者,并兼顾后者。作为权利救济法的行政诉讼,法官更应当有这样的法理念。有人担心,若开放第三姓,自然人可任意决定自己之姓氏(包括自造姓),一方面有向大姓继续集中,重名加剧之虞;另一方面则可能带来姓氏混乱,影响社会、家族之传承,此举无异于废姓,混淆了姓与名的区别。[③] 其实,这种担心是多余的。“法律通过这种方式保障某些利益而压制与之相抵触的利益。在这方面,立法者或者法官需要权衡,

① 张红:《姓名变更规范研究》,载《法学研究》2013年第3期。

② 谢潇:《公序良俗与私法自治:原则冲突与位阶的妥当性安置》,载《法制与社会发展》2015年第6期。

③ 参见李予霞等:《我的名字谁做主——论姓名命名权的自由与限制》,载《法律适用》2009年第6期。

这些互相冲突的利益中,哪些利益应给予优先保护。"[①]因此,上述担心可以由法官在个案中对公序良俗条款是权利保护法还是行政管理法的不同法律价值做出妥当性利益权衡过程中消解,旨在最大限度地保护公民的姓氏创制权。

结　语

尽管中国进入了信息社会,虚拟空间成为我们日常生活不可或缺的一部分,但家庭观念在社会伦理中仍然具有相当重要的地位。姓氏作为维系家庭血缘的一种表征,是家庭观念客观化的结晶。在权利高涨的时代,往往会伴之以权利滥用,但这并不妨害我们对权利保护的信念坚守。本案中,法院因法律适用原因中止审理,并最终由全国人大常委会对此作出法律解释,被认为体现了案审法院对案涉姓名权当如何裁判的一种"审慎裁判"思想,这是值得肯定的。而全国人大常委会对相关法条作出法律解释,也体现了最高国家立法机关对公民姓名权充分保护的姿态,之后《民法典》第 1015 条承继了这一立法理念。在引用全国人大常委会立法解释对本案审理过程中,法院运用多种法解释方式,在平衡多方利益的基础上作出裁判,较好地体现了全国人大常委会法律解释的指导思想与法律精神。但是,本案所遗留的问题仍然值得我们进一步思考。

---

① [德]莱因荷德 · 齐柏里乌斯:《法学导论》(原书第 4 版),金振豹译,中国政法大学出版社 2007 年版,第 43 页。

指导性案例参照条件的获取*

——以最高人民法院指导案例 24 号为例

尹德贵

内容摘要： 指导性案例的参照条件关涉是否应当参照指导性案例及其参照范围。参照条件具有双层结构：以指导性案例与待决案件之间存在相关性为前提，并要求两案之间具有同一性或者确定的类似性。在获取渠道上，参照条件的获取应以整个指导性案例为素材，发挥各组成部分的指示功能。在获取方法上，参照条件的获取可先识别出具有相关性的指导性案例，再基于该指导性案例而建构裁判规则，根据裁判规则判断是否可涵摄或类比适用于待决案件。参照条件的获取呈现为一个反思平衡的过程，践行着案例指导制度的功能定位与价值取向。

关 键 词： 裁判规则　获取渠道　获取方法

作者简介： 尹德贵，法学博士，宁波大学法学院讲师，宁波大学东海研究院研究员。

论　　纲： 一、指导案例 24 号及其参照状况

二、指导性案例参照条件的司法经验

三、指导性案件参照条件的获取路径

* 本文系教育部人文社会科学青年基金项目“最高法院统一法律适用研究”（17YJC820061）、国家社科基金青年项目“案例指导制度统一法律适用的功能实现机制研究”（19CFX013）阶段性研究成果。

最高人民法院印发的《〈关于案例指导工作的规定〉实施细则》(以下简称《实施细则》)第9条规定:"各级人民法院审理的案件,在基本案情和法律适用方面,与最高人民法院发布的指导性案例相类似的,应当参照相关指导性案例的裁判要点作出裁判。"该条既规定了参照条件——在基本案情和法律适用方面相类似,也规定了参照内容——相关指导性案例的裁判要点,但对参照条件的获取并无特定要求。参照条件的获取包括两个面向:一是参照条件的获取渠道问题具体的困惑在于,它是否仅可从裁判要点获取,抑或还可从指导性案例的其他组成部分获取;[①]二是参照条件的获取方法问题。即应借助何种方法来判断是否应当参照指导性案例。参照条件问题目前大多是在关于案例的适用方法中进行讨论,有的观点主张指导性案例的适用应采用类比推理模式,其中指导性案例与待决案件之间是否具有类似性就成为推理的关键步骤,参照条件则具体化为案件类似性的标准。[②] 有的观点主张应充分尊重指导性案例的制定法背景,从案例中构建出裁判规则再进行演绎推理,判断是否应参照适用。[③] 还有观点主张类比与演绎的混合模式,既吸收普通法传统中判例的类比适用方法,又考虑指导性案例产生于制定法背景下而受演绎的影响,呼吁将二者结合起来灵活运用。[④]参照条件是判断是否应当参照适用指导性案例的凭藉,而参照条件的获取更是其前置环节与必经步骤,有必要予以详细检视。

鉴于最高人民法院指导案例24号(以下简称指导案例24号)在司法实践中被援引得最为频繁,适用情形多样,具备典型意义,本文以该案例的参照适用情况为例,从裁判文书中摸索其适用路径,勾勒出指导性案例在司法实践中参照适用的轨迹,探寻法官在决定是否参照指导性案例时所采取的判断标准。[⑤]

---

① 主张唯有裁判要点才能被参照的观点,参见李友根:《解读指导性案例的约束力范围》,载《苏州大学学报》(哲学社会科学版)2011年第4期;郭明瑞、瞿灵敏:《指导性案例的参照效力与适用问题研究》,载《江汉论坛》2016年第2期。主张不应局限于裁判要点的论著,参见秦宗文:《案例指导制度的特色、难题与前景》,载《法制与社会发展》2012年第1期;于同志:《论指导性案例的参照适用》,载《人民司法》2013年第7期;曹志勋:《论指导性案例的"参照"效力及其裁判技术——基于对已公布的42个民事指导性案例的实质分析》,载《比较法研究》2016年第6期。

② 参见胡云腾、于同志:《案例指导制度若干重大疑难争议问题研究》,载《法学研究》2008年第6期;张骐:《再论类似案件的判断与指导性案例的使用——以当代中国法官对指导性案例的使用经验为契口》,载《法制与社会发展》2015年第5期。

③ 参见解亘:《论学者在案例指导制度中的作用》,载《南京大学学报》(哲学・人文科学・社会科学版)2012年第4期。

④ 参见邓矜婷:《确定先例规则的理论及其对适用指导性案例的启示——基于对美国相关学说的分析》,载《法商研究》2015年第3期。

⑤ 本文所使用的"援引"仅是形式上的,即裁判文书中出现指导性案例的相关语词,便视为是援引。至于法官最终是否参照适用,则归入实质层面的"参照"问题。

一、指导案例24号及其参照状况

(一)指导案例24号的基本案情与核心争点

2014年1月26日最高人民法院发布第六批指导性案例,其中包括指导案例24号“荣某某诉王某、永诚财产保险股份有限公司江阴支公司机动车交通事故责任纠纷案”。在该案中,被告王某驾驶轿车与行人荣某某发生刮擦,致其受伤。交警部门认定,王某负事故的全部责任,原告无责。经司法鉴定,原告左桡骨远端骨折的伤残等级评定为十级,左下肢损伤的伤残等级评定为九级;损伤参与度评定为75%,其个人体质的因素占25%。本案焦点在于,能否因受害人的体质因素对伤残造成影响而减轻侵权责任?终审法院判决不应参照损伤参与度计算残疾赔偿金。在作为指导性案例发布时,本案的裁判要点旨在回应争点问题,即主张“交通事故的受害人没有过错,其体质状况对损害后果的影响不属于可以减轻侵权人责任的法定情形”。为便于分析,现将指导案例各组成部分所涉及的事实与法律后果罗列如表1所示:

表1　指导案例24号各组成部分所涉案件事实与法律后果①

组成部分	所涉的案件事实			所涉的法律后果
裁判要点	交通事故	受害人没有过错	受害人体质状况对损害后果有影响	受害人体质不属于可以减轻侵权人责任的法定情形
基本案情	机动车与行人之间的交通事故	机动车驾驶人负全责,受害人无责	造成骨折,且损失超出交强险额度	—
裁判结果	—	—	—	所有损失均不考虑参与度
裁判理由	—	—	所涉体质为骨质疏松	—

① 根据《实施细则》第3条,指导性案例由标题、关键词、裁判要点、相关法条、基本案情、裁判结果、裁判理由以及包括生效裁判审判人员姓名的附注等组成。因某些组成部分很少甚至根本没有涉及案件事实与法律后果,故没有列入表格中。

(二)指导案例24号的援引与参照情况

笔者以指导案例24号公布以来至2017年10月1日全国各级法院援引该案的判决书作为样本数据,基于尊重及有效利用已有研究成果的考虑,对于2017年之前的数据,笔者大致以北大法宝研究团队的统计为蓝本,并进行了检验与甄别。[①] 对于2017年的数据,笔者在"北大法宝"的"司法案例"数据库中,通过高级检索的方式,将"审结日期"限定为"2017年1月1日"至"2017年9月30日","案由"栏设定为"民事",在"全文"栏先后精确检索"24号指导性案例""24号指导案例""指导性案例24号""指导案例24号""第六批指导案例""荣宝英"。在获得这些基本数据之后,再逐一排查,将不相关的予以剔除,最终得到241份判决书作为样本数据。虽然指导案例24号本身是关于机动车交通事故责任纠纷的,但其援引却超出了交通事故纠纷领域,在其他纠纷的判决书中时有现身。在241份判决书中,205份是机动车交通事故纠纷的,36份是关于其他八类法律纠纷的,其中较多的是生命权健康权纠纷(11份)、财产保险合同纠纷(9份)、医疗损害责任纠纷(7份)(见图1)。虽然这241份文书中均出现了指导案例24号的相关语词,即在形式上都援引了指导案例24号,但实际参照的情况有所差异,机动车交通事故责任纠纷的参照比例最高(80.98%),总体的平均参照比例则为76.76%。

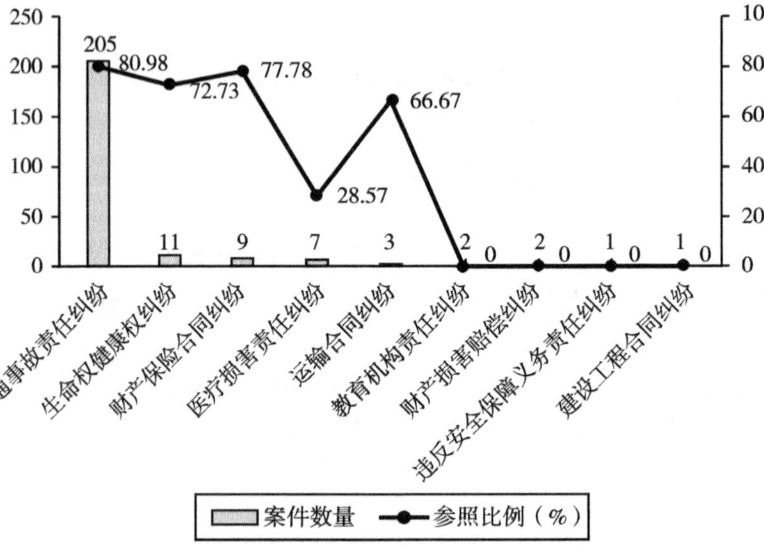

图1 241份判决书中各类纠纷的案件数量与参照比例

① 在北大法宝统计的裁判文书中,数个案件实际与指导案例24号无关,笔者将之排除在外。参见《最高人民法院指导性案例司法应用2016年度报告》,http://weekly.pkulaw.cn/Admin/Content/Static/28a11fc9-3f22-4d24-a34d-88e1faea781e.html,2019年5月8日访问。

（三）指导案例24号的事实要素分解

《实施细则》第9条规定待决案件与指导性案例在基本案情和法律适用方面相类似，应当参照指导性案例的裁判要点作出裁判。裁判要点被视为指导性案例的精髓，且以事实要件与法律后果相结合的规范句式表述。这自然容易让人联想到，以裁判要点为参照条件的来源。为了解司法实践如何认定参照条件，我们将样本数据与指导案例24号逐一比对，检验法官在决定是否参照时是如何认识与对待裁判要点以及指导案例的其他组成部分的。

为了比对的顺利进行，笔者需要先对指导案例24号的裁判要点与其他组成部分所涉案件事实进行归纳，确立比对项。如前文表1所示，裁判要点所涉及的事实包括交通事故、受害人没有过错、受害人体质状况对损害后果有影响；其他组成部分所涉的重要事实可简化为机动车与行人之间发生交通事故、受害人无过错、受害人生理因素对其直接损害后果造成影响、损失超出交强险额度。结合241份判决书样本，指导案例24号的主要案件事实可以归纳为六个方面：A. 纠纷性质；B. 交通事故；C. 受害人有无过错；D. 损害后果；E. 个人体质；F. 损失额度。这六个方面在205份机动车交通事故责任纠纷判决书中体现为不同的事实类型（见表2）。据此，指导案例24号及205份交通事故责任纠纷判决书所涉的案件事实，都可以化约为案件事实类型的组合物。[①] 若将判决书的事实组合与指导性案例的事实组合加以比较，即可查看它们的相似程度，进而归纳出参照条件方面的特性。

表2　205份交通事故责任纠纷判决书的事实类型及其出现次数

案件事实方面	案件事实类型	出现的次数
A. 纠纷性质[②]	A_1. 机动车交通事故责任纠纷	205
B. 交通事故	B_1. 机动车之间	60
	B_2. 机动车与非机动车、行人	136
	B_3. 机动车与本车乘客	5
	B_4. 交通事故不明	4
C. 受害人是否有过错	C_1. 无过错	138
	C_2. 有过错	65
	C_3. 过错不明	2

① 理论上，205份交通事故纠纷的判决书至少可以构成160种事实组合，之所以是至少，是因为在D项"个人体质"中，并非在其五个子项中选择其一，少数几个案件涉及其中多个子项，即涉及多种类型的个人体质。实际上，205份判决书可归入50种事实组合。

② 本表只罗列交通事故纠纷，其他纠纷类型见图1。

续表

案件事实方面	案件事实类型	出现的次数
D. 个人体质	D_1. 生理因素	37
	D_2. 病理因素	91.5[①]
	D_3. 精神因素	0.5
	D_4. 具体类型不明	50
	D_5. 没有参与度鉴定	26
E. 损害后果	E_1. 直接损害后果	105
	E_2. 间接损害后果	100
F. 损失额度	F_1. 交强险内	14
	F_2. 超出交强险	191

二、指导性案例参照条件的司法经验

(一)裁判要点不足以决定参照条件

值得注意的是,指导案例24号的裁判要点和整个指导案例24号可以分别构建出不同的事实组合。根据表2,指导案例24号的裁判要点所陈述的事实组合为"$A_1+B+C_1+D+E+F$",即裁判要点指明纠纷类型是交通事故(A_1)以及受害人没有过错(C_1),但只是概略地陈述交通事故的受害人体质状况对损害后果有影响,并未说明交通事故、受害人体质、损害后果与损失额度等四个事实方面的具体情况,无法具体化,故只能以B、D、E、F代称。若是根据裁判要点来认定参照条件,那么,如果待决案件满足裁判要点的事实要件,即待决案件的事实可以为裁判要点的事实组合所涵盖,就应当参照指导性案例。然而,司法实践并非如此,在205份交通事故责任纠纷判决书中,可以为裁判要点的事实组合所涵盖的案件有138件,其参照比例为80.43%,并非百分之百(见图2)。由此,可以得出结论一:符合裁判要点的事实组合的案件,并没有全部参照指导性案例。

① 因为在D项"个人体质"中,并非只能在其五个子项中选择其一,个别案件涉及其中多个子项,即涉及多种类型的个人体质,如青海省西宁市城东区人民法院(2013)东民一初字第514号,其司法鉴定意见为"外伤、精神紧张是死亡的诱因",可以归为"$0.5D_2+0.5D_3$"的型态;又如,上海市第一中级人民法院的(2014)沪一中民一(民)终字第1571号和(2014)沪一中民一(民)终字第1876号两份判决书,都陈述着"自身年龄及基础疾病对损害后果的发生客观上具有一定影响",所以被归入"$0.5D_1+0.5D_2$"的型态。关于个人体质的分类,参见徐银波:《侵害特殊体质者的赔偿责任承担——从最高人民法院指导案例24号谈起》,载《法学》2017年第6期。

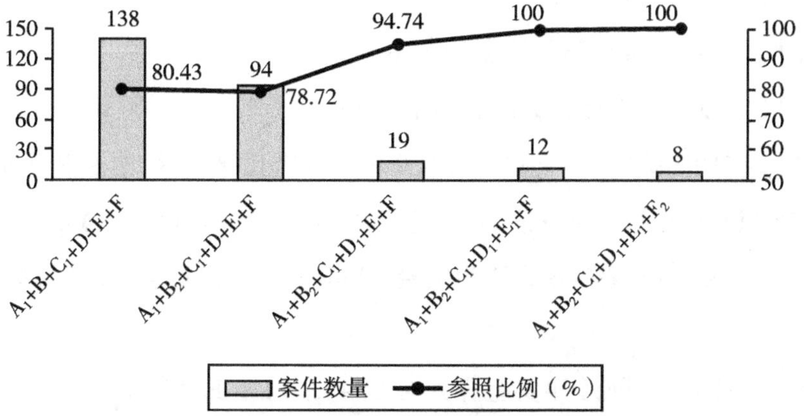

图 2　裁判要点逐步细化后的事实组合的案例数量与参照比例

之所以符合裁判要点的事实组合的案件没有全部参照指导性案例，笔者认为很大程度上是因为裁判要点所表述的事实类型包括具体的和抽象的两种，后者给法官留有针对不同具体案情分别裁判的空间。为了检验裁判要点中抽象的事实要件的影响力，可以逐一计算各抽象的事实要件具体化之后的参照比例。在裁判要点所建构的事实组合（$A_1+B+C_1+D+E+F$）内，其中 A_1 与 C_1 是定量，BDEF 可视为四个变量。基于指导案例 24 号的基本案情、裁判结果、裁判理由等部分，可以提炼出这四个变量的具体类型实际是 B_2、D_1、E_1、F_2（见表 1）。通过逐步明确这四个变量，得到不断具体化的事实组合，依次为 $A_1+B_2+C_1+D+E+F$、$A_1+B_2+C_1+D_1+E+F$、$A_1+B_2+C_1+D_1+E_1+F$、$A_1+B_2+C_1+D_1+E_1+F_2$，各自涉及的案件数量为 94、19、12、8 件，参照比例依次为 78.72%、94.74%、100%、100%（见图 2）。其中"$A_1+B_2+C_1+D_1+E_1+F_2$"正是整个指导案例 24 号的事实组合，即机动车与行人之间发生交通事故（B_2），受害人无过错（C_1）且其生理状况（D_1）对直接损害后果（E_1）造成影响，损失超出交强险额度（F_2）。符合该事实组合的仅有 8 件，参照比例为 100%。① 尽管 $A_1+B_2+C_1+D+E+F$ 的参照比例略低于 $A_1+B+C_1+D+E+F$，但其他事实组合的参照比例呈现出逐步递增的趋势。据此，可以推断出结论二：待决案件与指导性案例在具体事实上越相同，越容易参照适用。同时，以事实组合 $A_1+B+C_2+D+E+F$ 为例，它与裁判要点的事实组合针锋相对，但其参照比例为 81.54%，反而高于裁判要点的事实组合。综上，可

① 这 8 份判决书如下：河南省新乡市辉县市人民法院（2013）辉民初字第 2303 号，安徽省合肥市中级人民法院（2015）合民一终字第 04222 号，广东省揭阳市中级人民法院（2015）揭中法民一终字第 158 号，广东省丰顺县人民法院（2015）梅丰法民一初字第 21 号，浙江省台州市中级人民法院（2016）浙 10 民终 377 号，浙江省诸暨市人民法院（2013）绍诸民初字第 1905 号，江苏省泰州市中级人民法院（2017）苏 12 民终 926 号，北京市第三中级人民法院（2017）京 03 民终 3489 号。

以得到结论:裁判要点并不足以决定参照条件。

(二)诸事实要件对参照条件的影响大小不一

1. 在裁判要点框架内检验诸事实要素的影响力

由于裁判要点明确陈述了“交通事故的受害人没有过错”,因此,在其事实框架内,A_1、C_1始终是定量,其他四个被抽象陈述的事实要素则是待检验的对象。逐次以一个被抽象陈述的事实因素为变量,其他事实因素皆为定量,即可分析变量的具体类型的参照比例(见图3)。

首先,B 具体化后得到四个事实组合 $A_1+B_1+C_1+D+E+F$、$A_1+B_2+C_1+D+E+F$、$A_1+B_3+C_1+D+E+F$、$A_1+B_4+C_1+D+E+F$,各有 39、94、3、2 份判决书,参照比例依次为 87.18%、78.72%、66.67%、50%。B_2属于指导案例 24 号的基本案情部分明确陈述的事实类型,但其参照比例反而低于抽象层面的 B,也低于与之竞争的 B_1。从逻辑上而言,若待决案件的事实含有 B_2,则与指导案例 24 号的相似程度更高,更应参照适用,但司法实践却并未如此。由此可推断:B 的具体类型并没有对参照与否造成重大影响。

其次,D 细化后有 $A_1+B+C_1+D_1+E+F$、$A_1+B+C_1+D_2+E+F$、$A_1+B+C_1+D_4+E+F$、$A_1+B+C_1+D_5+E+F$ 四种组合,各自涉及 26 件、55 件、34 件、19 件案件,参照比例分别为 96.15%、69.09%、76.47%、94.74%。[①] D_1和 D_5的参照比例明显高于 D_2和 D_4。由此可以推断:D 的具体类型对参照与否造成较大影响。

再次,E 具体化后有 $A_1+B+C_1+D+E_1+F$、$A_1+B+C_1+D+E_2+F$ 两种组合,分别覆盖 74 件、64 件案件,参照比例分别为 91.89%、67.19%,前者的参照比例明显高于后者。据此可推断,E 的具体类型对参照与否会造成较大影响。

最后,F 细化后有 $A_1+B+C_1+D+E+F_1$、$A_1+B+C_1+D+E+F_2$两种模型,所涉案件数量分别为 9 件、129 件,参照比例分别为 88.89%、79.84%。F_1的参照比例高于 F_2,但 F_2的比例也接近裁判要点的事实组合($A_1+B+C_1+D+E+F$)的参照比例 80.43%。据此可以推断:F 的具体类型对参照与否的影响不明显。通过在裁判要点的事实框架内进行检验,可以发现,D 和 E 的具体类型会对参照与否造成较大影响,B 和 F 造成的影响较小。

---

① 另有 $A_1+B+C_1+D_1\backslash D_2+E+F$、$A1+B+C_1+D_2\backslash D_3+E+F$ 两种交叉组合,前者指个人体质兼及生理和病理两种类型,共涉及 3 份判决书,如上海市第一中级人民法院(2014)沪一中民一(民)终字第 1571 号,参照比例为 100%;后者指个人体质牵涉病理与精神两种类型,有 1 个案件,为青海省西宁市城东区人民法院(2013)东民一初字第 514 号,参照比例 100%。鉴于案件数量较少,并未纳入正文讨论。

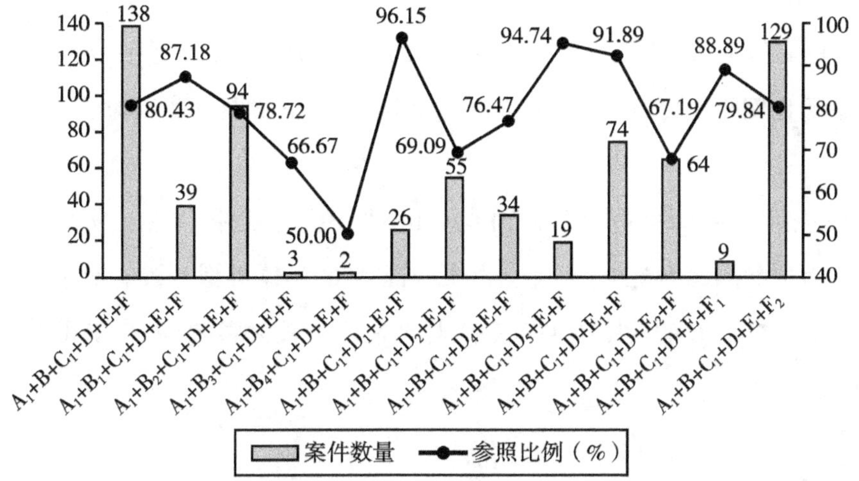

图 3　裁判要点框架内 BDEF 的案件数量与参照比例

2. 在交通事故责任纠纷内检验诸事实要素的影响力

前述检验是在裁判要点设定的事实框架内进行，笔者尝试突破该框架进行验证。考虑到 A_1 之外的样本数量较少且纠纷类型多样，因此，仍以 A_1 为定量，逐个分析 BCDEF 的具体类型对参照与否的影响，即在 205 个交通事故责任纠纷案件中，逐个分析诸事实要素的参照情况（见图 4）。

其一，B 的具体事实类型包括 B_1、B_2、B_3、B_4，所涉案件数量分别为 60 件、136 件、5 件、4 件，参照比例依次为 86.67%、78.68%、80%、75%。在案件数量较多的 B_1 和 B_2 之间，前者的参照比例高于后者，但后者才是指导案例 24 号的具体事实。这印证了前文的推论，即 B 的具体类型并没有对参照与否造成重大影响。

其二，由于裁判要点明确将 C_1 作为事实要件之一，C_1 理应在参照条件中发挥重要作用。对于这一逻辑判断，可以通过横向比较 C_1 与 C_2、C_3 的参照比例进行检验。在 205 份交通事故责任纠纷判决书中，C_1、C_2 和 C_3 的案件数量分别为 138 件、65 件、2 件，C_2 和 C_3 的参照比例分别是 81.54% 和 100%，反而均高于 C_1 的 80.43%。这表明，尽管 C_1 是裁判要点所明确规定的事实要件，但它并没有对参照与否造成决定性影响。据此可推断：裁判要点所明确载明的事实类型在参照条件中并没有起决定性作用。

其三，D 在 205 个案件中呈现出 D_1、$D_1 \backslash D_2$、D_2、$D_2 \backslash D_3$、D_4、D_5 六种型态，分别涉及 34 件、6 件、88 件、1 件、50 件、26 件案件。除了只有 1 个案件的 $D_2 \backslash D_3$ 情形外，D_1 的参照比例最高，为 94.12%，D_2 的参照比例最低，为 76.14%。这再次证明，D 的具体类型对于是否参照

产生了较大影响。

其四，E 的具体类型包括 E_1 和 E_2，各涉及 105、100 份判决书，参照比例分别为 91.43%、70%，E_1 的参照比例明显更高。这也印证了前文推论，即 E 的具体类型对于是否参照产生重要影响。

其五，F 包括 F_1 与 F_2 两种类型，分别涉及 14 件、191 件案件，参照比例分别为 85.71%、80.63%。二者的参照比例差距较小，也再次印证，F 的具体类型并没有对参照与否造成重大影响。统而言之，D、E 的具体类型对参照与否造成了较大影响，B、C、F 的具体类型所产生的影响较小。

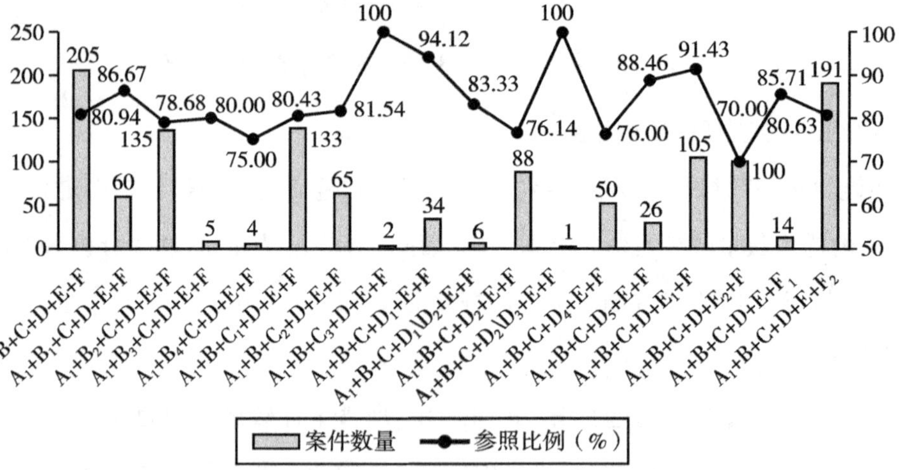

图 4　交通事故责任纠纷框架内 BCDEF 的案件数量与参照比例

综上所述，裁判要点所涉的诸事实要件在参照条件中发挥着不同的影响。个人体质（D）和损害后果（E）的具体类型对是否参照指导案例 24 号影响较大，而其他几个方面的事实则影响较小。然而，裁判要点只表述了 D、E 所涉的事实方面，并没有明确言明它们的具体类型，唯有从裁判理由与基本案情中方能加以提炼。同时，虽然裁判要点明确以受害人没有过错（C_1）为事实要件，但它其实并没有在参照条件中扮演决定性的角色。这表明，法官获取参照条件以决定是否参照时，会从指导性案例的其他组成部分中发现更加具体的事实类型；同时也反映出，裁判要点在表述参照条件时，存在一定的缺陷，导致本该具体表述的事实要件并未得到具体表述，本可抽象表述的事实要件却可能被具体规定，进而使得裁判要点错失焦点。

（三）区分点的获取渠道多元

在 241 份裁判文书中，既援引了指导案例 24 号，又将其与所审案件加以明确区分进而拒绝参照的，仅有15份，其中机动车交通事故责任纠纷9份，医疗损害事故责任纠纷4份，建设工程合同纠纷1份，生命权、健康权纠纷1份（见表3）。判决书所明确指出的本案与指导性案例之间的差异，并以此为理由而拒绝参照适用，可视为是“区分点”。[①] 区分点实际上扮演着消极的参照条件之角色，其功能是识别出相异性进而排除指导性案例的参照适用。透过这15份判决书，可以发现：第一，对于交通事故责任纠纷而言，其区分点包括具体的个人体质类型、损害类型乃至于整个案情，而且，这些区分点无法仅仅凭借裁判要点来识别，必须从裁判理由、基本案情获取甚至通盘考量整个指导性案例；[②]第二，对于其他纠纷而言，法官主要是通过案件性质（纠纷类型）或者受害人过错方面的差异而予以区分，这些区分点可以直接从裁判要点中获取。[③] 裁判要点虽可为法官提供直接明了的区分点，用于区分案情迥异的案件，以资作为拒绝参照的理由；但对于案件性质相同并且达到一定类似程度的案件，裁判要点则无力提供清晰有力的区分点，无法为拒绝参照提供理由。简而言之，作为否定性的参照条件的区分点，其获取渠道呈现出多元化，并不局限于裁判要点，也可能来自基本案情、裁判理由，以及从整个指导性案例进行通盘考虑。

表3　区分点及其获取渠道

纠纷类型	区分点	区分点的获取渠道	判决书数量
机动车交通事故责任纠纷	个人体质的具体类型	裁判理由	2
	损害后果的具体类型	基本案情	3
	整体案情	整个案例	4
医疗损害责任纠纷	案件性质	裁判要点	3
	受害人无过错	裁判要点	1
建设工程合同纠纷	受害人无过错	裁判要点	1
生命权、健康权纠纷	案件性质	裁判要点	1

实证分析的结论足以表明，参照条件并没有完全局限于裁判要点，还诉诸指导性案例的其他组成部分。不论是参照的积极条件，还是消极条件（区分点），裁判要点都并未穷尽。因

① See Raimo Siltala, *A Theory of Precedent: From Analytical Positivism to a Post-Analytical Philosophy of Law*, Hart Publishing, 2000, pp. 73 – 74.

② 因个人体质类型不同而区分的，如浙江省绍兴市中级人民法院（2014）浙绍民终字第642号判决书；因损害后果类型不同而区分的，如黑龙江省齐齐哈尔市铁锋区人民法院（2014）铁民初字第1249号判决书；因整体案情有别而区分的，如河南省汤阴县人民法院（2013）汤民一初字第285号判决书。

③ 例如，在吉林省长春市朝阳区人民法院（2017）吉0104民初3668号一案中，法官认为指导案例24号仅指涉交通事故纠纷，进而拒绝参照；在福建省福州市中级人民法院（2017）闽01民终37号一案中，法官认为受害人对损害的发生有重大过错，因而拒绝参照。

此,在获取参照条件时,除了裁判要点外,尤其需要考虑基本案情与裁判理由。那么,如何从这些渠道获取参照条件呢?

三、指导性案件参照条件的获取路径

获取参照条件的关键问题在于,首先应承认指导性案例的各组成部分均是获取渠道,其次是要明确它们在建构参照条件上所扮演的角色与所拥有的分量。这需要从是否参照指导性案例的思维过程予以展开,因此,有必要先澄清是否参照指导性案例的决策思维过程,进而探讨如何在此逻辑框架中逐步判断是否应当参照,最终呈现参照条件的完整图像。

(一)多维度判断:获取参照条件的基本思路

不论是英美法系,还是大陆法系,判例的适用方法素来是众说纷纭。[①] 在诸多关于先例推理的论述中,其实绞合着"先例推理得以展开的规范基础是什么"和"先例推理的逻辑形式是什么"两个问题,进而产生了两大假象:个案与类比的联姻,以及规则适用与类比的对立。即类比推理只能围绕个案展开,而不能立足于规则;规则只能通过涵摄的方式得到适用,而不能通过类比的方式而适用。最终形成一个误解:遵循先例或者根据判例进行推理,只能是类比。《实施细则》第9条恰恰诱导产生这种误解,因为该条将参照条件表述为"在基本案情和法律适用方面,与最高人民法院发布的指导性案例相类似"。从中可以发现两个具体条件:案件基本事实相类似和所涉法律问题相类似。这种措辞极易让人联想到类比的条件——相似性,因此,不少论著主张参照指导性案例就是一个类比的过程。[②] 其实不然,第9条中的"应当参照"是一种关于指导性案例的拘束力之规定,而不是对指导性案例的推理方式之要求。[③] 此外,对于第9条中"相类似"的表述,也可做如下理解:一方面,相类似为类比适用奠定了合理性基础;另一方面,第9条虽然没有明确规定涵摄的情形,但这并不表明涵摄不被囊括其中,根据当然解释则必然包括涵摄,因为当待决案件与指导性案例相类似时即可参照,更遑论案件与指导性案例相同。当然,此处的"相同"并非要求待决案件和指导性案

① 参见邓矜婷:《确定先例规则的理论及其对适用指导性案例的启示——基于对美国相关学说的分析》,载《法商研究》2015年第3期;杨力:《中国案例指导运作研究》,载《法律科学》2008年第6期。

② 参见冯文生:《审判案例指导中的"参照"问题研究》,载《清华法学》2011年第3期。

③ 参见胡云腾:《打造指导性案例的参照系》,载《法律适用》2018年第14期。

例在所有事实细节上均相同，而是指在关键事实上相同，或者可以为指导性案例的裁判规则所涵盖。

在鉴别指导性案例所提供的规范依据（个案、规则、原则）与指导性案例的适用方法之基础上，便可承认，一个决定是否参照指导性案例的逻辑框架远非单个法律推理方法可以胜任，而毋宁是一个综合运用多种方法的过程。① 这种综合的思维与方法，恰好契合于制定法传统背景下的案例推理。② 结合法律方法理论与司法实践经验，这个思维框架大致可以化约为四个环节：第一步，相关性判断，即判断待决案件与指导性案例之间是否具备相关性，识别出与待决案件相关的指导性案例；第二步，从相关的指导性案例中提取裁判规则，以作为后续步骤的规范基础；第三步，同一性判断，即判断指导性案例与待决案件之间是否在关键事实上相同。基于前一步骤已经建构出裁判规则，此步骤可以简化为判断裁判规则是否可以涵摄待决案件。若是裁判规则可以涵盖待决案件，此时应当参照裁判规则进行审判，并可运用演绎方式进行推理；若是裁判规则无法涵盖后案，则需要进行第四步——相似性判断，即判断待决案件与指导性案例之间是否确实相类似，若待决案件与指导性案例具有确定的相似性，也可参照指导性案例的裁判规则作出判决。

（二）相关性判断：识别相关的指导性案例

寻找与待决案件相关的指导性案例，是参照适用指导性案例的第一步。所谓"寻找"其实是一种判断，即在诸多指导性案例中，判断哪个或者哪些指导性案例与待决案件具有相关性。不过，这种相关性仅仅是初步的，并不能直接产生参照的要求：相关的指导性案例可能在后续的环节中被发现与待决案件之间并不符合参照的条件，导致不被参照适用。但是，如果在该阶段直接被判定为不相关，也就意味着该指导性案例不应被参照适用。相关性判断的正面结果——具有相关性——是继续后续步骤的条件，是参照的前提条件；相关性判断的负面结果——不具备相关性——则可直接排除该指导性案件的参照适用，可视为参照的消极条件。

在本环节，关键问题是找准相关性判断的依据。在现有的指导性案例编撰模式下，其标

---

① 关于方法论综合主义的主张，参见［德］阿图尔·考夫曼：《法律获取的程序——一种理性分析》，雷磊译，中国政法大学出版社2015年版，第16－28页。

② 例如，亚历山大和谢尔雯认为，即便是在普通法传统下，制定法的解释及适用中的先例推理必然是采用规则模式，See Larry Alexander & Emily Sherwin, *Demystifying Legal Reasoning*, Cambridge University Press, 2008, p.229。关于制定法解释与先例推理，See William N. Eskridge, Jr., Philip P. Frickey & Elizabeth Garrett, *Legislation and Statutory Interpretation*, Foundation Press, 2000, pp.276－285。

题、关键词、裁判要点、相关法条均可提供相关性判断的标准。

首先,标题中的案由是重要的相关性判准。指导性案例的标题采用“原告 + 被告 + 案由”的撰写方式,其中案由可以作为相关性判断的标准之一。案由素来是司法审判的重要指示工具,而且最高人民法院已经颁布了各类案由规定。例如,《民事案件案由规定》于 2007 年颁布并于 2011 年修订、2018 年增补,将民事案件案由划分为四个层级。根据案由判断相关性时,若待决案件与指导性案例属于同一个最低层级的案由,可以认定二者存在相关性;若待决案件与指导性案例不属于同一个最低层级的案由,但隶属于同一个直接上级案由,也可认定二者存在相关性;若待决案件与指导性案例既不属于同一个最低层级案由,也不隶属于同一个直接上级案由,则可认定二者不存在相关性。例如,指导案例 24 号的标题明确表明本案所涉案由为“机动车交通事故责任纠纷”,属于三级案由。待决案件若是机动车交通事故责任纠纷,则具相关性;若是医疗损害责任纠纷,[①]则可能具有一定的相关性,因为二者有共同的直接上级案由(侵权责任纠纷);若是建设工程合同纠纷,[②]则没有共同的直接上级案由,因而可以认定不具备相关性。

其次,关键词也可提供一定的指引。指导性案例的关键词大致可以归纳为三类,其一,案例所属法律部门。指导性案例第一个关键词直接表明该案例所属法律部门,如指导案例 24 号的第一个关键词为“民事”,其他指导性案例的第一个关键词涉及“刑事”“行政”“行政诉讼”等。其二,案例的关键事实特征。通常至少有一个关键词标识案情的重要特征,如指导案例 24 号为“交通事故”。其三,案例所涉的核心法律问题。通常至少有一个关键词标明案例所涉的法律问题,如指导案例 24 号为“过错责任”,其他指导性案例涉及“十倍赔偿”“人格混同”“连带责任”等。关键词可以为判断待决案件与指导性案例是否相关提供线索,当待决案件与指导性案例在案件事实和法律问题的关键词方面有共性时,二者之间便可能存在相关性。

再次,相关法条也有一定的指引功能。法律适用者可通过相关法条顺藤摸瓜式地发现相关指导性案例。同时,相关法条的规范领域之大小,将会影响相关性判断的范围。例如,

---

① 在本文搜集的 7 份援引指导案例 24 号的医疗损害责任纠纷的判决书中,有 3 份是因为案由不同而被区分,进而拒绝参照适用。这 3 份判决书为:河南省南阳市中级人民法院(2016)豫 13 民终 691 号,山东省泰安市中级人民法院(2017)鲁 09 民终 288 号,吉林省长春市朝阳区人民法院(2017)吉 0104 民初 3668 号。

② 本文样本数据中,有 1 份援引指导案例 24 号的建设工程合同纠纷的判决书,即福建省福州市中级人民法院(2017)闽 01 民终 37 号。法院最终没有参照适用,但其理由是受害人对损害的发生有重大过错。

指导案例24号的相关法条是《侵权责任法》[①]第26条和《道路交通安全法》第76条第1款第2项，前者是一个概括性条款，后者是具体的规则，那么根据前者作出的相关性判断的范围将比后者更广。

最后，裁判要点可提供更为具体的指引。如果待决案件与裁判要点中的事实陈述具有类似性，即可判断二者之间存在初步的相关性。判断依据越抽象，判断结果的范围就越宽泛；判断依据越具体，判断结果的范围就越狭小。相对而言，相比于前三种判断依据，裁判要点最为详尽，其结果最为精确。尽管笔者不同意部分论著将参照条件完全托付于参照要点的观点，但裁判要点对于参照条件的获取具备基础性的作用，笔者并不反对将裁判要点作为相关性的判断标准，而是反对将之与指导性案例的裁判规则相等同，也即质疑裁判要点对参照条件的垄断地位。就指导性案例的编写角度而言，裁判要点是最高人民法院从指导性案例中提炼出来的裁判规则。[②] 但实践表明，它其实无法完全胜任，因此，才有必要在裁判要点的基础上构建更为完整与适当的裁判规则。

（三）规则的提炼：基于裁判要点完善裁判规则

裁判要点之所以不足以单独决定参照条件，其缘由是多个方面的。其一，裁判要点的技术缺陷，即裁判要点可能归纳得不够准确。[③] 司法实践表明，受害人体质和损害后果的具体类型如何，对是否参照指导案例24号的影响较大。但裁判要点只是抽象地表述这些事实，并未细化为个人生理因素和直接损害后果。这两个事实类型的获取，要从指导性案例的裁判理由和基本案情中提炼。法官在决定是否参照适用指导性案例时，不单单将眼光局限于裁判要点，而是将整个指导性案例纳入考量中，以此弥补裁判要点的不准确性。其二，裁判要点的理论缺陷，即裁判要点内在地无法对案例所涉及的实质问题予以完美地解答。指导性案例涉及一些深层次的制度沉疴与疑难问题，指望通过编写裁判要点的方式而加以完美地解决，是不切实际的。因为其中所涉及的疑难问题多为争议性问题，理论界与实务界并未达成普遍共识。倘若径直以裁判要点的方式盖棺定论，显得过于仓促与武断，容易招致批评与质疑。以指导案例24号为例，在侵权法理论中，受害人特殊体质、损害以及因果关系的具

① 现为《民法典》第1173条。

② 参见胡云腾、吴光侠：《指导性案例的编选标准》，载《人民司法》2015年第15期。大陆法系国家的判例制度普遍专门撰有裁判要旨，大多是对裁判规则的提炼，参见杨力：《中国案例指导运作研究》，载《法律科学》2008年第6期；何家弘主编：《外国司法判例制度》，中国法制出版社2014年版，第182页。

③ 参见吴建斌：《指导性案例裁判要点不能背离原案事实——对最高人民法院指导案例67号的评论与展望》，载《政治与法律》2017年第10期。

体类型对损害赔偿责任的影响程度,尚存在较深的理论分歧,甚至具备“本质上可争议”的特征,因此,裁判要点表述为“体质状况对损害后果的影响”,则显得有些贸然。其三,裁判要点的制度缺陷,即指导性案例完全“裁判要点化”,会失去判例自身的独特性。[①] 若是法官们只能根据裁判要点进行判断的话,那么,指导性案例就退回到司法解释的老路子,失却其判例的特性。指导性案例相比于司法解释,其独特性就在于能给法官更多的线索与指引。

作为案例编选部门为提取裁判规则而努力的结果,裁判要点一般不会出现大是大非的毛病,往往是存在归纳得过宽或者过窄的不足。[②] 鉴于此,法官在决定是否参照时,既不应被裁判要点完全束缚,更不可无视裁判要点,而应在裁判要点的基础上构建更加适恰的裁判规则,以弥补裁判要点所存在的缺陷。以裁判要点为裁判规则的基本框架,指导性案例的其他组成部分则作为不断完善裁判规则的素材,其中指导性案例所列的相关法条可划定裁判规则所属的法律范畴,基本案情部分可以提供最详尽的事实细节,裁判理由部分主要呈现推理逻辑和论证理由。至于裁判规则的表达结构,可以借鉴法条的“构成要件→法律效果”的陈述形式,采用“事实要件→裁判结果”的模式。[③] 裁判结果比较容易被辨识与提取,事实因素则较为复杂,需要从基本案情与裁判理由中进行挖掘。这以承认可以从其他组成部分获取裁判规则为前提,而不是将眼光囿限于裁判要点。不过,这个过程中仍面临两个难题:其一,在裁判规则的诸事实要件中,是否存在关键事实?如果存在,如何识别出关键事实?其二,如何妥当地陈述裁判规则的事实要件,以保证其概括性达到合理的程度?这两个问题也是判断指导性案例与待决案件是否具备同一性的切入点。

(四)同一性判断:裁判规则涵摄待决案件

从指导案例 24 号的司法实践来看,在决定是否参照时,个人体质和损害后果的具体类型比其他事实因素发挥着更大的影响力。就指导案例 24 号所涉的侵权法理论问题而言,个人体质、损害后果及其因果关系也理应决定损害赔偿责任是否可以减轻。因此,实践与理论均显示,在裁判规则的诸事实要件中确实存在关键事实。关键事实必须是指导性案例所认定的事实,还应是得到裁判结果所必需的事实与证成裁判结果所应有的理由。关键事实的识别,应针对不同类型的指导性案例有的放矢。从法律方法论的角度出发,可以判断出指导性案例的主旨是要解释法条、价值补充抑或填补法律漏洞,进而可以将指导性案例划分为解

---

① 参见冯文生:《审判案例指导中的“参照”问题研究》,载《清华法学》2011 年第 3 期。

② 参见孙光宁:《指导性案例裁判要旨概括方式之反思》,载《法商研究》2016 年第 4 期。

③ 参见[德]卡尔·拉伦茨:《法学方法论》,陈爱娥译,商务印书馆 2003 年版,第 133 页。

释型、补充型、填补型三类。[①] 若是解释型案例，提取关键事实应以相关法律条文为参照系，从有利于理解相关条文中的难点问题的角度进行提取，例如指导案例11号"杨某某等贪污案"属于对《中华人民共和国刑法》(以下简称《刑法》)第382条第1款进行解释，尤其强调对其中"利用职务上的便利"和"公共财物"的理解，因此，涉及这两个概念的事实就属于关键事实。若是补充型案例，提取关键事实则应注重对理解抽象概念具有典范意义的事实类型，例如指导案例12号"李某故意杀人案"，该案涉及对《刑法》第50条第2款的理解，其中对法条中"等"这一兜底语词进行具体化而涉及的典型事实就属于关键事实，对于类似案件的审理具有指导意义。若是造法型案例，识别关键事实应着眼于导致判决结果的事实，并可结合所列的相关法条与指导案例本身所运用的法律方法加以判断。例如，指导案例77号对《行政诉讼法》第12条第6项中"不予答复"进行了目的论扩张，创造性地将"告知性答复"纳入行政诉讼的受案范围，因此，这一典型事实理应是关键事实。

第二个难题在于，在识别关键事实之后，如何表述这些关键事实呢？这个问题之所以重要，是因为这些事实被表述得抽象抑或具体，牵涉到参照条件的严格程度，即越抽象的表述将会产生越宽松的参照条件及越宽泛的指导范围。倘若将提取的关键事实予以抽象的表达，那么待决案件有可能在裁判规则所设置的事实框架内；倘若将提取的关键事实予以细节化的表达，那么待决案件完全可能超脱于裁判规则所设置的事实框架。以指导案例24号为例，骨质疏松是案件的关键事实，但裁判要点将其表述为"个人体质"则有失精确，显得过于宽泛。[②] 如果依据"个人体质"判断是否应当参照，其指导范围就远远大于骨质疏松的范围。但单纯以指导性案例所涉及的事实细节来表述裁判规则也不足取，因为这将使得裁判规则过于琐细，无法为未来的相同或者相似案件提供合理的指导。为了避免过宽或者过窄，应尽量在案件事实细节与抽象概念之间达成平衡，可考虑以"类型"来表述裁判规则的事实要件。类型是结合经验而作出的理性建构，确立起一定程度的通则性。[③] 这种有限的通则性正是其特殊性所在，使其构成"普遍与特殊之中点"，成为"一个特殊中的普遍者"，而且，使其外延

---

① 指导性案例的类型化借鉴了法律方法的类型划分，参见杨仁寿：《法学方法论》，中国政法大学出版社2013年版，第135－137页。关于指导性案例的其他分类方式，参见资琳：《指导性案例同质化处理的困境及突破》，载《法学》2017年第1期；瞿灵敏：《指导性案例类型化基础上的"参照"解读以最高人民法院指导性案例为分析对象》，载《交大法学》2015年第3期；雷磊：《指导性案例法源地位再反思》，载《中国法学》2015年第1期。

② 参见孙光宁：《司法实践需要何种指导性案例——以指导性案例24号为分析对象》，载《法律科学》(西北政法大学学报)2018年第4期。

③ 参见胡玉鸿：《韦伯的"理想类型"及其法学方法论意义——兼论法学中"类型"的建构》，载《广西师范大学学报》(哲学社会科学版)2003年第2期。

界限保持弹性开放,给个案的审判留下裁量的空间。① 例如,指导案例24号既不应直接将骨质疏松作为裁判规则的事实要件,也不应抽象化为个人体质,而可表述为"个人生理因素"。此种类型化的表达,将个人病理因素、精神因素排斥在外,更加准确地限定了这项参照条件,避免导致指导范围泛化,也避免引起较大的理论争议,因为当前学界与实务界对于生理体质因素不减轻侵权责任的大小存在共识,但是对于病理体质因素、精神因素能否影响损害赔偿范围则存在较大争议。②

指导性案例该如何应对这些深层次的理论分歧呢?在案例指导制度的初创阶段,指导性案例不应在存在重大理论分歧的领域介入过深,不应以"毕其功于一役"的思维来终结其间的理论争辩。否则的话,既会使得指导性案例的参照条件徒增不确定性,也可能激起对指导性案例的正当性之质疑。基于现实主义的考虑,现阶段指导性案例应侧重于总结现有审判经验,寻找当下司法审判的最大公约数,即尽可能地通过寻求理论与实践在争议问题上的共识,以促进对法律的共同理解与统一适用。③ 这种共识是一种桑斯坦式的"未完全理论化的共识"(incompletely theorized agreement),试图在一些存在深层分歧的领域达成有限的共识。④ 类型化作为对指导性案例的裁判规则的建构方式,既保持着相对节制的司法姿态,又能够为完善法律体系而积累元素。

综上,裁判规则的事实部分应是类型化的关键事实,倘若待决案件具有这些事实,就可认定指导性案例与待决案件之间具备同一性,进而将裁判规则涵摄适用于待决案件。

(五)类似性判断:因确定类似而参照适用

尽管待决案件无法为裁判规则所涵盖,但可能因与指导案例存在高度类似性,进而可以类比适用裁判规则。此种情形下,参照条件其实为类比适用指导性案例的条件,即确定的类似性。⑤ 如何判断待决案件与指导性案例之间存在确定的类似性呢?

首先要选定一个比较点,裁判规则可以担当此责。比较点应是一个可普遍化的标准,要

---

① 参见[德]亚图·考夫曼:《类推与"事物本质"——兼论类型理论》,吴从周译,学林文化事业有限公司1999年版,第111-113页。

② 参见徐银波:《侵害特殊体质者的赔偿责任承担——从最高人民法院指导案例24号谈起》,载《法学》2017年第6期。

③ 部分指导性案例主要是总结审判经验,参见胡云腾、吴光侠:《指导性案例的编选标准》,载《人民司法》2015年第15期。

④ See Cass R. Sunstein, *Legal Reasoning and Political Conflict*, Second Edition, Oxford University Press, 2018, p.35.

⑤ See Frederick Schauer & Barbara A. Spellman, *Analogy, Expertise, and Experience*, The University of Chicago Law Review, Vol.84, No.1, 2017, p.253. 而且,可以为类比推理提供正当性理由的是确定的类似性而非初步的类似性,在笔者看来,初步的类似性属于相关性。关于类似性的二层结构,参见王彬:《案例指导制度下的法律论证——以同案判断的证成为中心》,载《法制与社会发展》2017年第3期。

有能力为两案之间确实相类似提供坚实的理由基础。[①] 裁判规则是从指导性案例提炼的标准,并以类型来陈述事实要件,具有适度的普遍性。至于判断类似性的具体方法,存在两种可能的路径:单向路径与双向路径。所谓单向路径,是只比较裁判规则与待决案件之间的相似因素,只要类似性达到一定的程度即可进行类比推理;[②]而双向路径是指,在比较裁判规则与待决案件之间的相似因素与相异因素的基础上,再较量相似程度与相异程度,若是相似性占据上风,则可以类比,若是相异性更占优势,则不可类比。[③] 比较的结果通常是,待决案件只符合裁判规则的若干事实要件,并不符合全部的事实要件。此时,单向路径将专注于相似的事实因素具有多大程度的重要性,以作为是否具有确定类似性的直接判准。这在类比推理的诸多理论陈述中,被称为"相关相似性",[④]或者谓之具有"重要性质"的相似性,[⑤]抑或"与法评价有关的重要观点上相互一致"[⑥]。单向路径的这两种方法对于不同的指导性案例各有优势,第一种方法契合于关涉法律责任成立与否的裁判规则,可用于"排除法"式的判断,即当待决案件并不满足裁判规则中决定性的事实要件时,就不应科予法律责任;第二种方法是一种"加法"式的判断,适合于关涉法律责任范围的裁判规则。双向路径其实是一种权衡模式,是"先加后减"式的判断方法,更契合于价值补充型的指导性案例。然而,单向路径与双向路径并非两种决然对立的思路与操作方式,反而可以相互补充:首先,双向路径可以作为确定类似性的兜底条件,即两个案件之间的相似性高于相异性,是断定二者之间存在确定的类似性的前提条件,但仅凭这一点并不足以下最终结论,因为完全有可能相似性仅仅略高于相异性;其次,单向路径可以为确定的类似性提供新的判断条件,例如,必须满足某些必备事实要件或者相似性值必须达到某个阈值,才能最终认定存在确定的类似性。

沿着此种综合思路,同一性判断与相似性判断均是从裁判规则的事实要件切入,只是门槛不同:涵摄须以待决案件符合裁判规则的事实要件为条件,类比是以待决案件与事实要件高度一致为条件。相似性判断倾向于权衡模式,在相似与相异之间反复比较的同时,也应结合指导性案例的类型而有针对性地判断。对于解释型指导性案例而言,它是对现有法律规

---

① 参见[德]阿图尔·考夫曼:《法律获取的程序——一种理性分析》,雷磊译,中国政法大学出版社 2015 年版,第 50 -55 页。

② 参见吴从周:《民法上之法律漏洞、类推适用与目的性限缩》,载《东吴法律学报》2006 年第 2 期。

③ 参见[美]史蒂文·J.伯顿:《法律和法律推理导论》,张志铭、解兴权译,中国政法大学出版社 1998 年版,第 35 -38 页;陈景辉:《规则的扩张:类比推理的结构与正当化》,载郑永流主编:《法哲学与法社会学论丛》,北京大学出版社 2010 年版,第 172 页。

④ [美]弗里德里克·肖尔:《像法律人那样思考:法律推理新论》,雷磊译,中国法制出版社 2016 年版,第 104 -106 页。

⑤ 参见杨仁寿:《法学方法论》,中国政法大学出版社 2013 年版,第 198 页。

⑥ 参见[德]卡尔·拉伦茨:《法学方法论》,陈爱娥译,商务印书馆 2003 年版,第 258 页。

定的解释,若是对其中某个事实要件的解释非常严格以至于具有排他性,那么,是否符合这个事实要件则可成为是否类似的决定性指标;对于价值补充型案例而言,由于它志在对法律中的原则性规定加以具体化,且这种具体化往往并非穷尽式的,常是提供具体化的范例,因此,它自身并没有排斥该抽象规定可能具体化为其他事实,相似性判断可采取更加宽松的态度;对于填补型指导性案例而言,它是对法律漏洞的填补,而且其填补的领域通常是较为狭窄的,因此,其相似性判断应抱持更加谨慎的态度,采取更加严格的标准。

我国指导性案例的适用以及整个案例指导制度的未来走向,注定会牵涉到案例制度本身的理论根基。以指导案例 24 号为例,它可以看作是对《侵权责任法》第 26 条的具体化,指向的实质问题是损害赔偿责任能否因个人生理因素对损害有直接影响而得以减轻。在判断待决案件与它是否相类似时,其边界何在,是仅可适用于机动车道路交通责任纠纷,还是可以延伸至其他侵权责任纠纷,甚至蔓延到刑事责任领域。因为这些法律责任范围问题也可能存在个人体质对损害造成影响的情形。这些问题的回答,既牵涉到法律责任的基础问题,也关系到对案例指导制度的功能定位。

结　语

参照条件的获取应以整个指导性案例为素材,进行全方位的审视与判断。在获取渠道上,指导性案例的参照条件不应局限于裁判要点,而应放眼于整个指导性案例,以裁判要点为基础建构更加适恰的裁判规则,以之作为参照条件的重要依据。在获取方法上,参照条件的获取需要进行多层次的判断,以抽绎出完整的参照条件体系。获取过程应注意层次性,鉴别待决案件与指导性案例之间的诸种关联,准确厘清相关性、同一性与类似性之间的联系与差别。指导性案例的参照条件是,可以为指导性案例的裁判规则所涵盖,或者虽然无法被裁判规则所涵盖但与指导性案例之间具有确定的类似性。不参照的情形是,待决案件与指导性案例之间不具有相关性,以及待决案件无法被指导性案例的裁判规则所涵盖且二者之间不具有确定的类似性。不论是指导性案例所涉实质问题中的价值分歧,如指导案例 24 号所呈现的法律责任的理性基础与公平承担,还是参照条件获取过程中不可回避的价值判断,如裁判规则的提炼、确定类似性的判断等,最终都牵涉对指导性案例所涉实体法问题的价值立场和对案例指导制度的功能定位。追寻指导性案例适用过程中价值判断的融贯性,应是未来理论研究与司法实践的共同目标。

《囧妈》跳动

——网络首映背后的法律和政策问题

凌 斌

内容摘要：《囧妈》成为“历史首部网络在线免费首播的春节档热门电影”，引发院线和影院的激烈批评，谴责片方行为导致其经济利益受损，违反关于电影播映窗口期的行业规则，不利产业发展，因而提出了一系列重要的法律问题。就经济损失而言，院线和影院主张的预期利益和信赖利益缺乏坚实的合同基础，很难获得法律的救济。关于影片播映窗口期的行业规则，已然转变为可供片方自由选择的合同约定，属于市场行为，同样没有第三方干预的法律基础。《囧妈》事件因此构成了中国电影产业新一轮的改革契机，有待更深层次、更大范围的电影产业供给侧结构性改革。

关 键 词： 播映窗口期　电影院线制　信息网络传播权

作者简介： 凌斌，北京大学法学院教授、博士生导师。

感谢陈若英、高帆、葛云松、李富成、王亚西、赵楠、张韬等师友的批评指正。

论　　纲：

一、《囧妈》事件的法律争议

新春将至,武汉封城。农历腊月二十九(2020 年 1 月 23 日),春节档 7 部电影全部宣布撤档,一众影院暂停营业。"众志成城,共克时艰"之语,不免显出一丝悲壮。然而仅仅一天之后,农历大年三十(2020 年 1 月 24 日),各大媒体纷纷报道,原本已经宣布撤档改期的电影《囧妈》,将于大年初一(2020 年 1 月 25 日)零点起,在抖音、西瓜视频、今日头条、欢喜首映上免费上映。按照业内的说法,《囧妈》成为"历史首部网络在线免费首播的春节档热门电影"。[①]

当天下午,标题为"浙江省电影行业关于电影《囧妈》网络首播的声明"(以下简称声明)在网上发布,谴责《囧妈》绕开院线在网络首播"是一种破坏行业基本规则的行为""给全国影院带来重大损失",是"为了维护自身而不管他人利益的失信行为""凭一己之私,置他人利益而不顾,在特殊时期,采取特殊方式,绑架民意",提出"希望欢喜传媒停止电影《囧妈》互联网首播",否则"浙江电影行业后续对欢喜传媒及徐峥出品的电影作品予以一定程度上的抵制"。

同日,30 家院线联名提出"关于提请主管部门规范电影窗口期的紧急请示"(以下简称请示),措辞就更为激烈和严厉。其指责电影《囧妈》互联网免费首播"是对现行中国电影产业及发行机制的践踏和蓄意破坏,会起到破坏性的带头作用""明显违背了全球通行的电影行业规则,违背公平竞争的市场原则,将对整个中国电影产业的健康发展造成极为不利的影响"。也就是说,相比于声明强调影院的利益损失,请示将之上升到了事关行业秩序和产业发展的高度。因此,请示不仅和声明一样提出联合抵制私力救济和保留追诉权利这类民事救济,而且诉诸国家的行政干预:呼吁国家电影局一是"紧急叫停欢喜传媒电影《囧妈》互联网免费首播的行为,并在行业内进行听证论证",二是"取缔电影院以外各类'零窗口期'的放映模式,明确各类放映终端与院线影院放映内容之间窗口期界限,特别是严加监管初始报批立项为院线电影的影片的网络播放窗口期,完善行业规范制度"。此外还进一步警告

---

① 参见《比〈囧妈〉还囧!这个春节,徐峥得罪了全国电影院》,载每日经济新闻,http://www.nbd.com.cn/articles/2020-01-25/1402801.html,2020 年 2 月 9 日访问。

其他制片公司:“今后若出现类似情形,对于此类影片的片方,院线公司将拒绝与其的所有合作。”

声明和请示一出,原本的娱乐问题就成了法律问题。头条系、欢喜传媒的这一波操作可谓天时地利人和,但不可能总有这么好的局面。官方暂时没有表态,也不会一直沉默不语。何况按照欢喜传媒的公告,这次的行动并非一锤子买卖,还有和字节跳动两阶段的中长期合作。①

如今,影院陆续恢复营业,而当初留下的问题还尚未回答。值得严肃讨论的是,院线主张的利益损失是否可以获得法律救济,所谓的“破坏行业基本规则”究竟是破坏了什么规则,是否有权“提请主管部门规范”?其提出的“抵制”和“封杀”措施是否具有法律依据,本身又是否符合国家法律的相关规定?以及,依照《电影产业促进法》等现行法律规定和未来的《文化产业促进法》草案精神,应当以怎样的法律规则促进电影和文化产业的持续发展?

二、经济损失与民事救济

院线炮轰《囧妈》,明确提出的理由有三:一是经济利益受损,二是违反行业规则,三是不利产业发展。我们先来看院线和影院的经济损失何在。

按照声明和请示中院线和影院的说法:“时值当下疫情防控的关键时期,全国人民众志成城,上下一心,共克时艰。特殊时期,电影行业顾大局、识大体,春节档影片集体撤档以后,全国影院积极配合疫情防控,为了观众安全和电影产业后续健康发展,纷纷选择歇业,容受着巨大的经济损失却无怨无悔。”但是,影院歇业这个“巨大的经济损失”实际上包含了两部分内容:一是期待利益,二是信赖利益。

院线的盘算在于,疫情总要过去,之后“影片完全可选择适当时期上映,继续享有其经济权益”。若能如此,如果所有片方和导演都能达成和信守这个默契,那么通过票房分账,院线和影院就可以至少是部分上挽回这部分损失。这是院线和影院在疫情结束后本可得到的期待利益。与院线和影院的期待利益相对,院线向片方和导演明确主张的另一个经济损失,是

---

① 参见《欢喜传媒与字节跳动全面战略合作,打造高质量长视频网络平台》,载微信公众号“欢喜首映”2020 年 2 月 9 日,https://mp.weixin.qq.com/s/Ft9vLDKteuOa3TTHx0do2w。

基于前期投入而主张的信赖利益。这个信赖利益，相比于前一个账面上的“巨大的经济损失”，已经变成了无可挽回的真实代价。对此，声明代表“浙江电影行业2万余名从业人员”，同时也为“全国影院”代言，矛头直指欢喜传媒。强调“电影《囧妈》前期目标就是电影院，全国影院为了电影《囧妈》做了宣传，电影院是主要宣传阵地”“全国影院为电影《囧妈》放映也投入相当大的费用，此次‘《囧妈》行为’，给全国影院带来重大损失”。请示的对象虽然是国家电影局，但也针对欢喜传媒和导演徐峥提出“院线公司及旗下影院保留对欢喜传媒违反《影片分账发行放映合同》，擅自单方面变更《囧妈》为互联网免费首播所造成损失的追诉权利”。总结起来，声明和请示明说的损失有二：一是认为《囧妈》原本是一部“院线上映电影”，影院投入了前期宣传费用，这些信赖利益应当得到补偿；二是院线和影院也因此应当享有后期票房收益，而“欢喜传媒单方面违反《影片分账发行放映合同》，绕开传统院线影院网络在线免费播映”，导致其期待利益受损。

如果仅仅是信赖利益或期待利益受损，充其量是个民事问题，还不至于“提请主管部门规范”。从院线的主张看，没有提出侵权法和反不正当竞争法的诉求，主要是个合同问题。而合同问题要看合同双方的具体约定。即便存在违约，也是一个违约赔偿的问题，且不说还有不可抗力的因素。通过北大法宝这类法律文献检索系统，的确可以查到影片分账发行放映合同，[①]虽然看不到双方约定的具体条款，但是不论如何，这只是双方之间的合同约定，而非约束全行业的行业规范。

那么，院线和影院主张的信赖利益和期待利益能否成立呢？这里首先要做一个澄清。通常来说，在违约损害赔偿的计算方式上，是按照期待利益来赔偿；只有在期待利益难以计算时，才按照信赖利益来计算损害赔偿额。也就是说，两者不能同时主张。由于疫情暴发、影片撤档，影片的上映已经无限期推迟，因此院线和影院主张期待利益，很难有确凿的证据。就算疫情结束后其他影片复映都取得了极佳的票房成绩，也很难证明《囧妈》可以有同样的收益。更何况，还要考虑从撤档到复映的漫长等待期充满了不确定性。合理的预期收益要把这个不确定性计算在内，很难能有太高的估计。从期待利益的角度主张违约损害赔偿，获得法院支持的可能性很低。

而就信赖利益而言，院线和影院在前期宣发中的损失是显而易见的。但是，能否向片方主张损害赔偿却是另一个问题。这还要看各方之间的合同关系。就本次事件而言，实际上

---

① 参见电影片分账发行放映合同，载北大法宝，https://www.pkulaw.com/，2020年2月9日访问。

包含了两组合同关系。一组是制片方和发行方的合同,另一组是发行方和放映方的合同。从合同相对性而言,院线和影院主张的信赖利益,应当诉诸的是影片的发行公司,而不是制作公司。一部影片最终在电影院公映,是先由拥有电影版权的片方通过发行代理协议授权发行公司,再由发行公司与院线和影院协商排片档期和前期宣传。从目前的报道来看,本案的发行公司是横店影视。因此,院线和影院要打官司,直接的苦主应该是横店影视,不是欢喜传媒。院线和影院作为放映方,可以向发行公司横店影视请求赔偿"影院为电影《囧妈》放映投入的相当大的费用"。但是,放映方能否向制片方主张权利,以及发行方能否向制片方主张,都需要再看发行方与制片方之间的合同约定。

如果基于合同约定,发行方(比如横店影视)有权向制片方(比如欢喜传媒)主张损害赔偿(比如双方约定由制片方承担宣发费用),那么,这时的确可能出现这样的逻辑:横店影视对与其签约放映影片的各个院线和影院构成违约,应当赔偿院线和影院的宣发损失;而横店影视的赔偿责任,又因欢喜传媒的违约造成,所以横店影视有权要求欢喜传媒赔偿同等金额;进而,横店影视可以将其对欢喜传媒的违约损害赔偿请求权转让给院线和影院,或者院线和影院基于债权人代位权而直接向欢喜传媒主张权利。

但是,如果发行方基于合同约定无权向制片方主张权利,那么放映方就也没有这个权利。本案就属于这种情形。这就要说到电影发行的一种特殊方式:保底发行。保底发行是电影的发行方和版权方(即通常所谓"片方")就票房保底达成协议,由发行方对片方达到一定票房的承诺,支付保底代价和宣发费用。相应的发行代理合同也被称为保底协议。因为协议的核心是双方对赌票房高低,这种保底发行也被称为"对赌协议"。实际上是一种风险分摊机制,在普遍看好影片预期收益的情况下,由保底方承担主要风险。比如本次《囧妈》事件,从欢喜传媒 2019 年 11 月 7 日有关电影保底发行协议的信息披露来看,其关联公司欢欢喜喜于 2019 年 11 月 7 日与"保底方"即横店影视就《囧妈》电影订立一份保底发行协议,授权横店影视独家在中国及港澳台地区城市院线影院发行该电影。双方约定保底票房为人民币 24 亿元,授权横店影视需要最少支付保底发行代价人民币 6 亿元。若《囧妈》的实际票房超出保底总票房,除以上提及之保底发行代价外,双方可就超出保底总票房的票房部分,按该电影的影片净收入的比例分配:欢欢喜喜为 35%,横店影视为 65%。同时横店影视承担 1.5 亿元预算宣传及发行费用。

这样看来,影片撤档、无限期推迟,原本受损的首先是横店影视。因为按照保底发行协议,是横店影视而非欢喜传媒承担全部宣发费用,并且承担票房保底失败的风险。其结果是院线和影院有权要求横店影视赔偿损失,但横店影视无权向欢喜传媒主张权利,因此院线和影院也无权向欢喜传媒主张权利。也就是说,请示所说的追诉权利——"院线公司及旗下影院保留对欢喜传媒违反《影片分账发行放映合同》,擅自单方面变更《囧妈》为互联网免费首播所造成损失的追诉权利"并不存在。从声明的写法来看,以"浙江电影行业 2 万余名从业人员"落款,动辄以"全国影院"为名,多少有些挟持民意、"拉大旗作虎皮"的意思,尽管确实可以起到引起总局关注,防止出现"《囧妈》第二"的作用,但无助于从法律上获得救济。从欢喜传媒发布的有关终止电影保底发行协议中的信息披露来看,是其董事会决定,由于《囧妈》不能如保底发行协议约定于 2020 年大年初一首映,因而依照先前保底发行协议条款的约定,终止保底发行协议。片方是否有权因春节档撤档而终止保底发行协议,还要看合同约定,这里不得而知。欢喜传媒当然可以主张不可抗力,从而中止以至解除对赌协议。但是由此产生的损失双方如何分担,也还要看合同约定。如果合同没有约定,就商业惯例而言,的确可以双方协商分担损失,但是这就和作为第三方的院线和影院没有直接的关系了。

欢喜传媒在这波操作中股价大涨,字节系视频平台口碑和市场双赢,徐峥导演和一众片方人员也各有所得,全国观众欢度新春。[①] "皆大欢喜"之外,只有院线和影院血本无归。两相对比,其情可悯。理想而言,欢喜传媒如果能够从《囧妈》的版权收益中给横店影视和相关院线影院分一杯羹,对整个电影行业无疑是雪中送炭。欢喜传媒如果着眼于自身和行业的长期利益,也应该有此考虑。但这毕竟是人情,而非义务。这更不是对欢喜传媒和徐峥导演口诛笔伐、甚至"叫停""抵制"的合理乃至合法依据。否则,如果院线坚持《囧妈》推迟档期后依然在影院放映,一旦没有达到 24 亿元的对赌目标,这些提出请示的院线影院是否要赔偿片方和发行代理公司?难道所谓"行业基本规则"就是院线和影院必须赚钱,不论他人死活?显然也没有这个道理。难怪院线那边又是痛斥又是控诉,《囧妈》还是如期上映。总之就经济损失而言,本次事件主要是合同双方之间的民事纠纷,没有要求国家电影局"紧急叫停"的权利。要提请公权干预,还必须诉诸经济损失之外的公共利益。

---

① 参见《比〈囧妈〉还囧!这个春节,徐峥得罪了全国电影院》,载每日经济新闻,http://www.nbd.com.cn/articles/2020-01-25/1402801.html,2020 年 2 月 9 日访问。

三、行业规则与播映窗口

这就必须说到声明所谓的“行业基本规则”和请示进一步提到的“全球通行的电影行业规则”究竟是什么呢？两者都讲了三点，其实还是一个，就是《囧妈》原本是“院线上映电影”或“院线电影”，因此只能首先在院线播映，不能“绕开传统院线影院网络在线免费播映”。这就是业内所说的电影的“播映窗口期”（release windows）。

法律规定并没有所谓“院线上映电影”和“院线电影”的概念。影片发行放映的公映许可证没有限定在影院上映。实际上，这些年拿了“龙标”之后直接登录网络平台的电影越来越多。借助北大法宝全文检索这两个关键词，前者搜索结果为零，后者在与电影有关的全部4443篇法律法规中，只提及两次，而内容和争议问题毫无关联——所谓“全球通行”的“行业基本规则”，并没有国家立法的支持。之所以强调“院线上映电影”和“院线电影”，声明自道，是院线和影院希望维持和巩固“影院与其他放映终端之间的正常壁垒”，不能“对电影观众造成分流，破坏中国电影市场多年建立起的受众基础”。也就是说，这个“全球通行”的“行业基本规则”，其实是院线和影院维护其排片权力和票房收益的“壁垒”。

这就必须提到声明中所说的“中国电影发行放映协会、中国制片人协会对院线电影窗口期专门作了明确要求”。2019年4月16日，《关于影片进入点播影院、点播院线发行窗口期的公约》（以下简称《公约》）出台，明确要求点播影院、点播院线的影片窗口期为影片在电影院线首轮上映档期的两倍。这就是院线和影视主张的行业依据。这个依据，是分别代表电影产业下游和上游的两大协会，关于电影发行放映渠道分配达成的一个协议。

全部《公约》有7条，制定的目的是“为严格规范市场秩序，提高综合版权收益”（第1条）。要求“中国电影制片人协会、中国电影发行放映协会全体会员将本公约相关内容纳入与合作方签订的业务合同”（第3条），规定“对于违反本公约的会员单位，由行业协会进行通报，并按行业协会章程进行处理”（第4条）。同时“邀请行业相关业务其他机构和人员加入本公约”（第5条），“欢迎社会各界对本公约的实施进行监督”（第6条）。《公约》最为核心的条款，无疑是第2条：“点播影院、点播院线的窗口期实行以下约定：窗口期为影片在电影院线首轮上映档期的2倍（即：若一部影片在电影院线首轮上映档期为1.5个月，点播影院、院线的窗口期为1.5×2=3个月；若一部影片不上电影院线，档期视为0月，点播影院、

院线的窗口期为 $0 \times 2 = 0$ 月,可以直接进入点播影院、院线)。”同时规定,“电影院线的首轮上映档期由电影版权方决定”。这意味着,一方面,如果片方(《公约》中所谓“电影版权方”)选择在电影院线首轮上映,就要到首轮上映档期两倍时间之后才能在点播影院和院线上映。另一方面,如果片方选择首轮上映档期为0,则“可以直接进入点播影院、院线”。主动权是在片方。

本次《囧妈》事件就属于后一种情况。所以哪怕是按照院线所说的,“中国电影发行放映协会、中国制片人协会对院线电影窗口期专门作了明确要求”,《囧妈》片方依然有权利选择“绕开传统院线影院网络在线免费播映”。更何况,《公约》规定的还只是“点播影院、点播院线的窗口期”。而网络视频平台不是“点播影院、点播院线”,不受《公约》约束,至多是个比照参考。① 总之,最终的选择权还是在片方,用业内的话说,属于“市场行为”。因此哪怕是诉诸行业规则,这个规则也不在院线的一边。实际上,《公约》已然是把行业规则转变为了可供片方自由选择的合同约定。或许这也是请示不再延续声明诉诸《公约》的原因所在。请示格外强调的、也是院线的第三个主张在于:不利于电影产业长期发展。

四、产业发展与院线体制

院线呼吁国家电影局介入的最终理由在于,《囧妈》事件若不及时遏制,“必将对整个中国电影产业的健康发展造成极为不利的影响”。其实质,是基于信息网络传播权的网络视频平台对现行电影发行放映体制的冲击。相比于之前主张的经济损失和行业规则,产业影响这个理由看似帽子太大、实则最为切中要害。因为《囧妈》网络首映之所以成为一个公共事件,并非仅仅损害了几家院线利益,而是触动了二十年来业已形成的中国电影产业格局。

院线制是2001年末中国电影管理体制改革的产物。2001年12月12日国务院重新制定《电影管理条例》,对电影发行和放映做出专章规定,确立了电影发行放映的牌照许可制度。2001年12月18日,当时的国家广电总局和文化部共同颁发《关于改革电影发行放映机

---

① 视频网站经营的点播影院也是传统的线下影院,依照2018年国家新闻出版广电总局颁发的《点播影院、点播院线管理规定》,也必须加盟获得牌照的点播院线。比如爱奇艺直营品牌“娱刻”也是线下私人影院。参见《点播影院2.0版来了!政策出台,爱奇艺入局,“互联网+影院”催生娱乐新业态》,载每经网,http://www.nbd.com.cn/articles/2018-06-01/1222561.html,2020年2月10日访问。

制的实施细则(试行)》,规定“实行以院线为主的发行放映机制”“由一个发行主体和若干影院组合形成院线,实行统一品牌、统一排片、统一经营、统一管理”,由此建立了片方向院线发片、院线向旗下影院供片的电影发行模式。几经修改完善,一直延续至今。

正是秉承这一改革思路,2018 年国家电影局发布的《关于加快电影院建设促进电影市场繁荣发展的意见》(以下简称《意见》)明确提出,“只有加快建设电影院,大幅度提高银幕数量,才能适应新时代新要求”。这就是院线所说的本次事件的政策背景:“国家电影局印发《关于加快电影院建设促进电影市场繁荣发展的意见》的通知(国影发〔2018〕4 号)出台后,全行业备受鼓舞,纷纷加大影院投资建设力度。”要“加快建设电影院”,必然需要在分成比例上向院线倾斜,从而支撑依托于商业地产的影院建设和设施维护。在“票房分账”上,相关政策有过两次大的调整,一是 2008 年《广电总局电影局关于调整国产影片分账比例的指导性意见》,二是 2011 年《广电总局电影局关于促进电影制片发行放映协调发展的指导意见》。调整之后,仍然是超过一半票房要用来支撑院线和影院的维护与发展。

由此我们就不难理解,本次事件对于院线制和以院线制为基础的电影产业将会构成何种影响。片方抛开院线选择网络首映,对完全依赖于现行发行放映体制的院线和影院而言,无异于釜底抽薪。原本旱涝保收的过半票房就这么凭空消失了。重资产的院线和影院的资金链一旦断掉,面临的就是生存危机。我们也因此可以理解,为什么院线要极力维护院线制的现有利益格局。不仅是在本次事件中反应激烈,实际上是一贯如此。早在 2015 年,乐视原本计划为其全屏影视会员提前一天“超前点映”,将自制影片《消失的凶手》在线首播。但最终结果是,“为了消弭误会,维护影院院线利益,乐视影业与乐视会员部门经过紧急协商,决定停止即将举办的线上点映活动”[①]。首要考量的是“维护影院院线利益”,而“维护影院院线利益”背后隐含的实际上是整个电影产业的前途命运。院线和影院如果垮了,单靠视频网站能否支撑其整个电影产业,恐怕没有人能够给出令人信服的答案。[②]

但是正如本次事件所暴露出的,依靠联合抵制乃至诉诸行政干预,已经无法阻挡互联网力量对院线制这一中国电影发行放映体制的巨大冲击。究其根本,是影院作为店铺经济的最后堡垒,天然受到物理空间的局限,[③]放映能力弹性差、瓶颈窄,两极分化严重、各地发展不

① 《〈消失的凶手〉线上点映取消》,载腾讯网,https://xw.qq.com/cmsid/TEC2015112605035100,2020 年 2 月 9 日访问。

② 实际上,不仅在中国是如此,在主导全球电影产业的美国同样如此。好莱坞电影的窗口期是 90 天。自 2014 年开始,Netflix 一直试图将电影在其视频网站和指定影院同步上映,因而持续遭到包括 AMC 在内的顶级院线的强烈抵制。参见《视频巨头 Netflix 挑战电影行业:尚难分胜负》,载腾讯网,https://tech.qq.com/original/tmtdecode/t940.html,2020 年 2 月 9 日访问。

③ 参见凌斌:《电子商务法》,人民大学出版社 2019 年版,导论。

均衡、分布不均匀。而互联网发展到今天,已经深入介入了电影产业的上游制作和中游宣发,进入下游的发行放映也是大势所趋。院线希望国家电影局维护传统院线制的既有利益格局,但是院线制只是关于作为店铺经济的传统院线和影院的规定,无法自然延伸到互联网领域,并不能限制视频网站的商业行为。视频网站基于国务院在2005年颁布施行的《信息网络传播权保护条例》,有权将获得版权方授权的影片在网络上播映。而2016年通过、2017年实施的《中华人民共和国电影产业促进法》(以下简称《电影产业促进法》)第54条第2项禁止的是违反国家有关规定、未取得电影公映许可证的电影上映,而不是"通过互联网、电信网、广播电视网等信息网络传播"本身。也就是说,在院线发行权之外,信息网络传播权已然提供了影片在线播映的法律基础。

这意味着,不论就产业还是法律而言,院线制发展到今天,又到了需要进一步变革的时候。《囧妈》事件提出的最为重要的法律和政策问题,正如院线和影院所看到的,是电影发行放映体制的深化改革。只不过,改革的方向未必是他们所希望的进一步强化"窗口期"的行业壁垒。

五、电影发行放映体制的改革契机

回顾2001年开启的院线制改革,秉承的一个基本原则是《国家广播电影电视总局、文化部关于改革电影发行放映机制的实施细则(试行)》提出"减少发行层次,增加发行渠道,促进影片流通,合理分配制片发行放映利益"。今天,中国电影产业面临的是新一轮的改革契机,是更深层次、更大范围的电影供给侧结构性改革。

从国家法律体现的政策导向来看,《电影产业促进法》出台,《中华人民共和国文化产业促进法》送审,都体现出对于电影乃至整个文化产业模式变革的未来导向。2016年通过、2017年实施的《电影产业促进法》已然体现出关于传统院线和网络院线并行的总体思路。其第2条关于"通过互联网、电信网、广播电视网等信息网络传播电影",已经预留了"网络院线"的法律空间。可否以此为契机,将"网络院线"纳入院线制,谨慎放开互联网院线牌照,探索传统院线和网络院线并行的"双院线制"或许将是未来变革的一个可能方向。一方面,中国电影产业有今天的发展,来之不易,应当稳中求变,不能一下子把试行了近二十年的院线制彻底废弃。不能扼杀网络院线的发展契机,也不能反过来摧毁传统院线的产业基础。

另一方面，探索传统院线和网络院线的并行发展，有利于扩展市场规模，促进产业发展。① 像孟冬副局长说的，"传统媒体和新媒体不是此消彼长的关系，而是可以相互扶持，共同发展。"②

2019 年 12 月 13 日发布的《中华人民共和国文化产业促进法(草案送审稿)》(以下简称送审稿)，虽然尚未由全国人大审议通过，并且在内容上相对原则，但是对于我们理解未来的立法走向仍有重要意义。送审稿在总则第 8 条规定，国家鼓励文化产业与科技及其他国民经济相关产业融合发展，拓展文化产业发展广度和深度，发挥文化产业在国民经济和社会发展中的重要作用。在第二章"创作生产"第 21 条第 1 款规定，国家鼓励创作生产与数字化、网络化、智能化的新技术、新应用、新业态、新模式有机融合，丰富创作生产手段和表现形式，拓展创作生产空间。在第六章"科技支撑"第 54 条规定，国家鼓励和支持培育基于大数据、云计算、物联网、人工智能等新技术的新型文化业态，发展数字创意、网络视听、数字出版、数字娱乐、绿色印刷等新兴文化产业，推动与相关新兴产业相互融合。这些规定都表明了"鼓励和支持"互联网和信息科技与传统影视文化产业融合发展、参与内容创作生产和培育新业态的立法态度。同时，第四章关于"文化市场"的规定也值得关注。第 36 条规定，国家构建统一开放、竞争有序、诚信守法、监管有力的现代文化市场体系，发挥市场在文化资源配置中的积极作用。第 41 条规定，国家维护文化市场秩序，鼓励和保护公平竞争，制止垄断行为和不正当竞争行为，纠正扰乱市场行为，净化文化市场环境。

就此而言，《囧妈》在线免费播映并不构成不正当竞争，而行业潜规则也不属于通常理解的"商业道德"，倒是院线和影院联合起来的抵制和封杀，可能属于法律要制止和纠正的"垄断行为和不正当竞争行为"和"扰乱市场行为"。如果院线和影院所谓的"全球通行"的"行业基本规则"旨在强化行业壁垒，反而是国家电影产业和文化产业相关法律有意打破的垄断格局。

送审稿的起草说明坦诚，"文化产业作为新兴产业，当前在发展中还面临许多突出困难和问题，需要通过立法从法律层面加以解决：一是有效供给不足。总体看，目前文化产品和服务的供需缺口较大、结构不平衡，高质量产品和服务不足，不能满足人民向往美好生活的多样化、多层次、多方面的精神文化需求。二是结构亟待调整优化。目前，我国文化产业发

---

① 参见《疫情下的影视产业：票房数据停更、剧组停拍、〈囧妈〉引发的讨论还在继续》，载每经网，http://www.nbd.com.cn/articles/2020-01-30/1403834.html，2020 年 2 月 9 日访问。

② 《孟冬讲授"从统计数据看广电行业发展"》，载 http://www.rti.org.cn/Item/3265.aspx，2020 年 2 月 9 日访问。

展存在不充分、不平衡的矛盾，特别是随着文化和科技深度融合，文化的传统业态、服务形态等均面临严峻挑战。三是文化企业发展面临困难。近年来，我国文化企业新增数量增长较快，但面临盈利模式不稳定、生命周期短、可持续发展难度大等突出问题，大多数文化企业规模偏小、实力偏弱，迫切需要加大扶持力度。”这些问题也都是电影产业亟须解决的问题。

无论如何，《囧妈》的革命性意义，已然注定会载入中国乃至世界的电影史册。《囧妈》事件的这个变革契机，会带来中国电影发行放映乃至整个体制的系统性变革，形成线上线下更为公平有序的市场竞争，推动中国电影和文化产业与精神文化事业的持续繁荣和长久发展。

抗拒疫情防控措施行为构成以危险方法危害公共安全罪解析

刘林华　刘　晋

内容摘要： 刑罚是最为严厉的保障疫情防控措施有效实施的法律手段，适用相关罪名应当严格遵循罪刑法定、主客观相一致等基本原则，并符合宽严相济刑事政策的基本要求。本文以对七个刑事案例的分析为依据，结合"两高一部"指导性意见规定，对以危险方法危害公共安全罪追究抗拒疫情防控措施行为刑事责任作了解析，适用本罪，主观方面只能是故意，客观方面必须造成"具体危险"，注意该罪在行为主体、行为主客观方面的区别性要求。

关 键 词： 适用要点　误区　罪名区分

作者简介： 刘林华，公安部法制局一级巡视员，中国案例法学研究会副会长。
刘晋，公安部法制局刑事立法与执法指导处副处长（二级调研员）。

论　　纲： **一、以危险方法危害公共安全罪适用要点**
二、适用以危险方法危害公共安全罪可能存在的误区
三、与相关犯罪的区分

2020 年 1 月 20 日，国家卫健委 1 号公告将新冠肺炎纳入《传染病防治法》规定的乙类传染病，并采取甲类传染病的预防、控制措施。为依法惩治妨害疫情防控的各类违法犯罪行为，2020 年 2 月 7 日，最高人民法院、最高人民检察院、公安部、司法部联合印发了《关于依法惩治妨害新型冠状病毒感染肺炎疫情防控违法犯罪的意见》（以下简称《意见》），其中，将抗拒疫情防控措施的行为界定为三种犯罪：以危险方法危害公共安全罪、妨害传染病防治罪和妨害公务罪。随着疫情防控常态化，为准确适用以危险方法危害公共安全罪及其他相关罪名，依法严惩抗拒疫情防控措施的行为，有必要对如何区分相关行为界限、准确认定行为性质等问题加以研究。本文以《意见》相关规定为依据，以以危险方法危害公共安全罪为重点，结合有关案例，对此进行解析。

一、以危险方法危害公共安全罪适用要点

为给疫情防控工作做好强力法律支撑，对隐瞒真相、拒绝执行疫情防控措施，严重影响疫情防控效果的行为，理应依法予以严惩。但越是在形势严峻的情况下，适用刑罚这种最严厉的法律制裁手段，越是要坚持主客观相一致等基本原则，依据行为人的主观故意和客观行为、后果，准确适用罪名，避免客观归罪。以危险方法危害公共安全罪是危害公共安全的重罪，适用本罪更应当慎重。根据《意见》规定，本罪在主观上要求行为人应当明知自己已经被医疗机构确诊为新型冠状病毒感染肺炎病人、病原携带者或者认定为疑似病人，并被要求隔离治疗，而故意拒绝；客观上实施了拒绝隔离或者隔离期未满擅自脱离隔离治疗，进入公共场所、公共交通工具的行为；对于疑似病人，还需要造成新型冠状病毒传播的实际后果，即他人被传染确诊为新型冠状病毒感染肺炎病人。对于仅仅有某些类似症状，但未经医疗机构确认的当事人，不能适用以危险方法危害公共安全罪，也不能适用过失以危险方法危害公共安全罪追究刑事责任。

（一）主观方面只能是故意

疫情防控工作中，特别是在疫情暴发之初，公安机关对涉及疫情防控工作的各类违法犯罪行为依法坚决进行了打击处理，部分涉嫌以危险方法危害公共安全罪立案侦查的消息引起了媒体网络的关注，其中包括青海省西宁市 2020 年 1 月立案侦查的苟某以危险方法危害公共安全案，该案于 2020 年 3 月经湟中县人民法院依法审理，以妨害传染病防治罪判处苟

某有期徒刑一年。

案例1:苟某妨害传染病防治案[①]。2020年1月16日,被告人苟某与其子苟某某自湖北省武汉市乘坐火车返回西宁过春节。1月17日19时到达西宁,乘坐同村村民马某甲的私家车回湟中县家中。1月18日傍晚,被告人苟某与其子苟某某到西宁市××区其弟苟某甲家并留宿。1月19日,被告人苟某乘车回家,到本村卫生室以自己感冒为由就诊,傍晚被告人苟某到西宁市城西区其妹妹苟某乙家并留宿。1月23日,汉水沟村村委根据省、市、县新型冠状病毒感染肺炎疫情防控要求,在村委微信群中通知武汉返宁人员进行排查登记,被告人苟某未按要求登记。1月24日,省政府发布关于做好新型冠状病毒感染的肺炎疫情防控和处置工作通告,湟中县李家山镇卫生院大夫芦某电话联系被告人苟某,排查其武汉返宁时间和同行人情况,被告人苟某隐瞒返宁时间和其子苟某某已返宁的事实。1月25日上午,被告人苟某与亲戚数人到西宁市××县聚餐,下午返回家中,当晚李家山镇卫生院大夫李某甲、村医米某及村主任马某乙到被告人苟某家中开展疫情排查工作,被告人苟某仍谎称自己回家已40余天,返程车票已撕毁。1月26日傍晚被告人苟某自己感觉不适,搭乘亲戚马某丙的车到西宁市城西区其妹妹苟某乙家。1月27日早8时许,被告人苟某在其妹苟某乙和母亲陪同下搭乘出租车到青海省红十字医院就诊,诊断为新型肺炎疑似病例。1月30日,经青海省疾病预防防控中心复核核酸检查呈阳性,确诊感染新型冠状病毒。被告人苟某被诊断为感染新型冠状病毒后,对卫生疾控部门调查人员刻意隐瞒其行踪轨迹、密切接触人员情况,妨碍流行病调查等预防、控制措施实施。致使汉水沟村村民及部分外来人员900余人整体隔离,密切接触人员中苟某某、苟某甲、马某某被确诊感染新型冠状病毒并住院治疗。

本案中,从被告人苟某参与的社会活动来看,只是正常的人际往来,可以推测其主观上并不具有希望自己的行为造成病毒传播的意志因素,在前期未明确自己为确诊患者的情况下,也不存在间接故意的放任,也就是说不具有危害公共安全的故意。因此,本案在移送起诉时,罪名即变更为妨害传染病防治罪。区别于2003年5月最高人民法院、最高人民检察院《关于办理妨害预防、控制突发传染病疫情等灾害的刑事案件具体应用法律若干问题的解释》(以下简称《解释》),《意见》没有规定抗拒疫情防控措施行为可以构成过失以危险方法危害公共安全罪。《解释》之所以如此规定,是由于“非典”未被列入甲类传染病,无法适用

---

① 参见中国裁判文书网:http://wenshu.court.gov.cn/website/wenshu/181107ANFZ0BXSK4/index.html?docId=bbf032144727436d88f7ab9e00a9b6db,2020年8月访问。

妨害传染病防治罪追究刑事责任,有关部门难以实施有效的防控措施。[①] 2004 年 8 月,《传染病防治法》修订后,增加了对部分乙类传染病采取甲类传染病的预防、控制措施的规定。2008 年 6 月,最高人民检察院、公安部《关于公安机关管辖的刑事案件立案追诉标准的规定(一)》作出规定,对引起"甲类或者按照甲类管理的传染病传播或者有传播严重危险的",应当适用妨害传染病防治罪立案追诉。据此,对不具有故意危害公共安全而传播此类传染病的行为,不再适用过失以危险方法危害公共安全罪,而应当依据《意见》第二部分有关规定适用妨害传染病防治罪追究刑事责任。

(二)客观方面必须造成具体危险

以其他危险方法危害公共安全,尚未造成严重后果的,是以危险方法危害公共安全罪的危险犯。由于《意见》从"具体危险"入手,规定的入罪门槛较高,相关条文含义明确具体,实践中虽不排除存在当事人因对疫情防控措施不满,采取驾驶汽车冲撞防疫工作人员等手段危害公共安全的情况,[②]但符合《意见》规定情形的"以危险方法危害公共安全"案件较少。对被列为《传染病防治法》乙类传染病的艾滋病,却有相关案例可循,可资借鉴。

案例 2:金某某以危险方法危害公共安全案[③]。2016 年 5 月 20 日,被告人金某某被牡丹江市西安区疾病预防控制中心确诊为艾滋病病毒携带者。2019 年 8 月 11 日,金某某在明知自己是艾滋病病毒携带者的情况下,到牡丹江市西安区文化广场牡丹江市中心血站献血车献血 300ml。后经牡丹江市中心血站向牡丹江市疾病预防控制中心进行艾滋病阳性抗体复检核实,金某某是既往感染者。一审法院认为,被告人金某某明知自己是艾滋病病毒携带者仍去献血,其行为危害了公共安全,构成以危险方法危害公共安全罪,应予依法惩处,判处有期徒刑三年。

案例 2 的判决书未对相关行为构成以危险方法危害公共安全罪的主观方面做充分论述。从有关新闻报道来看,该案中金某某主观动机是"感觉生病且无人管,为引起社会关注"[④],据此可以推测其对献血可能产生的危害后果持希望或者放任态度。从客观方面看,由

---

① 参见孙军工:《解读〈关于办理妨害预防、控制突发传染病疫情等灾害的刑事案件具体应用法律若干问题的解释〉》,载中国法院网,https://www.chinacourt.org/article/detail/2003/05/id/57495.shtml,2020 年 8 月访问。

② 参见最高人民检察院 2020 年 4 月 9 日发布的《全国检察机关依法办理涉新冠肺炎疫情典型案例(第九批)》中"案例 1:北京市昌平区支某某以危险方法危害公共安全案"。

③ 参见中国裁判文书网:http://wenshu.court.gov.cn/website/wenshu/181107ANFZ0BXSK4/index.html?docId=6a74edebb87c4983907eac110031e487,2020 年 8 月访问。

④ 《牡丹江市西安区人民法院审结一起艾滋病患者以危险方法危害公共安全案件》,载潇湘晨报旗下法制新闻帐号,https://baijiahao.baidu.com/s?id=1673966676343895615&wfr=spider&for=pc,2020 年 8 月访问。

于其血液经采集已进入血制品流通环节,有可能经特定途径导致“不特定”“多数人”被感染。此行为相当于投放危险物质罪中投放毒害性物质行为的完成,只不过类似于行为人将毒害性物质投放到了具有严格检测机制的某公共食堂,没有导致大面积中毒后果是由于检测机制发挥了应有的作用。也就是说,案例 2 中被告人的行为已经产生了危害公共安全的具体危险,即对“不特定”或者“多数人”的生命、身体等造成侵害的紧迫危险。《意见》对构成以危险方法危害公共安全罪的抗拒疫情防控措施行为所作的严格限定,即是从对这种具体危险进行限定的角度作出的规定,只有“已经确诊的新型冠状病毒感染肺炎病人、病原携带者”且已经“进入公共场所或者公共交通工具”,才会产生危害公共安全的紧迫危险,这种危险的产生与该公共场所或者公共交通工具上的人员是否采取了戴口罩等防护措施没有关系。而《意见》规定的第二种情形,“新型冠状病毒感染肺炎疑似病人”“进入公共场所或者公共交通工具”是否会产生这种具体危险并不确定,因此,《意见》对这种情形又增加规定了“造成新型冠状病毒传播”的后果要件,即以危险方法危害公共安全罪的实害犯。

二、适用以危险方法危害公共安全罪可能存在的误区

(一)重刑主义思想

在我国社会治理领域,重刑主义或者特殊时期用重典的传统思维有着深厚的群众基础,甚至存在过高估计和依赖刑罚或者重刑效果的倾向。但在建设社会主义法治国家和倡导宽严相济刑事政策的新时代背景下,刑罚始终不应当是社会治理的首选手段。“社会治理若是过度刑法化,本身就蕴含深度的隐忧,犹如饮鸩止渴。”[①]在任何时期,都必须坚持罪刑法定和罪刑相适应的原则。尤其在疫情防控等突发公共事件中,不应当为了体现对防控措施和突发公共事件处置的支持,而在司法实践中对相关行为“人为拔高”,适用刑法定罪处罚或者特意选择相对法定刑更重的罪名适用。只有理性地认识刑罚威慑功能才能合理地运用刑罚来实现其预防功能,才能做到罪刑相适应。

案例 3:章某某、季某某妨害传染病防治案[②]。2020 年 1 月 15 日,被告人季某某从武汉

---

① 劳东燕:《依法防控疫情中的三个关键词》,载《法治日报》2020 年 8 月 25 日,第 9 版。

② 参见中国裁判文书网:http://wenshu.court.gov.cn/website/wenshu/181107ANFZ0BXSK4/index.html?docId=130e72f47e3d400089a2abb3009384ee,2020 年 8 月访问。

返回青田过春节。1月19日,被告人季某某到被告人章某某租住的青田县,参加由章某某组织的聚会活动。1月20日,国家卫健委发布通告,将新冠肺炎纳入《传染病防治法》规定的乙类传染病,并采取甲类传染病的预防、控制措施。季某某于1月25日被确诊为新冠肺炎病例。1月23日至2月6日,青田县疾病预防控制中心的工作人员根据疫情防控要求,多次对被告人季某某进行流行病学调查,其均隐瞒了1月19日与章某某等人的接触史。1月24日至2月4日,被告人章某某因发热、咳嗽等症状就诊期间,对医护人员隐瞒了与季某某的密切接触史,导致医疗机构未能及时对其采取隔离治疗措施。2月7日,被告人章某某被确诊为新冠肺炎病例,其间,在青田县疾病预防控制中心的工作人员对章某某进行流行病学调查时,其仍对与季某某的密切接触史以及组织聚会有多人与季某某接触的事实予以隐瞒。因被告人季某某隐瞒1月19日与章某某等人的接触史,导致包括章某某在内的32名密切接触者未被及时隔离;被告人章某某在1月24日至2月6日的就诊和隔离治疗期间,因隐瞒了与季某某的密切接触史,致使其本人及113名密切接触者未能被及时追踪、进行集中隔离观察,又造成新增21名密切接触者被集中隔离观察。2月7日,防疫工作人员根据大数据显示结果,发现1月19日季某某、章某某均有在青田县附近出现,后进行询问,二被告人陈述了当日密切接触的事实。

疫情发生以来,各级政府部门和全国卫生健康系统是疫情防控和救治患者的主力军,发挥了最主要的作用。本案经法院审理后认为,被告人章某某、季某某违反传染病防治法规定,在国家卫健委宣布对新冠肺炎采取甲类传染病预防、控制措施后,不配合疫情防控措施,引起新型冠状病毒传播的严重危险,二被告人的行为已构成妨害传染病防治罪,但鉴于被告人章某某、季某某在出现发热症状后采取了配戴口罩的防护措施,其隐瞒的行为最终未实际造成新冠病毒传播,且自愿认罪认罚,可酌情从轻处罚,分别判处有期徒刑九个月和八个月。虽然判决书未对章某某、季某某隐瞒相关行程的原因作说明,无法进一步考察二被告人的主观恶性,但从整个案情来看,二被告人隐瞒的行程只是其全部行程的一部分,二被告人总体上是配合卫生防疫机构采取的预防、控制措施的,因此,法院对二被告人的犯罪行为从轻判处,判决书在对判决理由的论述中,充分体现了宽严相济刑事政策的要求,实现了疫情防控之初政治效果、法律效果和社会效果的统一。

(二)忽视同类解释规则

如前所述,疫情防控之初,公安机关对抗拒疫情防控措施的行为多有以“以危险方法危害公共安全罪”立案侦查,原因首先是受《解释》的影响。其次,也有对以危险方法危害公共安全罪本身的误解，即把本罪理解为《中华人民共和国刑法》（以下简称《刑法》）第二章危害公共安全罪的兜底条款。此种认识遭到不少质疑，有论者指出，遵循同类解释规则，以危险方法危害公共安全罪中的其他危险方法应当是与《刑法》第114条规定的放火、决水、爆炸以及投放危险物质等程度相当的行为，一旦发生就无法立即控制结果。[①] 此种观点得到了许多学者及一些司法判决的回应，笔者也持赞同的态度。

案例4：郑某某妨害传染病防治案[②]。2020年2月4日被告人郑某某因核酸检测结果为阳性，确诊为新型冠状病毒性肺炎患者，转至定点接收治疗的应城市中医院隔离治疗。2020年2月12日5时许，被告人郑某某因担心家人（其大孙女）的安置问题，在明知自己是新型冠状病毒确诊病人的情况下，仍从隔离治疗的医院出逃，骑车从应城城区逃至云梦县其次子郑某某居住的小区，被小区管控人员发现后报警，随后云梦县防疫工作人员责令位于道桥镇建设路"小郑家电维修"店门口的郑某某在原地等候，并与应城防疫工作人员取得联系，嗣后应城市公安、卫生部门派出专班将郑某某带回应城市中医院继续隔离治疗。

上述案例中，被告人私自出院系因担心家庭成员安危，虽然已经进入公共场所，但能够做到听从防疫工作人员指挥，待在原地等候，且未造成严重后果，也即该行为虽在形式上符合《意见》关于以危险方法危害公共安全罪的相关解释，但是本案中被告人的行为在实质上与《刑法》第114条规定的放火、决水、爆炸等行为不具有相当性，并非一旦发生就无法立即控制结果，法院最终以妨害传染病防治罪判处被告人郑某某拘役四个月。因此，在办理抗拒疫情防控措施相关案件中，应当认真查明案件事实，根据具体情况，区别对待。要将主观恶性较大，抗拒疫情防控措施情节严重，造成新型冠状病毒感染肺炎疫情传播或者有传播严重危险，特别是经医疗机构或者有关部门告诫后仍然拒不执行的，作为打击重点。对于由于恐慌焦虑、病情认识偏差等原因而没有遵行疫情防控措施，情节轻微未造成严重后果的，可以通过责令其配合实施有关疫情防控措施，对其进行教育规劝，对切实服从、改正的，甚至可不予处罚。

---

① 参见张明楷：《论以危险方法危害公共安全罪——扩大适用的成因与限制适用的规则》，载《国家检察官学院学报》2012年第4期。

② 参见中国裁判文书网：http://wenshu.court.gov.cn/website/wenshu/181107ANFZ0BXSK4/index.html?docId=1439d0bc6b914a9e9004abfe00b362aa，2020年8月访问。

三、与相关犯罪的区分

案例5:常某妨害传染病防治案①。被告人常某长期在湖北省武汉市居住。2020年1月23日凌晨,在武汉市即将实施新冠肺炎疫情管控措施前,常某驾车带其妻儿赶赴湖南省长沙市,后乘飞机抵达北京市,于2020年1月24日凌晨入住北京市房山区某小区某单元某室,与其母、兄共同居住。在北京市期间,常某未报告武汉市居住史,不执行居家隔离措施,多次出入超市、药店等公共场所。其母出现咳嗽、低烧等症状后,常某安排其妻儿另行租房居住。其母于2020年2月16日被确诊为新冠肺炎患者,常某于2020年2月18日被确诊为无症状感染者(经卫生健康部门确认属于病原携带者),与其密切接触的28人被隔离。一审法院以妨害传染病防治罪,判处常某有期徒刑八个月。

案例6:张某妨害公务案②。自新冠病毒疫情暴发后,隆安县城厢镇震东社区按照广西壮族自治区、隆安县相关文件要求制定了疫情联防联控工作方案,并联合派出所、卫健局、社区门诊部、物业公司工作人员在各小区门口设置检查点,对进出小区的车辆、人员实施排查管控。2020年2月8日晚,陈某、潘某、杨某、黄某等人按照工作安排,在震东社区和鑫佳园小区门口检查点排查管控进出小区的人员。当晚20时许,被告人张某驾驶摩托车送其侄子张某某回到和鑫佳园小区,由于二人未佩戴口罩欲直接进入小区,被防疫检查点工作人员黄某、杨某拦下,要求其配合检查,但张某拒绝配合,并辱骂、恐吓防疫工作人员,还辱骂、推打上前劝阻的协警潘某,又试图破坏防疫岗亭前的门禁杆,后被当场制服。经隆安县中医院检查,潘某右肩部软组织挫伤。一审法院以犯妨害公务罪,判处张某有期徒刑十一个月。

案例7:徐某某寻衅滋事案③。2020年2月2日上午10时许,被告人徐某某在连云港市海州区宁海街道清河村一组的疫情防控卡点拒不听从疫情防控人员劝告,骑电动车强行闯过卡点。2月4日上午10时许,被告人徐某某再次强行闯过该卡点,并造成卡点封路横杆折

---

① 参见中国裁判文书网:http://wenshu.court.gov.cn/website/wenshu/181107ANFZ0BXSK4/index.html? docId = 122a2e952ede4cf6ac46abf8000e2afe,2020年8月访问。

② 参见中国裁判文书网:http://wenshu.court.gov.cn/website/wenshu/181107ANFZ0BXSK4/index.html? docId = 11130187bf224c1189d8abe90036dc6e,2020年8月访问。

③ 参见中国裁判文书网:http://wenshu.court.gov.cn/website/wenshu/181107ANFZ0BXSK4/index.html? docId = 12bcbcfb15044795b050ab87017a8a89,2020年8月访问。

断。后徐某某骑电动车折回,强行闯过卡点,在距离卡点约二十米处停下,辱骂疫情防控人员,并将路边一把铁叉扔向工作人员。2月4日13时许,被告人徐某某在该卡点附近用打火机点燃事先准备好的火把扔向卡点疫情防控人员,并骑电动车由西向东强行闯过卡点。后徐某某在连云港市海州区宁海街道平安村卡点,撞翻路障,手持菜刀恐吓疫情防控人员。十几分钟后,被告人徐某某折回连云港市海州区宁海街道清河村一组的疫情防控卡点,撞击封路汽车,随后将事先准备好的一矿泉水瓶汽油浇在自己和甩到周围疫情防控人员身上,扬言要点火自焚并与疫情防控人员同归于尽,并手持菜刀砍指示牌、路障,掀翻工作台,后骑电动车强行闯过卡点。一审法院以寻衅滋事罪,判处徐某某有期徒刑六个月。

以危险方法危害公共安全罪与妨害传染病防治罪、妨害公务罪、寻衅滋事罪在犯罪构成要件上的不同,主要体现在犯罪客体和客观方面。从犯罪客体来看,以危险方法危害公共安全罪侵害法益是公共安全,而妨害传染病防治罪、妨害公务罪和寻衅滋事罪都规定在《刑法》第六章,侵害的法益主要是社会管理秩序。从客观方面来看,以危险方法危害公共安全罪的客观行为应当是与放火、决水、爆炸以及投放危险物质等程度相当的行为;妨害传染病防治罪在客观方面要实施《刑法》第330条规定的相关行为,且要求这些行为是违反了《传染病防治法》的规定,并造成一定的后果;妨害公务罪主要表现为以暴力、威胁方法阻碍国家机关工作人员依法执行职务;寻衅滋事罪在客观方面主要体现为针对不特定人或者财物的殴打、损毁等破坏社会秩序、公共场所秩序的行为。案例5、案例6、案例7中,被告人的行为都属于抗拒疫情防控措施的行为,且该类措施主要是针对社会公众中的健康群体发布的疫情防控措施。此时,选择适用不同罪名的区别在于:适用以危险方法危害公共安全罪的关键在于是否属于《意见》规定的两类犯罪主体,是否具有危害公共安全的故意;选择适用妨害传染病防治罪、妨害公务罪以及寻衅滋事罪等罪名,关键就在于区分主观故意的内容以及危害后果不同;妨害公务罪和寻衅滋事罪,适用于抗拒疫情防控措施的行为没有引起新型冠状病毒传播或者有传播严重危险的情形,适用妨害公务罪还要求使用暴力、威胁方法。

综上,故意抗拒疫情防控措施的行为,并不是只要造成或者有可能造成“不特定”“多数”人感染,具有危害公共安全的因素,就应当适用以危险方法危害公共安全罪追究刑事责任。只有对明知自身已经确诊为新冠肺炎病人或者疑似病人,出于报复社会等主观故意,恶意向“不特定”“多数人”传播病毒,后果严重、情节恶劣的极少数行为,才可以适用以危险方法危害公共安全罪追究刑事责任。对于其他抗拒或者拒绝执行疫情防控措施,引起新型冠状病毒传播或者有传播严重危险的行为,应当依照《刑法》有关规定,分别适用妨害传染病防治罪、妨害公务罪等罪名。

涉疫情及复工复产司法案例研究*

郭　叶　訾永娟

内容摘要： 2020年年初的新冠疫情对国家司法领域提出了新的课题，应对疫情带来的各种影响，司法的保障功能不可或缺。本文通过对疫情期间我国司法机关发布的涉疫情典型案例及涉疫情司法案例的分析，以"北大法宝—司法案例库"中涉疫情裁判文书作为数据样本，总结发布规律、案例类型、案由分布等案例要素。采用大数据分析、比较分析的方法，对典型案例及涉疫情案例、复工复产典型案例和类案进行多维度探究，归纳典型案例的案由在涉疫情案例中的应用、类案要素的比较应用等，以期为司法实践提供参考和借鉴。

关 键 词： 案件类型　案由分布　类案分析

作者简介： 郭叶，北大法制信息中心副主任，北大法律信息网（北大法宝）副总编。
訾永娟，北大法宝案例中心副主任。
感谢案例研究组成员李等霞、史雪丽、高迪等对本文写作提供的支持。

论　　纲： **一、涉疫情典型案例的发布状况**
二、涉疫情司法案例状况分析
三、最高人民法院复工复产典型案例类案分析
四、研究综述

---

* 本文涉疫情司法案例数据统计时间节点为2020年1月1日至7月31日，司法案例范围包括最高人民法院和最高人民检察院（以下简称"两高"）、地方司法机关发布的涉疫情典型案例，以及各地法院审理的涉疫情司法案例，不含司法行政机关发布的涉疫情典型案例。复工复产类案例是以最高人民法院发布的三批典型案例为样本，同时通过分析各地法院发布的涉疫情案例情况，分析复工复产类案的具体情形和规律。

2020年1月下旬新冠疫情暴发以来，面对新冠疫情造成的复杂社会局面，我国政府高度重视、快速响应、积极应对，不仅出台了一系列涉疫情法律法规，而且最高人民法院、最高人民检察院及各级司法机关密集发布多批与新冠疫情相关的典型案例，在防控疫情、打击犯罪、保持社会稳定方面发挥了重要作用，为坚决打赢疫情防控阻击战提供有力司法保障。本文以涉疫情典型案例为研究基点，扩展至全国范围的涉疫情司法案例，细分最高人民法院复工复产类典型案例和类案的要素关联，探究其中规律。

一、涉疫情典型案例的发布状况

2020年1月1日至7月31日，最高人民法院、最高人民检察院、各级地方人民法院（以下简称地方法院）、各级地方人民检察院（以下简称地方检察院）单独发布的典型案例以及"两高"与其他行政机关联合发布的涉疫情典型案例，共计556例。本文以此556例涉疫情典型案例作为样本数据，从发布部门与地域、案例类型、涉案案由、案例来源、审理法院等维度进行研究分析。

（一）发布部门与地域

1. "两高"发布典型案例的数量基本相等

556例涉疫情典型案例中，"两高"单独或联合发布共20批143例，总占比25.7%。其中，最高人民法院单独发布7批65例，与人力资源社会保障部联合发布1批7例，共计72例；最高人民检察院单独发布10批64例，与公安部联合发布2批7例，共计71例。

地方法院和地方检察院单独或联合发布共61批413例，总占比74.3%。其中，地方法院发布44批305例，地方检察院发布16批98例。仅有1批联合发布，即浙江省高级人民法院和浙江省人民检察院联合发布1批10例。

2. 典型案例发布地域覆盖21个省级行政区域，集中在浙粤黔川沪等

556例涉疫情典型案例发布地域覆盖21个省级行政区域，其中浙江省发布的最多，有65例，包括法院和检察院分别发布45例、10例，浙江法检联合发布10例；其次广东省发布63例，包括法院和检察院分别发布53例、10例；发布数量在30（含）—50（含）例之间的有贵州省、四川省、上海市、湖北省、福建省，分别为41例、31例、30例、30例、30例；江西省、黑龙江省、陕西省、广西壮族自治区、西藏自治区、山东省发布的典型案例在10（含）—20（含）例

之间，分别为19例、19例、11例、10例、10例、10例；吉林省、河北省、内蒙古自治区等8个省级行政区域发布的涉疫情典型案例均在10例以下。

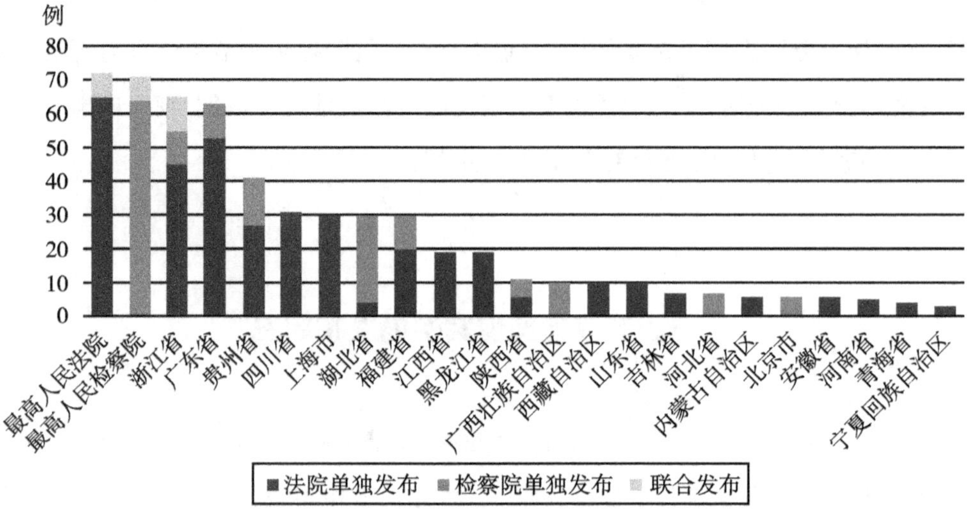

图1 典型案例发布地域

(二)案例类型①

1."两高"发布的典型案例共涉及六种案例类型

"两高"发布的典型案例涉及六种案例类型，具体包括复工复产、妨害疫情防控犯罪、涉医犯罪、疫情劳动争议、案件管理业务和信访管理业务。其中最高人民法院单独或联合发布涉及复工复产(3批31例)、妨害疫情防控犯罪(3批26例)、涉医犯罪(1批8例)、疫情劳动争议(联合发布1批7例)4种案例类型；最高人民检察院单独或联合发布涉及妨害疫情防控犯罪(10批55例，含2批7例联合发布)、案件管理业务(1批5例)和信访管理业务(1批11例)。

① 司法机关发布的典型案例在案例类型的判断上，存在多种情形。对于标题中有明确的典型案例类型主题，例如复工复产、疫情防控等，此种类型易于判断。对于在发文正文中对典型案例发布有背景性介绍，明确说明典型案例的类型主题的，此种类型需要对发文整体内容进行查看和分析。对于典型案例发布的标题和正文都没有明确说明案例的类型，且发布的典型案例是综合性、非类型化的，这种情况较难判断，在统计分析时未纳入。

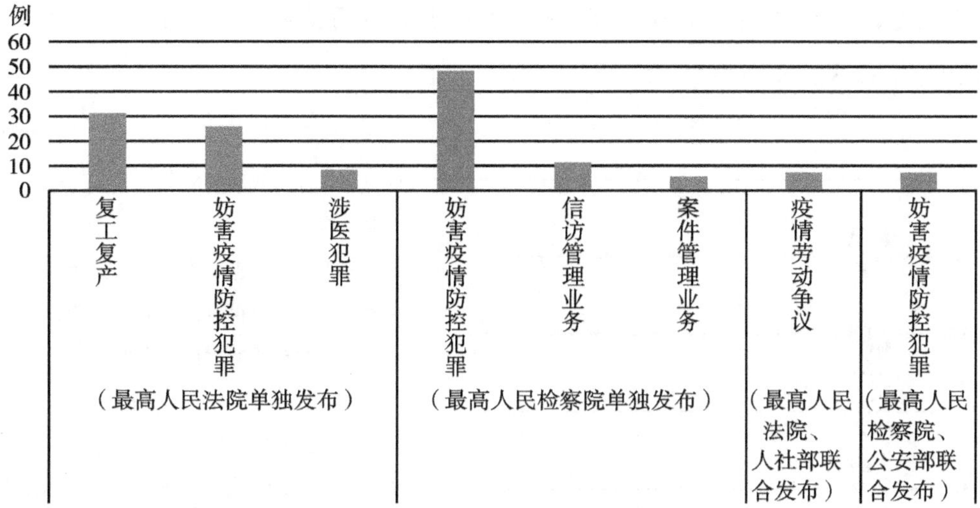

图2 “两高”发布涉疫情典型案例的案例类型

2. 地方法院和地方检察院发布的典型案例涉及八种案例类型

地方法院和地方检察院共发布典型案例413例，其中298例可以确定案例类型，共涉及8种案例类型。具体包括妨害疫情防控犯罪（189例）、疫情防控民事行政纠纷（35例）、复工复产（30例）、执行案（15例）、疫情合同纠纷（10例）、疫情劳动争议（10例）、在线调解（6例）、涉野生动物保护（3例）。其中地方法院涉及所有8种案例类型；地方检察院只涉及1种，即妨害疫情防控犯罪。

与“两高”发布的典型案例的6种类型相比，有3种案例类型是一致的，即妨害疫情防控犯罪、复工复产和疫情劳动争议。而疫情防控民事行政纠纷、执行案例、疫情合同纠纷、在线调解、涉野生动物保护类仅在地方法院发布。

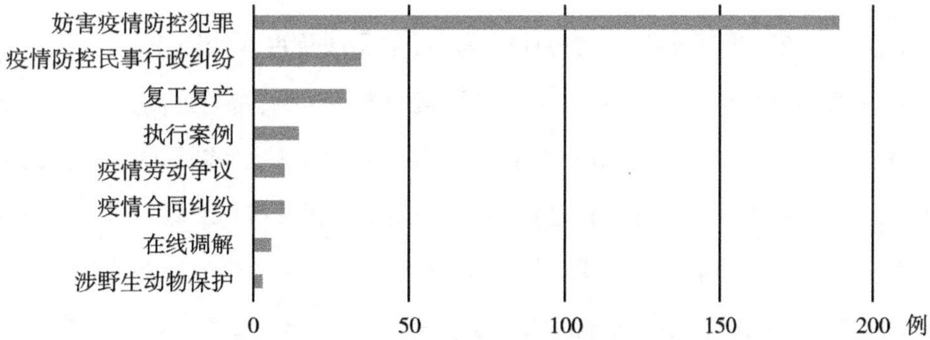

图3 地方法院、地方检察院发布涉疫情典型案例的案例类型

（三）典型案例涉及四大案由，刑事类近六成

556例涉疫情典型案例共涉及刑事、民事、执行和行政四大类案由。其中，刑事类322

例,总占比为57.9%;民事类136例,总占比为24.5%;执行类86例,总占比为15.5%;行政案件最少,有12例,总占比仅2.2%。

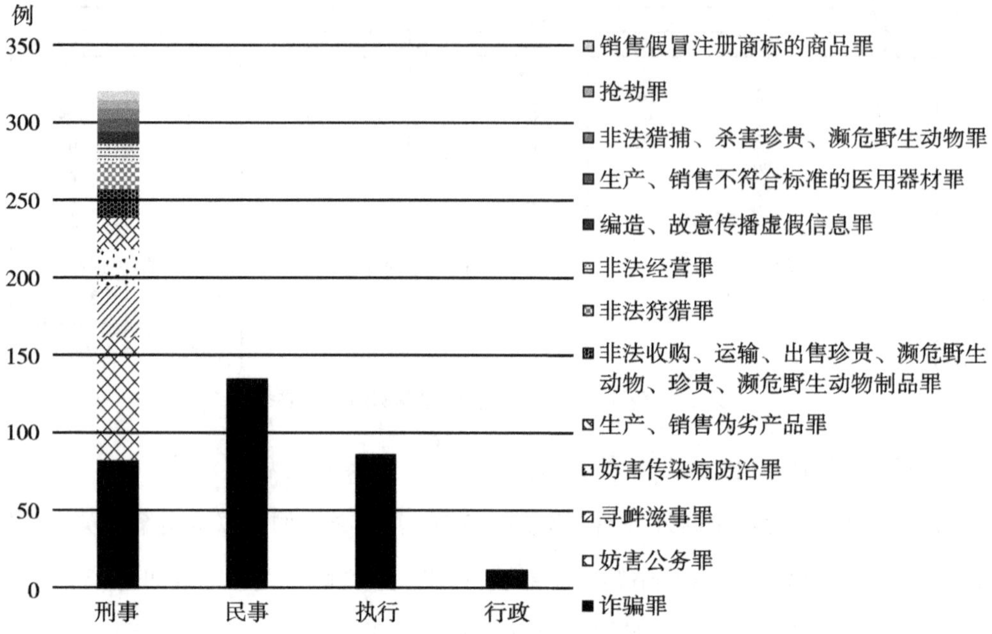

图4　涉疫情典型案例案由分布(5例以上)

在322例刑事类典型案例中,共涉及40种具体案由,包括妨害公务罪、诈骗罪、寻衅滋事罪、妨害传染病防治罪、非法经营罪等。其中,诈骗罪和妨害公务罪典型案例数量较多,分别为74例和72例,总占比为45.3%;其次是寻衅滋事罪和妨害传染病防治罪,典型案例数量分别为29例和22例,总占比为15.8%;其余36种案由典型案例数量均在20例以下。

(四)案例来源以粤浙川黔等省份法院为主,基层法院占八成以上

在556例典型案例中,可以明确案例来源地域的有407例,覆盖最高人民法院及除港澳台地区外的28个省级行政区域。审结案例数量在3例以上的法院有25家,包括最高人民法院、高级人民法院(1家)、中级人民法院(2家)、基层人民法院(21家),覆盖广东省、浙江省、四川省、贵州省、上海市、黑龙江省、湖北省、内蒙古自治区8个省级行政区域。其中,最高人民法院、浙江省杭州市萧山区(市)人民法院最多,均为5例;其次是广东省广州市中级人民法院、贵州省湄潭县人民法院等9家法院,均为4例;广东省高级人民法院、上海市黄浦区人民法院等14家法院,均为3例。江苏省苏州市中级人民法院、杭州互联网法院等270家法院审结案件数量在3例以下。

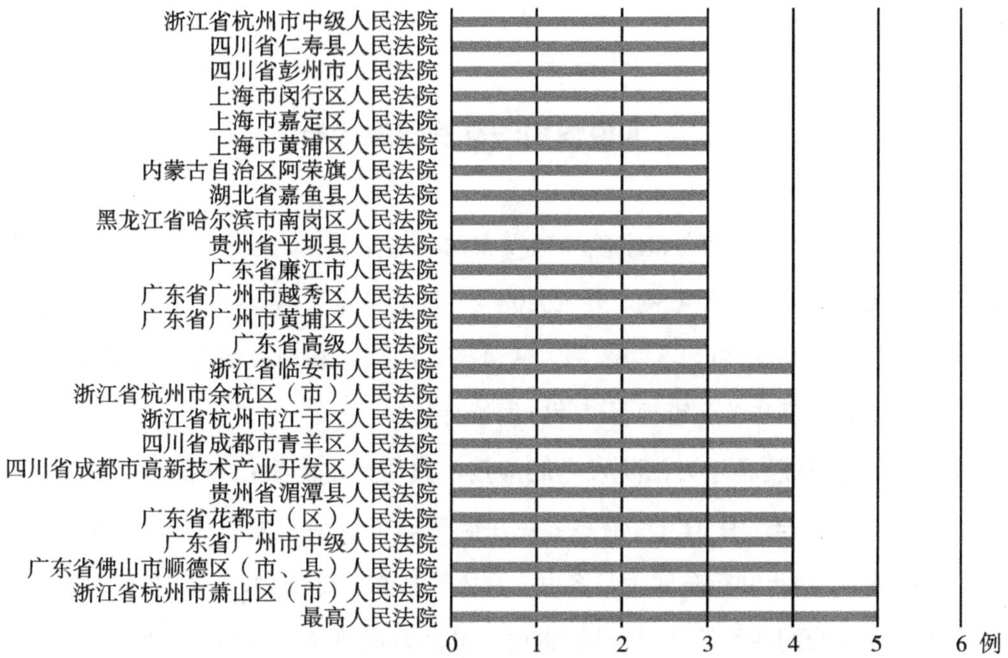

图 5　涉疫情典型案例的审理法院(3 例以上)及案件数量

(五)审理程序类型多样,一审超五成

556 例涉疫情典型案例有明确审理程序信息的 314 例,涉及审理程序类型较为广泛。其中,一审案例数量最多,有 169 例,总占比为 53.8%;其次是执行程序、速裁程序,分别有 79 例、28 例,总占比依次为 25.2%、8.9%;简易程序、破产、二审、再审和死刑复核程序均在 15 例以下,总占比之和为 12.1%。

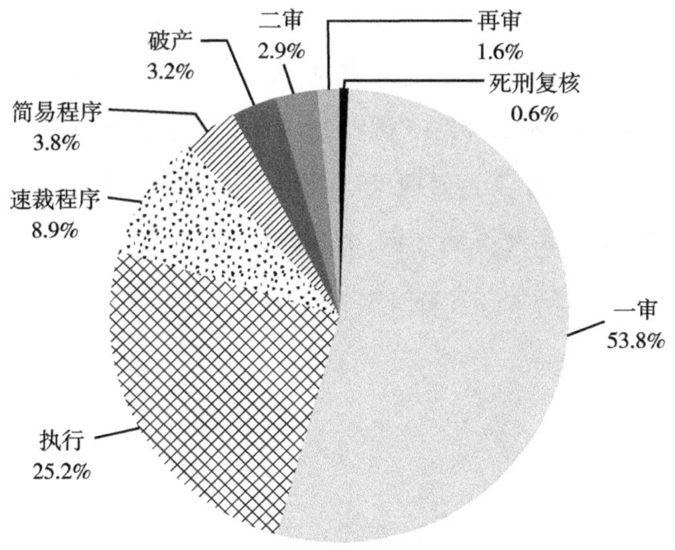

图 6　涉疫情典型案例的审理程序及占比

二、涉疫情司法案例状况分析

除"两高"、地方法院和地方检察院单独发布的典型案例，以及"两高"与其他行政机关联合发布的涉疫情556例典型案例之外，2020年1月1日至7月31日，最高人民法院和地方法院审结的涉疫情案例共计53,768例。从最高人民法院和地方法院发布的涉疫情典型案例在案由、地域、审理法院和审理程序等方面进行分析。

（一）最高人民法院和地方法院发布的涉疫情典型案例的案由分布

2020年1月1日至7月31日，最高人民法院和地方法院共发布387例涉疫情典型案例，涉及刑事、民事、执行和行政四大类案由。具体包括妨害传染病罪、诈骗罪、寻衅滋事罪、妨害公务罪和买卖合同纠纷等75种具体案由。最高人民法院发布的涉疫情典型案例所涉及的27种具体案由中有18种与地方法院发布的涉疫情典型案例案由一致，具体包括执行、妨害公务罪、诈骗罪、买卖合同纠纷和寻衅滋事罪等。

最高人民法院发布的72例涉疫情典型案例包括三大类案由，分别是民事、刑事和执行类，共计27种具体案由。其中，执行类数量最多，有13例；妨害传染病防治罪、申请破产重整分别为9例、7例；诈骗罪，寻衅滋事罪，其他劳动争议、人事争议均有5例；买卖合同纠纷、金融借款合同纠纷等21种案由均少于3（含）例。

地方法院发布的涉疫情典型案例包括四大类案由，分别是民事、刑事、行政和执行类，共计66种具体案由。其中，执行类数量最多，有69例；妨害公务罪、诈骗罪、买卖合同纠纷和寻衅滋事罪次之，分别为41例、38例、16例和15例；非法狩猎罪，房屋租赁合同纠纷，其他劳动争议、人事争议，其他合同、无因管理、不当得利纠纷，生产、销售伪劣产品罪和民间借贷纠纷分别为9例、9例、8例、6例、5例、5例；金融借款合同纠纷、申请破产清算、建设工程施工合同纠纷等55种案由均少于4（含）例。

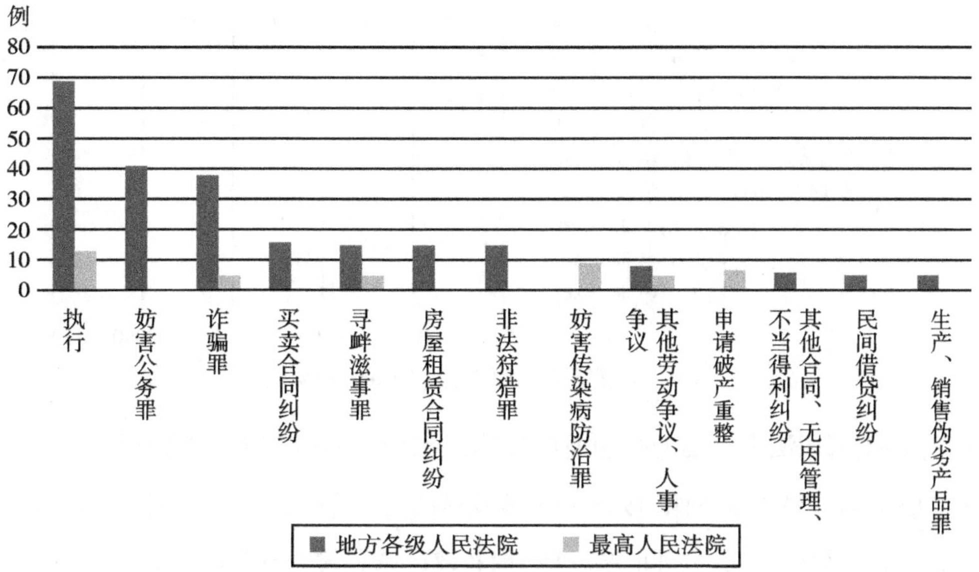

图7　最高人民法院和地方法院涉疫情典型案例案由分布(5例以上)

(二)最高人民法院和地方法院发布的涉疫情典型案例近九成的案由已应用

在53,768例涉疫情司法案例中,最高人民法院发布的涉疫情典型案例的案由27种中有24种被应用,有3种案由未应用,具体包括申请破产重整、质押式证券回购纠纷和申请破产和解。地方法院发布的涉疫情典型案例的案由66种中有59种案由被应用,有7种案由未被应用,具体包括申请破产重整、申请破产和解、国际货物买卖合同纠纷、平等就业权纠纷、侵害技术秘密纠纷、庆典服务合同纠纷和申请海事强制令。最高人民法院和地方法院发布的涉疫情典型案例案由应用率近九成。

最高人民法院和地方法院发布的涉疫情典型案例涉及刑事、民事、执行和行政四大类案由,而在53,768例涉疫情案例中,涉及民事、刑事、行政、知识产权、执行和国家赔偿六大类案由。知识产权和国家赔偿案由虽未在最高人民法院和地方法院发布的涉疫情典型案例中,但在地方法院审结案件中有涉及。地方法院审结案件数量最多的是执行类,有10,306例,总占比为19.2%;其次是买卖合同纠纷,金融借款合同纠纷,诈骗罪和其他合同、无因管理、不当得利纠纷4种具体案由,均在1000例以上,依次有2589例、1685例、1623和1362例,占比之和为13.5%;其他劳动争议、人事争议,故意伤害罪,寻衅滋事罪,妨害公务罪4种具体案由在500—1000例,分别有890例、765例、650例、608例,占比之和为5.4%;其余15种具体案由均在200例以下。

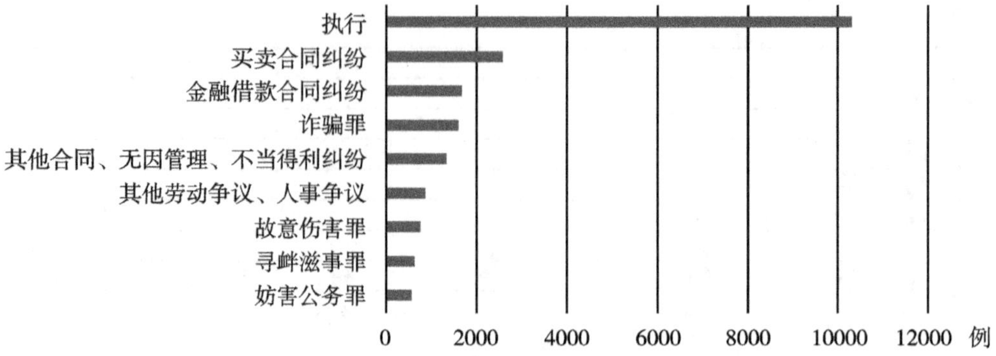

图8　涉疫情司法案例的案由(500 例以上)

(三)涉疫情司法案例集中在湘浙豫鲁鄂,以中级法院和基层法院为主

53,768 例涉疫情司法案例的分布地域涉及最高人民法院及 31 个省级行政区域,主要集中在湖南、浙江、河南、山东和湖北省 5 个省级行政区域。其中湖南省最多,共 6005 例,总占比为 11.2%;其次,浙江省共 5934 例,总占比为 11%;河南省、山东省、湖北省、江苏省法院分别有 4881 例、3832 例、3425 例、3029 例,总占比依次为 9.1%、7.1%、6.4%、5.6%;上海市、辽宁省、四川省等法院审理的案件均在 3000 例以下,占比之和为 49.6%。

从审理法院来看,主要集中在中级法院和基层法院。司法案例数量在 260 例以上的共有 13 家法院,其中湖南省耒阳市人民法院最多,有 3259 例;其次是上海市浦东新区人民法院,有 1162 例;审结案例数量在 500 例以上的包括河南省平顶山市中级人民法院、天津市北辰区人民法院,分别是 756 例、540 例;审结案例数量在 350—450 例的有 3 家法院,分别为浙江省青田县人民法院、广东省花都市(区)人民法院和浙江省温州市中级人民法院;案例数量

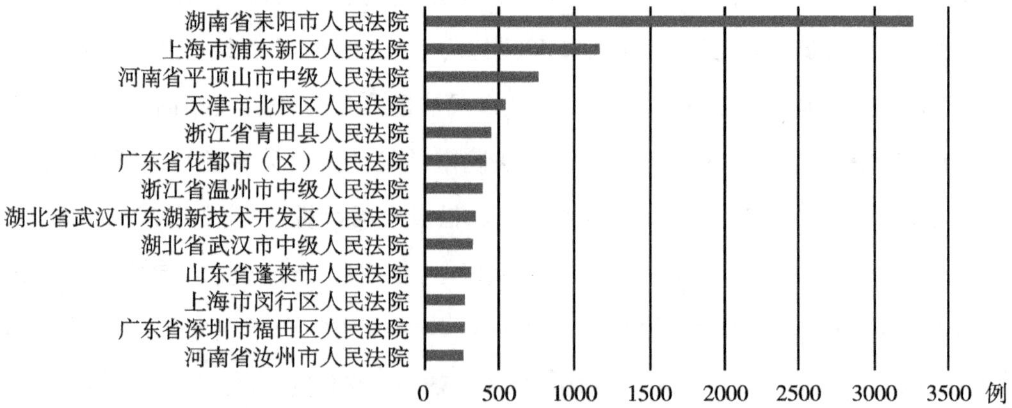

图9　涉疫情司法案例的审理法院及案件数量(260 例以上)

在260—340例的有6家法院,分别为湖北省武汉市东湖新技术开发区人民法院、湖北省武汉市中级人民法院、山东省蓬莱市人民法院、上海市闵行区人民法院、广东省深圳市福田区人民法院和河南省汝州市人民法院。

(四)审理程序中简易程序和一审程序的占比近七成

在53,768例涉疫情司法案例中,适用审理程序较典型案例更为广泛。与典型案例适用以一审程序为主不同,司法案例中适用简易程序的案例数量最多,有19,533例,总占比为36.33%;其次是一审程序,有17,365例,总占比为32.3%。除此之外,执行程序的案例有10,841例,总占比为20.16%;二审程序的案例有4384例,总占比为8.15%;速裁程序的案例有807例,总占比为1.5%;特别程序、其他程序、再审程序、国家赔偿程序、破产程序、督促程序、公示催告程序的案例均在250例以下,总占比之和为1.56%。

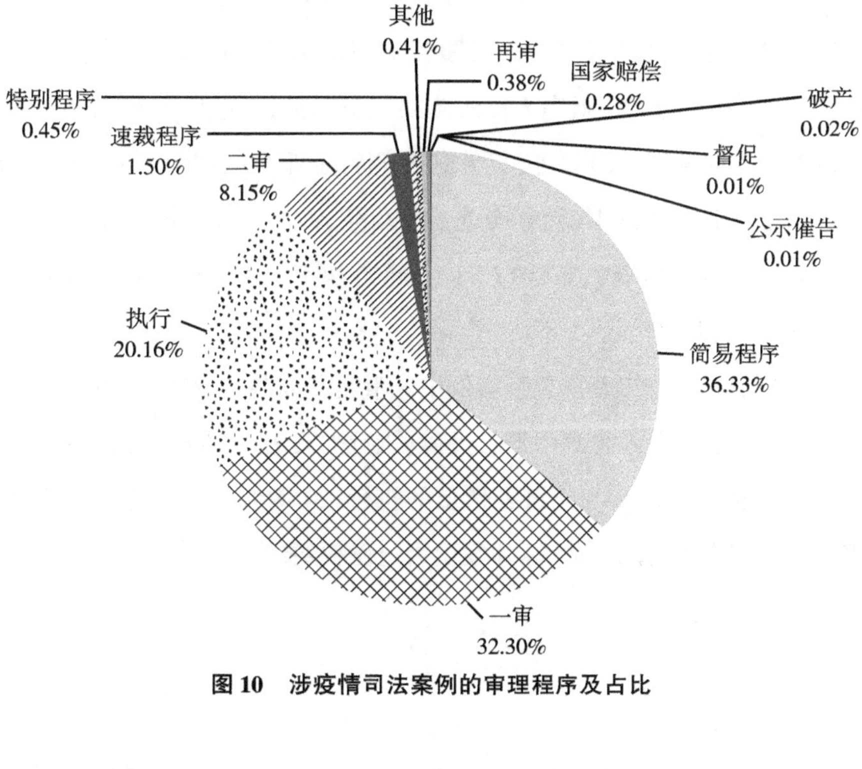

图10 涉疫情司法案例的审理程序及占比

三、最高人民法院复工复产典型案例类案分析

2020年7月31日发布的《最高人民法院关于统一法律适用加强类案检索的指导意见

(试行)》(以下简称《类案检索指导意见》)第1点和第4点[①]对类案的定义和类案检索范围做了界定,类案应该在案件的基本事实、争议焦点、法律适用问题三个方面具有相似性。关于类案的检索,有法官指出类案检索条件应主要包含案由、争议焦点和核心事实三个要素。[②]

笔者根据《类案检索指导意见》的相关规定进行筛选,在2020年1月1日至7月31日,各地法院审结的案例中,与最高人民法院发布的复工复产典型案例类似的司法案例共计111例。通过对最高人民法院复工复产典型案例和111例类案进行比较,从案由、案例来源、案例基本事实、争议焦点、裁判结果5个维度[③]进行分析,为复工复产的类案研究和审判实践提供参考。

(一)案由均涉及民事和执行两大类,类案偏重执行类案由

从案由上看,最高人民法院发布的复工复产典型案例31例和111例类案,均涉及民事、执行两大类案由,最高人民法院发布的复工复产典型案例民事和执行类案由数量相差不大,111例类案案由集中在执行类。最高人民法院共发布三批31例助力复工复产的典型案例,分别为快速调解企业间合同纠纷服务(简称快速调解企业合同纠纷,10例),充分发挥司法拯救功能促进困境企业重整再生(简称企业重整再生,8例),引导执行理念、促进执行和解(简称执行和解,13例)。其中民事类17例,执行类14例。111例类案均为地方法院审理,执行类100例,民事类11例。

最高人民法院发布的复工复产典型案例中民事类案例共涉及7种[④]具体案由,金融借款合同纠纷有10例类案,其余6种案由没有类案;执行类案例有100例类案,94例均为劳资纠纷执行案,其中74例涉及工资和经济补偿金的执行,20例涉及其他劳动争议补偿的执行。类案中民事类有1例案由是独有的,具体案由为追偿权纠纷。

---

① 第1点规定:"本意见所称类案,是指与待决案件在基本事实、争议焦点、法律适用问题等方面具有相似性,且已经人民法院裁判生效的案件。"第4点规定:"类案检索范围一般包括:(一)最高人民法院发布的指导性案例;(二)最高人民法院发布的典型案例及裁判生效的案件;(三)本省(自治区、直辖市)高级人民法院发布的参考性案例及裁判生效的案件;(四)上一级人民法院及本院裁判生效的案件。"

② 参见北京市第三中级人民法院课题组:《类案检索报告制作和运用机制研究》,载《法律适用》2020年第12期。

③ 最高人民法院发布的复工复产典型案例正文中未体现适用法律,因此本文未对适用法律情况进行分析。

④ 7类具体案由包括申请破产重整(7例)、金融借款合同纠纷(3例)、买卖合同纠纷案例(3例)、申请破产和解(1例)、申请破产清算(1例)、确认合同效力纠纷(1例)、证券回购合同纠纷(1例)。

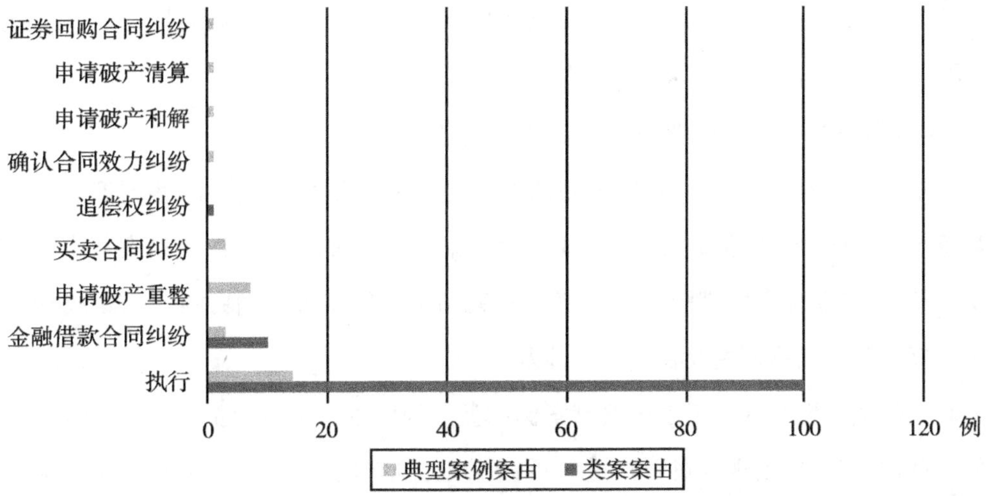

图 11　最高人民法院复工复产典型案例与类案的案由数量

(二)案例地域来源有四个省一致,以基层人民法院为主

最高人民法院复工复产典型案例[①]和 111 例类案的案例地域来源分别覆盖 14 个和 6 个省级行政区域,其中贵州、福建、四川和江苏四个省出现交叉。最高人民法院复工复产典型案例以浙江省(5 例)、广东省(4 例)和江苏省(4 例)为主,共 13 例,总占比为 41.9%;北京市、福建省、贵州省、湖北省、上海市和四川省均有 2 例;黑龙江省、吉林省、江西省、辽宁省和山东省均有 1 例。111 例类案以江苏省(78 例)、贵州省(14 例)和福建省(10 例)为主,共计 102 例,总占比 91.9%;其他为云南省(6 例),四川省(2 例)、湖南省(1 例)。

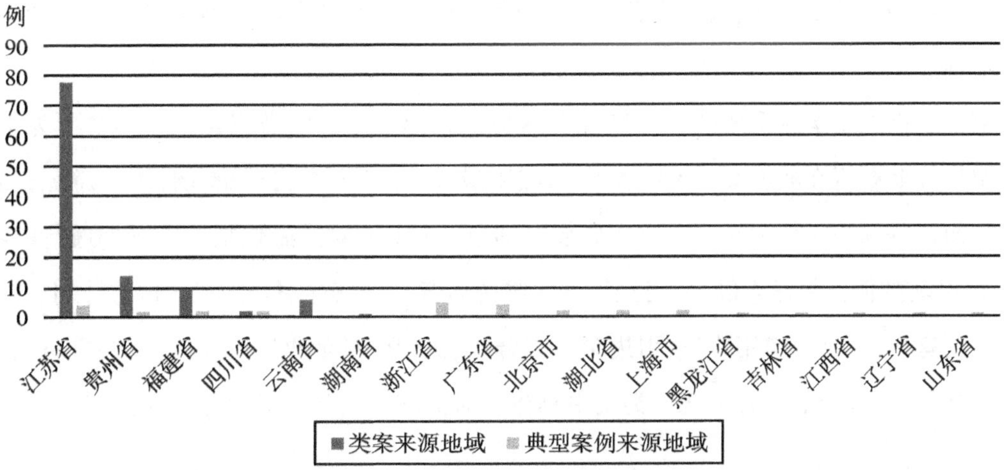

图 12　最高人民法院复工复产典型案例与类案的地域分布

① 最高人民法院发布的复工复产典型案例中,因有 1 例无法确定审理法院,统计结果为 30 例典型案例。

从法院级别来看,最高人民法院复工复产典型案例和 111 例类案共涉及 36 个法院,其中,基层法院 25 个,占比为 69.4%;中级法院 11 个,占比为 30.6%。

(三)案例基本事实中均涉及对财产进行诉讼保全

从基本事实上看,最高人民法院发布的复工复产典型案例和类案中,因财产进行诉讼保全影响复工复产的二者案例数量相当。最高人民法院发布的复工复产典型案例中因企业进入重整或清算、偿还债务困难影响复工复产的案例事实较多,而强制执行、未达成和解协议影响企业复工复产的案例主要在类案中涉及。

最高人民法院发布的复工复产典型案例和类案的基本事实多为企业在复工复产过程中面临的各种困境,主要表现为对财产进行诉讼保全、强制执行、未达成和解协议和企业进入重整或清算影响复工复产等。其中,对财产进行诉讼保全影响复工复产的案例数量二者差距不大,分别有 16 例、19 例。最高人民法院独有的案例基本事实还包括企业破产重整或清算(8 例)、偿还债务困难(3 例)、企业信用征信影响贷款(1 例)、融资提前到期(1 例)、无财产可供执行(1 例)、执行中财产陷入僵局(1 例)。类案独有的案例基本事实包括强制执行(82 例)、未达成和解协议(10 例)。

(四)案例争议焦点集中在协议分期履行措施方面

最高人民法院发布的复工复产典型案例和类案的争议焦点主要集中在为促进企业复工复产而采取的具体应对措施上。其中协议分期履行和避免查封企业生产物资两项应对措施在典型案例和类案中均被应用,尤其是协议分期履行,在典型案例和类案中的应用最多,共计 101 例。

复工复产典型案例采取的应对措施有两类,与类案一致,但措施类型较类案更为丰富。其中协议分期履行在典型案例和类案中均应用最多,分别为 6 例和 95 例;协议避免查封企业生产物资分别为 5 例和 6 例。只在典型案例中采取的应对措施包括协议延期履行的案例 5 例;协议削减债务数额 4 例;采用托管方式维持运营、变更破产和解协议/重整计划、增加担保的分别有 2 例;企业信用修复、引进第三方合作、执转破对企业进行破产保护、重整期间进行试生产、盘活资产的均有 1 例。类案中具体应对措施不显著的案例有 10 例。

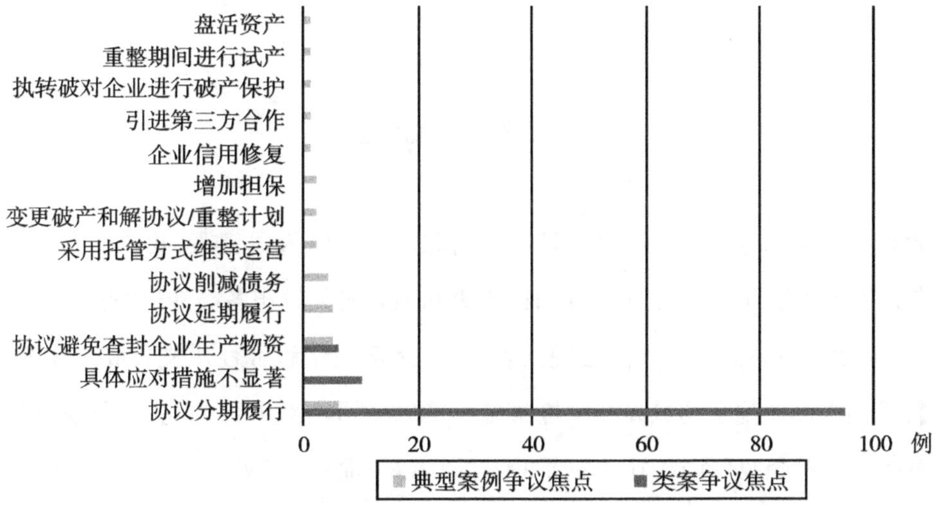

图 13　最高人民法院复工复产典型案例与类案的争议焦点

（五）案例裁判结果实现了助力企业复工复产的目的

最高人民法院复工复产典型案例和类案的裁判结果，均在不同程度上实现了助力企业复工复产的目的，二者案例中裁判结果均以变更债务履行为主，分别占比 54.8%、94.6%。在案件审理过程中，秉承推进复工复产是纠纷解决的重要指导思想这一理念，法院调解在这一过程中发挥着无可替代的作用，贯穿立案、审判、执行等司法全过程。[①] 涉疫情司法案例在结案方式上，典型案例和类案通过法院调解、达成和解成功的总占比达到 78.2%。

最高人民法院典型案例裁判结果主要表现在实现债务履行变更、实现企业破产保护、实现企业恢复生产和物资灵活执行 4 个方面。其中通过调解或和解变更债务履行的案例数量 17 例；对企业进行破产保护的有 6 例；实现企业恢复生产和生产物资灵活执行的均有 4 例。类案的裁判结果主要表现在实现债务履行变更、实现生产物资灵活执行两个方面，与最高人民法院典型案例裁判结果部分重合。其中通过调解或和解变更债务履行的案例数量 105 例；实现生产物资灵活执行的有 6 例。

最高人民法院典型案例和类案的结案方式中以调解或和解成功的案例数量分别为 17 例和 94 例，总占比为 78.2%。最高人民法院典型案例中对企业进行破产保护的为 6 例；通过解除强制措施和其他手段成功指导企业复产的均为 4 例。类案中调解未果，直接判决案例有 11 例；解除强制措施案例有 6 例。

---

① 参见张平华、王晖：《新冠疫情背景下的"不可抗力/情势变更"一体化应对机制》，载《法律适用》2020 年第 13 期。

四、研究综述

新冠疫情暴发以来,为防控疫情、打击疫情犯罪和保障人民健康,我国出台了一系列的法规文件。2020年1月1日至8月31日,中央和地方机关发布各类涉疫情法律法规文件共计1.3万[①]余篇。具体到最高人民法院共发布了18部司法解释性质文件和工作文件,重要文件包括最高人民法院会同最高人民检察院、公安部、司法部出台的《关于依法惩治妨害新型冠状病毒感染肺炎疫情防控违法犯罪的意见》(以下简称《意见》),会同最高人民检察院、公安部、司法部、海关总署出台的《关于进一步加强国境卫生检疫工作依法惩治妨害国境卫生检疫违法犯罪的意见》,出台三部《关于依法妥善审理涉新冠肺炎疫情民事案件若干问题的指导意见》等规定等。同时,“两高”、各级地方法院与地方检察院单独发布的典型案例,以及“两高”与其他行政机关联合发布的涉疫情典型案例,共计81批556例,指导疫情期间的审判相关工作,对有效应对疫情带来的影响起到了积极的作用。

(一)“两高”发布的涉疫情典型案例数量占比近30%

新冠疫情对我国社会造成的危害和冲击前所未有,司法机关面对突如其来的严峻形势和复杂现实。尽管“两高”已经及时出台相关司法文件,但各地司法机关在对具体案件适用法律时仍难免不一致。在此紧迫形势下,“两高”密集发布了涉疫情典型案例,指导审判实践,发布典型案例的意义不止于指导司法机关办案,也不仅是为了威慑潜在的涉疫情犯罪,更是对社会彰显公平正义。[②]

(二)典型案例类型中妨害疫情防控犯罪和复工复产类占比近60%

典型案例的发布类型与抗疫的阶段密切相关。总体来看,疫情发展经历三个阶段:第一阶段,国内疫情多发高发的非常时期,工作的重心是疫情防控;第二阶段,在中央召开统筹推进新冠肺炎疫情防控和经济社会发展工作部署会议后,逐步向疫情防控和复工复产调整;第三阶段,国内疫情防控取得阶段性重要成效,在疫情防控常态化的形势下,既要保障复工复

① 根据“北大法宝—法律法规库”的统计,从2020年1月1日至8月31日,中央法规和地方法规库中涉疫情法规文件共计1.3万余篇。

② 参见夏勇:《宽严相济刑事政策在疫情防控期间的具体体现》,载《人民检察》2020年第8期。

产,又要着眼整个经济社会秩序恢复。[①] 根据疫情发展的不同阶段,“两高”坚决贯彻习近平总书记重要指示精神和党中央决策部署,在中央政法委领导下,认真落实防控要求,单独或者会同有关单位制定依法惩治妨害疫情防控犯罪、惩治妨害国境卫生检疫犯罪、保障复工复产等意见,完善服务“六稳”“六保”司法举措。[②] 通过这些典型案例的发布,不仅向社会发出了持续打击妨害疫情防控犯罪的强烈信号,[③]从而有效震慑了犯罪,同时积极推进和保障复工复产工作的顺利开展。

从案例类型上看,典型案例共涉及 11 种案例类型,“两高”发布的典型案例涉及 6 种,地方法院和地方检察院涉及 8 种,“两高”和地方法院、检察院均有发布的 3 种。其中,妨害疫情防控犯罪典型案例共计 270 例,复工复产典型案例 61 例,总占比近 60%。在“两高”和地方法院、地方检察院均有发布的案例类型为妨害疫情防控犯罪、复工复产和疫情劳动争议;而疫情防控民事行政纠纷、执行案例、疫情合同纠纷、在线调解、涉野生动物保护类仅在地方法院发布,涉医犯罪、案件管理业务、信访管理业务仅在“两高”发布。

(三)涉疫情司法案例全面覆盖六大案由,典型案例案由近九成被应用

疫情暴发后,妨害疫情防控犯罪成为疫情初期的重要司法工作,新冠疫情期间的刑事司法,就是一种“非常状态”下的非常规性司法。[④] 仅在最高人民法院、最高人民检察院、公安部与司法部联合下发的《意见》中,明确了“抗拒疫情防控措施犯罪”“暴力伤医犯罪”等九类涉疫情犯罪,涉及 35 个具体罪名。[⑤]

随着疫情在国内的逐步控制并走向常态化,立法和司法实践从刑事领域向其他领域扩展,典型案例和涉疫情司法案例也从以刑事为主转向多类案由并存的状态。556 例涉疫情典型案例共涉及刑事、民事、执行和行政四大类案由,而 53,768 例涉疫情司法案例则涉及民事、刑事、行政、知识产权、执行和国家赔偿六大类案由,其中知识产权和国家赔偿案由仅在涉疫情司法案例中涉及。

---

① 参见郑新俭:《疫情背景下经济犯罪检察的应对与把握》,载《人民检察》2020 年第 8 期。

② 参见王淑梅、邓江源、马玲:《〈关于依法妥善审理涉新冠肺炎疫情民事案件若干问题的指导意见(三)〉的理解与适用》,载《人民司法》2020 年第 22 期。

③ 参见元明、郭全新、柴乃文:《正确适用法律依法严惩严重暴力犯罪》,载《人民检察》2020 年第 8 期。

④ 参见车浩:《刑事政策的精准化:通过犯罪学抵达刑法适用》,载《法学》2020 年第 3 期。

⑤ 参见姜涛:《非常时期涉疫情犯罪教义学的争议问题》,载《政治与法律》2020 年第 5 期。

从具体案由上看,53,768 例涉疫情司法案例对最高人民法院和地方法院发布的涉疫情典型案例案由应用率近九成。其中,对最高人民法院发布的涉疫情典型案例的案由(27 种)除申请破产重整、质押式证券回购纠纷和申请破产和解 3 种案由外,其余 24 种均被应用;对地方法院发布的涉疫情典型案例的案由(66 种)除申请破产重整、申请破产和解等 7 种案由未应用外,其余 59 种案由均被应用。

(四)复工复产典型案例和类案通过应对措施帮助企业摆脱困境

在我国,类似案件类似审判是实现形式公正的基本要求,是司法公正的构成性因素,[①]更是践行"让人民群众在每个案件中感受到公平正义"这一诺言的重中之重。如果对同一类案件的审判有差异不回应,有偏离不释明,又不讲求说理,将会影响判决的说服力和效果。[②] 最高人民法院从 2017 年 5 月开始推动建立类案及关联案件强制检索制度,并逐步形成了从规定到规范指引落地的过程。2017 年 5 月 1 日发布的《最高人民法院关于落实司法责任制完善审判监督管理机制的意见(试行)》,规定了各级人民法院要建立类案及关联案件强制检索机制;2017 年 8 月 1 日发布的《最高人民法院司法责任制实施意见(试行)》,明确提出制作类案与关联案件检索报告,并对检索平台、结果运用等作了说明;2018 年 12 月 4 日发布的《最高人民法院关于进一步全面落实司法责任制的实施意见》,提出健全完善法律统一适用机制,对存在法律适用争议或者"类案不同判"可能的案件,应当制作关联案件和类案检索报告;2019 年 2 月 27 日,《最高人民法院关于深化人民法院司法体制综合配套改革的意见——人民法院第五个五年改革纲要(2019—2023)》的通知规定,各级法院要完善统一法律适用机制,完善类案和新类型案件强制检索报告工作机制;2020 年 7 月,《类案检索指导意见》出台。这一系列文件的发布标志着类案检索制度逐步建立,并预示着该制度将快速发展,尤其面对当下裁判文书数量过亿的现状,类案检索制度必将给司法实践工作带来重大的改变。

2020 年 2 月 25 日,中央政法委、最高人民法院、最高人民检察院、公安部、司法部制定印发《关于政法机关依法保障疫情防控期间复工复产的意见》,要求政法机关充分发挥职能作用,依法全力做好新冠肺炎疫情防控、保障疫情防控期间复工复产。本文通过对最高人民法院复工复产典型案例和 111 例类案进行比较分析,针对典型案例和类案的案件事实、争议焦

---

① 参见张骐:《论类似案件应当类似审判》,载《环球法律评论》2014 年第 3 期。

② 参见高尚:《司法类案的判断标准及其运用》,载《法律科学》(西北政法大学学报)2020 年第 1 期。

点做具体分析,同时对比分析了裁判结果的应用效果。根据调研结果发现,案件基本事实多为企业在复工复产过程中面临的各种困境,而争议焦点主要体现在为促进企业复工复产采取的具体应对措施方面;从裁判结果上看,最高人民法院典型案例和类案的裁判结果,均在不同程度上实现了助力企业复工复产的目的。

毒品犯罪法律适用若干问题的案例展开

刘 辰 肖先华

内容摘要： 近年来，我国毒品犯罪呈多发、高发态势，毒品零包贩售加剧的同时，大宗化明显，重特大毒品犯罪案件增长迅速，毒品犯罪手段更加隐蔽化、科技化，新型毒品犯罪增长迅速，禁毒形势依然严峻。毒品犯罪法律适用疑难问题较多，特别是贩卖毒品既未遂、毒品犯罪诱惑侦查、运输毒品以及毒品犯罪死刑量刑均衡等领域问题突出。本文在科学把握严厉打击毒品犯罪与从严控制死刑适用、毒品数量与犯罪情节、客观真实与法律真实"三个关系"的基础上，以典型案例入手，展开对重点领域毒品犯罪法律适用疑难问题的探讨。

关 键 词： 毒品犯罪既未遂 诱惑侦查 运输毒品 死刑量刑均衡

作者简介： 刘辰，法学博士，最高人民检察院第一检察厅主办检察官，案例法学研究会理事。肖先华，博士研究生，最高人民检察院第二检察厅。

论 纲： 一、毒品犯罪法律适用需要把握好的"三个关系"

二、贩卖毒品既未遂问题

三、毒品犯罪诱惑侦查问题

四、运输毒品行为法律适用问题

五、毒品犯罪死刑量刑均衡问题

受国际毒品持续泛滥和国内多种因素影响,近年来我国毒品犯罪呈多发、高发态势。根据《2018 年中国毒品形势报告》显示,2018 年全国共破获毒品犯罪案件 10.96 万件,抓获毒品犯罪嫌疑人 13.74 万人;[①]2019 年前 11 个月,检察机关共起诉毒品犯罪案件 9.85 万人。[②]近年来毒品犯罪案件数略有下降,但案件总数、涉案人数仍十分巨大。毒品犯罪不仅数量庞大,近年来也不断演化出许多新特点,犯罪手段隐蔽化、科技化、网络化、多样化问题突出,毒品犯罪证据种类相对单一,法律适用的疑难问题多,给司法认定带来很多困难。

一、毒品犯罪法律适用需要把握好的"三个关系"

在新形势下,做好毒品犯罪法律适用需要把握好几个关系。一是严厉打击毒品犯罪与从严控制死刑适用的关系。打击毒品犯罪,一方面要贯彻"从严惩处毒品犯罪"的政策,对愈加严峻的毒品犯罪采取严打态势;[③]另一方面,又要贯彻"严格控制和慎重适用死刑"政策。这两项刑事政策似乎存在导向上的冲突和执行上的困惑。笔者认为,在当前经济发展不均衡、社会治理和防控措施亟待健全的情况下,对毒品犯罪严厉打击,对罪行极其严重的犯罪分子适用死刑确有必要。但严厉打击不能简单理解为"多杀"。"刑法不能根除毒品犯罪的根源,也不是最有效的对抗毒品犯罪的措施,甚至仅仅为毒品的运行造成障碍这种效果,都是有限的。"[④]毒品犯罪问题是一个复杂的社会问题,禁毒是个系统工程,需要进行综合治理。二是毒品数量与犯罪情节的关系。涉案毒品数量体现了毒品犯罪危害性大小且有利于量化把握,曾经是死刑适用的决定性条件。[⑤] 毒品数量虽能够一定程度上体现犯罪的社会危害性,但犯罪嫌疑人的主观恶性以及适用死刑的必要性,还不能简单以毒品数量衡量,而是需要通过犯罪情节、后果以及嫌疑人的手段、作用等其他情节综合展现。如若不考虑毒品犯罪

---

① 参见国家禁毒委员会办公室《2018 年中国毒品形势报告》。

② 参见元明:《将重罪检察工作融入国家治理大局》,载《检察日报》2020 年 4 月 27 日,第 2 版。

③ 近年来,最高人民法院、最高人民检察院、公安部单独或者联合发布了《办理毒品犯罪案件适用法律若干问题的意见》《关于办理走私、非法买卖麻黄碱类复方制剂等刑事案件适用法律若干问题的意见》等十余份司法解释和规范性文件,并强调"要从维护重要战略机遇期国家安全和社会稳定的政治高度,充分认识毒品问题的严峻性、长期性和禁毒工作的艰巨性、复杂性""要从民族兴衰和国家安危的高度,深刻认识惩治毒品犯罪的极端重要性和紧迫性"。

④ 莫洪宪:《毒品犯罪的挑战与刑法的回应》,载《政治与法律》2012 年第 10 期。

⑤ 1991 年《最高人民法院关于十二省自治区法院审理毒品犯罪案件工作会议纪要》("珠海会议纪要"),对于数量标准起调节作用的其他犯罪情节几乎没有列举。

是制造贩卖还是单纯运输，不考虑毒品是纯度很高还是含量极低，不考虑嫌疑人在共同犯罪中是主犯还是从犯、偶犯等数量以外的因素，则死刑的适用必然是不公正的。三是客观真实与法律真实的关系。毒品犯罪隐蔽性强，在实践中最突出的问题是证明困难。解决这一问题的根源在于把握好证明标准。诚然，司法工作追求客观真实与法律真实的统一，但在无法实现二者的统一时，犯罪事实的认定就需要通过法律真实诉讼观下的证明标准予以解决。法律真实是指，“事实裁判者对案件的认识应当符合法律规定，并达到从法律角度认为是真实的程度”[①]。以证据裁判原则为基础的法律真实认识观是我国证明标准领域的通说。在法律真实诉讼观下，可以倒逼侦查机关从对技侦手段的证据依赖向提供证据的侦查方式转型。

二、贩卖毒品既未遂问题

案例 1：张某、赵某某贩卖毒品案[②]

2013 年 3 月 25 日下午，被告人张某向被告人赵某某约购毒品用于贩卖，约定由赵某某将毒品送至临泉县某处进行毒品交易。后张某乘坐出租车在约定地点等候，当赵某某赶到并进入该出租车内准备与张某进行毒品交易时被抓获。公安人员当场从赵某某外套内查获毒品一包，净重 200.2 克。经鉴定，该包毒品中含有吗啡成分。

毒品犯罪的既未遂问题是办理毒品犯罪案件的疑难问题，司法实践中，人民法院对于认定毒品犯罪既未遂产生争议、把握不准时，按照从严打击犯罪的要求认定为既遂。然而，实务界和理论界对此仍存在不少争议。对于毒品犯罪高发的贩卖毒品罪既未遂标准的界定，主要有“契约说”“交付说”“着手出卖说”“进入交易环节说”等不同的观点。笔者认为，上述观点要么放纵了犯罪，要么对行为人要求过于严苛。如“契约说”认为买卖双方交易毒品的意思表示达成一致便构成既遂，实际上此时尚未着手贩卖行为，这种处理打击面过宽。“交付说”认为应当以是否将毒品交付作为区分贩卖毒品罪既未遂的标准，但这种“以‘买卖’行为的彻底完成为标准，导致打击不力，不能满足严厉打击贩毒犯罪的实际需要。”[③]“着手出卖说”认为行为人一旦着手出卖毒品即构成既遂，无疑将该罪视为举动犯，与刑法规范

① 樊崇义：《客观真实管见：兼论刑事诉讼证明标准》，载《中国法学》2000 年第 1 期。

② 参见安徽省高级人民法院（2014）皖刑终字第 00384 号刑事裁定书。

③ 曲新久：《刑法学》，中国政法大学出版社 2017 年版，第 558 页。

不符。“进入交易环节说”认为毒品进入交易状态即构成既遂，何为“交易状态”难以准确把握，特别是毒品交易双方为完成交易需要实施不同的行为，行为并不同步，以毒品进入交易环节并不公允。

科学划分贩卖毒品罪既未遂，首先要准确界定其犯罪行为的性质。贩卖毒品罪理解为行为犯较为妥当，其以法定犯罪行为的完成作为既遂的标志，无须出现物质性的或有形的危害结果，但是行为并非一着手即完成，而是有一个实行过程，须达到一定程度。贩卖毒品罪，是指非法销售毒品或者以贩卖为目的而非法收买毒品的行为，也即以牟利为目的的买入毒品和出卖毒品是贩卖毒品罪的两种表现形式。因此，对于贩卖毒品罪既未遂的认定应当从毒品的买入和出卖两个角度进行考察。如前所述，贩卖毒品罪作为行为犯，只有行为实施到一定程度才构成既遂。“一定程度”应当紧扣交易行为，实施交易行为即构成贩卖毒品的既遂。具体而言，就毒品出卖行为(出卖者)来说，只要行为人以贩卖为目的而实施了购买毒品的行为，或者原先不以贩卖为目的而购买毒品，现在有证据证明以贩卖为目的而非法持有毒品，均构成贩卖毒品罪的既遂。有观点认为，“为卖而买毒品的行为，只是贩卖毒品的预备行为。”[①]实则不然，因毒品犯罪的特殊性，毒品极易被交易，且交易非常隐秘，以贩卖为目的而非法收买毒品的行为已经侵害了刑法所保护的法益，故司法实践中也以贩卖毒品罪的既遂予以认定。就毒品买入行为(购毒者)来说，应当以购毒者实施毒品交易作为其犯罪既遂的标志。具体的区分界限应当以购毒者到达交易场所为节点，之前的行为只能认为是犯罪未遂等形态，之后的行为才能认定为犯罪既遂。因打击毒品犯罪的特殊需要，此处的“交易场所”应适度从宽理解，既包括交易的房间等具体地点，也包括具体地点的门外、走廊、楼梯等紧邻的场所。以下几种情形可以认定为贩卖毒品罪的未遂：(1)祖传、拾得、盗窃、抢劫等手段获得的毒品，尚未实施交易行为即被查获的；(2)尚在商谈环节，或者虽已谈好交易事宜，在前往交易过程中，未实施交易行为的下家；(3)人货分离，已谈好交易事宜，尚未提取毒品即被查获的下家等。案例中，被告人赵某某以贩卖为目的购买了毒品吗啡，已经构成了贩卖毒品罪的既遂；被告人张某在案发前已经与赵某某谈好毒品交易细节，案发当天事先在约定地点等候，赵某某也携带毒品到达约定地点，虽然二人准备交接毒品时即被公安机关查获，但二人均已构成贩卖毒品罪的既遂。

对于诱惑侦查和控制下交付的犯罪既未遂问题，有观点认为，由于警方对毒品交易严密

---

① 韩建设、陈洪兵:《试析毒品犯罪》，载《甘肃行政学院学报》2003 年第 4 期。

控制，即便贩毒者向购毒者交付了毒品，通常也不会对公众的身体健康产生实际侵害，原则上不能以贩卖毒品罪的既遂犯论处。[①] 笔者认为，应当根据不同情形区别对待。毒品犯罪中的诱惑侦查行为，实践中主要是“犯意引诱”“数量引诱”两种。《中华人民共和国刑事诉讼法》第153条明确规定，“不得诱使他人犯罪，不得采用可能危害公共安全或者发生重大人身危险的方法”，因此我国禁止“犯意引诱”，相关证据不得作为指控犯罪的依据。对于“数量引诱”，如果以卖方名义进行诱惑侦查，因毒品被侦查机关实际控制，买方即使实施了交易行为，也应当认定为未遂；[②]如果以买方名义进行诱惑侦查，因毒品并未被侦查机关实际控制，卖方只要实施了买入毒品或者实施买入行为即构成犯罪既遂。对于控制下交付的情形，实践中一般不作细分，只要毒品实现了交付，就一律按照犯罪既遂处理。[③] 笔者认为，对于控制下交付毒品既未遂的界限，应当着眼于侦查机关对毒品犯罪行为的控制力予以认定，即如果侦查机关采取的是通讯监控手段，对毒品犯罪控制力较弱，对于符合上述标准的毒品交易行为应当认定为既遂；如果侦查机关采取特情人员直接介入交易，或者贴近跟踪等侦查手段的，应当认定为犯罪未遂。

此外，对于贩卖毒品现场查获的毒品外，从行为人身上、住处等地查获的毒品，应如何认定存在不同的观点。有观点认为应当认定为非法持有毒品罪，有的认为应当认定为贩卖毒品罪未遂，也有的认为应当认定为贩卖毒品罪既遂。[④] 笔者认为，只要符合上述标准的毒品交易行为，应当认定为既遂。即只要有证据证明行为人具有贩卖毒品犯罪的故意，均应当将上述查获的毒品计入其犯罪既遂的范畴。如果是卖方，其以贩卖为目的购进毒品，且在贩卖毒品过程中被查获，上述查获的毒品无疑应计入其犯罪既遂的范畴；如果系买方，毒品在其身上、住处等地查获，说明毒品已经进行了交易，完成了交付，上述查获的毒品理应计入其犯罪既遂的范畴。

---

① 参见温登平：《论贩卖毒品犯罪的既遂与未遂》，载《山东警察学院学报》2018 年第 3 期。

② 实践中已有类似案例认定为犯罪未遂，如“苏永清贩卖毒品案”，参见最高人民法院刑事审判第一、二、三、四、五庭编：《刑事审判参考》（总第 28 集），法律出版社 2003 年版，第 70 页。

③ 参见张洪成、黄瑛琦：《毒品犯罪法律适用问题研究》，中国政法大学出版社 2013 年版，第 125 页。

④ 参见王东红：《在贩毒现场之外查获的毒品应如何认定?》，载《人民司法》2000 年第 1 期。

三、毒品犯罪诱惑侦查问题

诱惑侦查,是指刑事侦查人员以实施某种行为有利可图为诱饵,暗示或诱使侦查对象暴露其犯罪意图并实施犯罪行为,待犯罪行为实施时或结果发生后,拘捕被诱惑者。[①] 诱惑侦查最早起源于美国20世纪20年代,主要运用在无被害人的新型犯罪中,如贩毒、假币交易、组织卖淫等。[②] 该侦查方式逐渐被各国家和国际社会所认可,并逐渐在法律层面得到承认和规范,被赋予合法性。[③] 我国在2012年《刑事诉讼法》修改中增加规定了隐匿身份侦查和控制下交付等秘密侦查条款,将诱惑侦查纳入法律规范。[④] 实践中,毒品犯罪诱惑侦查的运用比例相当可观,几乎达到50%。[⑤] 然而,诱惑侦查也存在不少问题令人不无担忧,需要进一步规范。

1. 诱惑侦查的几种类型

(1)机会引诱

案例2:苏某某贩卖毒品案[⑥]

2001年4月的一天,被告人苏某某为贩卖毒品,找到许某(系公安特情人员),要许某帮其联系购买甲基苯丙胺。许某向公安机关报告这一情况后,公安机关决定由公安人员以“卖主”身份与苏某某接触。苏某某看过毒品样品后决定购买冰毒35公斤,并约定了交易时间。交易时,被公安机关当场抓获。

被告人苏某某在贩卖毒品犯意的驱使下,主动约购毒品,提出交易价格、数量、时间、地

---

① 参见龙宗智:《诱惑侦查合法性问题探析》,载《人民司法》2000年第5期。

② 在二十世纪七八十年代,美国毒品泛滥时期,警察伪装成买家以“钓鱼”的方式,使用“控制下交付”打击毒品交易非常普遍。

③ 参见《联合国禁止非法贩运麻醉药品和精神药物公约》第11条第1款规定:“控制下交付,即在其国内法律制度基本原则允许的情况下,缔约国应在可能的范围内采取必要措施,根据相互达成的协定或安排,在国际一级适当使用控制下交付,以便查明涉及按第三条第一款确定的犯罪的人,并对之采取法律行动。”

④ 参见《刑事诉讼法》第153条规定,为了查明案情,在必要的时候,经公安机关负责人决定,可以由有关人员隐匿其身份实施侦查。但是,不得诱使他人犯罪,不得采用可能危害公共安全或者发生重大人身危险的方法。对涉及给付毒品等违禁品或者财务的犯罪活动,公安机关根据侦查犯罪的需要,可以依照规定实施控制下交付。

⑤ 转引自程雷:《诱惑侦查的程序控制》,载《法学研究》2015年第1期。但这一数据,笔者无法从官方的统计数据以及案件材料中得悉,尽管《刑事诉讼法》已经将诱惑侦查纳入法律规范,但仍很难在案卷中看到“特情人员介入”的明确信息。有无特情介入因素,主要通过公安机关在破案经过中以“群众举报、摸排走访”等含糊隐晦的描述或者侦查卷中的情况说明窥知。

⑥ 参见中华人民共和国最高人民法院刑事审判第一、二、三、四、五庭编:《中国刑事审判指导案例》(第5卷),法律出版社2017年版,第333页。

点,公安机关顺应被告人要求,为其实施犯罪提供了实现机会,配合其完成毒品交易。该案属于典型的机会引诱。机会引诱指,对本已有犯意的人提供实施犯罪的机会,使其具体犯罪行为有机会暴露出来的方式。除“主动约购”外,“持毒待售”也是典型的机会引诱形式。在犯罪迟早会发生的情况下,警方顺应其犯意为犯罪实现创造了机会,使犯罪得以在警方控制下发生,有利于证据的取得和社会危险性的有效控制。《全国部分法院审理毒品犯罪案件工作座谈会纪要》(“大连会议纪要”)以及部分观点认为,机会引诱不属于诱惑侦查范畴,和普通的侦查行为并无二致。笔者认为,机会引诱中的犯罪行为毕竟不是自然发生的,仍应属于诱惑侦查,只是一种被法律赋予了合法性效力的诱惑侦查行为,在量刑时应当予以考虑。

(2)犯意引诱

案例3:李某某贩卖、运输毒品案

2017年某月,宋某(特情人员)在公安机关控制下与被告人李某某联系,称有人欲购买5千克甲基苯丙胺,让李某某将毒品运至丹东市交易。李某某遂指使被告人何某驾车将毒品运往丹东。抵达后,李某某与何某汇合欲上楼与宋某交易时被抓获,公安机关当场查获甲基苯丙胺5千克。

本案中被告人李某某在特情人员宋某提出购买意向后,筹备毒品并运输、交易。案件中没有证据证明李某某在宋某约购前就持毒待售,也没有证据显示其此前存在贩毒行为,且约购时间与交易时间相隔多日,李某某有充足的备货时间。这种情况应认定为犯意引诱。犯意引诱是指,对本没有犯罪意图的人,因特情人员引诱,促使其产生了犯罪意图并实施犯罪行为的情形。我国现有法律规范中出于实用主义考虑和司法实践需要而规定的,对犯意引诱采取了极为宽容的“定罪轻罚”的法律容许性做法,笔者认为不妥。犯意引诱不再是“暴露”犯罪,而是“制造”了犯罪。在本质上类似于一种有控制的“实验室内的犯罪实验”,完全由侦查活动引诱而发生的犯罪,从根本上讲是一种“人为”的虚假犯罪事实。① 因此,隐匿身份人员在侦查活动中诱使本无犯意的人实施毒品犯罪,查获的毒品或毒资等不得作为认定其实施犯罪的证据。

(3)数量引诱

案例4:符某某贩卖、运输毒品案

2013年8月、10月,被告人符某某分别向张某、王某共计贩卖甲基苯丙胺850克。同年

① 参见于志刚:《毒品犯罪中诱惑侦查案件定性问题探讨》,载《人民检察》2004年第3期。

10月下旬,吸毒人员徐某在侦查人员的安排下,向符某某购买甲基苯丙胺500克。10月底,王某在侦查人员安排下,又向符某某约购甲基苯丙胺1500克,符某某在交易中被抓获。

本案中,被告人符某某共实施了四起贩卖、运输毒品的犯罪事实,其中在特情介入、侦查机关监控下交易毒品数量远大于前两起自然发生的毒品犯罪交易量,该情形属于诱惑侦查中的数量引诱。数量引诱是指,行为人原本只有实施数量较小的毒品犯罪的故意,在特情引诱下实施了数量较大的毒品犯罪的情形。数量引诱是行为人原本即具有犯罪意图,并非由特情人员引诱而产生,但其最初只具有数量较小的犯意,在特情引诱下才产生数量较大犯罪的犯意。其对被引诱的犯罪具有的是概括的笼统的犯意,犯罪数量多少往往根据引诱数量而确定,故数量引诱中被告人的主观恶性要小于机会引诱中的主观恶性。笔者认为,刑罚上应考虑数量引诱情况下行为人主观恶性和刑罚可责性的降低,特别是在数量引诱的毒品犯罪数量远大于自然发生的数量时。

2. 诱惑侦查各情形的区分与认定

犯意引诱与机会引诱、数量引诱的区别较明显,在于诱惑行为是否引发了行为人的犯意。机会引诱与数量引诱区别在于,机会引诱中行为人对其实施的具体犯罪行为事前已经具备明确的故意,引诱行为并没有超出行为人对自身犯罪行为程度的认知范畴。数量引诱中行为人在被引诱前具有的是概括笼统的犯意,后续犯罪行为是在其概括故意支配下完成的。从行为人的主观恶性看,机会引诱、数量引诱、犯意引诱,主观恶性依次降低。根据上述区分,对于诱惑侦查的具体认定,司法实践中有以下经验可循:

(1)对曾经实施毒品犯罪特别是近期进行过相似毒品犯罪的人,应认为具有毒品犯罪概括故意,其在特情人员引诱下再实施毒品犯罪的,属于数量引诱而非犯意引诱。但如有证据证明曾经的毒品犯罪与本次行为相隔久远,行为人确已长期不从事毒品犯罪的,或犯罪行为差别较大的,如之前只有非法持有行为,本次被引诱为贩卖毒品,则应认定为犯意引诱。

(2)对于非吸毒人员非法持有毒品数量大的,可以认为具有贩卖毒品的概括故意,属于持毒待售的情形,诱惑侦查行为应认定为机会引诱。

(3)对于吸毒人员非法持有的毒品数量远超出其自行吸食数量或自身经济能力范围,又无法合理解释的,也可以认为其具有贩卖毒品的概括故意,属于持毒待售,诱惑侦查行为应认定为机会引诱。

(4)对于特情人员引诱数量没有超出行为人的犯意的,如行为人持有毒品数量或其向特情人员主动约买数量大于引诱数量的,应属于机会引诱。

(5)虽然没有充分的证据证明行为人之前存在毒品犯罪,但经特情引诱后,行为人能在很短的时间内筹集大量毒品的,说明其具备随时购毒的渠道和犯罪的能力,应当认为具有毒品犯罪的概括故意,属于数量引诱。

四、运输毒品行为法律适用问题

运输毒品是指,明知是毒品而采用携带、邮寄、利用他人或者使用交通工具等方式非法运送毒品的行为。[①] 对"运输"是否应有距离上的要求;运输毒品与"动态"持有毒品行为的区别;吸毒者携带毒品运输如何认定等,运输毒品罪是毒品犯罪中高发,也是理论与实践中争议较多的罪名。

1. 吸毒者携带毒品运输行为的认定

案例5:刘某运输毒品案[②]

2017年4月某日,被告人刘某在汉口火车站准备乘车前往郑州,在进站安检时,公安人员当场从其袜子内查获毒品合计25克,经鉴定,上述毒品为甲基苯丙胺。刘某如实供认其携带毒品乘车事实,但辩解其携带毒品系供自己吸食,不构成运输毒品犯罪。

有观点认为,"运输"等同于空间位置的移动,"具有位移的持有是运输毒品,而无位移的持有是非法持有毒品"[③],因此,吸毒者在携带毒品运送过程中被查获应认定为运输毒品罪。笔者认为,"持有"既包括静止的占有,也包括动态的占有,当行为人动态占有毒品时,毒品同样产生了位移,此时如果一概以运输毒品罪认定,则有违主客观相统一。运输毒品之所以和走私、贩卖、制造并列同一罪名中,立法者赋予其和走私、贩卖、制造同等的(至少是远大于非法持有毒品)社会危害性和严重的刑罚可责性,内因在于"运输"是毒品向社会流通的渠道,是流入社会的重要形式。运输毒品的本质不在于毒品发生了位置上的转移,而是毒品通过运输进行了社会流通,也即运输毒品并不在于"毒品在运输"中,重要和根本的是行为人为何运输。[④] 案例中吸毒者刘某携带毒品从汉口前往郑州途中被查获,其既存在受人指使运

---

① 参见1994年12月最高人民法院《关于执行〈全国人民代表大会常务委员会关于禁毒的决定〉的若干问题的解释》。

② 参见湖北省武汉铁路运输法院(2017)鄂7101刑初30号刑事判决书。

③ 林亚刚:《运输毒品罪的若干问题研究》,载《法学评论》2011年第3期。

④ 参见赵秉志、肖中华:《论运输毒品罪和非法持有毒品罪之立法旨趣与隐患》,载《法学》2000年第2期。

输毒品的可能,也存在携带毒品到自己家里吸食的可能。如果不考虑行为人的主观目的,单从毒品产生位移这一客观行为而判定运输毒品罪,则会陷入客观归罪。

从常理看,如果吸毒人员携带毒品数量在合理吸食范围内,则可以认为其是自己吸食的目的,不应认定为运输毒品犯罪;如果运输数量超出合理吸食范围又无法解释用途的,则可认为属于运输毒品。目前司法机关认可了通过毒品数量推定行为人运输目的这一方式,[①]但为便于司法操作,直接以"数量较大"作为界分标准,不再另行设置合理吸食量标准。[②] 笔者认为,数量较大是非法持有毒品的起刑点,这将导致吸毒者携带毒品的行为要么不构成犯罪,要么直接构成运输毒品罪,有人为降低运输毒品入罪标准之嫌。而且导致在购买、存储毒品被查获时认定为非法持有毒品罪,在携带路途中被查获时认定为运输毒品罪,有失公正。因此,当吸毒人员携带数量较大的毒品时,如果有证据证明其所携带的毒品确属于其自己吸食所用,如从其吸食量的检测、购买能力、无贩卖运输毒品前科等,因其没有流转毒品的目的,应以非法持有定罪处罚。

2. 同城运输行为的认定

案例 6:高某贩卖毒品、宋某非法持有毒品案[③]

2010 年 3 月某日,高某指使被告人宋某携带毒资到本市某加油站向毒贩购买甲基苯丙胺 12 克,宋某将购买的毒品送至高某处。随后某日,高某又指使宋某到本市某酒店向毒贩购买甲基苯丙胺 12 克,宋某将毒品送至高某处时被抓获。

对于同城运输毒品行为是否认定为运输毒品罪,有观点认为"运输"两地之间的距离不能过短,从同一城区的一家到另一家,不能以运输论,不构成运输毒品罪。[④] 上述案例中,法院认为高某指使宋某为其购买毒品属于同城交易,购毒地点与送货地点间距离较短,不符合运输毒品罪的构成要件。笔者认为该观点值得商榷。如前文所述,是否构成"运输"与毒品空间距离的改变没有必然关系,而在于是否使毒品在社会中产生了流通。即不论运输距离的远近,只要行为人客观上从事了运输行为,主观上有使毒品流通的目的,就成立运输毒品罪。如 A 市郊区有一制毒窝点,甲受雇长期从事从 A 市郊区制毒点向本市长途运输站运输毒品活动,并赚取运输费用。甲虽然在同城运输,距离不长,但其促使了毒品的社会流通,应

---

① 参见 2015 年《全国法院毒品犯罪审判工作座谈会纪要》("武汉会议纪要")规定,吸毒者在运输毒品过程中被查获,没有证据证明其是为了实施贩卖毒品等其他犯罪,毒品数量达到较大以上的,以运输毒品罪定罪处罚。

② 参见高贵君、马岩、方文军、李静然:《〈全国法院毒品犯罪审判工作座谈会纪要〉的理解与适用》,载《人民司法》2015 年第 13 期。

③ 参见最高人民法院刑事审判第一、二、三、四、五庭编:《刑事审判参考》(第 91 集),法律出版社 2009 年版,第 79 页。

④ 参见李永升:《关于运输毒品罪若干问题研究》,载《贵州民族学院学报》(哲学社会科学版)2010 年第 3 期。

当认定为运输毒品罪。

3. 帮助吸毒者递送毒品行为的认定

行为人(通常为吸毒人员亲友)帮助吸毒人员拿递、携带毒品这种单纯帮忙的行为能否认定为运输毒品?笔者认为,行为人虽然客观上帮助吸毒者进行了毒品转移,但主观上只是对吸毒行为进行了帮助、提供了便利,并没有使毒品进入社会流通的目的,实际毒品确实也没有进入社会流通中,故单纯帮助亲友拿递毒品行为不能认定为运输毒品罪,如果数量达到较大,可能成立非法持有毒品罪。这种情况下若将亲友认定为运输毒品罪,则会出现帮助行为构成重罪,而接受帮助者不构成犯罪或仅构成非法持有毒品的失衡现象。

五、毒品犯罪死刑量刑均衡问题

案例7:高某某、李某某贩卖毒品案①

2009年9月初至12月,被告人高某某在湖北省武汉市某宾馆,先后五次将从被告人李某某处购得的甲基苯丙胺共计1350克加价贩卖给龚某某。2010年1月至2月,高某某在武汉市某宾馆两次向龚某某贩卖甲基苯丙胺共计1900克。2010年3月10日,高某某在武汉市某宾馆将从李某某处购得的甲基苯丙胺1000克及从其他毒贩处购得的甲基苯丙胺189克、氯胺酮100克加价贩卖给龚某某。后高某某、李某某等被抓获。

因毒品犯罪较为特殊,组织体系纷繁复杂,共同犯罪和毒品犯罪上下家交织,案件之间以及犯罪人之间关联性强,影响量刑的事实和情节多,量刑不均衡问题较为突出,二审和死刑复核阶段发回重审、改判率高,一些案件的处理存在偏重或偏轻的现象。为此,把握好其中的一些情节和关键问题,有助于推进毒品死刑案件的量刑均衡。

一是共同犯罪和上下家问题。在毒品共同犯罪中,死刑适用的关键在于区分各共同犯罪人的罪责大小。对于有多名主犯的,要区分各主犯地位、作用的大小,罪责均很突出的,也要从主观恶性、人身危险性等方面进一步区分。实践中,毒品数量刚超过实际掌握的死刑数量标准的,一般只判处罪责最重的主犯死刑,二名主犯的罪责均很突出,均判处死刑要特别

① 参见最高人民法院被告人高某某、李某某贩卖毒品死刑复核刑事判决书,载中国司法案例研究中心,http://www5.zzu.edu.cn/fxyzx/info/1002/1001.htm,2020年10月20日访问。

慎重。在毒品数量巨大,特别是组织体系严密的集团犯罪或严重的团伙犯罪中,在注意量刑均衡的情况下,可以判处二人以上死刑。

与共同犯罪不同,毒品犯罪上下家是一种相对关系,死刑适用的关键在于区分上下家现实危害性的大小。当贩毒数量等基础事实及主观恶性和人身危险性大致相当时,区分的重点在于对促成毒品交易所起作用的大小。长期以来,“一些地方考虑到上家是毒品源头,所以通常对上家适用死刑”①,即存在“杀上家”的倾向,上家固然更接近毒品源头,但毒品犯罪上下家只是相对而言,且当下家行为更加积极主动,对促成毒品交易作用更大时,判处上家死刑显然有失公正。值得注意的是,因交易习惯多为下家约购毒品,不能以此简单地认定下家行为主动、对促成毒品交易所起作用更大,而应当综合考量上家是否持毒待售,是否为制造毒品、走私毒品的源头,是否组织指挥等,以免形成机械的“杀下家”倾向。毒品数量刚超过实际掌握的死刑数量标准的,一般不同时判处上下家死刑。对于毒品数量巨大,以及毒品共同犯罪和上下家交织,上下家链条很长时,在注意量刑均衡的情况下,可以判处二人以上死刑。在上述案例中,被告人高某某、李某某系贩卖毒品上下家关系,贩卖毒品数量大,李某某系应高某某要求组织毒品货源,犯罪的主动性小于高某某,贩毒数量也少于高某某,李某某的现实危害性明显小于高某某,最高人民法院最终核准了高某某死刑,改判了李某某死刑,缓期二年执行。

二是犯罪嫌疑人未到案和分并案问题。因毒品犯罪侦破难度大,往往只抓获部分被告人,对于已到案的被告人,符合死刑适用条件的可以判处死刑;因其他人未到案造成罪责或危害程度大小难以区分的,一般不适用死刑。实践中,毒品案件分并案处理存在一定随意性,个别地方为了严惩毒品犯罪,将关联性案件分案处理,影响死刑适用的均衡,必须加以纠正。一般来说,应当根据有利于查清案件事实,提高诉讼效率的原则进行分并案处理。对于关联性案件原则上应当依法并案处理,以最大限度保证死刑适用的均衡性。对于审查起诉后、提起公诉前查获的关联性犯罪嫌疑人,公安机关应及时移送检察机关,以便并案提起公诉;对于提起公诉后查获的关联性犯罪嫌疑人,可以追加、补充起诉,但不得撤回起诉。对于因客观原因无法并案处理的,应当及时了解关联案件的诉讼进展情况,做到量刑均衡。

三是毒品未流入社会问题。实践中,被告方往往以毒品未流入社会进行辩护,如某省级检察院2009年至2013年办理的55件毒品死刑上诉案件中,上诉方以“毒品未流入社会,要

---

① 李静然:《贩卖毒品上下家的死刑适用》,载《人民司法》2016年第17期。

求从轻处理”为理由的就有14件。[①] 人民法院也往往以“毒品未流入社会”作为从轻处罚的情节，甚至以此为由发回重审或者改判，影响了死刑适用的均衡。笔者认为，对于毒品未流入社会情节的适用应当慎重，特别是死刑案件一般不能因此而从轻处罚。一方面，毒品未流入消费终端看似社会危害较小，而实际上毒品被查获大多属于中间环节，毒品已被交易，流入了社会，危害性并不因此降低。另一方面，为从严打击毒品犯罪，毒品犯罪既未遂并不以毒品交付为标准，“毒品未流入社会”在量刑上则更不应予考虑，否则不利于死刑适用的均衡。

四是运输毒品量刑问题。运输毒品行为虽然与制造、走私、贩卖等行为并列为一个罪名，但只是中间环节，具有从属性、辅助性特点，危害性相对较小。“学界早已呼吁限制和废除运输毒品罪的死刑。”[②]司法实践中对运输毒品罪的死刑适用采取了严格的限制，对于单纯运输毒品，受人指使、雇用运输毒品，且系初犯、偶犯的犯罪分子，即使毒品数量超过实际掌握的死刑数量标准，一般也不判处死刑。一些贩毒嫌疑人被查获后，往往以受人指使、雇用运输毒品为由进行辩解，对此要有一定的事实和证据，否则不应予以认定，以免放纵犯罪。对于涉嫌贩卖毒品证据不足而认定为运输毒品罪的，具有运输毒品数额巨大等情节的，应依法适用死刑。

五是新型毒品及被告人认罪态度问题。近年来，我国查获的新型毒品犯罪呈快速上升态势，特别是新型合成毒品、新型精神活性物质频繁出现，司法处理难度很大。一些新型毒品的毒害性、成瘾性和依赖性等尚不清楚，对其定罪量刑问题应当进一步研究，适用重刑特别是死刑应当特别慎重。值得注意的是，当前我国氯胺酮犯罪较猖獗，滥用明显，综合考虑涉案毒品数量和犯罪情节，对氯胺酮毒品犯罪可以适用死刑。[③] 对于其他新类型毒品犯罪案件，特别是首次发现的新型毒品案件，即使折算成海洛因已达到死刑数量标准的，一般也不适用死刑。

毒品犯罪隐蔽性强，证据较为单一，实践中有的犯罪嫌疑人如实供述犯罪事实的，证据扎实却被判处死刑，而拒不供述的往往因证据单薄被排除死刑适用，严重影响死刑量刑均衡。因此，对于“被告人如实供述”的要加大从宽处罚的力度，对于因被告人如实供述才得以定案，毒品数量刚超过实际掌握的死刑数量标准的，原则上可不判处死刑。

---

① 参见李强、李革明：《“毒品未流入社会”不宜作为酌定从轻量刑情节》，载《人民检察》2015年第12期。

② 贾银生：《论运输毒品罪死刑的限制适用》，载廖斌主编：《毒品违法犯罪防治研究》，中国政法大学出版社2016年版，第216页。

③ 实践中，最高人民法院已核准多起氯胺酮毒品犯罪案件死刑，参见最高人民法院刑事审判第一、二、三、四、五庭编：《刑事审判参考》（第67集），法律出版社2009年版，第43－54页。

职业打假人的赔偿主体资格分析与惩罚性规则适用建议

——职业打假人能否获得10倍赔偿

刘晓虎　王艺霖

内容摘要：随着职业打假人索赔案件越来越多，特别是同城同类案件出现截然相反裁判结果，职业打假人是否属于消费者，是否具有10倍赔偿的主体资格，再度引发理论界、实务界的高度关注。2020年最高人民法院类案检索意见的试行，使得该问题的研究迫在眉睫。鉴于此，本文从立法原意出发，准确把握消费者的概念和认定，准确把握职业打假与一般知假买假的界限，结合相关政策精神和司法发展规律，对职业打假人是否获取10倍赔偿的主体资格进行全面分析。在坚持职业打假人不应适用10倍赔偿惩罚性规则的前提下，建议完善10倍赔偿惩罚性规则，推进食品安全标准、标签瑕疵标准形式审查的实质化，追求案件裁判结果实现法律效果和社会效果的统一。

关 键 词：消费者　知假买假　适用建议

作者简介：刘晓虎，G20反腐败追逃追赃研究中心副主任、研究员。
王艺霖，北京植音律师事务所律师。

论　　纲：一、张某购买红酒巨额索赔的主体资格争议

二、"职业打假人"不应获取10倍赔偿的法律分析

三、关于10倍赔偿惩罚性规则的适用建议

一、张某购买红酒巨额索赔的主体资格争议

2016年6月1日,张某(系无业人员)在湖南大厦酒店管理有限公司(以下简称湖南大厦)购买CHATEAUDUHART-MILON红酒。湖南大厦出具购物小票上名称为多哈米隆红酒08年(拉菲)24瓶,合计人民币(以下币种同)69,120元。张某自带录音录像设备,当场对涉案红酒进行了开箱逐瓶秘密拍摄。次日,张某再次在湖南大厦购买同种红酒24瓶,合计69,120元。张某两次支付酒款共计138,240元。涉案红酒为进口预包装食品,湖南大厦称原产国为法国。张某在购买红酒后未实际使用,而是在购买数日后以红酒包装上未粘贴中文标签为由向法院提起诉讼,要求湖南大厦退货并支付10倍赔偿。

北京市东城区人民法院经审理认为,张某在湖南大厦处购买涉案红酒,双方之间已经形成合法有效的买卖合同关系。因湖南大厦销售没有中文标签的涉案红酒,违反了《中华人民共和国食品安全法》(以下简称《食品安全法》)关于食品安全标准的要求,应当认定销售明知不符合食品安全标准的食品,遂判决湖南大厦承担10倍赔偿责任。湖南大厦不服,以张某系职业打假人,不应受法律保护;湖南大厦给张某开具的购物小票载明了部分红酒信息,未粘贴中文标签未对张某造成误导,且实质上不影响食品安全,属于标签瑕疵等为由提出上诉。北京市第二中级人民法院对张某是否属于消费者的身份问题未予回应,判决驳回上诉,维持原判。湖南大厦不服,遂申请再审,北京市高级人民法院维持了二审判决。[①]

该案生效判决引发媒体广泛关注和热议,争论焦点在于职业打假人能否获得10倍赔偿。关于该问题的讨论肇始于"王海打假"事件[②],经过20余年的争论,逐步形成截然对立的两种观点。肯定论者认为,职业打假满足了公共利益的需要,起到了净化市场的作用,有利于经济的发展;赋予职业打假人起诉资格是启动惩罚性赔偿这一僵尸条款性价比较高的一种做法;我国对购买商品的人采用消费者和经营者二分法,只要购买商品不是为了再次投入市场交易,就应当认可其消费者身份,购买者的身份不应影响赔偿性惩罚规则的

---

① 参见北京市东城区人民法院(2016)京0101民初11130号民事判决书;北京市第二中级人民法院(2017)京02民终2393号民事判决书;北京市高级人民法院(2018)京民再63号民事判决书。

② 早期典型案例,参见天津市河北区人民法院(1997)北民初字第2号民事判决书。

适用。[①] 否定论者认为,职业打假人购买的动机和目的显然不是为了"生活消费需要",不属于法律规定的"消费者",不适用惩罚性赔偿规则;职业打假实际上是以"以恶抑恶",在一定程度上给市场秩序造成不良影响,支持职业打假有违立法宗旨和目的;《消费者权益保护法》是民法的特别法,知假买假后又打假的行为违反诚实信用原则,不应适用惩罚性赔偿规则。[②] 不但理论界存在激烈争议,而且实践中存在截然相反的判决。张某属于职业打假人,在北京不同的区法院分别起诉过同类案件。如张某利用购买未粘贴中文标签的进口红酒起诉北京飞天佳业商贸有限公司进行10倍索赔一案,北京市西城区法院以张某不是消费者为由驳回其10倍赔偿的诉讼请求。[③]

2020年6月1日,最高人民法院审判委员会第1802次全体会议讨论通过了《最高人民法院关于统一法律适用加强类案检索的指导意见(试行)》(法发〔2020〕24号,以下简称《类案检索意见》)对类案检索的适用范围、检索主体及平台、检索范围和方法、类案识别和比对、检索报告或说明、结果运用、法官回应、法律分歧解决、审判案例数据库建设等予以明确。鉴于职业打假人能否获取10倍赔偿的问题争议比较普遍,在贯彻执行《类案检索意见》过程中必然遇到此类问题,故有必要研究明确。

二、"职业打假人"不应获取10倍赔偿的法律分析

《食品安全法》第148条第2款关于"消费者除要求赔偿损失外,还可以向生产者或者经营者要求支付价款十倍或者损失三倍的赔偿金"的规定,是食品领域获得惩罚性赔偿的请求权基础,亦是职业打假人主张10倍赔偿的法律依据。根据该条规定,向生产者、经营者要求支付价款10倍或者损失3倍的赔偿金的主体必须是"消费者"。因此,判断职业打假人是否

---

① 参见王军、钟娟:《以食品安全为基准重树惩罚性赔偿制度》,载《北京社会科学》2012年第6期;李志刚:《知假买假与多倍赔偿:法的解释、功能与价值取向》,载《人民司法(应用)》2018年第19期;应飞虎:《知假买假行为适用惩罚性赔偿的思考——基于法经济学和法社会学的视角》,载《中国法学》2004年第6期;王利明:《消费者的概念及消费者权益保护法的调整范围》,载《政治与法律》2002年第2期。

② 参见李振宇、李学迎:《知假买假行为适用惩罚性赔偿评析》,载《政法论丛》2006年第1期;梁慧星:《消费者权益保护法第49条的解释与适用》,载《人民法院报》2001年3月29日;李仁玉、陈超:《知假买假惩罚性赔偿法律适用探析——对〈最高人民法院关于审理食品药品纠纷案件适用法律若干问题的规定〉第3条的解读》,载《法学杂志》2015年第1期;郭明瑞:《"知假买假"受消费者权益保护法保护吗?——兼论消费者权益保护法的适用范围》,载《当代法学》2015年第6期。

③ 参见北京市西城区人民法院(2017)京0102民初2692号民事判决书;北京市第二中级人民法院(2018)京02民申143号民事裁定书。

属于“消费者”的主体身份，是职业打假人可否获得10倍赔偿的逻辑基础。

（一）“消费者”的认定条件

1.“消费者”必须具有“为生活消费需要”的主观目的

《食品安全法》未对“消费者”的概念作出规定，对“消费者”认定最直接最重要的法律依据是《中华人民共和国消费者权益保护法》（以下简称《消费者法》）第2条其规定“消费者为生活消费需要购买、使用商品或者接受服务，其权益受本法保护……”从文义角度分析，“为生活消费需要”属于主观要件认定最为典型的法律表述。同时，该表述也符合一般人的通常理解、共同接受的平义规则。[①] 因此，法律上的“消费者”应当具有为生活消费需要的目的。职业打假人购买商品主要是为了索赔牟利，不符合“消费者”的主观特征。

2. 消费行为是购买、使用商品或接受服务的统一

消费是一个过程，是一种持续的法律行为。实践中，有的法院在认定购买者是否属于消费者时，往往是根据行为人举证的购买商品或者接受服务。换言之，只要行为人具有购买商品或者接受服务的客观行为，就认定其具有消费行为，并初步认定其具有消费者身份。[②] 上述从客观行为直接认定消费者身份的做法有其一定合理性，但忽略使用商品或者接受服务的主观方面必然导致其结论是孤立、片面的。因为生活消费必须要满足人们对衣食住行的需求。尽管当今社会对衣食住行的理解在不断变化且日趋广泛，但始终是在传统衣食住行的基础上扩展和延伸。通过有偿的购买行为获得商品或者接受服务，进而通过使用该商品或者接受该服务满足自身对衣食住行的需求，这便是生活消费最为核心的内涵。所以，在认定消费者身份时不仅应当重视客观方面的审查，还应当重视对主观方面的考察。将主观目的与客观行为结合起来判断，才能对消费者身份准确认定。职业打假人购买商品后往往不会使用而是直接索赔，结合其主观目的，一般不应界定其消费者的身份。

3. 消费者在交易过程中一般处于弱势地位

消费者的弱势地位是《消费者法》对消费者主体予以立法保护的重要因素。[③] 消费者在交易过程中一般处于经济实力较弱、专业技能缺少、信息不对称的弱势地位。正是基于这一特征，《消费者法》《食品安全法》为了平衡经营者与消费者之间的利益关系，明确规定了惩

---

① 参见致远：《文义解释法的具体应用规则》，载《法律适用》2001年第9期。

② 参见葛某某与广州家广超市有限公司买卖合同纠纷案的一审判决（2015）穗海法民二初字第2661号判决书，该判决书中法院认为“任何公民只要从经营者处按零售价格购买了商品或接受了服务，就是一种消费行为”。

③ 参见孙晋：《现代经济法学》，武汉大学出版社2014年版，第221页。

罚性赔偿规则。从立法本意看,惩罚性赔偿的适用针对的是在交易过程中处于弱势地位的消费者。然而,职业打假人是名副其实打着“消费者”幌子的投机分子。首先,职业打假人掌握一定的信息,是在知假的前提下买假;其次,职业打假人有一定的专业知识,既具备一定的鉴定能力,又具备一定的法律知识和索赔、诉讼能力;最后,职业打假人有一定的经济实力,并通过赔偿获取暴利。此外,职业打假人在起诉前期,还可能伴随软暴力、威胁等敲诈勒索的活动。相对于销售者,职业打假人在交易中不但不处于弱势地位,反而往往控制着交易过程和结果,甚至凭借其强势地位经常将自演自导的索赔行为演变为软暴力的敲诈勒索。因此,将职业打假人纳入消费者保护明显与立法原意相背离。

以张某购买红酒巨额索赔案为例,张某的身份认定直接影响事实的认定和法律适用。张某系无业人员,曾有多次诉讼索赔经历。其在购买涉案红酒过程中十分关注购买凭证的索取,并在购买红酒时利用自带的录音录像设备对红酒进行了开箱逐瓶秘密拍摄。其在购买红酒后数日未实际使用的情况下,以涉案红酒未粘贴中文标签为由向法院提起诉讼,要求退货并支付10倍赔偿。通过张某购买红酒的客观过程,以及其购买红酒后未实际使用,仅隔数日即提起诉讼的事实,可以认定其主观上购买红酒并非为了生活消费需要。同时,结合其近些年来频繁地诉讼索赔经历,应当认定其为职业打假人,而非消费者,不具有获得10倍赔偿的主体资格。

(二)职业打假人不同于普通知假买假人

随着食品安全问题日趋严峻,《最高人民法院关于审理食品药品纠纷案件适用法律若干问题的规定》(以下简称《食药纠纷规定》)应时而出。《食药纠纷规定》第3条明确规定:“因食品、药品质量问题发生纠纷,购买者向生产者、销售者主张权利,生产者、销售者以购买者明知食品、药品存在质量问题而仍然购买为由进行抗辩的,人民法院不予支持。”据此,有观点认为,食品职业打假纠纷中生产经营者有关“职业打假人知假买假不是消费者”的抗辩不应获取司法裁判和司法解释的支持,应当在食药领域正式承认职业打假人获得多倍赔偿的主体资格。① 在部分生效案件中,司法机关就是基于上述理由对被告或上诉人所提“职业打假人不是消费者”的抗辩不予采纳。②

---

① 参见丁冬、陈冲:《司法规制视野下的食品职业打假》,载《上海政法学院学报》2016年第5期;王承堂:《职业打假人起诉资格的规制逻辑》,载《法学》2018年第11期。

② 参见浙江省长兴县人民法院(2015)湖长民初字第103号民事判决书;广东省高级人民法院(2017)粤民申7419号民事裁定书;上海市高级人民法院(2019)沪民申1699号民事裁定书等。

需要注意的是,《食药纠纷规定》第 3 条对主张权利主体的规定采用了“购买者”的表述,明确了购买者主张权利时,生产者、销售者不得以购买者明知食品、药品存在质量问题而主张抗辩。相对于《食品安全法》第 148 条第 2 款“消费者”的表述,《食药纠纷规定》对主体作了扩大解释。因为“消费者”不但要求是购买者而且还要求目的必须是“为生活消费需要”;而购买者,只要实施购买行为就可以认定,包括一般知假买假的“购买者”。但这种扩大解释是否扩大到“职业打假人”,质言之,“职业打假人”是否属于《食药纠纷规定》第 3 条中的“购买者”,《食药纠纷规定》本身没有明确规定。鉴于实践中分歧很大,最高人民法院负责起草《食药纠纷规定》的同志在其公开发表的《〈关于审理食品药品纠纷案件适用法律若干问题的规定〉的理解与适用》一文中,进行了专门分析说明。该文认为:“对购买者知假买假的,认定其具有消费者的主体资格。然而,对于职业打假人或者打假组织来说,虽然其打假客观上有利于抑制制销假冒伪劣食品、药品行为,但考虑到职业打假通常是有组织、经常化的活动,不符合《消费者权益保护法》对消费者的界定,故对其消费者身份不宜确定。职业打假人购买不合格食品、药品后提起诉讼的,人民法院应予受理,并依照《产品质量法》第四章和《合同法》第七章、第九章的规定处理。”[①]可见,司法解释起草同志基于《消费者法》对“消费者”概念的界定,主张“职业打假人”不属于“消费者”,亦不属于《食药纠纷规定》第 3 条的“购买者”。可见,普通知假买假人和职业打假人存在本质区别。通常而言,司法解释起草同志的观点一般代表了司法解释的原意,除非有充分理由推翻。综合上述分析,《食品安全法》《食药纠纷规定》中的“消费者”“购买者”不包括以打假牟利为目的的“职业打假人”。

(三)职业打假人获取 10 倍赔偿背离了司法政策精神和发展规律

《消费者法》《食品安全法》比私法更加注重职业打假的社会影响。正如苏力教授指出:“对王海知假买假的判断发生分歧时,王海是否是‘消费者’对于争议双方具有某种意义。而这时,人们实际争论的并不是王海是否是‘消费者’,而是王海是否应当作为‘消费者’予以保护,这显然是价值或政策判断问题。”[②]司法实践中,不同时期、不同地区对职业打假人的态度变化,在一定层面表明司法机关对待职业打假人的态度并非纯粹的法理推演,而是从社会变化或者某一制度可能对社会产生影响等角度去考虑制度价值与司法应对。

任何事物都具有两面性。在决定是否采用一项制度时,有必要进行利弊比较、权衡。不

---

① 张勇健、程新文、张进先、王毓莹:《〈关于审理食品药品纠纷案件适用法律若干问题的规定〉的理解与适用》,载《人民司法》2014 年第 3 期。

② 苏力:《纠缠于事实与法律之中》,载《法律科学》2000 年第 3 期。

可否认,职业打假在某种程度上可以弥补政府对市场监管资源和能力的不足,制衡经营者盈利意图的肆意扩张,在净化市场环境方面起到一定的积极作用,但同时也应当看到职业打假日趋团伙化、专业化、规模化,支持职业打假人获取10倍赔偿,必然带来严重的负面效应。其一,支持职业打假人的牟利性索赔变相褒扬了诚信失范的行为,助长了不劳而获心理。打假的高赔偿率和高成功率,使打假成为一种成本低、风险小、见效快的牟利方式。在追逐牟利的目的下,职业打假人的行为模式通常是大量重复购买,严重违反诚信原则,困扰企业正常经营,影响营商环境。[①] 其二,支持职业打假人的牟利性索赔容易给司法权力留下寻租空间。实践中,职业打假人通常在某一特定区域内活动,而基层法院审理打假案件的合议庭比较固定,职业打假人容易将其利益的触角伸向审判机关,甚至可能形成较为稳定的利益输送链条。其三,职业打假负面效果凸显,支持职业打假人的牟利性索赔导致司法机关“工具化”。职业打假人关注的只有盈利,其并不希望假冒伪劣商品的减少、消失,其关注的不是真正的食品安全而是获取收益,针对的对象主要是大型超市和企业。从实际效果看,对规范市场的作用有限。[②] 职业打假人滥用维权手段,大量挤占有限的行政资源和司法资源,导致司法机关沦为职业打假人的牟利“工具”。一些职业打假人在巨额利益的刺激下不惜采取敲诈勒索等犯罪手段向经营者索偿,有的甚至发展为涉黑涉恶势力,严重影响社会稳定和市场经济的健康发展。

鉴于职业打假带来严重的社会负面影响,近年来,各地行政执法机关和司法机关作出了一系列有针对性的回应。一是部分法院在本辖区已出台坚决遏制职业打假人的指导性意见措施。如2016年3月25日,重庆市高级人民法院在其印发的《关于审理消费者权益保护纠纷案件若干问题的解答》中明确指出:“明知商品或服务存在质量问题而仍然购买的人请求获得惩罚性赔偿的,因有违诚信原则,人民法院不予支持。”2016年2月9日,深圳市中级人民法院民事审判庭《关于审理涉及食品安全民事案件裁判标准联席会议纪要》第9条明确:“生产者或者销售者能够证明消费者系以营利为目的专门购买不符合食品安全标准的食品的,对于消费者的惩罚性赔偿请求,人民法院不予支持。”二是最高人民法院司法解释明确在行政诉讼领域职业打假人不具有行政诉讼主体资格。《中华人民共和国行政诉讼法》第25

---

① 如张某某诉北京飞天佳业商贸有限公司买卖合同纠纷一案,一审裁判书(2017)京0102民初2692号所述:“经查原告于2015年与2016年,在北京市朝阳区人民法院、北京市东城区人民法院各有两件案件,均以葡萄酒仅有外文标签而无中文标签而起诉。北京市第二中级人民法院(2017)京02民终2393号民事判决书显示,仅在原告诉北京湖南大厦酒店管理有限公司买卖合同纠纷一案中,原告购买无中文标签葡萄酒1382400元,获赔1382400元。原告再次购买并偷拍,显然不是受了误导,而是从巨额索赔中得到鼓舞……”

② 参见《最高人民法院办公厅对十二届全国人大五次会议第5990号建议的答复意见》(法办函〔2017〕181号)。

条第 1 款规定:“行政行为的相对人以及其他与行政行为有利害关系的公民、法人或者其他组织,有权提起诉讼。”最高人民法院相关负责人在新闻发布会上就投诉举报者的原告资格进行了如下解析:“在司法实践中,投诉类行政案件等滋扰性案件数量激增。一些与自身合法权益没有关系或者与被投诉事项没有关联的职业打假人、投诉专业户,利用立案登记制度降低门槛之机,反复向行政机关进行投诉。被投诉机关无论作出还是不作出处理决定,职业打假人等都会基于施加压力等目的而提起行政诉讼。这些人为制造的诉讼,既干扰了行政机关的正常管理,也浪费了法院有限的司法资源,也使得其他公民正当的投诉权利受到影响。”[①]三是行政执法机关和部门及时出台法规政策坚决限缩职业打假牟利空间。2016 年 11 月 16 日,国务院法制办公布了《中华人民共和国消费者权益保护法实施条例(送审稿)》。该送审稿第 2 条规定:“消费者为生活消费需要而购买、使用商品或者接受服务,其权益受本条例保护。但自然人、法人或其他组织以牟利为目的购买、使用商品或接受服务的,不适用本条例。”该条对消费者认定范围的界定,释放了职业打假人不是消费者,不受《消费者法》保护的信号。2019 年 5 月 9 日,《中共中央、国务院关于深化改革加强食品安全工作的意见》,提出“对恶意举报非法牟利的行为,要依法严厉打击”。同年 8 月 8 日,国务院办公厅发布《关于促进平台经济规范健康发展的指导意见》,要求切实保护平台经济参与者合法权益,打击以“打假”为名的敲诈勒索行为。9 月 6 日,国务院发布《关于加强和规范事中事后监管的指导意见》,也作出“依法规范牟利性‘打假’和索赔行为”的规定。11 月 30 日,国家市场监督管理总局发布《市场监督管理投诉举报处理暂行办法》(国家市场监督管理总局令第 20 号),第 3 条规定:“本办法所称的投诉,是指消费者为生活消费需要购买、使用商品或者接受服务,与经营者发生消费者权益争议,请求市场监督管理部门解决该争议的行为。”以上规范性文件进一步体现了关闭职业索赔牟利之门的政策精神。此外,一些地方政府或者职权部门亦通过政策法规等各个层面落实以上文件精神。[②]

可见,从行政管理领域到司法领域均基于职业打假出现的新情况新问题作出了积极应对,体现了行政主管部门、审判部门对职业打假牟利行为坚决予以反对的鲜明态度。支持职业打假人获得 10 倍赔偿,违背相关政策精神和司法发展规律。

---

① 时任最高人民法院党组副书记、副院长江必新于 2018 年 2 月 7 日在最高院召开的《最高人民法院关于适用〈中华人民共和国行政诉讼法〉的解释》新闻发布会上对该解释的相关背景和主要内容做了权威解读。

② 如 2018 年 1 月 19 日深圳市人大常委会公布了《深圳经济特区食品安全监督条例》;2018 年 10 月 12 日上海市工商行政管理局、上海市人民政府法制办公室等七部门联手,发布了《关于有效应对职业索赔职业举报行为维护营商环境的指导意见》等。

三、关于10倍赔偿惩罚性规则的适用建议

实践中,大量没有安全风险的食品药品标签瑕疵成为职业打假人的打击对象。[①] 为此,2015年修订后的《食品安全法》第148条第2款"但书"规定,"食品的标签、说明书存在不影响食品安全且不会对消费者造成误导的瑕疵"不适用10倍赔偿责任。但由于"但书"的表述比较原则,在司法实践中对于标签瑕疵的认定难以发挥其应有的作用。究其原因很大程度在于对食品安全标准及标签瑕疵认定流于形式审查,而形式审查并非十全十美,绝对的形式主义必将走上机械适用的极端,故有必要将实质审查标准运用于标签瑕疵的审查和认定中。

(一)对标签瑕疵的实质性审查是惩罚性赔偿规则适用的正当性要求

依照《食品安全法》第150条第2款的规定,该法中的"食品安全"是一个狭义概念,即"指食品无毒、无害,符合应当有的营养要求,对人体健康不造成任何急性、亚急性或者慢性危害"。而根据该法第26条对食品安全标准内容的规定,食品安全标准包含的内容相当广泛,各类指标是基于卫生学意义上的风险评估设定的,[②]不仅包含对食品成分的要求,还包含对标签、说明书的要求以及"食品生产经营过程的卫生要求"。按照立法机关的表述,《食品安全法》惩罚性赔偿的立法目的在于"惩罚生产不符合食品安全标准的食品或者经营明知是不符合食品安全标准的食品这一性质比较严重的违法行为",[③]其正当性基础建立在"生产不符合食品安全标准的食品或者销售明知是不符合食品安全标准的食品"的行为本身"比较严重"。《食品安全法》惩罚性赔偿虽不要求人身损害的存在,但其所规制的行为有造成人身损害的风险,且生产经营者放任此种风险的存在,具有较强的"反道德性",从而大大提高了对此种行为进行威慑和惩罚的必要。[④] 换言之,狭义"食品安全"的重要性是设置《食品安全法》惩罚性赔偿的理论基础,因此其适用也应限于影响狭义"食品安全"的情形。不与狭义食品安全直接联系的"不符合食品安全标准"瑕疵,其违法性、危害性低于影响食品安全的食品瑕疵,同样适用高达10倍的惩罚性赔偿,可能存在正当性基础较为薄弱的问题,标签瑕

---

① 参见宋亚辉:《食品安全标准的私法效力及其矫正》,载《清华法学》2017年第2期。

② 参见廖斌、张亚军:《食品安全法律制度研究》,中国政法大学出版社2013年版,第27页。

③ 参见全国人大常委会法制工作委员会编:《中华人民共和国食品安全法释义》,法律出版社2015年版,第374页。

④ 参见顾祝轩:《民法概念史·总则》,法律出版社2014年版,第239页。

疵的规定试图弥补该缺陷,理应对标签瑕疵的审查加入对狭义“食品安全”影响的实质化考量。

(二)参照假药认定标准的调整,对于仅因形式上认定不符合但实质上符合安全标准的食品不适用10倍赔偿规则

之前,司法实践中对于假药的认定,适用原《中华人民共和国药品管理法》(以下简称《药品管理法》)第48条的规定:只要依照该法必须批准而未批准生产、进口,或者依照本法必须检测而未经检验即销售的,就认定为假药。这一基于行政规定的形式化认定标准引发了广泛讨论,如电影《我不是药神》的原型陆勇被诉销售假药一案,就集中反映了形式审查的弊端。对于实质上符合真药标准但因不在所列药品名单中而认定假药,违背了立法初衷,背离了常识常情。有鉴于此,2019年8月26日新修订的《药品管理法》第98条,按照药品的功效重新界定假药、劣药的范围,删除了“按假药论处”和“按劣药论处”的规定,将“未经批准”“未取得批准文号”一类情形单列,单独规定行政处罚,而且规定未经批准进口少量境外已合法上市的药品,情节较轻的,可以减轻或者免予处罚。

参照假药认定标准的调整,对于食品的安全标准认定应当进行实质性考量。在食品安全标准中判断进口预包装食品的标签是否符合食品安全,其法律依据是《食品安全法》第26条和第97条。第26条第4项规定,食品安全标准应当包括下列内容:对与卫生、营养等食品安全要求有关的标签、标志、说明书的要求。第97条规定“……预包装食品没有中文标签、中文说明书或者标签、说明书不符合本条规定的,不得进口”。如商品标签不符合相关形式标准,还应当按照狭义的“食品安全”标准进一步考察该标签问题是否实质上影响了食品安全。因此,对于对未粘贴中文标签的商品应当区别于实质上不符合食品安全标准。

(三)充分发挥商品条形码识别商品信息的重要作用

随着科学技术的发展和交易数字化的需求,商品条形码作为识别商品信息的新载体在商品流通领域得到广泛应用。商品条形码,是新生事物,是集编码、印刷、识别、数据采集和处理于一身的新型技术应用,它由一组按一定规则排列的条、空及对应字符(阿拉伯数字)所组成,用于表示商家自动销售管理系统的信息标记或者对商品进行分类编码的标记。简言之,商品条形码就是商品身份证的统一编号,表示商品特定信息的标识。其原理是将商品的号码数字以平行线条的符号形式代替,以便能让装有扫描功能的电子设备进行阅读,经过电脑解码,再将线条符号的号码转变为数字号码由电脑进行运算。当购买商品者付款时,收银人员使用仪器扫描商品的条形码,经过数据处理,机器可立即识别出商品制造厂商、名称、价格等商品信息并打印出购物清单。可见,条形码技术的发展和应用开辟了消费者对商品信息认知的新途径。

商品条形码具有识别商品信息的重要作用,通过扫描条形码客观上可以起到与标签同样的效果,在一定程度上弥补了标签缺失的瑕疵。因此,如果进口商品未粘贴中文标签,虽然在形式上不符合食品安全标准,但因实质上不存在因未粘贴标签而导致消费者对商品及相关信息产生错误认识,也不会基于错误认识而对食品安全造成实质性影响。故对未粘贴中文标签的进口商品,仅仅审查标签存在形式上的瑕疵还不够,还必须结合实质审查。本文所举案例中,湖南大厦销售的进口红酒印有商品条形码,通过扫描条形码机打出的购物小票载明了商品的部分信息,不会影响食品安全且不会对消费者造成误导,故应当认定为标签瑕疵,适用"但书"的规定。

需要注意的是,一方面,对于职业打假人获得10倍赔偿的主体资格,应当限制其消费者身份。对于生产、销售危害食品药品安全的犯罪行为,已追究刑事责任的,鉴于已体现最严厉的惩罚,一般不再适用10倍赔偿的惩罚性规则。另一方面,又要注意另一极端化的处理,将职业打假人以举报或者提起诉讼为要挟手段向商家索要赔偿的行为不加区分认定为敲诈勒索犯罪行为。

结　语

司法裁判不仅是单纯的定分止争和个案裁判,还在政策形成机能和裁判效果方面发挥着重要引领作用。惩罚性赔偿规则在适用中,应当跳出对文字的机械理解,回归立法目的和立法宗旨,追求相关政策精神和法律实施的社会效果,充分发挥司法活动对诚信的引领效应以及对公平公正营商环境的保障作用。

如何认定影视剧类似续集作品名称构成不正当竞争

——以《大秦帝国》案为例

张晨晓

内容摘要： 近年来，孙某某的《大秦帝国》系列小说以及影视剧大火，而前三部电视剧的影业投资公司大秦帝国公司却另立门户推出类似作品《大秦帝国之东出》，这反映了部分影视作品所面临的一个法律困境，即如何认定原投资公司、编剧、导演或者演员创作类似续集的作品名称的行为构成侵权？如何对自己的合法权益予以保护？本文支持以《反不正当竞争法》而非《著作权法》和《商标法》对此予以保护，此种法律路径将有利于个人权益与集体利益的平衡。同时结合大秦帝国案及相似案例的判决分析以及对域外名称保护的借鉴，归纳解决不正当竞争的认定问题需要从作品是否知名、名称是否为特有名称以及判断何种行为为寄生营销的混淆行为三个方面进行。最后提出，用司法解释而非立法来对花样层出不穷的不正当竞争行为进行解释来达到维护法律稳定性与发展性平衡的目的。

关 键 词： 知名作品　特有名称　寄生营销　混淆行为

作者简介： 张晨晓，西北大学法学院硕士研究生。

论　　纲： 一、"大秦帝国"案简介

二、类似续集作品名称的保护问题

三、续集作品名称构成不正当竞争的判定

一、“大秦帝国”案简介

长篇历史小说《大秦帝国》系列全套先后由多家出版社出版，截至目前已改编为三部电视剧《大秦帝国之裂变》《大秦帝国之纵横》《大秦帝国之崛起》，是影视界的热点题材之一。2018 年起，小说作者孙某某诉西安曲江大秦帝国影业投资公司的立项作品名称《大秦帝国之东出》侵犯了其著作权。原告诉称：“大秦帝国”是原告对创作的系列小说以及改编剧本的统一名称，具有独创性，在此之前，没有其他人提出或者使用过“大秦帝国”，且该名称与原告系列作品不可分割，整体受著作权法的保护，没有原告的授权，任何人不得以任何形式使用“大秦帝国”。因此，被告在合同期届满后仍将“大秦帝国之东出”在国家新闻出版广电总局立项构成侵权。被告辩称：“大秦帝国”几个字只是原告小说作品名称的组成部分，不具有独创性，更不能称之为作品受到著作权法的保护。此外，被告立项的“大秦帝国之东出”的剧本是根据其他人的小说改编创作的，而非原告，因此不需要原告授权，更无侵权之说。该案一审法院认为，即使我国著作权法没有明文对作品名称予以保护，但是作品名称属于作品的一部分，应当根据实际情况区别对待，在本案中，“大秦帝国”本不具有普遍意义上的独创性，但正是因为《大秦帝国》小说以及系列电视剧的上映推广使得“大秦帝国”在本案中有了一定的独立性指向，应当予以保护，因此支持原告孙某某的诉求。① 但二审法院认为《大秦帝国之东出》未侵犯孙某某的改编权和保护作品完整权以及作品名称“大秦帝国”不具有独创性，不是著作权法保护的客体，如果将通用文字、词组及其简短组合作为“作品”予以著作权保护，将会导致该文字词组等被个人垄断，排斥他人再创作同题材的作品，将阻碍思想交流和文艺创作，有悖于著作权法的立法本意，因此驳回了孙某某的诉讼请求，撤销了一审判决。②

二、类似续集作品名称的保护问题

作品名称是指标明作品内容的简短语句或词语组合。作品名称体现着作者的思想和作

① 参见陕西省西安市中级人民法院(2018)陕 01 民初 1304 号民事判决书。

② 参见陕西省高级人民法院(2019)陕民终 695 号民事判决书。

品的精髓,是对作品的高度凝练。对作品名称的保护,是近年学者讨论的重要问题,学者们主要围绕着《中华人民共和国著作权法》《中华人民共和国商标法》以及《中华人民共和国反不正当竞争法》(以下简称《反不正当竞争法》)几个角度,但未达成一致意见。如何对类似续集作品所侵犯的原作品进行保护,还存在一定程度上的理论空白,笔者结合作品名称的几种法律保护模式及学者理论观点来寻求对类似续集作品所侵犯的原作品的保护路径。

(一)著作权保护模式

根据大秦帝国案的原告诉请以及一审、二审法院的判决,可知当事人及法院均将案件焦点放在大秦帝国公司是否侵犯了孙某某《大秦帝国》系列作品著作权的问题上,不管是一审法院最后所认定的"大秦帝国"的独立性指向还是二审法院所传达的"大秦帝国"完全不具有独创性,如果对其进行保护将有悖于著作权法的立法本意、阻碍思想交流和文艺创作的判旨,均体现了法院对作品名称予以著作权保护的高门槛标准,当事人对作品名称申请著作权保护的艰难。作品名称是否适合著作权保护?对此,学术界几乎已经达成共识,即作品名称、角色名称不能按照著作权保护。有学者提出,名称通常难以符合作品的要件,日本和意大利等国的著作权法规定和司法实践对作品名称的著作权保护也持有消极否定态度,所以作品名称不适合用著作权法予以保护。[①] 有学者对此予以否定,认为著作权法对作品名称的保护不应该局限于此,只要符合独创性的条件,就应当适用著作权法予以保护。[②] 还有学者认为作品名称可以与作品结合从而受到著作权法的保护,因作品名称不能满足必要的长度和深度,因此无法充分地表达一个独立的构思或者必要的创作高度以及与此相匹配的智力创造性,所以不能满足独创性的条件,不能与作品名称所指代的作品同样受到著作权法的保护,只有将作品名称与作品结合为一个著作权整体,才有知识产权保护的意义。[③] 通过对后两种观点的对比,可以看出,在作品名称适用著作权保护的视野下,作品名称独创性的认定是值得商榷的问题,也是阻碍对作品名称运用著作权法予以保护的重要壁垒。

(二)商标权保护模式

除了作品名称是否可以适用著作权法保护的纷争,有学者主张将作品名称商品化,按照商业标志性权益或者申请注册为商标来进行法律保护;对于不受著作权保护,又未经实际商

---

① 参见张丹丹:《影视节目名称的法律保护路径探析》,载《当代法学》2015 年第 1 期。

② 参见窦新颖:《国产电影如何走出诉讼"囧境"?》,载国家知识产权战略网 2020 年 2 月 29 日,http://www.nipso.cn/onews.asp?id=16919。

③ 参见王顺存:《影视作品名称和角色名称的"在先权益"保护》,载《中华商标》2019 年第 8 期。

品化的作品名称，通常属于不受保护的领域，应当归入公有领域。[①] 这种观点包含了将影视作品名称认定为驰名商标来进行保护的观点，有学者提出，当一部影视作品在相关公众中有了较高的知名度，影视作品的名称就应当被认定为驰名商标予以保护，防止其他人利用“搭便车”的方式获得不正当利益。[②] 但将影视作品名称认定为驰名商标也需要注意到，目前我国相关法律规定还不够完善，且影视作品名称认定为驰名商标的标准不同于《最高人民法院关于审理涉及驰名商标保护的民事纠纷案件应用法律若干问题的解释》第5条所规定的普通商品的驰名商标认定标准，比如商标的持续使用时间，相较于普通商品的生产销售而言，影视作品由于不会被多次重复观看，所以其没有那么强的持续性，当影视作品名称被认定为驰名商标，只要考虑作品的影响力是否仍然存在，而不需要过分考虑商标的持续使用时间。且若以“相关公众广泛知悉”为标准，还存在“广泛知悉”如何认定以及保护的不确定性问题。既然影视作品的驰名商标认定存在困难，也有学者提出，将影视作品名称通过注册为商标而获得保护，[③]这种观点与美国对作品标题予以保护的司法实践相似，美国也是没有在版权法中对作品名称予以保护，而是将作品名称分为单独(single)作品的名称和连载(series)作品的名称，单独作品的名称因其通用性而难以获得保护，连载作品的名称则需要注册商标才能获得保护。这几种观点对作者申请驰名商标的准备工作要求较高，也对作者注册商标的及时性要求较高，否则可能面临着商标被他人抢注、未注册商标的作品名称难以得到有效保护的现实窘境。

(三)反不正当竞争保护模式

《反不正当竞争法》是“法安天下，德润民心”思想的体现，其不仅仅是限制不正当行为的部门法，更是一部构建中国市场经济商业道德的基础性和兜底性法律。[④] 这种观点概括了反不正当竞争法对于知识产权的补充作用，将不能归入单行法的具体权益类型、又符合特定条件的其他利益，予以补充收揽。国家版权局亦持类似观点，认为“对作品名称适用反不正当竞争法调整更为恰当”。笔者支持这种保护模式，在大秦帝国案中，改编自孙某某《大秦帝国》系列小说的荧幕作品包括《大秦帝国之裂变》《大秦帝国之纵横》《大秦帝国之崛起》，被

---

① 参见孔祥俊:《作品名称与角色名称商品化权益的反思与重构——关于保护正当性和保护路径的实证分析》，载《现代法学》2018年第2期。

② 参见嵩朕:《论认定影视作品名为驰名商标》，载《西南农业大学学报》(社会科学版)2011年第2期。

③ 参见杜颖、张建强:《影视作品名称的法律保护》，载《中国应用法学》2019年第1期。

④ 参见吴伟光:《对〈反不正当竞争法〉中竞争关系的批判与重构——以立法目的、商业道德与竞争关系之间的体系性理解为视角》，载《当代法学》2019年第1期。

告立项的作品名称为《大秦帝国之东出》,与前三部的作品名称有高度相似的延续性,截至被告方2015年3月在国家新闻出版广电总局电子政务平台申报立项时,《大秦帝国》的小说全套已经发行约100万套,具有较好的市场口碑和商业信誉。因此,被告大秦帝国公司的作品名称《大秦帝国之东出》,虽然内容非改编自《大秦帝国》小说,但容易让公众产生对《大秦帝国》系列作品续集的混淆认知。故在这种情况下,案件的焦点应当是被告的行为是否构成不正当竞争,即在先的影视作品已经获得了市场高度认可,在后的影视作品采用续集作品名称,借助在先影视作品的这种市场认可,进而获得其推广上的优势,即使其影视作品的内容不构成著作权法的实质性相同,原影视作品名称背后的权益可以通过判断后影视作品是否构成不正当竞争予以保护。

在司法实践中,如马某与四川广播电视台著作权权属、侵权纠纷一案[①],马某与四川台共同编剧《幸福的耙耳朵》第一季,接着四川台在没有马某参与的情况下继续创作了《幸福的耙耳朵》第二季的剧本并拍摄的这种行为,虽未被法院认定为侵犯著作权,但笔者认为该案情与大秦帝国案类似,以《大秦帝国之东出》为作品名称进行立项,采取相近似的名称、剧本创作风格以及相同的投资方,让大众误以为该电视剧是此前电视剧的续集,并产生了有关联关系的联想或者混淆认知,从而获得市场上的竞争优势,此种行为应当认定为“寄生营销”。我国影视市场上的寄生营销首个案件是2014年的《笔仙3》以不正当竞争起诉《笔仙惊魂3》案[②],该案中,《笔仙惊魂3》在电影名称上采用了“笔仙”以及代表续集的“3”,造成了两部电影的混淆,法院判决《笔仙惊魂3》构成了不正当竞争。随着人们版权意识的提高以及国家新闻出版广电总局电子政务平台审核方面的缺陷,影视作品的寄生营销纠纷愈演愈烈,如《人在囧途》与《人再囧途之泰囧》案[③](以下简称“泰囧”案),原告武汉华旗影视享有《人在囧途》的一切版权,被告光线传媒公司利用《人在囧途》的宣传信誉,采用《人再囧途之泰囧》的名称,获得前者市场的商业优势,被起诉为侵权。2017年12月31日,最高人民法院维持了一审判决,即认定《人在囧途》电影为“知名商品”,且“人在囧途”构成了知名商品的特有名称,被告在电影名称中使用了“人再囧途”造成了相关公众对系列电影的误认,被告的行为构成侵权。

---

① 参见四川省高级人民法院(2013)川民终字第658号民事判决书。

② 参见北京市高级人民法院(2014)高民(知)终字第3650号知识产权判决书。

③ 参见最高人民法院(2015)民三终字第4号知识产权判决书。

三、续集作品名称构成不正当竞争的判定

通过上文分析,在作品名称没有法律明文保护的情况下,判定相同或者近似续集的作品名称是否构成寄生营销的不正当竞争行为的主要途径是法院判决,并没有相关司法解释予以说明,因此通过归纳判例,类化判断这种不正当竞争行为可以考虑以下三个方面:“被寄生”的影视作品名称是否知名、是否存在特有的独立性以及“寄生”的作品名称是否会造成公众的混淆。

(一)关于作品名称是否知名

根据《最高人民法院关于审理不正当竞争民事案件应用法律若干问题的解释》第 1 条规定,在中国境内具有一定的市场知名度、为相关公众所知悉的商品,应当认定为“知名商品”。认定“大秦帝国”是否属于知名商品,需要注意:一是衡量标准必须符合文化产业的特征,即能够提升人类精神生活品质、可进行商品性生产流通以及消费。判断文化产品中的作品名称是否存在市场知名度、为相关公众所知悉的方法与普通商品不同,普通商品的特征为易损耗,会被反复购买,而文化产品具有特殊性,即使消费者不会反复购买,其内涵的精神和独特的构思也会反复影响着消费者。二是对于电视剧这一特殊的文化产品,参考“泰囧”案的一审判决,应当考虑电视剧作品投入市场前后的宣传情况、收视率数据、观众的评价以及影响力是否持续存在等多个层面,并且由于电视剧具备传播性,故《大秦帝国》系列 3 部电视剧的传播途径、收视率以及获奖情况,对于判断知名度有着重要价值。

第一部电视剧《大秦帝国之崛起》在央视一套的首播收视率达到 0.944,排名第 6;尚未播出的第四部《大秦帝国之天下》入选了国家广电总局 2018—2022 百部重点电视剧选题片单。单独对某一部电视剧而言,《大秦帝国》的某部收视率并非十分抢眼,但需要意识到的是:首先,作为六部史诗级已广泛出版流通的小说巨作改编的剧本,已经为相关公众所知悉,其后的收益回报率将会持续攀升;其次,该系列作品均以尊重历史为原则,有着极高的历史还原度,对于现代化社会认识历史真相、以史为鉴具有重要的意义,也为此后的影视作品持续输出着影响力,是影视界关注的热点之一,因此具有一定的知名度。结合前面两点,可以认定“大秦帝国”作品名称构成了“知名商品名称”。

(二)关于作品名称是否是特有名称

作品的独创性要求,是由 1903 年 Bleistein 案确立的,只要一件作品是作者独立完成的,就具有独创性,即"脑门上的汗",这体现了美国法律对于最低程度的创造性的要求。[①] 但在我国,理论界和司法实务界已经达成了共识,即独创性指的是表达形式的独创性而非思想上的独创性,同时,不仅要求作者运用创造力进行智力创造,还要求作品应当具有最低程度的创造性。因此,对作品名称的独创性标准,应当理解为以"独"为量、"创"为质,不仅为作者独立完成,也要体现一定的水平,能够反映作品所特有的情感或者构思。"大秦帝国"几个字按照二审法院所认定:"大""秦""帝国"均为通用文字、词汇,孙某某采用"大秦帝国"作为其创作的小说及影视文学作品、电视剧本等系列作品名称,虽包含着作者对作品素材、标题名称的研究分析和提炼加工,但"大秦帝国"这一字、词组合缺乏必要的长度和深度,无法充分、完整地表达和反映作者的思想感情或研究成果,也无法体现作者的智力创作,不符合作品独创性的要求,不能构成著作权法规定的作品,不是著作权法保护的客体。笔者认为该二审判决忽视了《大秦帝国》系列电视剧的作品名称分别为"之裂变""之纵横""之崛起""之天下"等字样,这些字样的连续使用,既构成了本身独特的标识,又体现着续集的连贯性,是系列作品不可分割的组成部分。在此应当采用一审法院判决所体现的要旨,"大秦帝国"虽然不具有独特性,但正是因为《大秦帝国》小说以及系列电视剧的推广使得"大秦帝国"在本案中有了一定的独立性指向,因此应当对该系列作品名称予以保护。

一审法院对该案的判决对于其他案件特有名称的认定具有重要借鉴价值,即不能仅以名称是否独创为法律保护的前提,还应当结合具体宣传、作品特色等凸显独立和指向的因素来达到保护作品名称的目的。在《匆匆那年》与《匆匆那年:好久不见》著作权纠纷一案[②]中,法院认定作品名称"匆匆那年"使用在青春文学作品名称上,具有区别于来源的显著性特征,应当予以保护。除了影视作品涉及的不正当竞争外,图书《高效能人士的七个习惯》与《高效能人士的七个习惯·人际关系篇》不正当竞争一案[③],法院认为,前者具有较高的市场知名度,构成知名商品,其名称和装潢属于知名商品的特有名称和特有装潢,涉案侵权图书使用了与权利图书近似的名称和装潢,容易导致读者误认,构成不正当竞争。虽然书籍作品名称与影视作品名称存在一定差异,但对以类似续集或分章的手段进行侵权创作的保护上可以

---

① 参见王迁:《知识产权法教程》(第六版),中国人民大学出版社 2019 年版,第 33 -34 页。

② 参见北京市知识产权法院(2017)京 73 民终 2113 号知识产权判决书。

③ 参见最高人民法院(2018)最高法民再 386 号民事判决书。

予以借鉴。有学者包括大秦帝国案被告曲江大秦帝国影业公司试图以“五朵金花”案[①]来否定对“大秦帝国”的保护:《五朵金花》是我国一部著名电影,被告未经原告编剧允许,使用并注册“五朵金花”商标,终审法院判决“五朵金花”作为作品的名称,仅为《五朵金花》这部完整的作品所具备的全部要素之一,不具有独创性,对其不予保护。这种否定思路是有失偏颇的,相较于《大秦帝国之裂变》《大秦帝国之纵横》《大秦帝国之崛起》《大秦帝国之天下》与《大秦帝国之东出》,《人在囧途》与《人再囧途之泰囧》,《匆匆那年》与《匆匆那年:好久不见》,《笔仙3》与《笔仙惊魂3》几个案件而言,这几个案件的被控侵权方与权利主体所争议对象的所涉及行业领域具有一致性,即均为影视作品,而《五朵金花》案是影视作品的作者对卷烟厂在香烟上使用“五朵金花”的控诉,实属不同领域而产生的性质不同的权利,单凭是否满足独创性这一标准,自然不能实现对原告的保护,也就不能作为否定《大秦帝国》系列权利的论据。

(三)寄生行为是否构成了不正当竞争的混淆行为

以《大秦帝国》案为例,有两个要点可以支撑孙某某主张的“混淆”:一是前三部电视剧的拍摄方即大秦帝国公司,与孙某某前三部小说的影视改编权合同到期后,仍然以相同题材进行立项,即使新立项的剧本并非改编自原告孙某某的小说,但仍然存在拍摄主体的相同,剧本改编构思、创作元素、情节设计、人物表现形式方面的近似;二是在电视剧名称方面的类似。《大秦帝国之东出》体现着前文所说的续集连贯性,容易造成消费者对几部电视剧的混淆。中国社会科学院研究员李明德表示,在后作品有无利用在先作品的商誉,是判定这类行为是否构成侵权的关键。很显然,《大秦帝国之东出》《笔仙惊魂3》《人再囧途之泰囧》《匆匆那年:好久不见》均利用了在先作品的商誉,既损害了消费者的知情权,也不利于影视市场的正常运作,构成了不正当竞争。

本案中,虽然法院没有明确列出如何判定混淆因素,但可以参照“泰囧”案的判决,即将相关公众的一般性认识、电视剧名称之间的相近似程度、主张保护名称的市场商誉、使用商品的相关性以及商品的销售渠道和使用名称的主观意图等方面进行综合考虑。另外,也可以参考域外经验,如美国的名称注册管理局TRB(Tittle Registration Bureau)权衡影视剧的预算、剧本的近似程度、已经花费的投入、影院的相似程度、影视剧主题和情节以及市场宣传和预算的放映模式来对会员新注册的影视剧名称进行清算,这个方法可以有效地避免名称的

① 参见云南省高级人民法院(2003)云高民三终字第16号知识产权判决书。

重复,但是缺陷也显而易见,即只约束签了合同的会员,调整的范围相对过小。

综上,关于混淆因素的判断,既不能仅仅依靠法院的判例,也不能依靠部分协会的自律行为,也没有必要上升为立法,及时进行专门的司法解释予以说明即可,并且随着知识产权的进步而随时作出调整。这也符合了最高人民法院 2011 年提出的要求:“既要充分利用原则规定的灵活性和适应性,有效制止各种花样翻新、层出不穷的不正当竞争行为,又要防止原则规定适用的随意性,避免妨碍市场自由公平竞争。”①

结　语

基于对《大秦帝国》案的分析,本文先是对作品名称予以保护的几种法律路径进行分析,得出运用著作权对作品名称进行保护的范围过宽、驰名商标与注册商标对作品名称的保护要求过高的结论,对这两种法律路径予以否定,对运用反不正当竞争法对作品名称进行保护的模式予以支持,此种模式可以避免完全将作品名称纳入著作权法保护范围所带来的作者过大的垄断权,减少了公众日常使用或者提到某些作品名称和短语所带来的侵犯著作权的风险,也可以避免仅保护认定为驰名商标或者注册商品的作品名称所造成的让权益侵占意识较高的他人抢注商标的情况,从而维护了个人权益和公众利益的平衡。其次,本文通过作品是否知名、名称是否为特有名称以及判断何种行为为寄生营销的混淆行为三个层面来论述如何认定影视剧续集作品名称构成不正当竞争,且提出对于不正当竞争行为的认定,不能仅依靠法院判例以及协会自律,也无须将其上升为立法,要充分利用司法解释予以释明,以达到维护法律的稳定与发展的重要平衡。

---

① 参见《最高人民法院关于充分发挥知识产权审判职能作用推动社会主义文化大发展大繁荣和促进经济自主协调发展若干问题的意见》(法发〔2011〕18 号)。

违反儿童卖淫与儿童淫秽物品行为规制及儿童保护等法律、违反强制猥亵罪及《预防犯罪收益转移法》被告案

（最高法院大法庭2017年11月29日判决）

周振杰　陆奕 译

推 介 语： 日本刑法第176条规定的强制猥亵罪是倾向犯的典型立法例。虽然日本最高法院第一小法庭在1970年的判例中认为，构成强制猥亵罪以行为人的性欲意图为要件，但是有的观点一直坚持，强制猥亵罪的保护法益是性自由，与行为人的主观意图无关。在本案中，日本最高法院大法庭改变了之前的立场，认为构成强制猥亵罪加重形式的强制性交罪也未要求故意之外的主观要素，因此构成强制猥亵罪也不需要。这一转变，体现出了司法实践回应社会心理，从性犯罪施害人向被害人的视角转换，对于中国的性犯罪立法与司法应具有重要的参考意义。

关 键 词： 性犯罪　倾向犯　被害视角社会心理

翻　　译： 周振杰，北京师范大学刑事法律科学研究院教授，博士生导师。

陆奕，北京师范大学刑事法律科学研究院2019级硕士研究生。

论　　纲： 一、主文

二、理由

一、主　　文

驳回上诉

判决确定前羁押的280日计入刑期

二、理　　由

1. 就辩护人松木俊明、辩护人园田寿的上诉主旨,以及辩护人奥村徹部分上诉主旨中引用最高法院1968年(あ)第95号判决(第一小法庭1970年1月29日判例,载于刑集第24卷第1期第1页以下,以下简称1970年判决),提出违反判例与立法的主张。

(1)第一审判决认定的第1(1)部分犯罪事实的核心是:被告人明知被害人是未满13岁的女童,而对之实施了让之抚摸其阴茎、为之口交、抚摸被害人阴部等猥亵行为。

二审判决肯定了一审判决认定的如下事实:不能排除被告人并无刺激、满足本人性欲之意图,仅为金钱而为之的辩解,因此认为被告人存在性欲意图仍存在合理怀疑,同时判决认为,如果被告人在行为之际明知其行为客观上侵犯了被害人的性自由,即成立强制猥亵罪,行为人是否存在性欲意图对该罪的成立并无影响,现在继续维持1970年判决不具有相当性。因此,维持认定上述第1(1)部分犯罪事实的一审判决。

(2)辩护意见认为,二审判决对2017年第72号法律修正前的刑法第176条(以下简称第176条)解释适用有误,其判断违反认为"成立强制猥亵罪的行为应存在刺激、满足犯罪人性欲的意图"的1970年判例。就此,讨论如下。

(3)在1970年的判例中,犯罪人想通过拍摄裸照报复被害人,因此施以胁迫,让心生畏惧的被害人全裸,并对之拍摄。一审判决根据1995年第91号法律修正前的刑法第176条前半段认定成立强制猥亵罪,二审判决予以维持。被告方提出上诉。1970年该判例认为,"成立刑法第176条前半段规定的强制猥亵罪,相应行为应在刺激、满足犯罪人性欲的性欲意图下实施,即使是强迫妇女全裸拍照的行为,如果仅是为了报复或者侮辱、虐待之目的,应该说可以成立强要罪,但是不成立强制猥亵罪",因此推翻原判,判决如下:"一审判决与二审判决认定即使不存在刺激、满足性欲的性欲意图,也成立强制猥亵罪,都对刑法第176条的解释适用有误。”

(4)但是,应该说现在继续维持1970年的判决存在难度。

首先,从制定现行刑法到现在,一直存在如下有力观点:法律条文并未明文将性欲意图规定为强制猥亵罪的构成要件,也并未要求行为人在故意之外存在其他主观情节,因此行为人自身的性欲是否受到刺激对强制猥亵罪是否成立并无任何影响。与此相对,1970年判例在做出“成立强制猥亵罪存在性欲意图,在不存在性欲意图的场合,可以成立强要等罪”的判断之际,并未明确说明根据是否存在性欲意图,得出成立强制猥亵罪(当时法定刑为6个月以上7年以下惩役)或者法定刑较轻的强要罪(法定刑3年以下惩役)的不同结论的理由。同时,该判例也并没有特别说明如何整合这一结论与“成立被视为强制猥亵罪加重类型的强奸罪,不需要行为人存在故意以外的主观情节”这一一贯立场。

本来,关于性犯罪的立法与解释,就具有如果不立足于社会所接受的方式,就难以对处罚对象作出适当判断的特性。在国外,自1970年以来,性犯罪立法都适应各国的实际情况被予以修正,被认为影响了日本1970年当时学说的德国也进行了多次立法修正,修改了构成要件的基础部分。诸如此类的立法动向表明,性犯罪立法是顺应各国当时的性犯罪实况与随之变化的社会意识而产生。

如此而言,可以认为1970年判例意在考虑当时社会所接受的方式,划定强制猥亵罪的处罚范围,就该罪的成立要件,无论行为的性质与内容,一律要求在刺激或者满足犯罪人性欲这一性欲意图下实施。但是,也不能将之视为不能动摇的确定解释。

其次,《刑法部分修正法案》(2014年第156号法律)为了适应关于性犯罪的国民规范意识,将强制猥亵罪的法定刑从6个月以上7年以下惩役提高至6个月以上10年以下惩役,将强奸罪的法定刑从2年以上有期惩役提高至3年以上有期惩役,《刑法部分修正法》(2017年第72号法律)从性犯罪的形势出发,为能妥切处理案件实况,在将之前作为强制猥亵罪处罚对象的部分行为并入以强奸罪处罚的行为,新设男女都可以成为行为主体或者客体的强制性交等罪的同时,将法定刑提高至5年以上有期徒刑。此外,还新设了监护人猥亵罪与监护人性交等罪。显而易见,这些法律修正,都反映了社会关于性犯罪与性被害实情的一般接受方式的变化。

最后,基于上述,在今时今日解释强制猥亵罪的构成要件之际,应该将视角转向被害人是否受到了性侵害以及侵害的内容、程度,就将行为人的性欲意图解释为该罪成立要件的

1970 年判例,必须认为支撑其正当性的实质根基已经逐渐消失,因此难以维持。

(5)而且,在可以评价为刑法第 176 条规定的猥亵行为之中,存在诸如与强奸罪相连的行为那样,因为行为本身的性质明确,无论行为之际的具体情况如何,都可以直接被认为当然具有性欲意图者。同时,也存在行为本身的性质不明确,如果不考虑行为之际的具体情况,难以判断特定行为是否与性有关。此外,从同条法定刑的轻重来看,也并非可以认为,所有被认为与性有关的行为,都值得作为该条规定的强制猥亵行为进行处罚。因此,应该认为什么行为具有性含义,值得根据该条处罚,作为规范评价,是应该参照当时社会对性侵犯罪的一般接受方式,进行客观判断的问题。

如此而言,在判断是否构成刑法第 176 条规定的强制猥亵罪之际,必须在充分考虑行为本身是否与性有关及其程度的基础上,根据个案情况,综合考量实施特定行为之际的具体情节等相关情况,参照社会通念,判断该行为是否具有性含义,并根据个案的事实关系为基础判断其强度。因此,作为具体情节之一,存在应该将行为人的目的等主观情节作为判断要素考虑的情况,这难以否定。但是,即使存在此类情况,认为故意以外的行为人的性欲意图是成立强制猥亵罪一律必须具备的要件也并不相当,应该改变 1970 年的判例解释。

(6)所以,就本案而言,一审判决认定的第 1(1)部分行为,其本身具有明确的性含义,无须考虑其他情节,其作为性含义强烈的行为,客观上明显构成猥亵行为。一审认定构成强制猥亵罪,二审予以维持的结论是相当的。

因此,根据刑诉法第 410 条第 2 项的规定,可以认为,在违反本院上述见解的限度内,变更 1970 年判例,维持原判具有相当性。违反该判例的意见,不构成推翻原判的理由。同时,维持原判也不违反宪法第 31 条等条文的规定。

2. 辩护人奥村徹在上诉主旨中还主张违反其他判例。就此,其所引用的案例要么因为事实有异不适用于本案,要么因为并未表明上诉主旨的观点缺乏前提。其他仅仅是违反法律、量刑不当的主张,不属于刑诉法第 405 条规定的上诉理由。

综上,根据刑诉法第 414 条、第 396 条与刑法第 21 条,全体法官意见一致,作出主文所示判决。

检察官平光信隆、中原亮一出席开庭。

(审判长:寺田逸郎 审判员:冈部喜代子、小贯芳信、鬼丸かおる、木内道祥、山本庸幸、山崎敏充、池上政幸、大谷直人、小池裕、木泽克之、菅野博之、山口厚、户仓三郎、林景一)

综　　述

中国法学会案例法学研究会2020年学术年会综述

2020年11月27日至29日，中国法学会案例法学研究会学术年会在南京召开。来自全国公、检、法、司、律等法律实务界、高等院校、科研机构、新闻出版机构的司法实务人员、专家学者，围绕“统一裁判标准，实现类案裁判”进行了深入研讨。

大会首先组织学习了党的十九届五中全会精神和习近平法治思想，由中国法学会案例法学研究会会长胡云腾主持，江苏省人大工作理论研究会会长、南京师范大学中国法治现代化研究院院长、南京师范大学法学院教授、中国法学会案例法学研究会顾问公丕祥，中国行为法学会会长、中国法学会案例法学研究会顾问董治良，中国法学会案例法学研究会副会长、北京大学法学院教授张骐，中国法学会案例法学研究会常务理事、最高人民法院第二刑事审判庭审判长于同志先后发言。

张骐认为，案例裁判规则是由司法机关在司法过程中所形成的、存在于案例中的对某种争议问题的法律解决方案。案例裁判规则是案例的灵魂。案例裁判规则的规范性是指裁判规则的内容为人们解决同类疑难案件提供了法律解决方案，为法官的裁判提供了理由，它是一种建立在理性基础上的事实上的权威，为人们解决类似争议问题提供了规范性指引。案例裁判规则具有不同于法律规则规范性的特点，它以蕴含一定普遍性的个案判决为基础，具有一定的事实性和司法性，是独特的规范资源。案例裁判规则的规范性来源于两个方面，一是裁判规则内含的、建立在司法规律基础上的合理性；二是裁判规则的出现是为了实现正义，其作用机制立基于正义。

于同志认为，党的十九届五中全会开启了中国进入全面建设社会主义现代化国家的新征程。新的历史阶段必然有新的时代特征和要求。就法治建设而言，在中国特色社会主义法律体系已经形成、法律实施成为主要矛盾的背景之下，其重心会转移到“以案例生成为主要内容”的法治实践上来。案例作为司法公共产品，展示司法工作质量、宣示公正司法形象，是法院的名片、对外的门脸、立院的基石,是一个法院、一个地区乃至整个国家法治水平的“试金石”。案例凝结了法官的法律素养、价值取向、文字水平,甚至工作态度、责任心、公道心等,既是法官的脸谱、立业的根基,也是其声望的支撑、价值的源泉。同时,案例还是实现同案同判的标尺,规范司法行为的戒尺,传承司法知识的桥梁,提升裁判权威性的保障,联结理论与实务的纽带,记录社会生活的百科全书,观察本土法治的最佳窗口,开展法学研究的绝佳资源,推动中国法学兴盛的关键等。

大会主旨论坛阶段,与会专家学者分别围绕“推进案例法学理论创新”、“类案类判与裁判标准统一”和“民事类案与统一法律适用”三个单元进行主旨发言。

第一单元由北京师范大学刑科院副院长、教授刘志伟主持,公安部法制局巡视员刘林华、司法部研究室副主任郑先红、北京市中闻律师事务所主任吴革、中南财经政法大学法学院副院长张家勇、清华大学法学院教授余凌云、山东省济宁市中级人民法院副院长赵贵龙分别作了发言。

刘林华畅谈了学习习近平法治思想的体会。他认为案例法学研究要以习近平法治思想为指导,运用实证方法、历史分析方法、比较的方法进行研究,归纳出案例法学研究的特殊方法,保持研究成果的多层次性,提炼出更多能够指导社会主义法治实践活动的成果。要加快完善案例法学的学科体系,和其他部门法交叉,成为一个独特学科,使案例法学研究更加根繁叶茂,取得更大影响力。

郑先红介绍了司法部司法行政(法律服务)案例库建设的情况。目前,司法行政(法律服务)案例库上线案例31951篇,发布了27个典型案例,出版发行了《司法行政(法律服务)精选案例》(第一卷),组织了案例库6个案例实证理论专项课题研究等。通过案例库建设,为司法行政、法律服务工作建立了新的工作平台,开创了新的服务模式,塑造了新的工作形象,也进一步提升了工作能力水平。司法行政(法律服务)案例库的建设始终坚持高举习近平法治思想大旗,理论武装,把11个核心要义落实在案例建设的方方面面,真正做到将增强“四个意识”、坚定“四个自信”、践行“两个维护”转变为思想自觉、政治自觉和行动自觉;坚持守住初心,以人为本,精心把司法行政为民服务的工作案例提炼出来,用多平台展现出来,进行法治宣传,精准、快捷服务社会,服务人民群众。下一步,司法部将累加上线案例,增设案例库栏目,继续开展实证理论研究,积极筹备案例法学研究会司法行政案例法学分会等,进一步推动司法行政(法律服务)案例库建设工作。

吴革围绕个案促进法治作了发言。他认为,案例研究进入了一个新阶段,指导性案例越来越多,但是援引率还不够。要更好发挥指导性案例的作用,一是要有数量,现在数量还不够,小雨浇不透庄稼,要有成千上万的指导性案例才能形成指导效果。二是要提升质量,要充分借鉴普通法国家的经验,形成高质量指导性案例。三是案例要有力量,这种力量要通过强化案例本身的说理来产生。四是从法学院的教育阶段就应该教育学生加强对指导性案例的研究,发挥指导性案例的价值作用。五是需要科技赋能。科技进步能够促进法治进步,科技要为类案类判赋能。智慧司法已经取得巨大进步,但还有很大发展空间。目前,中国特色社会主义法治体系已经初步形成,中国法治建设路径应该从文本法治切换到案例法治的路径上来,要把案例作为继续推进法治建设的重要抓手,不断完善中国特色社会主义法治体系。

张家勇以案例法学研究的对象和司法案例的功能作了主题发言。他认为,案例法学的研究对象为案例,我们通常讨论案例时多以司法案例为对象,但从研究本身而言,所有与法律相关的社会事实都是“案例”,都可以是案例研究的对象,包括行政、司法甚至未进入程序的法律事件。因此在进行案例研究的时候,不应对“案例”作限定。关于司法案例的功能,案例法治并不是对规范法治的替代,而是对规范法治的推进,是把文本上的法律规则落实到实践中,使法律成为有用的、活的法,这是案例法治的价值所在。只要案件事实以及法律争点上具有类似性,都是“类案”,包括下级法院、其他同级法院审理的同类案件。但基于对源自英美法传统的“先例拘束力”的某种借鉴,只有上级法院的裁判才会有拘束力,因此在“类案”中应当把非上级法院裁判的案例排除。我国的案例指导制度实际上想要通过个案裁判规则补充抽象的“批发式”司法解释的不足,而“个案式”的拘束,案例事实和法律适用就同等重要。现行指导案例的案情摘要和裁判要旨的撰写,在某种程度上将指导案例变成了附有案情说明的半抽象“司法解释”,这不仅与指导案例“先例拘束”的初衷形似而神离,且由于将案例中的裁判规则抽象化,还会对成文法发展和完善的空间产生影响。

余凌云在发言中提出了从我国司法裁判中提炼有中国气派法学理论的问题。以行政法学的发展为例,尽管我国的行政法理论来源于欧美国家,但很多行政法的概念在民国时期就有了,现在很多学者往往从欧美国家法学理论的角度来解读中国的问题,造成在实践中有很多不同的认识和解读方法,很难形成统一的看法。因此,中国法学发展到现在,要注意本土化问题,从中国案例进行考量,不能盲目照搬西方理论来解读中国实践。当然也不是完全排除西方理论,好的理论也可以借鉴,但更重要还是从我们的实际出发。

赵贵龙的发言主题为“合理性司法审查标准规则创制:以比例原则为视角”。他认为,在司法审查标准的中国语境中,比例原则属于合理性标准范畴。就比例原则的移植与重构而言,我国司法领域的创造性适用走在了立法和行政执法前面。从能够代表最高人民法院裁判立场的典型案例来看,对比例原则的适用规则创制经历了从隐含适用到明示适用,从嫁接性适用、直接性适用再到宣示性适用的发展历程。通过对典型案例和最高人民法院案例裁判规则创制的总结,可以梳理出我国比例原则司法审查标准的重构脉络——比例原则"一体适用"色彩浓厚、总体上将"比例原则"纳入"合理性审查"范畴予以考虑、尽力向"合法性审查"和法律条文靠拢。这种"一体适用"模式、"形式合理"标准、"实质合法"路径,将在较长时期内成为我国重构比例原则司法审查标准体系的常态。

南京师范大学法学院教授蔡道通和中国人民公安大学法学院院长、教授李玉华对第一单元的发言进行了点评。蔡道通认为,第一,对于如何在认定犯罪的过程中防止重刑主义的司法冲动与重刑主义思想的抬头,应当确立同类解释规则,不能把"以危险方法危害公共安全罪"解释为整个刑法分则第二章的"兜底罪名",而只能是《刑法》第 114 条、第 115 条的"兜底罪名";第二,加强司法行政案例编写、研究非常重要,能够丰富案例法学研究会的工作内容,也会推动案例法学研究工作的进一步开展;第三,指导性案例必须要有充分的说理才有"力量",指出了指导性案例能够发挥作用的要害。指导性案例的裁判规则与理由,不能简单重复或者事实上重复司法解释规定;在不同的理论观点与司法立场中,指导性案例能够确立一个"指导性"立场,才有指导意义;最重要的是指导性案例应当是法官通过具体案件的办理,发现和解释的潜藏在法条背后的法理、原则与规则。

李玉华认为,没有理论的创新和跟进,案例法学研究会就不会有生命力和话语权,所以研究会非常关注理论的创新。期待学会在案例研究方法上发挥引领作用,在理论成果转化方面提供更好的平台和更多的渠道。

第二单元由最高人民法院研究室副主任周加海主持,最高人民检察院第六检察厅主办检察官、三级高级检察官华锰,北京大学法学院教授陈永生,安徽师范大学法学院院长、教授周振杰,人民法院出版社总编辑助理韦钦平围绕"类案类判与裁判标准统一"分别作了主题报告。

华锰发言主题为民事诉讼类案监督,认为民事诉讼监督是民事检察工作的重要内容之一。民事诉讼类案监督是检察机关在对民事裁判结果、民事审判程序、民事执行以及虚假诉讼等进行监督过程中发现共性问题,以检察建议等方式向人民法院提出监督意见,以监督人民法院在类似案件上适用统一的裁判尺度和规则,或者是督促人民法院纠正民事审判程序和执行中存在的普遍性、倾向性问题,从而改进工作制度、堵塞工作漏洞的司法活动。近年来,检察机关稳步推进民事诉讼类案监督工作,取得了一定成效,但也存在自身机制构建薄弱等不足。需要从树立民事诉讼类案监督理念、建立类案监督案件成案机制、完善类案监督一体化办案机制,从做好与人民法院类案类判的衔接和信息化共享建设等方面努力,提升民事诉讼类案监督水平。

陈永生分析了认罪认罚从宽案件的规律。通过提取北大法宝司法案例库半年5325件认罪认罚上诉案件进行研究,发现认罪认罚从宽案件上诉存在以下规律:第一,认罪认罚案件的上诉率虽然低于全部刑事案件,但远远高于预期。具体而言,认罪认罚案件的上诉率为5.85%,低于全部刑事案件上诉率11.7%(2018年)。第二,认罪认罚从宽案件的二审改判率较高,高达37.71%,远远高于全国全部刑事案件二审案件改判率12%(2018年)。第三,上诉案件被抗诉率比较高,高达39.06%。第四,就二审改判的案件而言,改轻的案件多于改重的案件,改轻案件占到改判案件的17.17%,改加重的只有6.40%。第五,就被告人上诉后被检察机关抗诉的案件而言,改判加重的比例只有19.8%,其他都被维持原判或改判更轻的刑罚。

周振杰认为,在新冠疫情期间,因为受风险刑法的处罚逻辑、社会公众的处罚冲动以及重入罪轻出罪的实质解释的影响,刑事责任认定不免有扩大化、形式化的倾向,许多违反防治措施的患者与疑似患者都是被以《刑法》第114条规定的“以危险方法危害公共安全罪”立案侦查,而且有扩大适用的趋势,所以刑事责任如何能够坚持谦抑原则就成了必须重视的问题。对涉新冠疫情以危险方法危害公共安全罪相关案例的分析表明,在特殊时期,为保证刑事责任认定能够严守谦抑,应坚持公共危险判断现实化、危害认识具体化以及在对加重结果追责之际强调结果避免义务的原则,即使行为人违反了防疫规定,如果已经采取了合理预防措施,也不应就加重结果追究其刑事责任。

韦钦平就构建强制类案检索制度作了主题发言,认为要以统一的法官裁判的业务逻辑基础贯通强制类案检索涉及的诸环节。其一,以要件审判思维,厘清构建类案检索模式的法律业务逻辑基础,以权利请求、请求权基础规范要件事实构成、争点等为类案的核心要素架构类案检索的标签维度。其二,以强制类案检索制度的实行,倒逼裁判文书说理的规范化、标准化。以统一的法律适用分析方法贯通裁判文书的说理,并将规范统一的裁判说理内容呈现在裁判文书中,从源头上解决构成类案核心要素的结构化依靠现有技术即可直接抓取的问题。由此,倒逼法官在案件审理裁判时要统一法律适用的方法,从而促进法律职业共同体在法律适用上形成共同的话语体系,进而从根本上解决适法统一的问题。

中国政法大学法学院教授何兵、最高人民法院行政审判庭副庭长郭修江对第二单元的发言作了点评。何兵认为,华锰检察官找准了检察机关在民行抗诉案中的法律定位,检察院对涉及普遍性规则问题案件进行抗诉的意义非常大;陈永生教授对认罪认罚制度的研究,符合我对这个制度的预判,在中国没有认真研究就贸然推出认罪认罚,是非常仓促的;关于指导性案例与法院构造的问题,判例制国家的最高法院审理的案件都是非常少的,而目前我国最高人民法院每年审理2万多案件,如何保证这么多案例处理的一致性?法院构造问题值得大家思考。

郭修江认为,周振杰和韦钦平的发言实际上都聚焦了同案不同判问题。并不是所有因不同意见产生的不同判决都是同案不同判,只有因法律适用认识严重分歧导致的同案不同判才是我们需要解决的问题。要解决同案不同判问题,一是要培养法官依法审判的基本底线思维,建立一个共同的平台来达成同案处理达成一致;二是要细化法律,通过案例来丰富法律规范的内容,细化法律适用情形;三是要解决体制问题,尤其是最高审判机关的体制问题,由最高人民法院每年选择150件适用法律存在争议的案件,作出判决指导全国,那么同案不同判问题也许很快就能解决了。

第三单元主题为民事类案与统一法律适用,由中央财经大学法律硕士教育中心主任、教授李轩主持,北京工商大学法学院教授李仁玉,西南政法大学教务处处长、教授张建文,最高人民法院审监庭法官张能宝,江苏常州市中级人民法院法官龙海阳分别作了主题发言。

李仁玉就《民法典》对高空抛物致人损害案件的规制作了报告,认为《民法典》第1254条引入了法律问题综合治理的思维:一是规定高空抛物行为是法律禁止的行为,已经破坏了社会的安全秩序,于是引入了公安机关的尽职侦查义务,并为未来高空抛物致害入刑责进行了铺垫。二是强化了物业管理人的责任,使高空坠物或抛物案件尽量减少发生的可能性。三是通过上述手段最大化地适用自己责任,即真正侵权人承担侵权责任。四是在极少的适用公平补偿责任的情况下,赋予无辜的公平责任承担者在侵权责任人明确后的追偿权。建议最高人民法院通过指导性案例的方式,在适用公平补偿责任时引入法外社会救济,以便进一步缩小公平责任的适用场合,维护法院司法裁判的可执行性和权威性。

张建文报告的主题是《民法典》对个人信息的保护问题。从《民法典》第1034条第3款的规定来看,在司法裁判中法官就有义务先看构不构成个人信息,再进一步追问是否构成私密信息,然后才能决定法律规范的正确适用问题。今年“抖音APP案”和“微信读书软件案”,北京互联网法院也是依据这个思路来判决的。《民法典》生效后,原来侵权责任法里面的隐私权,即作为大隐私的概念,受到《民法典》该条款的严峻挑战。在这两个司法实践中,互联网法院对这个条款是作为一个刚性裁判规则执行的,对于隐私的保护和个人信息保护的严格区分会带来一个后果,那就是降低了个人信息保护的强度。过度严格的个人信息与隐私的区分所带来的私密性检验会带来裁判机关大量的负担,耗费司法资源,也割裂了隐私和个人信息之间的关联,这就是现在和将来司法机关适用《民法典》第 1034 条第 3 款的司法裁判的立场和倾向。

张能宝从个人工作的角度谈了对民商事类案裁判的一些认识:一是现在的类案不同判现状,数量虽然不多但形势不容乐观。二是解决同案不同判的大环境是历史最好时期。习总书记在最近的全面依法治国会议中强调了要加强法律实施的监督,通过监督,确保人民群众在每一个司法案件中都感受到公平正义。在今年 10.22 全国审监工作会议,周强院长要求充分发挥审监职能作用,敢于纠错、及时纠错、全面纠错。三是类案不同判的解决路径,必须抓住关键少数,即最高人民法院和高院。首先要加强司法解释和文件制定,防止立法空白和模糊;其次要加强司法理念教育,形成同案同判的共识;最后还应当加强对类案不同判追责的制度,让类案同判成为一条带电的高压线。

龙海阳以中级法院解决类案不同判为主题作了发言。龙海阳认为,中级法院的民商事案件二审发改率有 20% 多,且改判类型大部分是常规案件,由于法律是一种地方性知识,决定了裁判尺度统一的区域性,以及我国两审终审的审级设置、一般中级法院与基层法院同城或者同域等原因,中级法院运用案例指导制度来解决类案不同判更有优势。但由于判例法制度在我国从理论到实践均未建立,我国对中级法院的定位仍是案件审理法院而不是案件监督指导法院,中级法院对辖区法院缺乏有约束力的裁判规则制定权,中级法院运用案例指导制度来解决类案不同判问题还存在障碍。建议进一步厘清对类案不同判的认识,找准类案不同判的“重灾区”——常规案件发力,建立完善中级法院的案例指导制度,中级法院对类案不同判严重的领域要及时出台审判指引等。

辽宁师范大学法学院教授丁慧、民生银行法律事务部总经理陈珺对第三单元的发言作了点评。丁慧认为,对于高空抛物问题,侵权责任重要功能就是填补损害,高空抛物导致的受害人损失,在行为人不确定的情况下诉讼何以启动?我们在考虑这个问题时不能纯粹用法律思维,在我国目前没有受害人社会救助机制的大背景下,《民法典》是做了很艰难选择,这个选择就当前情况来看不失为一种上策。但也要注意《民法典》第 1054 条是否有一种反向功能,在实现了对受害人的填补救济同时,是否会反过来怂恿和纵容了真正的侵权行为人?我们在这条规则设置时还应该有一些民法规则之外的社会学层面的思考。对于张建文教授的发言,私密信息和非私密信息的划分,我们在司法裁判中不仅加重了法院的负担,也带来了减弱对非私密信息保护的嫌疑,是否规则背后蕴含了真实原因是尊严性和资源性的划分是一种折中的结果?两位法官的发言引发了如何把司法实践的经验转化为教学素材的思考,这是我们所有老师和教育者应该考虑的问题,我认为就要使庭审走进法学院,法官带着真实案例走进校园,使得我们省属院校的学生能有机会感受司法审判经验,对我们地方院校而言是有极大收获的。

陈珺认为,防范系统性金融风险是摆在金融业面前的一件大事,过去创新积累下来的风险在不断爆发,比如金融产品经常暴雷,涉及千家万户,也是每个法官每家法院都面临的问题,创新金融模式下这些规则显然已经不适应了,只有在活生生的案例中揭示基本规律才能解决。民商事案件中金融类案件影响非常大,类案研究具备基础,因此对这类案件进行类案研究非常有必要,希望案例法学研究会在这方面能够大有作为。

（供稿:赵霞）

图书在版编目(CIP)数据

中国案例研究. 2021年. 第1辑：总第1辑 / 胡云腾主编. -- 北京：法律出版社, 2021

ISBN 978-7-5197-5107-4

Ⅰ. ①中… Ⅱ. ①胡… Ⅲ. ①案例-研究-中国 Ⅳ. ①D920.5

中国版本图书馆CIP数据核字(2020)第218493号

中国案例研究　2021年第1辑·总第1辑
ZHONGGUO ANLI YANJIU　2021 NIAN DI-1 JI·ZONG DI-1 JI

胡云腾 主　编
孙晓勇
伍　彪 副主编

策划编辑 朱　峰
责任编辑 朱　峰　苗　婕　李缙漪
装帧设计 李　瞻

出版 法律出版社
总发行 中国法律图书有限公司
经销 新华书店
印刷 北京虎彩文化传播有限公司
责任校对 韩泓宇
责任印制 张建伟

编辑统筹 辞书编辑部
开本 787毫米×1092毫米　1/16
印张 20.5
字数 378千
版本 2021年4月第1版
印次 2021年4月第1次印刷

法律出版社/北京市丰台区莲花池西里7号(100073)
网址/www.lawpress.com.cn
投稿邮箱/info@lawpress.com.cn
举报维权邮箱/jbwq@lawpress.com.cn
销售热线/400-660-8393
咨询电话/010-63939796

中国法律图书有限公司/北京市丰台区莲花池西里7号(100073)
全国各地中法图分、子公司销售电话：
统一销售客服/400-660-8393/6393
第一法律书店/010-83938432/8433　西安分公司/029-85330678　重庆分公司/023-67453036
上海分公司/021-62071639/1636　深圳分公司/0755-83072995

书号:ISBN 978-7-5197-5107-4　　**定价**:78.00元